Vivir
sin
Máscaras

Método Pathwork para enfrentar
*los patrones destructivos que limitan
tu realización personal*

Susan Thesenga

Supervisión editorial
Andrés Leites

EDITORIAL
PAX MÉXICO

Título original: *The Undefended Self.*
Living the Pathwork of Spiritual Wholeness
Publicada por Pathwork Press Madison, Virgina, USA

Traducción: Víctor Becerril Montekio

© 2020, The Pathwork Foundation, Inc.
© 2020, Editorial Terracota bajo el sello PAX

Este libro se publica mediante licencia expresa otorgada
por Editorial Pax México Librería Carlos Cesarman, SA

ISBN: 978-607-713-184-7

EDITORIAL
TERRACOTA ET

© 2020, Editorial Terracota, SA de CV
Av. Cuauhtémoc 1430
Col. Santa Cruz Atoyac
03310 Ciudad de México

Tel. 55 5605 7677
www.editorialpax.com

Impreso en México / *Printed in Mexico*

2024	2023	2022	2021	2020
5	4	3	2	1

▼▼▼▼▼▼▼▼▼▼▼▼▼▼▼▼▼▼▼▼▼▼▼▼▼▼▼▼

Dedicatoria

Este libro está dedicado a Eva Broch Pierrakos, quien trajo la sabiduría del Pathwork a nuestro mundo.

▼▼▼▼▼▼▼▼▼▼▼▼▼▼▼▼▼▼▼▼▼▼▼

Agradecimientos
y reconocimientos

A la Pathwork Foundation que me dio permiso de citar libremente las Conferencias del Guía. La Fundación Pathwork posee todos los derechos de publicación de esas conferencias.

Al doctor John Pierrakos, quien me alentó y me dio el permiso de usar el texto y el título del manuscrito de Eva Pierrakos fechado en 1965, el cual entonces llevaba el título de *El ser sin defensas*.

A las numerosas personas que me dieron su apoyo a lo largo del camino dentro y fuera de las comunidades del Pathwork y especialmente a las siguientes personas por su ayuda editorial y técnica: Asha Greer, Gene Humphrey, D. Patrick Miller, Karen Millnick y Judith Saly.

A mi madre y a mi padre, quienes alimentaron mi apertura de espíritu, mi integridad y mi valor y a mi hija Pamela, por haber traído tanta luz y alegría a mi mundo.

Y, más que a nadie, a mi esposo y compañero espiritual, Donovan Thesenga, cuyo papel ha sido central en el desarrollo de mi vida y de este libro.

"Cada ser humano siente un anhelo interior que va más profundo que los deseos de satisfacción emocional y creativa. Este anhelo surge de la sensación de que seguramente existe otro estado de conciencia más satisfactorio y una mayor capacidad para experimentar la vida."

— *el Guía*

▼▼▼▼▼▼▼▼▼▼▼▼▼▼▼▼▼▼▼▼▼▼▼

Prólogo

El profundo anhelo que existe en todo corazón
humano por alcanzar un estado de conciencia más
satisfactorio y una mayor capacidad para experimentar la vida, tarde o temprano debe llevarnos a mirar
hacia adentro de nosotros mismos. Al darnos cuenta
de que la felicidad nunca será obtenida mediante
posesiones, logros ni aun relaciones exteriores, entonces volvemos la vista hacia el interior y empezamos a preguntarnos: "¿Quién soy? ¿Qué es la verdadera felicidad y cómo puedo quitar los obstáculos
que me impiden acercarme a ella?" Y más allá de la
felicidad personal empezamos a preguntar: "¿Qué
hago aquí en la Tierra? ¿Qué es Dios y cómo puedo
sentirlo(la)?" Este tipo de preguntas nos hará iniciar
una búsqueda psicológica con el fin de conocernos
y una búsqueda espiritual destinada a descubrir las
respuestas a las preguntas más profundas acerca de
la naturaleza de la realidad. Tarde o temprano
necesitaremos encontrar y comprometernos dentro
de un camino o sendero que haya ayudado a otros
viajeros a encontrar la satisfacción interior y el
significado de sus vidas.

　　　　Este libro hace una presentación del Pathwork,
una disciplina espiritual contemporánea que promueve nuestro crecimiento personal encaminado al

conocimiento y la integración de nuestra vasta realidad interior. El Pathwork enfatiza la necesidad de aceptar todas nuestras dualidades, incluyendo el mal junto con nuestros lados buenos, nuestro limitado ego lo mismo que nuestra divinidad. A través de ese tipo de aceptación aprendemos a vivir en la unidad, el amor y la verdad, el lugar del Ser Sin Defensas. Este libro es un resumen del Pathwork para los lectores que están trabajando con seriedad dentro de su desarrollo espiritual.

El Pathwork se basa conceptualmente en material canalizado por Eva Broch Pierrakos, de 1955 hasta su muerte en 1979.[1] Eva fue una maestra espiritual extraordinaria con quien estudié durante siete años. La entidad o energía que Eva canalizaba es conocida simplemente como el Guía. El proceso que se desarrolló a partir de las enseñanzas del Guía (el cual continúa evolucionando a través de la participación de muchos terapeutas, sanadores y maestros espirituales) es lo que se conoce como el Pathwork. Este trabajo es enseñado y practicado en dos sitios de retiro en el campo de los Estados Unidos y en otros centros de Estados Unidos, Europa y América Latina que ofrecen ayuda y consejo basados en el Pathwork, así como programas de enseñanza. En muchas partes del mundo hay pequeños grupos de personas que se reúnen para estudiar y aplicar estos principios espirituales.[2]

[1] En la página 394 se encuentra la lista completa de las conferencias del Guía Pathwork. Estas conferencias pueden ser ordenadas individualmente a cualquiera de los centros enlistados en la página 402.

El Pathwork, que he practicado y enseñado durante más de veinte años, propone mapas y procesos para muchos niveles del camino espiritual universal. El regalo específico que ofrece el Pathwork es una profunda comprensión de la naturaleza del mal y del Ser Inferior personal, lo mismo que un proceso eficaz para transformar el lado oscuro de nuestra naturaleza. Este libro propone ayuda para muchos momentos del camino espiritual, pero su contribución más relevante se localiza en los capítulos que resumen el trabajo con el Ser Inferior. El proceso del Pathwork para transformar el Ser Inferior propone un llamado de alerta lleno de esperanza para liberarnos del mal que hay en nosotros y en nuestro mundo.

Este libro es una mezcla de mi resumen del material Pathwork con citas del Guía. Yo escribo desde mi particular perspectiva humana, mientras que el material proveniente de citas del Guía surge del punto de vista de una entidad espiritual no encarnada. También incluyo muchas historias de mi viaje espiritual y muchos ejemplos de transformación personal de los que he sido testigo al ayudar a otras personas en sus caminos espirituales con mis consejos y talleres. He cambiado los nombres en las historias con el fin de respetar la confidencialidad. Estas historias sirven de introducción a cada capítulo y se entretejen a lo largo del texto. Cada capítulo termina con la presentación de ejercicios destinados a profundizar la comprensión de lo expuesto.

---

[2] Ver lista de los grupos y centros en donde se practica y enseña el Pathwork en la página 402.

▼ Resumen de los capítulos ▼

La sucesión de capítulos de este libro sigue los niveles del trabajo espiritual tal como yo los entiendo. El Capítulo Uno nos estimula para que aceptemos nuestra defectuosa y dualista naturaleza humana y para que honremos nuestro anhelo espiritual. El Capítulo Dos refuerza nuestra necesidad de seguir el camino de evolución personal y colectiva y nos ayuda a armonizarnos con nuestro anhelo de unificarnos a nosotros mismos. El Capítulo Tres nos muestra cómo desarrollar e identificarnos con el Ser Observador, el cual es la herramienta más importante en el trabajo de transformación. La Meditación y la Revisión Diaria son presentadas como herramientas para fortalecer nuestra capacidad de observarnos de manera objetiva y compasiva.

El Capítulo Cuatro da un esquema de cuatro niveles de desarrollo de la conciencia: el niño, el ego adulto, el alma y la conciencia de unidad, y de cómo podemos reconocer sus muy diferentes realidades dentro de nosotros. El Capítulo Cinco nos muestra cómo. constantemente, recreamos en el presente nuestras viejas historias de la infancia junto las conclusiones sobre la vida relacionadas con ellas, lo mismo que la forma en que podemos liberar esas falsas ilusiones e "imágenes". El Capítulo Seis empieza con una exploración del mapa general de la conciencia que seguiremos a lo largo del resto del viaje que presenta este libro, es decir, el de los tres seres: la Máscara, el Ser Inferior y el Ser Superior. Este capítulo también nos da una presentación completa de la Máscara y del trabajo que debemos realizar para comprenderla y liberar nuestro apego a ella. El Capítulo Siete introduce al Ser Inferior y nos guía para que podamos enfrentar esa parte vital, aunque distorsionada, esa energía creadora dentro de nuestra alma. El Capítulo Ocho nos ayuda a volver a casa en dirección del Ser Superior, nuestra original naturaleza divina. Los Capítulos Nueve y Diez nos muestran cómo soltar nuestro apego a la voluntad negativa y a la excitación negativa y, de este modo, cómo transformar al Ser Inferior. El Capítulo Once reafirma nuestro trabajo de cambiar la identificación de nosotros mismos con el ego hacia el Ser Superior. A partir de ese puerto seguro, entonces podemos abarcar la totalidad de nuestro ser y usar la energía del Ser Superior para trabajar con el espíritu en la creación de una vida nueva y positiva.

A fin de que el lector pueda entender mejor cómo veo la sabiduría perenne que nos ofrecen las enseñanzas del Pathwork, comparto mi historia con ustedes mostrando el contexto histórico y personal que modeló el lente específico a través del cual veo la realidad.

▼ La historia de Susan ▼

Nací al mes siguiente de que Hitler invadió Polonia, y tenía casi seis años de edad cuando la Segunda Guerra Mundial llegó a su fin. Mientras lanzaba el confeti que hicimos en casa para celebrar la victoria, algo me dejaba temblando con una excitación que no era capaz de entender. Sabía que algo importante había pasado; una terrible oscuridad se había levantado de la faz de la tierra.

Aunque no podía haberlo sabido en aquel tiempo, Hitler y su holocausto se convertirían para mí, al mismo tiempo, en una metáfora y en un koan, a los cuales he dedicado la vida con el fin de comprenderlos. De haber sido más intelectual, el impacto de Hitler me hubiera llevado a convertirme en historiadora. Si hubiera sido más combativa, habría dedicado mi vida a luchar por la justicia social. Pero en cambio mi pasión ha sido más personal y emocional; me he dedicado a tratar de comprender al Hitler que vive en mí y en cada corazón humano, especialmente en los de quienes, como nosotros, están demasiado bien alimentados como para enarbolar la desesperación económica como excusa para las innumerables crueldades, grandes y pequeñas, que perpetramos y aceptamos, individual o colectivamente, todos los días.

Los temas del bien y del mal me preocuparon desde tiempos de los que apenas tengo memoria. Yo era una niña muy aplicada y, entre los nueve y los once años de edad llevé un diario del bien y del mal que hacía o del que era testigo cada día. En el diario incluía plegarias para alejar el mal y para dar gracias por el bien.

Cuando no podía encontrar mi bicicleta sentía que eso era un castigo por no haber ayudado a mi mamá con las labores de la casa. En una ocasión en que huí del fuego en el bosque, busqué dentro de mi alma para saber si había sido un acto de valor o de cobardía.

En casa, siempre estaba tratando de salirme de los suaves colchones emocionales en que estaba inmersa mi segura vida suburbana. Cuando tenía diez años, mi primo de nueve, que era católico, se murió en un accidente de bicicleta. A tan poca distancia, la muerte fue una gran enseñanza para mí. Cuando mi papá me compró un helado y trató de convencerme de que "Johnny ya estaba en el cielo", ambos nos miramos sabiendo que eso no era más que una mentira muy conveniente para encubrir nuestra ignorancia. Así que busqué en diferentes iglesias tratando de encontrar algo más: ¿qué es la muerte, qué es el bien y qué es el mal?

Después de haber rechazado a la iglesia católica, durante un tiempo asistí a una iglesia episcopal en donde un solo ritual muy poderoso había capturado mi corazón y aún me conmueve cuando me acuerdo de él. El Viernes Santo se levantaba una enorme cruz de madera negra enfrente de la iglesia, era la realidad de la muerte que ahora escondía los cuadros hermosos y los encajes blancos que cubrían el altar. Una vez me senté en la iglesia durante horas absorbiendo el mensaje de esa cruz negra. Al fundirme en la negrura vi el piso bajo la cruz que se abría revelándome muchos cuartos enormes ricamente decorados con todo tipo de cosas misteriosas provenientes de todas partes del mundo, incluyendo tesoros orientales, y completamente distintas del mundano conjunto de edificios suburbanos en donde vivía. Cualquier cosa que hubiera más allá de la muerte me parecía indescriptiblemente vasto y desde ese momento ya no tan espantoso.

Luego, el Domingo de Pascua todos los miembros de la congregación trajeron flores para pegar o clavar en la cruz hasta que ésta floreció hermosamente con los colores de las flores primaverales. Este símbolo de la resurrección de Cristo confirmó mi propia visión de que la muerte, a la que tememos como punto final de nuestras vidas, puede ser sólo un punto en la circunferencia de una rueda. Todos sabían que el nacimiento era seguido por la muerte, pero yo empecé a vislumbrar que el nacimiento también podía seguir a la muerte. El misterio de que el espíritu trasciende al cuerpo, de que la encarnación física sólo era el inicio de una realidad mucho más profunda, todo eso llevó a mi seria y joven alma hacia una piadosa alegría y reverencia.

Cuando surgieron las preocupaciones más apremiantes de la adolescencia dejé de ir a la iglesia. Pero empecé a salir a acampar. Estar en la naturaleza no sólo me liberó de una parte de la locura adolescente, sino que se convirtió en mi manera preferida para adorar a Dios. También durante esa época conocí por primera vez a algunos judíos y me obsesioné con la lectura de relatos del holocausto. Estaba tratando de comprender cómo era posible que semejante maldad echara raíces en gente que "podía razonar". ¿Cuál era la avasalladora atracción del mal?

Pasé por la universidad y el colegio de posgraduados antes de empezar a preguntarme seriamente si todos los conocimientos adquiridos ahí tenían algo que ver con mi verdadero interés: convertirme en una persona mejor. Me pregunté si mi educación no era nada más que otra máscara, completamente irrelevante para las profundas lecciones que sabía que me estaban esperando. Mientras daba clases de inglés a los alumnos de nuevo ingreso de la Howard University, tuve la primera oportunidad de "hacer el bien" en el mundo. El movimiento de los derechos civiles estaba en su apogeo y de inmediato me monté en el carro de la moral con los otros muchachos. (La lucha por acabar con la discriminación racial legalmente autorizada que se llevó a cabo en los Estados Unidos en los años sesenta. N. del T.)

Tuve la posibilidad de ampliar mi horizonte cultural al involucrarme con la cultura afroamericana y compartí muchos momentos históricos a mediados de los años sesenta. Tuve una experiencia de una enorme expansión de la conciencia al participar en la "Marcha hacia Washington" en 1963 en la que Martin Luther King dio su inolvidable discurso titulado "Tengo un sueño". En el verano de 1964 me fui al sur (junto con muchos otros blancos bien intencionados e irremediablemente ilusos de la clase media) en donde di clases en un pequeño colegio para negros en las afueras de Jackson, Mississippi. Tuve mi primer contacto con el verdadero terror después de que me arrestaron cuando íbamos en un coche "racialmente mezclado". (Con blancos y negros a bordo. N. del T.)

La continuación de mi trabajo en el movimiento por los derechos civiles intensificó mi odio hacia los opresores, a quienes veía como hombres blancos, específicamente hombres blancos de la autoridad que trabajaban para el "sistema". Iguales a mi amado padre. En su momento me percaté de que mi odio era neurótico, mi fervor moral tenía tanto que ver con sentimientos no resueltos hacia mi padre como con temas políticos a los que había vinculado esos sentimientos. Darme cuenta de eso me llevó a iniciar una terapia y eventualmente me condujo hacia las terapias alternativas.

Mi primer grupo de terapia en 1967 fue una experiencia semejante a una vuelta a casa. De pronto me dieron permiso de hablar en voz alta de algo que siempre había sabido: que debajo de nuestra civilizada cortesía y nuestras lindas máscaras, todos estamos llenos de sentimientos salvajes y locos, de cóleras y llanto y de montañas de dolor. Y son estas realidades interiores las que nos llevan a hacer todo tipo de cosas que más tarde lamentamos, manteniéndonos alejados de la felicidad que decimos desear. Ese mundo interior de los sentimientos siempre había sido para mí algo más palpable que las reglas y los roles jugados en el exterior; sólo que no había sabido cómo nombrar eso que sabía que era real.

A partir de entonces participé desaforadamente en experiencias terapéuticas y de grupo: Tavistock, Gestalt, psicología humanista, conciencia sensorial, bio-energética, etcétera. Sentía que por fin estaba llenando un profundo pozo de privación emocional. En un viaje a California en 1969, mientras leía a R. D. Laing y escuchaba una de las primeras cintas de Ram Dass, me di cuenta de que mi mente se estaba abriendo a una realidad mucho más amplia de lo que había imaginado. Empecé a sentir la profunda influencia espiritual que estaba penetrando la conciencia colectiva. Para cuando llegué al Esalen Institute en Big Sur, supe que una parte muy profunda e innombrable de mí misma estaba tomando el control. Tuve una visión de haber estado amarrada a la punta de una cuerda mientras que la otra punta estaba atada a una gigantesca polea que me jalaba, inexorablemente, a casa, hacia algo que no podía nombrar.

En un encuentro especialmente dramático en un grupo en Esalen conocí a Donovan Thesenga, mi futuro esposo. Los años de estudio y práctica del budismo zen y sus serias exploraciones de experiencias trascendentales por medio del LDS habían llevado a Donovan a un nivel de comprensión espiritual que sobrepasaban por mucho todo lo que yo había conocido hasta entonces. Por otro lado, mi apertura emocional lo llevó a profundidades de sentimientos que le resultaron completamente nuevos, así que juntos nos ayudamos, y continuamos ayudándonos, a desarrollarnos mutuamente.

Donovan y yo nos casamos en 1970 y luego nos mudamos al campo en el estado de Virginia con el fin de empezar a guiar grupos de encuentro y de bio-energética. Compramos algo de tierra y fundamos un centro de crecimiento que con el tiempo se convirtió en el Sevenoaks Pathwork Center, en donde todavía hoy vivimos y trabajamos.

Yo estaba estudiando bio-energética con los doctores Alexander Lowen y John Pierrakos cuando conocí a Eva Broch Pierrakos en el verano de 1972. De inmediato supe que se convertiría en mi maestra espiritual.

¿Cómo puede uno saber esas cosas? Toda su persona me atraía. Nació siendo judía en Austria y había huido a Zurich durante la Segunda Guerra Mundial. Bella y terrenal, al mismo tiempo participaba de una búsqueda espiritual muy profunda. Entre todas las cosas posibles, se había convertido en un "canal" a través del cual se comunicaba una entidad espiritual y había comenzado ese trabajo mientras yo todavía andaba tropezándome con la vida escolar preuniversitaria.

Cuando asistía a las conferencias del Guía que daba Eva yo me llenaba de una electricidad espiritual, la excitación más increíble conjugada con la calma más profunda. Nunca me sentí más viva, más llena de la presencia de Dios.[3] Eva misma era muy vital, vibrante y emocionada con la vida y sin embargo mucho más serena que nadie que yo hubiera conocido. De verdad parecía poseer, y vivir, las respuestas a las preguntas que yo apenas comenzaba a formular.

Para cuando me topé con Eva me sentía a la deriva sobre una balsa que se estaba rompiendo por la mitad. Una parte de la balsa era mi profunda participación en mi terapia personal y la otra mitad era mi no menos profundo involucramiento en la práctica del budismo zen. La primera parte ignoraba mi potencial espiritual y la segunda no tomaba en

---

[3] Utilizo la palabra Dios para referirme a la "Raíz del ser", el "Poder superior", la "Fuerza vital", el "Gran espíritu" o de cualquier otra forma en la que otros quieran nombrar el innobrable Misterio que se halla en el corazón y en el centro de la excelencia

cuenta mi personalidad. Sabía que cada una de las disciplinas poseía sólo una parte de la verdad que me interesaba, y yo no había podido encontrar una solución al dilema.

Al conocer a Eva, así como en el subsecuente estudio de las conferencias del Guía, encontré la unión que tanto buscaba mi alma entre las contradicciones filosóficas de la psicología occidental y el misticismo oriental. Ahora podía explorar mis preocupaciones acerca del mal y de la muerte, reconciliar mi sexualidad con mi espiritualidad y unir mi actividad exterior con mi calma interior. Desde ahí podría moverme hacia la unidad al aceptar mis dualidades y caminar hacia la libertad al conocer íntimamente mis defensas. Mi balsa interior empezó a ser reparada.

Pero no siempre era fácil estar con Eva. Era exigente y autoritaria y le encantaba el placer, además de ser muy sexy. Estos dos aspectos de su naturaleza me amenazaban y me confrontaban. A menudo asistía a las sesiones con Eva después de varias horas de meditación profunda en el Centro Zen de Nueva York, tan sólo para que me recibiera con su preguntita sagaz: "¿Cómo andan tus relaciones sexuales con Donovan?" ¡Obviamente era la pregunta que menos estaba preparada para responder en ese momento! Ella estaba claramente convencida de que mi camino espiritual estaba muy relacionado con la profundización de mi entrega a mi esposo. Yo misma llegué a convencerme de esto.

Durante un tiempo de problemas graves en mi matrimonio, ella me hizo ver mi deseo de controlar a Donovan y me obligó a mirar hacia el interior para ver mi dependencia y retraimiento como la fuente de mi infelicidad. Tuve que cambiar mi punto de vista en 180 grados, alejándolo de la culpa para aceptar mi responsabilidad personal. No sólo en esa ocasión Eva y el Pathwork me dijeron algo que yo no quería oír, aunque se tratara precisamente de la verdad que necesitaba.

Amaba profundamente a Eva. No ha habido ninguna otra relación de adultos, aparte de mi relación con Donovan, que me haya afectado o cambiado de manera tan profunda. Ella fue mi modelo, mi ayuda y mi maestra durante siete años hasta que murió de cáncer en 1979. Sin embargo, mi relación con ella, mientras estuvo viva, siempre fue la de una niña que la adoraba. Eva fue mi madre espiritual, la mujer sabia y generosa que necesitaba urgentemente para ayudarme a llenar los vacíos emocionales y para responder a las preguntas que me asaltaban desde mi más tierna infancia. La comunidad que se congregó en torno a ella y su esposo, John Pierrakos, se convirtió para mí en la familia íntima y emocionalmente honesta que no tuve nunca.

Pero dado a que nunca crecí con Eva, ni con la comunidad, su muerte fue terriblemente devastadora para mí e inició otro viaje espiritual, aún más profundo. Después de un breve periodo de negación, nuestras comunidades del Pathwork sufrieron de un profundo dolor y gran desorientación. La cantidad de participantes se redujo y apareció el fantasma de la crisis financiera. El principio de los años ochenta fue una etapa deprimente y aterradora para mí. La imagen color de rosa que tenía de Eva empezó a desdibujarse. Tuve que aullar y enojarme y sufrir ante la pérdida de mi idealizada madre espiritual. Odiaba el tener que responsabilizarme por mí misma y por mi crecimiento espiritual. Durante un tiempo prefería la idea de morir en vez de crecer espiritualmente y de hecho me enfermé de desesperación durante algunos años. Durante esa época volví a encontrarme espiritualmente a la deriva, teniendo incluso que dejar el Pathwork como resultado de una entrega extraña pero necesaria. En ocasiones me aterró la posibilidad de ahogarme en el sinsentido, pero tenía una fuerza igualmente grande para no comprometer mi integridad al aferrarme a alguna cosa que no me garantizara el salir a flote. Me percaté de que la práctica del soltar y de flotar a la deriva se había convertido en mi nueva disciplina espiritual. Ahora flotaba en mar abierto sin ningún tipo de balsa, abandonando mis ilusiones como si fueran igual número de inútiles trozos de madera. De vez en cuando me encontraba con los escombros de alguna de mis antiguas creencias y me quedaba mirando como flotaban. Y a pesar de mi confusión acerca del Pathwork, el proceso de una honesta auto-observación se había instalado tan bien dentro de mí que ya no podía evitar seguir trabajando sobre mí misma a la manera del Pathwork, que tan bien me había funcionado siempre.

Desde la muerte de Eva gradualmente he ido descubriendo una profunda fe que viene de mi interior y que se parece sorprendentemente a las enseñanzas del Guía. Me he descubierto reconstruyendo el Pathwork para mí misma, desde adentro hacia afuera. Mientras más veía otras creencias y prácticas espirituales, más me convencía de la verdad esencial y la profundidad del Pathwork.

Ahora puedo ver a Eva como una persona real cuyos profundos dones espirituales pudo desarrollar gracias a su devoción y a su perseverancia como canal y guía espiritual, todo lo cual culminó en la fundación del Pathwork, el cual ha ayudado y continuará ayudando a tanta gente. A medida que mi ídolo se desmoronó, fue surgiendo un extraordinario ser humano.

▼ *El Ser Sin Defensas* ▼

El proceso mediante el cual he escrito este libro es como un microcosmos de mi viaje espiritual a lo largo de los últimos doce años. Al principio, siendo una estudiante adoradora de Eva, empecé a editar un manuscrito escrito por ella en 1965 cuyo título era El Ser Sin Defensas. Pero más tarde mi mundo del Pathwork se desmoronó y no sabía si tendría una casa o un trabajo, así que mucho menos podía contar con la posibilidad de escribir un libro. Con el tiempo supe que tenía que escribir mi propio resumen de las conferencias del Pathwork, también llamadas El Ser Sin Defensas, las cuales serían usadas en los centros del Pathwork y por otros entrenamientos espirituales guiados por personas familiarizadas con el Pathwork. En aquel libro incluí algunas de mis propias historias, disfrazándolas con nombres falsos. Este libro es una versión editada del anterior y he pensado en destinarlo a un público mucho más amplio de terapeutas, sanadores y, en fin, a todas las personas que se interesen en un vibrante sendero de descubrimiento psicológico y espiritual de sí mismas. Ahora, comparto de manera más abierta mi propio Ser Sin Defensas en tres de las historias que introducen los capítulos.

Este libro es mi regalo de gratitud hacia Eva. Y también es mi adiós para ella, aunque no para su legado. Con este regalo y este adiós nuevamente me dejo ir a la deriva, a no-saber. Confío en que seguiré siendo guiada por mi aparente necesidad de enfrentar la realidad (y la ilusión) del mal y la realidad (y la ilusión) de la muerte. Todavía pienso en Hitler y de las lecciones acerca del mal y sus máscaras que tan desesperadamente necesitamos aprender a fin de sobrevivir y florecer juntos en este planeta. No importa qué sea lo que me espera en mi camino, sé que seré guiada por el maestro interior, jalada por la polea de mi destino espiritual.

Les ofrezco este libro destinado a su corazón lo mismo que a su mente. Les invito a mirar profundamente dentro de sí, a aceptar todo lo que ahí encontrarán y a nunca abandonar la búsqueda. Comparto con ustedes el compromiso de seguir la verdad más profunda y el camino más lleno de amor que se pueden encontrar. Si este libro resuena dentro de ustedes, entonces tal vez éste sea un camino que habrán de explorar de manera más completa. Si no, sigan buscando, porque cada uno de nosotros es inexorablemente atraído hacia la luz de nuestra fuente espiritual, con la misma seguridad y certeza con la que una flor es atraída por el sol. El camino interior hacia Dios es una realidad. Todas nuestras experiencias vitales son ni más ni menos que una enseñanza muy precisa cuyo objetivo es ayudarnos a alcanzar la fuente interior.

Benditos sean en su camino,
Susan Thesenga
Sevenoaks Pathwork Center Madison, Virginia

Indice

▲ 1 ▲

Aceptar nuestras dualidades

"Una voz interior te dice que hay mucho más en tu vida y en ti mismo de lo que eres capaz de experimentar en este momento."

CONFERENCIA DEL GUÍA 204.
"¿Qué es el camino?"

▼ *Simplemente Susan:* ▼
permitir el flujo de la vida

Camino a través del viento de los bosques en una mañana de enero en Virginia. Hojas ocre cubiertas de escarcha se rompen bajo mis tenis negros. A mi alrededor hay robles y olmos, algunos pinos blancos y arriba el cielo azul. Ahora un brillante manchón del verde de una enredadera cubre la tierra. Me muevo con rapidez hacia nuestro tramo de la carretera estatal justo pasando este bosque. La conciencia de mi ritmo me hace detenerme, escuchar. Es difícil ir tan adentro como para escuchar estos bosques invernales sin pájaros que cantan, sin el silbido del viento, sin animales que rascan, sin ningún sonido excepto el sordo y lejano zumbido de la autopista. Pero empiezo a oír o tal vez sentir algo, un firme y grave latido que se siente como el pulso de la vida dentro de estos árboles, y me doy cuenta de que mi presencia humana está interrumpiendo algo que debería ser dejado solo. Así que retomo el ritmo apresurado de mi marcha. ¿Quién escuchó este mensaje? ¿Quién es esta Susan que se apresura a través de un revigorizante bosque en una fría mañana?

Siempre me ha gustado tener un nombre muy común. Eso me ayuda a dejar la preocupación de la grandeza, la cual me ataca de vez en cuanto, tan rápidamente como se cura una gripa común. Sí, tengo un nombre más oculto, uno que sólo yo uso para llamarme a mí misma: Mujer-que-mira-hacia-adentro. Se me ocurrió mientras leía Seven Arrows *hace algunos años, pero ese nombre también lo siento aceptablemente modesto. De ninguna manera encierra la pretensión de conocer mi esencia como lo harían nombres del estilo de Shanti, Ananda o Shakti. A veces, cuando me encuentro atorada en los meandros espinosos de la ansiedad y la duda que se encuentran justo del otro lado de la grandeza, quisiera tener un nombre sagrado o un mantra mágico que me hiciera sentir segura de mi esencia divina. Pero entonces me acuerdo de que el trabajo consiste en hacer pasar la divinidad a través del* "simplemente Susan".

Hace años, cuando conscientemente disfrutaba de mi identidad como practicante de budismo zen, en una terapia de grupo expresé mi deseo de manifestar más claramente la calma interna que podía alcanzar en una larga sesión de meditación zazen. Me desesperaban mucho mis estados mentales habituales de dispersión y ansiedad. Alguien propuso que le hablara a una almohada que representaría a mi ser ansioso e imperfecto y que le dijera con claridad cómo debería de mejorarse a sí mismo. Al pasar a sentarme sobre el cojín sentí el dolor de juzgarme a mí misma y lloré como la niña rechazada que también sabía que estaba dentro de mí. El padre crítico y el niño rechazado, el dominante y el dominado. Un impase. Intervino un amigo y tiernamente propuso que tal vez siendo simplemente Susan, tal como era en cada momento, llegaría a la esencia del Zen. Nada más (ni menos) era necesario aparte de la aceptación total de mi experiencia en cada momento. Una revelación. Simplemente eso. Simplemente Susan.

En la carretera estatal empiezo a realizar la tarea que escogí: recoger la basura que dejaron los paseantes desde la última vez que pasé por esta parte del camino que hemos "adoptado" los miembros de Sevenoaks. Caminando vivamente me tuve que agachar muchas veces para recoger los desperdicios de nuestra civilización de objetos desechables y ponerlos en la bolsa de plástico anaranjada que traía para el efecto: envolturas de papel y aluminio de McDonald's, de Taco Bell, de Tastee Freeze; las latas y botellas de cerveza; los paquetes vacíos de cigarrillos, etcétera. Entre agacharme y poner los desperdicios en la bolsa mi conciencia está en el caminar y respirar, lo cual es muy visible en el vaho de cada exhalación. Simplemente caminar, simplemente respirar.

Y entonces me acuerdo de una anécdota de mi hija de diez años, Pamela, en la que dos niños de su escuela justo antes de las vacaciones de Navidad fumaban cigarrillos de dulce y exhalaban como si echaran humo. Engañaron a una maestra que pensó que eran cigarrillos de verdad. Niños y cigarrillos de dulce. Todavía siento el sabor blanco y polvoso de mi propia infancia cuando yo también alternaba los chupetones *en el dulce con las exhalaciones en el aire frío. Nada ha cambiado desde entonces, aunque hay cuarenta y dos años entre mi hija y yo. Salvo que jamás hubiera tenido la osadía o la capacidad lúdica como para tratar de engañar a la maestra. Yo era una niña asustada y muy bien portada.*

Y de pronto, justo debajo de la superficie de la conciencia, siento cómo me atrapa un ligera tensión o bloqueo. ¿Qué es? ¡Ah!, la pequeña superioridad moral tratando de reafirmarse conforme camino haciendo el bien, recogiendo la basura de mis vecinos. ¿Por qué esa presión por hacer el bien? ¿Hacer el bien para ser alguien especial? ¿Para qué? ¿Para justificar mi existencia de alguna manera porque no me basta simplemente con ser? Me acuerdo de mi padre super crítico y super consciente y cómo yo trataba de ganar su aprobación, casi creyendo que lo lograba, o que de menos me convertía en una persona valiosa. Me esforzaba muchísimo por llenar todos los requisitos exteriores necesarios para ganar su aprobación. Pero obviamente eso nunca me dio el sentimiento de seguridad y de valía, ese sentimiento de no-sé-qué que todos parecemos desear de nuestros padres, un sentimiento que mágica y equivocadamente creemos que ellos nos pueden dar. Ahora sé que ya no hay papás ni mamás. ¿Puedo entonces acabar con ese rollo de andar probando mi bondad? ¿Puedo darme permiso de soltar el gancho? ¿Puedo caminar por esta carretera porque camino por esta carretera, no para hacer el bien ni para mejorar el mundo, sino simplemente porque caminar por aquí y limpiar la basura es lo que está sucediendo?

Pasa un coche y saludo a mi vecina y nueva amiga. Una mujer negra, o ¿debo decir afro-americana? Yo, que mi familia puede ser más recientemente americana que la suya, no me llamo a mí misma escosesa-americana. Sin embargo, entre los negros de Estados Unidos la búsqueda de auto-definición cultural es mucho más importante y está llena de mucho dolor racial. Cambiar de palabras refleja la búsqueda continua de una identidad digna. ¿Qué tanto me define a mí misma mi piel blanca? Interiormente me siento multirracial, coloreada por el arcoiris, poseedora de los dos géneros. Y sin embargo soy consciente de los límites de percepción que surgen de mi identidad exterior en esta vida en tanto que mujer blanca de edad madura. ¿Puedo abandonar la idea de un ser fijo?

Mi conciencia simplifica, exteriormente mirando los tenis negros que suben por el cerro de carretera gris, interiormente observando la respiración, algo de jadeo, manteniendo el ritmo. Entonces me percato del resplandor de la escarcha que cubre dos montones de pasto amarillento al lado del camino. Luz que atraviesa las hojas congeladas creando miles de pequeños prismas. El sol iluminando el agua, ya sea a través de gotas de lluvia, de rocío o de escarcha, siempre me ha conmovido. Me detengo, mis piernas están débiles y mojadas, mi cuerpo vibra con el mismo sacudimiento eléctrico que la escarcha reflejando el sol. Mi campo visual se suaviza, la energía pulsa al subir por mis piernas y empieza a disolver mi sensación del ser definida por la piel haciendo que me expanda hacia el exterior para envolver la belleza de este frío momento. El espacio que hasta hace un momento había sido ocupado por la ropa interior para el frío y la banda que rodea mi cabeza ahora es ocupado por el asombro. Agua congelada que refleja la luz solar se convierte en un maravilloso regalo de la Creación. Y con ese regalo lo ordinario se vuelve extraordinario.

De vuelta a una focalización precisa, veo la basura junto a ese pasto escarchado, una taza de café hecha de poliestireno blanco de la tienda Seven-eleven con un letrero que promete: "Lo mantenemos acelerando". El sonido de la autopista se acerca, el aceleramiento de la vida más cerca. Un asomo de desprecio por el aceleramiento y por la gente que tira basura. Sin embargo, no es tan difícil mover mi conciencia hacia momentos en los que da miedo bajar la velocidad, en los que todo lo que da seguridad se encuentra dentro de un coche que se aleja de algo, o que está yendo hacia algo (independientemente de qué sea ese algo, o de qué imagine uno que es) siempre y cuando no esté aquí ahora. Momentos en los que todos los que están fuera del coche, especialmente el piso, son "otro", lo cual no importa, pues sólo se trata de un lugar-cosa que recibe nuestro rechazo. Puedo entrar en los lugares dentro de mí en donde merodea la crueldad, como antes lo he hecho, y también es seguro que puedo encontrar la conciencia del que tira la basura. Él también es yo.

Un agudo dolor en mi corazón aparece al recordar un encuentro reciente con Pamela. Tal como suele hacer cuando no nos estamos llevando muy bien o cuando necesita hacer patente su individualidad, ayer en la tarde Pam "huyó de la casa" llevándose una maleta a otra casa en los terrenos de Sevenoaks. Y tal como sucede generalmente, me llamó media hora más tarde para pedirme que fuera a recogerla y yo le dije: "No. Alguien tan grande como para irse de casa es suficientemente grande para volver solo." Pero volvió sin la maleta y más tarde accedí a llevarla para que la recogiera mientras pensaba que estaba cometiendo un error al ayudarle a sostener su voluntariosa manipulación.

Tan pronto como subimos al coche Pamela dijo: "Te quiero, mamá." Yo le respondí cínicamente: "¿Quieres decir que estás contenta porque te hago este favor?" Contestó, aparentemente sin sentirse lastimada: "No. Sólo pensé que necesitabas saber que te quiero." "Ah", y dejando entrar en mí lo que me acababa de decir, le respondí con toda sinceridad: "No me siento muy querible en este momento." "Ya lo sé, por eso te dije que te quiero." "Pues, gracias." Me calmé un poco, pero sólo un segundo antes de pasar a preguntarle por qué había estado de tan mal humor después de que regresó esa mañana de la fiesta de cumpleaños en casa de su amiga Sonia. Me dijo que al ver que su amiga podía pedirle a su mamá que dejara solas a las niñas y que ella lo hiciera, se había enojado en contra mía. "¿Por qué tú no me dejas pasar la noche sola con mis amigas? ¿Por qué tú nos dices cuándo irnos a acostar y no nos dejas decidir?" Todavía en mi estado de ánimo defensivo le contesté: "Porque cuando invitas a tus amigas a nuestra casa, actúas con menos madurez que Sonia." Tan pronto como salieron de mi boca, las palabras sonaron tontas y agraviantes incluso desde mi punto de vista. Pam sólo dijo con tristeza: "Eso es lo que siempre me dices." Ahí se acabó la plática.

Hasta ahora pude escuchar la dura maldad que había en mi voz y lamentar la oportunidad que perdí para hablar de cómo podríamos darle su lugar a nuestra mutua necesidad de negociar nuestras fronteras. Y como esta mañana le eché un vistazo a otro libro de Alice Miller, sobre el abuso en contra de los niños, estoy agudamente consciente de lo fácil que es caer en una inconsciente superioridad paterna, en vez de abrirme a la verdad de que mi hija está luchando por expresarse, por respetar su conciencia de que algo tiene que cambiar entre nosotras y por considerar que juntas podríamos descubrir la manera de mejorar las cosas. Durante nuestra plática, en realidad nunca se me ocurrió que ella fuera algo más que una compañera inferior. Tal vez esta tarde tenga una nueva oportunidad, tal vez no. Ese momento ya pasó. Aún mientras conservo mi ritmo de marcha aeróbica, en mi corazón se enreda una extraña mezcla de aguda tristeza junto con una condena de mí misma. Un profundo suspiro. Así sea.

Estoy de vuelta frente a nuestro buzón en Sevenoaks, en donde dejo mi bolsa anaranjada llena de basura para que la recoja el servicio de limpieza de la autopista. Ahora soy libre para caminar de vuelta a casa, para sentir el piso del bosque humedecido y esponjoso por la escarcha derretida, lleno de mi olor favorito de hojas integrándose a la tierra. Al dejar mi carga anaranjada me pregunto: ¿cuántas cargas interiores dejo con cada respiración, con cada paso en dirección de mi casa? La cantidad que es y no más. Después de todo simplemente soy Susan.

▼   *Aceptar nuestras dualidades*   ▼

Mientras camino por una carretera en el campo preguntándome "¿Quién soy?" siento en mí a un místico de la naturaleza armonizándose con una presencia en el bosque. También descubro a una niña ansiosa que todavía necesita darle gusto a su papá. Admito la existencia de una mente-ego que juzga a quienes tiran la basura y a nuestra cultura llena de sueños y artículos desechables, aunque también descubro dentro de mí la conciencia de quienes tiran la basura. Al saludar a mi amiga afro-americana me percato de mi piel blanca y de mi alma multicolor. Soy una madre consciente preocupada por el inconsciente intercambio con mi hija. Y luego, en un momento de gracia, no soy nada en absoluto, sólo un espacio a través del cual puede fluir el asombro en armonía con el pasto escarchado de mediados de enero al lado de una carretera rural.

¿Cuál es la verdadera Susan? ¿Acaso es ese momento lleno de asombro en el cual no existe una Susan separada, sino sólo el entramado sin costuras de la vida en la que se entreteje mi conciencia? ¿O soy esa mente-ego llena de juicios de reprobación y crítica hacia otros viajeros que pasan por esta carretera? Con seguridad soy las dos. El vaho que sale de mi boca y los recuerdos de cigarros de dulce me traen una súbita inundación de amorosa conexión con mi hija. Y sin embargo, momentos más tarde recuerdo una Susan perdida en un rollo de control materno. ¿Soy una buena o una mala madre? Es seguro que soy ambas cosas. ¿Soy una persona limitada por mi identidad externa de mujer blanca americana o soy un alma cuya experiencia va más allá de esta específica envoltura exterior? Ambas, es seguro.

Siempre que contesto a la pregunta "¿Quién soy?", la respuesta necesariamente es parcial y limitada. Incluso si estoy sentada en un lugar abierto, sintiéndome unida a toda la vida, eso también pasará, y pronto me experimentaré como un fragmento desconectado, prueba de mi imperfecta naturaleza humana. El eternamente cambiante flujo de la experiencia interior que tengo disponible se congela en cuanto le pongo una etiqueta a algunas de estas experiencias (generalmente sólo las que apruebo) para decir que esa soy "yo" y que lo demás es "no yo".

Todos los caminos espirituales y psicológicos son intentos por responder a la pregunta "¿Quién soy"? Diferentes caminos enfocan diferentes niveles de la conciencia y diferentes partes de la totalidad de nuestra experiencia como seres humanos. El trabajo psicológico nos ayuda a integrar el niño interior y a fortalecer un ego positivo. Algún trabajo espiritual nos ayudará a desarrollar nuestra intuición para entrar en dominios chamánicos y transpersonales. Otras prácticas de meditación ayudarán al desarrollo de nuestra capacidad para quitar a nuestros egos separados del camino y así poder experimentar nuestra armonía innata con la vida de manera directa.

Todo trabajo interior es válido cuando ayuda a profundizar nuestra experiencia y por esa vía nuestra comprensión de la pregunta "¿Quién soy?". Pero el trabajo que trata de congelarnos en una sola respuesta a la pregunta no es útil para la tarea de evolución que consiste en acrecentar nuestras ideas acerca de lo que significa ser un humano. Cuando nos dicen que "somos unos pecadores terribles", nos encerramos en una oscura y limitada identidad basada en el rechazo de uno mismo. Pero cuando nos dan una respuesta contraria diciendo que "En realidad somos ángeles disfrazados", también es posible que estemos dejando de considerar partes de nosotros y negando nuestra oscuridad. Es seguro que somos las dos cosas: ángeles y pecadores, y mucho más.

Es muy difícil contener en nuestra conciencia todas las contradicciones de ser humanos. Con facilidad caemos en la tentación de simplificar excesivamente nuestra experiencia. Cuando vemos nuestros defectos, perdemos de vista nuestra magnificencia. Cuando reconocemos nuestra belleza, olvidamos nuestro dolor y nuestra vulnerabilidad. Sin embargo, ambos extremos, junto con todo lo que hay entre los dos, son parte de la experiencia humana, nuestra experiencia, nuestra verdadera naturaleza como seres humanos y espirituales.

Como especie hemos desarrollado una increíble capacidad para hacer preguntas sin precedente acerca de nosotros mismos. Pero también como especie, constantemente tratamos de definir y por lo tanto restringir nuestra complejidad. Nuestras mentes todavía están limitadas por la ilusión dualista de que tenemos que ser esto o aquello. Nos definimos a nosotros mismos y a los demás en términos de las dualidades que nuestras mentes han sido estructuradas para reconocer. Nos etiquetamos y etiquetamos a los otros ya sea como gente feliz o infeliz, sana o enferma, gente en la que se puede confiar o gente en la que no se puede confiar. Tratamos de poner etiquetas y de tener respuestas definitivas acerca de nosotros que mantengan nuestra identidad segura y fija.

Todos somos como niños que miran una obra de Shakespeare. Cuando nos asustamos ante la cólera del Rey Lear en la ciénaga tormentosa, inmediatamente tratamos de saber si "es un tipo bueno o malo", como si contestar la pregunta de manera definitiva pudiera calmar la ansiedad básica de nuestra compleja naturaleza que nos hace al mismo tiempo buenos y malos. Necesitamos educar poco a poco nuestras mentes inmaduras y dualistas para que puedan abarcar la totalidad de la experiencia humana, para trascender el pensamiento de opuestos de "esto o lo otro", para permitir que aflore la sabiduría del "ambos/y". Ése es el próximo salto en la evolución de nuestra especie.

En el plano social necesitamos retar la mentalidad de esto o lo otro que ha producido guerras, lo mismo que la propia mentalidad de la guerra que hace que nuestras relaciones con la gente se reduzcan a la simplificación de ver a todos ya sea como aliados o como enemigos. Esa mentalidad del yo versus el otro también es central en la crisis planetaria de la explotación ecológica, pues en ella vemos a los humanos como algo separado de la tierra, en vez de como una parte de la matriz en la cual nosotros y las futuras generaciones tendremos que vivir en armonía si es que habremos de seguir floreciendo. Tenemos que entender que nuestro bienestar como individuos y como especie depende de un respeto sano y de una conexión con el resto de los seres humanos y con las especies no humanas con quienes compartimos este planeta.

Esta comprensión expandida de la interconexión comienza por admitir la verdad de nuestra propia naturaleza compleja. Cuando aceptemos esas características negativas dentro de nosotros que solemos proyectar sobre los "otros" tendremos menos enemigos. Cuando nos demos la posibilidad de expandir nuestras fronteras individuales a fin de incluir la identidad con otros seres humanos y con la naturaleza, entonces seremos capaces de vivir en armonía con la totalidad de la vida. "Ama a tu prójimo como a ti mismo" ya no será una obligación moral sino una invitación a ver la vida tal cual es. Se nos pide que realicemos la expansión de nuestra conciencia del ser a fin de incluir a nuestros semejantes, para que sepamos que amar a nuestro prójimo es amarnos a nosotros mismos y viceversa. El amor es la experiencia que expande nuestras fronteras del aparente interés individual a fin de incluir más y más de lo que anteriormente se hallaba fuera de nosotros como "otro". Inversamente, cuando aprendamos a amar todo de lo que hay en el interior de nuestro ser individual, a no rechazar nada de lo que hay dentro de nosotros, entonces será fácil amar a nuestro prójimo y a la tierra que nos alberga a todos.

La expansión de la comprensión de nosotros mismos debe empezar por volvernos verdaderamente honestos con nosotros mismos, especialmente acerca de nuestras negatividades y defectos personales.

▼   *Aceptar nuestra imperfecta*   ▼
naturaleza humana

Ser humano significa tener defectos, no ser perfecto. Todos cometemos errores, en ocasiones llegamos a herir a la gente más querida y a veces nos comportamos verdaderamente mal. Sin embargo, esta sencilla verdad nos parece algo difícil de aceptar.

Al percatarme de que he lastimado a mi hija en un descuidado intercambio, me tenso internamente, como si tratara de repeler el dolor inevitable que forma parte de la conciencia de mis actos. Pero somos aún más renuentes a aceptar ese tipo de mensajes cuando vienen de otras personas. Nuestras defensas se incrementan de inmediato, como si nuestra persona física estuviera siendo atacada. En efecto, se trata del mismo tipo de defensa fisiológica de combate/ huida, adecuada a situaciones en las que existe una amenaza inmediata a nuestra integridad física, que se pone en marcha con el fin de proteger la imagen idealizada que tenemos de nosotros mismos. Esta actitud nos hace tener que aparentar ser buenos y tener la razón en vez de aceptar que estamos equivocados o que somos malos. Escapamos de la vista de nuestros errores y defectos porque son una parte dolorosa, aunque inevitable, de la persona que somos. Pero sólo al dejar de lado mi perfeccionismo puedo sentir la simple tristeza de haber lastimado a mi hija. Respiro hondo, relajo mis defensas automáticas y simplemente siento el dolor. Sólo entonces puedo experimentar el perdón. Y alcanzar un nivel más profundo de auto-aceptación.

Cuando negamos nuestras fallas y nuestro egoísmo, permanecemos atrapados en el intento de parecer mejores de lo que somos y de culpar a algo o alguien más de las dificultades que enfrentamos. "No es mi culpa" es el primer grito del niño que hay en nosotros cada vez que somos enfrentados a nuestros errores. Cuando sucede algo desagradable, interiormente respondemos como el pequeño niño que oyó la voz de su mamá llamándolo después de que un temblor sacudió su casa. Su primera respuesta fue: "¡Yo no fui, mamá!" El niño dentro de nosotros teme que reconocer nuestras características malas o imperfectas signifique que sólo somos malos, o que somos terriblemente malos, lo cual provocará el juicio o el rechazo de los "otros" paternos que, imaginamos, son responsables de nuestro bienestar.

A partir del miedo que tenemos de nuestro ser imperfecto creamos un ser enmascarado, un ser idealizado, el ser que pensamos que deberíamos ser, en vez de admitir al ser humano imperfecto que somos. Cuando alguien nos pregunta, todos respondemos rápidamente que "estamos muy bien", independientemente de si estamos deprimidos por la última crítica que nos hizo nuestro jefe en el trabajo, o encantados por el último éxito que tuvimos en los negocios. Siempre estamos listos para asegurarnos a nosotros mismos y asegurarle a los demás: "estoy bien, soy competente, puedo manejar la situación", sin importar qué tan necesitados o infelices nos sentimos de verdad.

Cuando era niña, me portaba bien y hacía todo bien con el fin de ganarme el amor y garantizar la aprobación de mi padre. Esa máscara todavía aparece en la mujer adulta que soy siempre que me veo a mí misma "haciendo el bien" y, por lo tanto, mejor que los demás; tal como sucedió cuando recogía la basura que tiraron otras gentes.

Ya sea que hayamos creado la máscara de un niño bueno o de una niña buena, de un hombre o mujer poderosos, de un estudiante perseverante o un profesor seguro de sí mismo, de un niño dependiente o un adulto competente, de un incauto buscador o un cínico mundano, nuestras máscaras son un intento por elevarnos por encima de nuestros defectos y nuestro dolor, por negar que somos iguales a todos y que somos insignificantes. Creamos una máscara cada vez que tratamos de dar la imagen de alguien más amoroso o más poderoso, más competente o más dependiente, más compasivo o más cínico de lo que son en realidad los sentimientos y las motivaciones que estamos experimentando en ese momento.

Tratar de evitar nuestra verdadera experiencia en cada momento conlleva un desperdicio de energía que puede ser recuperada con el simple acto de decidir abrirnos a la verdad de nosotros mismos tal y como somos, en cada instante. Semejante aceptación de uno mismo implica la comprensión de nuestra necesidad de una máscara, la cual ha sido creada por la necesidad que tiene el niño que hay en nosotros de establecer una personalidad aceptable cuando nuestra autoestima se siente frágil y amenazada.

Al profundizar en nuestro compromiso de ser honestos con nosotros mismos y con los demás, desarrollamos una base más confiable para la autoestima. Pensar cosas buenas de nosotros deja de depender de alcanzar las irreales exigencias de una máscara perfeccionista y se fundamenta en el valor de enfrentar nuestra imperfecta naturaleza humana actual. La inmensidad de nuestro potencial humano puede ser nuestro sólo si empezamos por atrevernos a ser exacta y únicamente lo que somos en cada momento, sin importar qué tan pequeños, temerosos, grandiosos o santos seamos temporalmente.

"Si no tratas de ser más de lo que eres, te atreverás a ser todo lo que eres." Estas palabras me fueron dichas hace años por el Guía y todavía hoy me siguen guiando.

▼ Despertar nuestro potencial espiritual ▼

Ser humanos también significa que tenemos la posibilidad de experimentar una plenitud y perfección inherentes en el interior de nosotros; podemos saber que somos uno con la Fuerza Vital, con el espíritu, con Dios.

Mientras caminaba por la carretera me di cuenta de que el acto de recoger la basura se había convertido en un esfuerzo por ser "buena" que me mantenía encerrada en mi identificación con mi máscara de niña buena. En cuanto pude abandonar esa idea auto-centrada de mí misma, pude vaciarme, adquiriendo una importancia no mayor a la de la escena de vacas rumiantes que había del otro lado de la cerca o el resplandeciente pasto junto a mis pies. Entonces pude estar abierta a la experiencia de fundir mi ser en la belleza y en la perfección del momento que temporalmente hizo desaparecer mi separación y expandir mi sentido del ser en armonía con la totalidad de la vida.

Podemos sentir que somos uno con todo lo que existe, una expresión individual del Espíritu Universal que se mueve a través de todas las cosas. La mayoría de las religiones y de las tradiciones místicas de todas las religiones reconocen nuestra divinidad esencial como aquello que constituye nuestra verdadera naturaleza. "Ser Divino", "Naturaleza Búdica" o "Ser Crístico", son diferentes nombres que damos al Ser Superior, o poder superior, que existe dentro de cada ser humano. Hay en nosotros una plenitud escondida detrás de la experiencia de fragmentación y separación que comúnmente tenemos de nuestro ser.

Somos mucho más de lo que pensamos. En cada momento, ya sea que seamos o no conscientes de nuestra vastedad interior, nos extendemos más allá de lo que conocemos de nuestro ser y más profundamente que nuestra personalidad actual. El asunto de estimular nuestra autoestima se vuelve algo más amplio al convertirse en una búsqueda de lo que es el ser de cada uno. En esa búsqueda descubriremos identidades interiores de mucho mayor dignidad y nobleza espiritual de lo que imaginamos posible. Podemos experimentar estados de conciencia en donde sabemos que cada momento de nuestra experiencia es una expresión perfecta de una plenitud mucho más grande de lo que jamás hayamos imaginado

En el núcleo de tu más profundo ser encontrarás la presencia eterna de Dios... (En el interior hay un)... universo en el cual todo está bien y no hay nada que temer. Ahí encontrarás la sensación de integridad y de vida eterna, junto con el poder de sanar y la satisfacción emocional de un nivel de profundidad inimaginable. (CGP 200, "El sentimiento cósmico")[1]

---

[1] A partir de aquí y a lo largo de todo el libro sólo se dará el número de la Conferencia del Guía del Pathwork en seguida de alguna cita directa del material del Pathwork. El título de la conferencia puede ser consultado en la lista completa de las Conferencias del Guía del Pathwork según la secuencia numérica presentada en la página 284.

Pero al igual que nos defendemos en contra de la posibilidad de conocer nuestro imperfecto ser humano a causa del miedo de no ser nada más que nuestras limitaciones, igualmente nos defendemos en contra del conocimiento de nuestro ser inherentemente divino debido al miedo que tenemos de perder la cómoda y limitada idea que tenemos de quién somos. Hemos llegado a creer que nuestra limitada personalidad humana, encerrada en la superficie de nuestra piel, es nuestra identidad, y por eso nos resistimos a saber que somos algo más. Vivimos en la superficie de la vida, identificando nuestro "ser" con nuestra experiencia de separación y aislamiento. Tenemos miedo de hundirnos en las profundidades de nuestros seres en donde en realidad somos mucho más que la experiencia común que tenemos de nosotros.

Tememos el reconocimiento de nuestros defectos y de nuestras negatividades inconscientes porque esa conciencia sacude nuestro orgullo y nuestra identificación con las pretensiones de la máscara. Pero tenemos el mismo miedo de despertar al inconsciente ser positivo y expandido porque no queremos poner en duda nuestro universo conocido o desilusionarnos al desear más de lo que podemos obtener. Así las cosas, el miedo y el orgullo restringen los perímetros personales de nuestra experiencia y hacen que nuestra conciencia siga siendo fragmentada y parcial.

> La realidad que experimentas como seres humanos en este plano humano es un aspecto infinitesimalmente fragmentario de la realidad total... Cuando la conciencia no está conectada con el significado profundo de las cosas, la vida tiene que ser una lucha. Esto se aplica a todos los seres humanos, de menos en cierta medida. Pues incluso los individuos más conscientes y desarrollados tienen periodos en los que también ellos se pierden en el marasmo de su propia inconexión y falta de entendimiento. (CGP 181)

De modo que vivimos la mayor parte de nuestra vida rodeados de defensas, construyendo paredes alrededor de nuestra conciencia con la intención de mantener "allá afuera" todo lo que nos amenaza y que consideramos que no forma parte de nosotros. Por un lado rechazamos la conciencia de nuestra simple humanidad imperfecta, con sus pequeñas maldades, errores frecuentes, dolor habitual e intensa vulnerabilidad. Nos encerramos en una máscara con la esperanza de dejar los defectos y el dolor fuera de nuestra conciencia. Y, por otro lado, negamos nuestro núcleo espiritual más profundo, ahí en donde somos expresiones completas y magníficas de la Totalidad.

▼ *Expandir nuestra sensación del Ser* ▼

El trabajo espiritual es la disciplina a través de la cual, lenta y constantemente, expandimos las fronteras del ser a fin de integrar en nuestra conciencia cada vez más y más acerca de quién somos. Se requiere de dedicación y de valor para poder expandir nuestra idea acerca de nosotros. Tenemos que estar decididos a quitar nuestras defensas en contra del dolor enterrado si es que habremos de crecer.

Harriet estaba explorando su resistencia a expandir su idea acerca de sí misma. Podía sentir una pared interior, un rígido y retador "no" a conocerse como algo diferente al adulto férreamente competente o, en cambio, a la niña deprimida y perdida. Estas dos identidades le resultaban familiares; todo lo demás era desconocido y atemorizante.

En una visualización guiada, podía ver su mente pensante como un centinela que se paraba encima de una gran pared de piedras grises que rodeaban el territorio conocido de su ser y que le decía que no debía aventurarse hacia territorios peligrosos del sentimiento o del espíritu. Cada vez que sentía el más mínimo impulso para enriquecer su vida, el centinela expresaba su orden: "¡Cuidado! Eso es un territorio peligroso.

Vuelve al interior de la fortaleza que conoces. Nunca podrás sobrevivir allá afuera."

Sin embargo, Harriet podía recordar que hacía mucho tiempo, cuando era una pequeña niña, vivía en un mundo muy diferente. Era un mundo mágico y luminoso en donde los ositos de peluche hablaban, en donde tomaba el té con sus alegres amigos imaginarios y en donde los bosques brillaban con vida espiritual. El mundo de entonces era seguro, papá y mamá estaban ahí para protegerla, así que no necesitaba una pared ni un centinela.

También podía recordar cuándo fue que su mundo feliz y luminoso se convirtió en una oscuridad total e inexplicable. El evento que provocó todo fue la muerte del papá de Harriet cuando ella sólo tenía seis años. Después de la muerte de su padre su madre se volvió bastante inestable y emocionalmente dependiente. La seguridad de la pequeña Harriet se vio amenazada y la luz se apagó dentro de su mundo psíquico. Había tomado la decisión inconsciente de crecer tan pronto como fuera posible para sobrevivir ante tan terrible pérdida. Suprimió su pena y se obligó a actuar como el adulto competente que su madre necesitaba.

Harriet empezó a ver que sus sentimientos y su sensación del ser se habían congelado en el momento de la muerte de su padre. Inconscientemente tomó la decisión de aplacar su mundo emocional, de pintarlo de gris y de vivir dentro de la fortaleza segura de su depresión. Inconscientemente había llegado a la conclusión de que su luminosa y vital exaltación era insegura porque la hacía muy vulnerable a la terrible y negra desilusión. Era mejor acabar con todos los extremos emocionales. Construyó la pared e invitó al centinela para que fuera el protector de sus vulnerables sentimientos, el guardián de sus defensas. Esa largamente olvidada decisión ahora aparecía en el centro del escenario.

En una sesión del Pathwork conmigo, Harriet habló con el centinela como si se tratara de otra persona y le dio las gracias por haberla protegido de sus sentimientos y de su conciencia de cosas que podían haberla abrumado mientras era niña. Luego le pidió que le permitiera aventurarse más allá de las estrechas fronteras del ser que había conocido. Le dijo que ahora ya había crecido de verdad y que tenía un ego suficientemente fuerte como para arriesgarse a caer en el temido abismo de sus sentimientos; ahora tenía fe en que podría aterrizar a salvo en el fondo del pozo que anteriormente le hubiera significado un aniquilamiento seguro.

Harriet se permitió expresar la energía de su dolor y de su cólera, lloró y se enojó. Ahora tenía el valor de abrazar y aceptar a su ser emocional. Al abrirse a sus sentimientos profundos se sintió inundada de luminosidad y esperanza. Poco a poco estaba recuperando la inocencia y apertura infantiles que había detrás del terrible sufrimiento por la muerte de su padre. La pared se volvería a cerrar, pero ya nunca con tanta fuerza como antes. Cada vez que se abría a su dolor o a su anhelo, su vida se volvía un poco menos gris y prohibitiva de lo que había sido.

Nuestra experiencia de la vida es un reflejo exacto de quiénes somos en el interior. Siempre que nuestra vida está restringida y es insatisfactoria necesitamos profundizar dentro de nuestro territorio interior a fin de descubrir en dónde hemos congelado nuestro potencial para tener una experiencia más rica. Cada vez que expandimos nuestro territorio interior, nuestra vida exterior se expande. Nuestro mejor maestro espiritual siempre es la vida que tenemos justo frente a nosotros, nuestras más importantes lecciones espirituales siempre vienen de nuestra experiencia vital.

Para expandir nuestra vida tenemos que estar decididos a entrar en lo desconocido que hay dentro de nosotros.

Al inicio siempre resulta atemorizante ir más allá de los límites actuales de nuestro ego. Los nuevos territorios nos son extraños, ajenos y desconocidos. El ego vive bajo la ilusión de que mantenerse dentro de los estrechos límites del territorio conocido es algo fácil, rela-

jante y que no requiere esfuerzo. Esa sensación es una
ilusión porque el estado de estancamiento en realidad
está lleno de esfuerzo. El estancamiento requiere de una
enorme cantidad de esfuerzo, por lo general inconsciente, dirigido a mantener la resistencia en contra de la
inclinación natural del alma a crecer. (CGP 199)

▼   *Honrar nuestro anhelo espiritual*   ▼

El llamado del alma para crecer espiritualmente nos llega
en la forma de nuestros anhelos personales. Todo ser
humano anhela algo que piensa que puede hacer que su
vida sea más satisfactoria. Eso puede llegar como el anhelo
de un profundo compañerismo con la pareja, de un trabajo
interesante o una familia en la que abunda el amor. O bien
nuestros deseos se enfocan hacia la satisfacción espiritual,
hacia una relación más profunda con Dios, con Cristo o
con la Tierra. Detrás de estos deseos específicos está el
"sentimiento o sensación de que seguramente existe un
estado de conciencia más satisfactorio y una mayor capacidad de experimentar la vida". (CGP 204)

En última instancia, todos los anhelos son lo mismo:
experimentar una amorosa relación con el ser, con los
demás, con nuestro medio ambiente y con Dios. Tal vez nos
avergonzamos de nuestro anhelo porque nos enfrenta a la
sensación de nuestra vulnerabilidad; tal como nos sentía-
mos cuando niños al ver que nuestros anhelos se frustraban
o incluso eran aplastados. Tal vez tememos nuestro anhelo
porque nos abre a la posibilidad de la desilusión. No obstante, sólo al despertar y honrar nuestro anhelo tendremos la
motivación necesaria para hacer el trabajo interior necesario para expandir nuestra vida.

La mayoría de nuestros anhelos pueden ser expre-
sados como el deseo de amar (al ser, a otra persona, el
trabajo, la naturaleza, a Dios) y de ser amados (por el ser,
por otra persona, por nuestro entorno o por Dios). El

primer paso es aprender a amarnos y a ser amados por nosotros mismos. Así es como podemos echar los cimientos sobre los cuales se dará la satisfacción de todos nuestros anhelos. Aprendemos a identificarnos con alguna parte de nosotros que amamos y luego a dirigir ese amor a las partes de nosotros que pensamos que no merecen ser amadas. Aprender a amarnos y a aceptar todo lo que somos es la primera y constante herramienta para sanarse a uno mismo.

Nuestro anhelo de amar y de ser amados nos lleva a la expansión de nosotros y de nuestra vida. Pero también tenemos que estar dispuestos a pagar el precio de una estricta honestidad interior y confrontación con uno mismo, a mirar cómo nos limitamos a nosotros mismos. Aprendemos a ver cuándo y dónde hemos odiado en vez de amar (ya sea a uno mismo o a los demás), en dónde nos limitamos a causa del miedo o el orgullo, en dónde creemos que somos víctimas indefensas y que los otros son responsables de nuestra infelicidad.

> Tu anhelo es realista cuando partes de la premisa de que la clave de la satisfacción se encuentra dentro de ti; cuando estás dispuesto a descubrir las actitudes que te impiden experimentar la vida de una forma satisfactoria y llena de significado; cuando interpretas el anhelo como un mensaje del núcleo de tu ser interior que te pone sobre el camino que te ayuda a encontrar tu verdadero ser. (CGP 204)

▼ El camino del Ser Sin Defensas ▼

El camino hacia el ser verdadero implica aprender a abandonar tu máscara, aceptando tu "inferior" e imperfecta naturaleza humana y abarcando tu perfecta naturaleza espiritual "superior". El crecimiento espiritual es un movimiento hacia el Ser Sin Defensas, el ser que ni esconde nuestros defectos humanos ni niega nuestra esencia espiri-

tual. Expandir la conciencia de uno mismo y la auto-
aceptación de este modo nos trae la armonía más profunda
posible y la más grande satisfacción en la vida, todo lo cual
nos dará la base más sólida para una auténtica autoestima.

Este libro esboza una manera de aproximarse al
crecimiento personal y espiritual que enfatiza la necesidad
de explorar todos los opuestos y extremos de nuestra naturaleza: el diablo y el ángel, el niño vulnerable y el adulto
competente, la pequeñez del ego y la grandeza del espíritu.
Aprendemos a aceptar la multiplicidad de nuestras identidades y experiencias humanas. Aprendemos a abandonar
nuestras defensas en contra de conocer todo lo que somos:
los lados indeseables tanto como los deseables de nuestra
naturaleza. A fin de recuperar nuestra humanidad tenemos
que soltar nuestra máscara defensiva y reconocer nuestra
inherente limitación e imperfección. Para desarrollar nuestra espiritualidad, tenemos que soltar la pretensión de que
ya sabemos quiénes somos y abrirnos a las vastas y descono-
cidas profundidades del ser.

▼ Ejercicios para el Capítulo 1 ▼

1. ¿Qué es lo que más anhelas en la vida? Escribe tus anhelos específicos.
Luego observa en qué forma representan un anhelo subyacente de
alcanzar estados de conciencia más expandidos y llenos de amor. Pon
tus más profundos anhelos en palabras.

2. a. Haz una lista de lo que piensas que son tus defectos y fallas más
específicos. Pide a otra persona que comparta contigo lo que piensa
de tus defectos y escribe lo que te diga.
b. Haz una lista de tus virtudes. Pide a otra persona que comparta
contigo lo que piensa de tus buenas cualidades y escribe lo que te
diga. Siéntate con las listas de tus dos aspectos, tanto los "buenos"
como los defectuosos, y observa qué tanto puedes dejarte reconocer ambos lados en tu persona.

3. a. Escribe acerca de un área de tu vida que te está incomodando. Relaciona esto con tu lista de defectos. ¿Encuentras alguna relación?

b. Escribe acerca de un área de tu vida que está marchando bien. Relaciona esto con tu lista de virtudes. ¿Encuentras alguna relación?

4. Pide ayuda a tu ser divino interior para que te guíe en tu camino. Siéntate tranquilamente y pídele ayuda, especificando tu necesidad de recibir una guía espiritual. Escucha una voz en el interior y, si oyes algo, escríbelo. Pide un sueño que te guíe en tu camino espiritual y escribe lo que llegue.

5. ¿En qué áreas de tu vida te gustaría enfocar más tu crecimiento personal en este momento? ¿Qué aspectos de tu Ser Superior necesitan ser fortalecidos? ¿Qué aspectos de tu máscara y de tu Ser Inferior necesitan ser comprendidos mejor?

▲ 2 ▲

DECIDIR UNIFICAR NUESTROS SERES

"Cuando asumes la búsqueda interior como la tarea fundamental en tu vida, desaparece la inquietud y una profunda sensación de sentido y dirección llega a tu alma."

CONFERENCIA DEL GUÍA 208.
"La capacidad innata de crear"

▼ *Maureen: Integrar al niño* ▼
y al domador de leones

*"Amo muchísimo a mi esposo", exclama Maureen entre sollo-
zos. "Pero desde que nacieron nuestros hijos he tenido poco o
ningún deseo sexual de Jim. Siento como una gran pérdida.
Cuando éramos novios no podía quitarle las manos de encima, pero ahora sólo me siento afectuosa y cariñosa, sin llegar
a desearlo de manera activa más que muy raras veces. Y no
sólo se trata del deseo sexual", confiesa, "simplemente ya no
siento de manera muy intensa hacia él, aunque sé que lo amo,
y mucho". Los grandes ojos marrón de Maureen se vuelven a
llenar de lágrimas cuando nos mira a mí y a Alan, mi cotera-
peuta. Concluye diciendo: "No entiendo qué está pasando."
Maureen, una exitosa y bella terapeuta de alrededor de treinta
y cinco años, nos cuenta un poco acerca de su familia católica
irlandesa. Ella fue la mayor de cinco hijos sometidos a un
dominante padre alcohólico con tremendos cambios de humor repentinos y una madre sumisa que parecía estar eternamente cansada.*

Le pedimos a Maureen que escoja a alguien como su
"padre" entre los hombres que participan en el grupo y se
decide por Bob, cuyo padre también había sido alcohólico. De
modo que con algunos comentarios de parte de Maureen, Bob
conoce bastante bien el papel que le toca representar. Bob se
pone a fanfarronear por el cuarto imitando un humor desagradable y empieza a gritarle a su "hija" Maureen. "Qué
lindo día ¿he? Vendí mucho. ¿A poco no es estupendo, Mau-
ree?" Y con una pregunta que más bien parece una orden le da
una palmada en la espalda diciendo: "Ándale, nos regalas una
sonrisita hoy, nena. ¿Por qué me echas esa miradita tristona?"
Maureen empieza a contestar pero su "papá" la interrumpe de
inmediato: "Ándale, ¡ja!, dime ¡ja!. Ése había sido el truco del
papá de Maureen para lograr que su hija seria y tristona se
riera. Le pedía que dijera "¡Ja! y luego él le decía "¡Ja!, ¡ja!, ¡ja!,
hasta que ella devolvía una risa obligatoria. Incluso había
llegado a apodarle ¡Ja!. Pero esta vez Maureen trata de protes-

tar: "Escúchame, papá, quiero contarte algo acerca de cómo me fue hoy." Bob, en su papel de papá, no la deja y empieza a cosquillear a Maureen diciéndole: "Ándale, ¡ja!, no me vengas con ese rollo tristón. Hoy es un día excelente, vamos a divertirnos." Maureen, al volver a vivir los sentimientos de su niña interior siente la derrota con agudeza y se retira hacia el otro lado del cuarto, llorando suavemente. Alan y yo le damos ánimos para que exprese su tristeza de manera completa, pero sólo salen unas cuantas lágrimas.

Luego Bob y Maureen actúan una situación en la que el humor del papá se había invertido. Bob entra en el cuarto malencarado y ladrando una orden: "Tráeme mis pantuflas, Maurie." Como ella se tarda y trata de hablar con él, Bob le grita: "¡Ahora mismo!" Ella se escabulle pero regresa un minuto después con las pantuflas y un proyecto de la escuela para enseñárselo. Bob la manda a volar. "Hoy no. Hoy no puedo ver nada. Pasé un día terrible. No vendí nada." Y luego, alzando la voz: "No te das cuenta de que no estoy de humor para estarlos aguantando. Si las cosas siguen así los vamos a tener que sacar de esa cara escuela católica a la que su mamá insiste en llevarlos. Pésima época para las ventas. Ve y dile a tu mamá que me traiga un trago antes de cenar." Otra vez Maureen se aleja triste y acongojada. Pero esta vez no hay lágrimas en sus ojos.

De pronto Maureen se endereza y nos revela algo. "Recuerdo una vez en el corredor afuera del cuarto de mis papás. Estaba en uno de sus ratos de malhumor y me había gritado porque no le había llevado las pantuflas que él quería o algo así por el estilo. Luego, llevándose su trago de antes de la cena, entró en el cuarto y aventó la puerta haciéndome sentir que yo le había hecho algo terrible. Yo empecé a encogerme dentro de mí, como solía hacerlo cada vez que no había logrado complacerlo, y entonces algo se reventó. O se endureció. O se soltó. No puedo decir qué, pero de todos modos recuerdo que pensé: no lo voy a dejar que me lastime más, nunca más. Y así lo hice. Creo que nunca volví a llorar sino hasta que conocí a mi esposo Jim en la universidad. Simplemente me cerraba y no sentía nada cada vez que mi papá se ponía de mal humor."

Alan toma la mano de Maureen en la suya y le pide que lo mire. Al hacerlo, las lágrimas vuelven poco a poco y casi susurrando le dice: "Creo que me he cerrado ante Jim de la misma manera en que lo hice con mi papá. Ahora que Jim es el papá de nuestros hijos, lo quiero aún más que antes. Me importa tanto que creo que ahora tengo todavía más miedo de que me pueda lastimar, de que me lastime tanto como lo hacía mi papá."

Alan y yo entonces le proponemos que tome una decisión diferente de la que tomó cuando era una niña para retener sus sentimientos hacia su padre. Alan se para junto a Bob y le da ánimos a Maureen para que exprese ante los dos hombres todo el abanico de sentimientos que tiene hacia su padre. Primero susurra: "¿Acaso tienes una idea de cuánto me lastimas? Me ignorabas, bastardo egoísta. Nunca ponías atención a quién era yo en realidad. Yo no era más que parte del escenario de tu teatrito. Nunca nos viste a ninguno de nosotros, para ti sólo éramos parte del paisaje, sólo 'los niños'." Sube el tono de su voz, "¿Y yo qué, papá, y yo qué? ¿Acaso yo no cuento para nada? ¿No, papá?" Y ahora, apuntando con el índice hacia sí misma dice: "Mírame. ¡Mírame a mí, carajo! No eres el único que existe en el mundo. Yo también cuento." Pero para ahora su voz es un fuerte aullido. El miedo y el dolor han erosionado su seguridad. Se cae sobre un sofá en los brazos de otra de las mujeres del grupo mientras solloza diciendo: "No estoy tan segura de que de verdad importo. Si él no me podía amar tal vez sea porque yo no era digna de ser amada." Ahora el dolor sale a la superficie de manera más completa y los sollozos ya no están controlados.

Cuando Maureen se vuelve a poner de pie yo comento: "Creo que ahora puedes tomar una nueva decisión de manera consciente, la decisión de tener todos tus sentimientos por ti misma. Tu padre ya no te puede lastimar de ese modo ahora. Y Jim está mucho mejor capacitado para recibir y amarte." Luego le pregunto suavemente: "¿Puedes asumir ahora ese *nuevo compromiso?" Maureen busca en el interior de sí misma y dice con honestidad: "Casi, pero no del todo. Todavía parece que me falta algo."*

Aventuro una hipótesis sobre lo que está faltando. "Tal vez necesitas experimentar el lado opuesto de tu niña víctima. Tal vez necesitas descubrir las maneras en las que todavía quieres castigar a tu papá, incluso convertirlo a él mismo en víctima. ¿Hay algo que todavía te haga desear la venganza?" Los ojos de Maureen se iluminan como ante una revelación. "¡Eso me suena muy bien!"

Le pide a Bob que vuelva a ayudarle, sólo que ahora representando al hombre de sesenta y cinco años que es su padre en la actualidad, envejeciendo y consciente de su fragilidad. Bob le pide a Maureen que sea linda con él ahora, que le perdone sus errores de juventud. "¡De ningún modo!", le grita. "¡Ahora me toca a mí darte órdenes! Ahora yo estoy a cargo de las cosas y tú harás lo que yo diga." De manera muy enfática le dice: "¿Me oyes?" Bob contesta débilmente: "Pero ahora te necesito, por favor sé buena conmigo, Ja." Con un escandaloso "¡Ja!." Maureen repite: "¡De ninguna manera! Vas a brincar cuando yo diga brinca. Así que ahora corre y ve a buscar mis pantuflas." Él va y lo hace. "Siento que por fin he logrado domar al león", nos dice a todos. "Ahora es un hombre viejo y yo tengo el poder para lastimarlo."

Alan y yo buscamos algo que pueda servir de látigo de domador para Maureen. Un joven saca un trozo de cuerda de su pantalón y se lo da. Le pedimos que deje salir al domador de leones de manera más completa. Ella golpea el piso con la cuerda y le escupe ordenes a su obediente "papá" Bob. "Ahora ríete, papá, haz Ja, ja, ja. Hazlo, ahora." Bob obedece. "Bien, ahora vuelve a hacerlo, pero con más sentimiento." Maureen da las órdenes haciendo tronar la cuerda varias veces en el piso cerca de Bob. Suelta una risa muy cruel al sentirse disfrutar el papel de domador de leones. Le pide algunas otras cosas a Bob y él obedece hasta que Maureen resume prepotentemente: "¡Harás lo que yo te diga y sólo lo que yo te diga, cuándo y dónde yo diga!"

*El paso de Maureen desde su papel de niña triste victi-
mada hasta el papel de adulto cruel ahora está completo. Le
pedimos que sienta el placer negativo de su nuevo papel y
fácilmente acepta el disfrute que siente en el poder de darle
órdenes a su papá, de controlarlo completamente. Reconoce
igualmente la satisfacción que siente al haber cortado sus
sentimientos humanos por él. "Ninguna compasión. sólo poder y control", anuncia en un tono triunfal. Se pasea un poco
más haciendo tronar la cuerda en el piso y permitiéndose todo
el placer de su "dulce" venganza. Varias mujeres más que
están en el cuarto reconocen su beneplácito ante el hecho de
que Maureen se haya vengado de su padre.*

*Pero después de unos cuantos minutos el humor cam-
bia significativamente, en Maureen y en los demás. "Me siento
vacía", nos dice. "Esto en realidad no es muy divertido. No me
siento más amada ni más digna de ser amada al hacer esto y
definitivamente no siento el tipo de conexión que anhelaba
tener con mi padre. Ahora sólo me siento triste. Triste por mí,
por la pérdida de mi padre y triste por la manera en que quería
herirlo. Triste por la manera en que los hombres y las mujeres
continúan haciendo estas cosas unos a otros. Este terrible juego
de andarse lastimando de ida y vuelta. Ahora todo esto me
parece terriblemente triste, como un terrible desperdicio de
energía."*

*Las lágrimas vuelven a salir a medida que camina
hacia Alan y Bob. Estando parada vulnerablemente frente a
ellos simplemente dice: "Lo siento. Lo siento muchísimo."
Alan, diciendo las palabras que todos sabemos que deben estar
enterradas en lo más profundo del corazón del padre de Maureen, le contesta: "Yo también lo siento mucho." Maureen se
deja caer sollozando sobre los brazos de Alan y se sientan
juntos en el sofá durante un largo rato. Algunas de las personas que están en el cuarto, también llorando, se han abrazado
para encontrar consuelo. Todos estamos sintiendo la tristeza
de nuestras compartidas pérdidas humanas y el dolor de nuestros sentimientos de venganza. Después de que el llanto de
Maureen finalmente se calma, ella mira el rostro de Alan y*

dice, para Alan, para Jim y para su papá: "Ya pasó. Ya no tenemos que volver a vivir esto una vez más. Es tan triste, pero ya pasó. Me puedo amar. Te puedo perdonar. Me tomará tiempo, pero puedo hacerlo. Ahora ya lo sé."

▼ *Decidir unificar nuestros seres* ▼

Aun después de que Maureen logró dar salida a los sentimientos enterrados de su lastimada niña interior, su experiencia sanadora no estaba completa. Era necesario dar un paso más. Tenía que encontrarse con lo opuesto de la niña herida, es decir, el adulto vengativo, antes de poder soltar el dolor de su infancia y perdonar a su padre.

Nuestra sanación depende de un proceso similar de incorporación de opuestos. El adulto competente se hace a un lado y revela a un niño o niña dañados. La víctima herida cede su lugar para descubrir al cruel victimario. Nuestro camino espiritual nos conducirá a asumir cada par de opuestos interiores, con lo cual sacaremos a la luz cualquier cosa que haya sido escondida pensando que se trataba de algo inaceptable, malo, egoísta o débil. Sólo así podremos integrar el lado oscuro y no desarrollado dentro de la conciencia y liberar la excitación y el placer que se encuentran encerrados en la sombra negativa para que entren en el conjunto de nuestra energía disponible.

Pero precisamente porque la mente humana percibe la vida en dualidades, a menudo experimentamos incluso nuestro anhelo de crecimiento personal y espiritual como un deseo de afirmar a la experiencia positiva y eliminar la negativa. Queremos tener salud, placer y felicidad y excluir la enfermedad, el dolor y la infelicidad.

Pero tampoco es un error desear las cosas positivas que la vida nos ofrece. No podría ser de otro modo, puesto que así es como se estructura la conciencia humana. No obstante, el problema espiritual surge cuando tratamos de reprimir lo negativo o vulnerable que hay en nosotros, cuando tratamos de negar o vivir "por encima" de nuestra mortalidad, falibilidad, negatividad y dolor.

> Cuando buscas un solo lado de un par de opuestos, tienes que oponerte al otro lado. En esa oposición tu alma se encuentra agitada y temerosa, en un estado que nunca te permitirá alcanzar la unidad. Mientras te opongas a un lado aferrándote al otro será imposible alcanzar la auto-realización o la liberación, esto es, el principio de unidad. (CGP 144)

Si deseamos amor y poder, placer y expansión creativa, también debemos estar dispuestos a sentir miedo y desesperanza, dolor y contracturas, pues tratar de excluir esos estados "malos" limitará nuestra capacidad de experimentar a tal punto que también el lado "bueno" se volverá inalcanzable. Siempre que bloqueamos la conciencia de cualquier lado de nosotros mismos, también estamos bloqueando su opuesto. Cuando abrimos, nos abrimos a toda la experiencia.

▼ El desarrollo de nuestras dualidades ▼

Nuestra experiencia común de seres humanos es la de una realidad limitada y parcial en la cual la amplitud total de la conciencia ha sido limitada dentro de los confines de la persona, el tiempo y el lugar. Algunas veces la conciencia temporalmente se libera de las restricciones de la mente limitada y dualista y nos lleva hacia un conocimiento más amplio de nuestro estado esencial del Ser, más atrás y más allá de la dualidad. Un estado desde el cual podemos conocer nuestra unidad con los demás seres humanos y con toda la vida. Pero cuando volvemos a nuestro encogido y parcial estado ordinario de conocimiento, nuestro "yo" se separa de todo aquello que percibimos con "no yo". Cada nacimiento humano es una entrada a la identidad separada. Qué tanto nos llegamos a separar y alienar de partes constitutivas de nuestro propio ser, de los otros seres humanos y de nuestro medio ambiente, es un resultado de los aspectos de dualidad que hemos venido a resolver en esta vida. Esos aspectos se van manifestando a lo largo de nuestro crecimiento desde la infancia hasta la edad adulta.

Al nacer, el bebé no tiene un ego, no distingue entre "su ser personal" y "otros seres". Pero el bebé sí experimenta la dualidad en el plano físico. Algunas cosas (el hambre, la humedad, el frío, el contacto áspero) le resultan desagradables y conllevan insatisfacción y dolor. El bebé llora. Algunas otras cosas (comer, estar seco, el calor, el contacto suave) son agradables y le traen satisfacción y placer. El bebé hace ruiditos de gusto. Así que instintivamente el bebé trata de maximizar esas experiencias que dan sostén a su existencia física y placer y procura minimizar las experiencias de dolor e insatisfacción. Nuestras más tempranas experiencias de dualidad humana en el plano físico se imprimen en nosotros y a menudo determinan, por el resto de nuestros días, la forma en la que nos relacionamos con la alimentación y el hambre, con el calor y el frío, la limpieza y la suciedad.

Poco a poco el niño que se desarrolla entra en nuevas dualidades (en el plano emocional) conforme va descubriendo que ciertos comportamientos y sentimientos suyos producen consecuencias agradables o desagradables en su mundo, tal como inicialmente lo define por las reacciones de sus padres. La supervivencia física ahora se convierte en supervivencia emocional y proliferan más dualidades acerca de "qué es emocionalmente seguro" en contra de lo "emocionalmente inseguro." Al mismo tiempo trata de estimular las reacciones de sus padres que le hacen sentir bien y de evitar aquellas que le hacen sentir mal. Empezamos así a definir nuestras dualidades emocionales personales, nuestros temas o asuntos psicológicos, nuestras neurosis y nuestros problemas, mientras luchamos por alcanzar la supervivencia emocional y el bienestar. Desde las experiencias de nuestra más tierna infancia con nuestros padres, familia y mundo inmediato vamos definiendo para nosotros mismos "lo que es bueno" en contra de "lo que no es bueno", en relación con nuestro comportamiento y sentimientos a partir del tipo de reacciones que provocan en nosotros.

La persona en desarrollo también se va definiendo a sí misma en la esfera mental tal y como lo ha hecho en los dominios físicos y emocionales. Aprende a aceptar ciertas ideas como "correctas" y a rechazar otras como "incorrectas". Y no sólo se juzgan ciertas ideas como equivocadas, sino que incluso se vuelve inaceptable tener ciertos pensamientos, los cuales son relegados a la mente inconsciente.

El ser físico/emocional/mental que quisiéramos circunscribir a las sensaciones corporales aceptables, a los sentimientos agradables y a los pensamientos aprobados y que pensamos que termina en la superficie de nuestra piel, se percibe como algo separado del medio ambiente. Todo lo que está fuera de esa frontera se percibe como "otro", diferente del ser. Qué tan distante o separado sentimos que está nuestro ser de todo eso llamado "otro", en gran medida es el resultado de qué tan peligroso o benigno percibimos que era el medio ambiente durante nuestra infancia. Una vez que nos identificamos como un ego separado, nuestras necesidades de bienestar físico, emocional y mental se incorporan a la necesidad del ego de estímulos y de auto-estima. Con el desarrollo de un ego aparecen creencias aún más dualistas acerca de lo que es deseable (estimulante del ego) en contra de lo indeseable (limitante del ego).

A lo largo del crecimiento que nos lleva a volvernos seres humanos adultos separados construimos más y más barreras al conocimiento de nosotros mismos. Hemos etiquetado muchas experiencias de nuestra realidad física, emocional y mental y muchos aspectos de nuestra relación con los demás como algo indeseable, incluso intolerable. Para cuando somos adultos, estos aspectos rechazados de nosotros mismos han sido enterrados en el inconsciente. Hemos limitado la definición de nosotros mismos a un territorio más o menos pequeño de la experiencia que hemos considerado como aceptable. Hemos llegado a creer que sólo somos nuestra imagen idealizada de nosotros mismos.

▼ *El crecimiento hacia la unidad* ▼

El camino espiritual exige que exploremos las dualidades personales que se manifiestan en la infancia y que luego llevamos hacia la edad adulta. Tenemos que desandar y revertir el proceso mediante el cual nos hemos alienado de nosotros mismos y de nuestro entorno. Hacemos el viaje desde la limitada identidad de nuestra imagen idealizada de nosotros, volviendo hacia las posibilidades de expansión de nuestro verdadero ser.

En ese viaje despertamos el anhelo de experimentar una identidad expandida, de tocar nuestro núcleo, de conocer el lugar de la unidad en el interior. Desde la percepción normal de nuestro ego vemos la vida en términos de opuestos, condenando uno a ser deseable y el otro indeseable. Sin embargo:

> En el plano unificado de la conciencia no existen opuestos. Sólo existe el bien, sólo lo correcto, sólo la vida. No obstante no se trata del tipo de bien o de correcto o de vida que sólo implica una mitad de los opuestos del plano dualista. El "bien" unificado trasciende los opuestos, y su naturaleza es completamente diferente. El bien que existe en el plano unificado de la conciencia combina los dos aspectos de tal modo que los opuestos ya no están en conflicto el uno con el otro. (CGP 143)

Sólo es posible alcanzar esa unidad más profunda cuando aprendemos a aceptar lo que hemos rechazado de nosotros mismos, a ir hacia lo que hemos tratado de evitar. Alcanzamos la unidad mediante la aceptación de nuestras dualidades.

Dorothy pidió un sueño que le guiara en su camino espiritual. Había alcanzado una situación terrenal considerablemente buena como una exitosa mujer de negocios y era una comprometida buscadora espiritual. Se sentía lista para ir más a fondo, así que su sueño le mostró el camino a seguir con una claridad exquisita: "Salgo de un lugar en el sótano de una casa, un lugar terriblemente estrecho en el que he estado viviendo. Me acompaña una amiga mundana y sofisticada. Subimos los escalones hacia una casa mucho más grande de lo que había imaginado que fuera posible.

"En el centro de la casa hay un pequeño jardín con una minúscula cerca que lo rodea. Lo único que crece ahí es una enorme planta de calabaza, con un grande y robusto tronco central y doce o más ramas creciendo desde ahí. En el extremo de cada rama hay una fruta, como una calabaza, pero cada una de ellas está partida en dos. Siento que la planta representa la unidad y la dualidad, el núcleo central unificado de la vida y la manifestación dualista de los frutos de la vida. En presencia de esta planta tengo una increíble sensación de serenidad. Luego descubro que hay una pareja de viejos, sabios y serenos, que se encarga de cuidar esta planta. Me doy cuenta de que son sus eternos guardianes. Quiero quedarme y aprender de esta pareja de viejos, pero mi amiga está llena de impaciencia y quiere que continuemos. Ni siquiera se percata de la planta que tanto ha capturado mi atención; ella quiere explorar el edificio.

"Sigo a mi amiga y merodeamos por la construcción para luego subir al piso de arriba para salir por una terraza lateral hacia la oscuridad de afuera. Ahí me encuentro con un hombre que parece ser la pareja de la mujer que me ha estado acompañando desde el sótano. No se comportan como una pareja, pues están completamente perdidos en sus preocupaciones narcisistas. Años atrás he tenido una relación compulsiva con este hombre, quien ahora está preocupado y camina ansiosamente a lo largo de la terraza. Trato de calmarlo, de tranquilizarlo, pero es incapaz de centrarse. No logro alcanzarlo, está perdido en su espacio negativo y es incapaz de conectarse

conmigo o con su pareja. *Los dejo caminando ansiosamente en la oscura terraza mientras ella parlotea acerca de la arquitectura de la casa.*

"*Vuelvo al interior de la construcción iluminada. Al mirar desde lo alto de la escalera hacia el interior me asombra su belleza. La gran planta de calabaza graciosamente llena el centro y alrededor de la amplia estancia que rodea la planta hay mesas cubiertas con manteles de un verde esmeralda o musgo. En ellas hay gente sentada esperando a que le den de comer las frutas que crecen en el núcleo de este espacio. Me lleno de satisfacción al ver la planta y esa estancia, sintiendo que es un sitio sano y dulce. ¡Qué bueno es que todo el mundo se alimente de este espacio y de la planta que está en el centro!*

"*Bebiendo de la riqueza del espacio me siento volverme más bella, más agraciada y más sana. Al bajar las escaleras para pasar más tiempo con la planta veo a un hombre. Nos miramos y lo reconozco como mi verdadera pareja. Lo siento al mismo tiempo como el verdadero compañero que anhelo y como la parte masculina de mí misma.*

"*Regreso a la planta, ahora acompañada por el hombre que será mi pareja e inicio mi nueva tarea de cuidar de la planta. Me enseñarán a hacerlo los dos viejos cuidadores eternos de la planta y a quienes siento como mi ser superior masculino/femenino unificado. Trabajaré con mi compañero para dar de comer a la gente que ha venido a este lugar para ser alimentada. Estos invitados tienen un papel dentro del proceso de mi integración, son parte de la mutualidad que existe entre mí misma y aquellos a quienes sirvo.*

"*Sin embargo, sé que mis tareas no se acaban aquí, sino que incluyen la continuación de mi esfuerzo por alcanzar a la pareja que se quedó atrapada en la oscura terraza, quienes parecen representar los aspectos masculinos y femeninos distorsionados tanto de mi Máscara como de mi Ser Inferior. Mi Máscara es la de ser competente y sofisticada. Mi Ser Inferior se manifiesta en mi compulsiva manera de atrapar energía y en mi temerosa falta de confianza hacia los demás. Me hace falta fe en mi ser espiritual y tengo la necesidad compulsiva de*

*que mi pequeño ego tenga el control. En ese lugar en el cual
únicamente dependo de mi ego estoy llena de ansiedad. Sé que
tendré que llevarle a esa pareja el alimento espiritual de la
planta de calabaza. Tendré que ir y venir desde mi nuevo
hogar en esta hermosa construcción hacia la oscuridad en
donde estos dos todavía están atrapados en su ansiedad e
ignorancia hasta que estén listos, como confío en que algún
día estarán, para venir adentro conmigo."*

Su sueño le mostró a Dorothy con toda claridad
que necesitaba dejar su limitada vida mundana y entrar en
la riqueza de la casa interior. Ahí podría descubrir el
centro espiritual que hay dentro de ella simbolizado por la
planta de calabaza; unificada en el origen y dualista en sus
frutos. Dorothy descubre la representación de su Ser Inferior desgajado en sus aspectos masculino-femenino en la
pareja compulsiva ante la cual se compromete a trabajar
mientras sea necesario para traerlos de vuelta a casa. También descubre que su más importante tarea será contemplar y cuidar de la planta interior con la guía del Ser
Superior masculino-femenino unificado. Para poder lograr esto, va a tener que encontrarse con su pareja, esto es,
unificar sus propios aspectos masculinos y femeninos.
Además, tendrá que atender y servir a otros que han
venido a esa casa de nutrición espiritual.

El sueño ilustra con belleza cómo es que el camino
espiritual incluye el encuentro con nuestros defectos y
nuestras dualidades para abrirnos a nuestro núcleo central
de unidad.

Cuando asumes la búsqueda interior como la tarea más
importante en tu vida, desaparece la inquietud y una
profunda sensación de sentido y dirección llega a tu alma.
Con eso, lenta pero seguramente, las frustraciones de tu
vida empiezan a desaparecer y una rica satisfacción empieza a tomar su lugar. Sólo puedes encontrar tu lugar en
la vida cuando focalizas tu atención sobre la razón fun-

damental por la cual has venido a este plano de existencia. (CGP 208)

▼ *La meta del trabajo espiritual* ▼

Venimos a este nivel de la manifestación, a una existencia humana separada, con el fin de purificar y unificar los aspectos de nosotros que están desconectados de la totalidad. Nuestra desconexión se vuelve evidente durante nuestras experiencias infantiles en las que nos separamos de ciertos aspectos de nosotros mismos rechazándolos por considerar que son intolerables. Esas partes que rechazamos existen en el inconsciente como aspectos aislados que no reconocen su verdadero origen en Dios. Ésas partes se han alienado de su verdadera identidad como expresiones del Todo. Esas son las ovejas descarriadas de nuestra psique y nuestra tarea consiste en ser como el buen pastor que les da la bienvenida cuando vuelven a casa.

La meta del crecimiento espiritual es la unión. La unión es algo que se consigue mediante "la reunificación de cada pedazo y fragmento de la conciencia que se ha separado" de la unión primordial con Dios. (CGP 193)

> El verdadero crecimiento espiritual siempre es un proceso de unificación. Siempre implica tender un puente a través de un abismo, dominar un conflicto, resolver una contradicción real o aparente. Toda la vida es una progresión destinada a alcanzar una mayor unidad y a eliminar cada vez más áreas de desunión. (CGP 208)

Así que seguir un camino espiritual no consiste únicamente en buscar experiencias de unidad. También se trata de conocer todos los fragmentos negativos del ser que se han separado de la conciencia de unidad. Esto implica nuestro compromiso para purificarnos, para cobrar conciencia de nuestros defectos y limitaciones. Entonces podremos transformar nuestros puntos ciegos mediante un cuidadoso desenmarañamiento del proceso mediante el cual esos aspectos fueron enterrados en el inconsciente adquiriendo, de ese modo, una identidad separada.

> Cuando adoptas el estado limitado del ego, lo haces con ciertos objetivos específicos. Entras y te manifiestas en ese estado con el objetivo de alcanzar la purificación y la unión. (CGP 208)

La manifestación humana nos permite enfocar nuestros defectos e imperfecciones de un modo que no le es posible a otras formas o niveles de nuestro ser. En el estado de conciencia de unidad, más allá de la forma humana, sabemos que nuestros defectos son sólo manchas de polvo en el luminoso hábito del ser. Sólo en la vida humana nuestros defectos adquieren proporciones tales como para que podamos examinarlas y transformarlas completamente. Tenemos que enfocar nuestras dificultades y limitaciones y verlas "tan grandes como la vida", para que entonces toda nuestra atención se dirija hacia ellas permitiéndonos darles la bienvenida cuando vuelven a la totalidad de nuestro ser.

Decidimos encarnarnos para conocer nuestra humanidad de manera íntima. El trabajo de la transformación consiste en decidir encarnar más y más de uno mismo a fin de expandir lo que está destinado a ser humano, a fin de soltar nuestros defectos desde su origen. Mientras estamos en la forma humana podemos activar tanto nuestra naturaleza superior como la inferior.

> Es posible activar las capacidades del ser espiritual más amplio o Ser Superior, enfocarse en esa dirección y ser receptivo a su siempre presente voz. Igualmente, es posible enfocar y ser receptivo a los aspectos negativos de tu personalidad que yacen profundamente enterrados y que también necesitan ser identificados en tu camino de evolución. Este camino te enseña a entrar en contacto con

esas capas escondidas y a lidiar con ellas de manera correcta. Algunas partes están más desarrolladas y otras menos. Los aspectos más desarrollados se encuentran en la posición adecuada y tiene el equipo necesario para explorar, para sacar y unificarse con los otros aspectos menos desarrollados que aún no se han hecho presentes. (CGP 208)

Los aspectos desarrollados de uno mismo le dan la bienvenida dentro de la conciencia a las partes no desarrolladas que están listas para llegar hasta ahí. No importa qué tan evolucionados estén, todos los seres humanos tienen defectos humanos. Nadie es inmune a la ceguera y a las limitaciones de la condición humana. No importa qué tan iluminados estemos en ciertos aspectos, mientras permanecemos en el estado humano, siempre hay otros aspectos que todavía no están desarrollados. Los aspectos no desarrollados son traídos a la encarnación con el fin de ser purificados y nuestra tarea espiritual consiste en enfocar precisamente esos defectos a fin de transformarlos e integrarlos. Nuestros sueños a menudo revelan en dónde es que debemos enfocar nuestro camino para continuar.

Un hombre joven que recientemente había iniciado su camino interior nos contó el siguiente sueño: "Estoy en un gran santuario natural exterior (enorme pero cerrado) que tiene un techo muy alto. Me doy cuenta de que puedo volar. Soy mitad humano, mitad una criatura con alas reptilianas, pesado y poderoso, pero también vulnerable y poco seguro de sí mismo. No sé qué es lo que debo hacer, sólo sé que tengo que volar hasta arriba del techo, tan alto como pueda. Creo que ahí es en donde debo construir mi nido.

"Pero para poder llegar hasta allá tengo que volar cerca de una criatura dormida que parece como un dinosaurio, es un bulto de carne de color ocre. Quiero arrastrarme junto a él sin despertarlo porque sé que es salvaje, estúpido, celoso de su territorio y malo. Y, sin embargo, de algún modo

sé que voy a tener que enfrentarme con él, pues no hay manera de rodearlo. Y no permanecerá dormido si paso junto a él."

El sueño le pide a este hombre que construya su nido en lo más alto de su santuario interior. Y, sin embargo, para poder llegar hasta allí tiene que incorporar el poder de su ser primitivo y aceptar completamente a la bestia inconsciente que le bloquea su paso hacia las alturas.

Tal como en el cuento de La bella y la bestia, sólo es posible redimir a la bestia interior con amor y aceptación. Las "buenas noticias" del camino presentado en este libro son que no hay nada tan oscuro dentro de la psique humana como para que no pueda ser transformado si se le saca a la luz de la conciencia. La negatividad que se encuentra dentro del ser puede ser abarcada, perdonada y abandonada. La vitalidad esencial que hay dentro de la energía negativa puede ser recuperada e integrada con la conciencia para añadirse a la totalidad de la energía que tenemos a nuestra disposición.

Cada defecto que reconocemos, cada defensa que desmantelamos y cada dolor que sentimos y soltamos nos da poderosas reservas nuevas de pensamiento y sentimiento con las cuales podemos crear nuestra vida en novedosas y positivas direcciones. Inversamente, cada actitud negativa inconscientemente manifestada, cada defensa a la que nos aferramos y cada dolor que negamos, ata nuestras energías vitales y limita nuestra conciencia.

> La mayoría de los seres humanos olvida o ignora completamente el hecho de que lo peor de sí mismos en esencia es un poder creativo, flujo y energía universales muy deseables... Cuando bloqueas la parte indeseable, ésta no puede cambiar y se queda paralizada y estancada. (CGP 184)

Nuestro trabajo sobre nuestros defectuosos seres libera una enorme energía positiva porque nada dentro de nosotros está definitivamente separado de nuestra unidad original.

Una mujer mayor que había experimentado su vida como una maraña de relaciones neuróticas tuvo este sueño: "Estoy atrapada en una telaraña pegajosa que ha rodeado todo mi cuerpo. Me siento bastante perdida hasta que volteo y veo justo junto a mí otra telaraña perfectamente tejida que brilla con gotas de rocío. Esa telaraña es arrebatadoramente bella; no puedo quitarle los ojos de encima. También me doy cuenta de que está conectada con la que me mantiene atrapada y, desde ahí, a todos los reflejos de la casa en la que me encuentro. Entonces me siento increíblemente tranquila."

Esta mujer se despertó sabiendo que aunque en ocasiones se siente completamente enredada en todas sus pegajosas telarañas de neurosis, aquello a lo que está pegada no es esencialmente diferente de aquello con lo que se pueden construir las más gloriosas telarañas. Al aceptar y soltar más de sus aspectos neuróticos ella podrá liberar un poco más de su esencia divina.

▼ *Las crisis y la evolución* ▼
espiritual de nuestra especie

Nos encontramos en un punto crítico en la evolución de la especie humana. La negatividad de nuestro Ser Inferior colectivo se manifiesta en nuestro potencial para provocar el suicidio planetario por contaminación y en nuestra capacidad para la auto-destrucción por medio de las armas. La expresión de nuestro Ser Superior que anhela vivir en amor y paz con el prójimo, incluso con quienes nos son más cercanos, está aún seriamente retardada. La necesidad de crecimiento espiritual nunca ha sido tan imperiosa tanto en nivel individual como para la especie en su conjunto. Sin él, no será posible sobrevivir en este planeta. La evolución nos está clara y urgentemente llamando para que realicemos esta tarea.

También estamos atestiguando el desmoronamiento de muchas certezas en la religión, la economía, la organización social e incluso en la ciencia. Nuevos paradigmas están emergiendo. No sólo se trata de cambios que de por sí son muy rápidos, sino que además se están acelerando. En tiempos de cambio tan veloz la crisis es inevitable.

Todas las crisis, ya sea en el nivel personal, en el plano de la especie e incluso en el plano global, son un mensaje acerca de la necesidad de evolución espiritual.

Las crisis son un intento de la naturaleza, de la legalidad natural y cósmica del universo, por provocar el cambio. Las crisis de cualquier tipo tratan de romper el antiguo equilibrio de las estructuras basadas en conclusiones equivocadas y en la negatividad. Sacuden los estilos de vida malamente arraigados y rígidos a fin de que el crecimiento se vuelva posible. Rompen y destruyen, lo cual momentáneamente resulta doloroso, pero la transformación es impensable sin ellas. (CGP 183)

Las crisis nos ayudan a romper con lo viejo para dar espacio a lo nuevo. De hecho pueden ser un paso en el crecimiento cuando dejamos que las lecciones de ruptura y crisis nos revelen los niveles más profundos de distorsión oculta en nosotros que requieren de atención y transformación. Cuando nos enfrentamos a la negatividad (llamada pecado, neurosis, limitación o ignorancia) que hay dentro de nuestras almas, entonces podemos descubrir que no es más que una defensa para poder soportar el miedo que nos provoca.

Las negatividades interiores y el estancamiento que crean las crisis a menudo son inconscientes. La primera parte de cualquier camino de honestidad con el ser consiste en cobrar conciencia de estos aspectos. Se trata de ideas erróneas, de emociones y actitudes destructivas, lo mismo que de patrones de conducta que surgen de ellas y también de las pretensiones y defensas que han sido construidas para esconderlas. (CGP 183)

El crecimiento espiritual exige que hagamos frente a lo negativo que tenemos dentro. Cada vez que retrasamos el mirarnos de frente, la manifestación de la crisis y las dificultades en nuestra vida diaria tienden a crecer.

Harry era un veterano de Vietnam de edad madura cuya vida de pronto se estaba llenando de problemas, entre los que sobresalían todo tipo de hostilidades largamente reprimidas en contra de la autoridad, que se estaban manifestando de maneras incorrectas en su trabajo. Se sentía lleno de prejuicios y tenía miedo de sus sentimientos violentos de modo que estaba fuertemente tentado a negarlos.

Nos contó el siguiente sueño: "Me encuentro junto a un río y aparece la figura de un gurú. De pronto el río se vuelve caudaloso, agitado y por lo tanto peligroso. El gurú me impele para que salte al río pero yo le digo '¡No!'. El gurú salta y nada graciosamente río abajo unos veinte metros y sale a la superficie para invitarme nuevamente a que salte. Le vuelvo a decir que no. De pronto el río se seca y el fondo aparece lleno de palos que se convierten en serpientes. El gurú me vuelve a impeler a que brinque y camine sobre las serpientes. Le digo '¡No!' y el gurú camina tranquilamente sobre las serpientes sin problema alguno y me invita a que lo acompañe. Yo vuelvo a decir no, pero en ese momento, cuando las serpientes se voltean para perseguirme, me despierto."

La interpretación de Harry: "Toda la vida he estado tratando de evitar responsabilizarme por mis sentimientos violentos. Pero el sueño claramente me dice que mientras más trato de evitar los sentimientos desbordados, más crece la crisis. Cuando estuve en Vietnam podía dejar salir mi violencia de manera justificada. Pero ahora tengo que enfrentarla como una parte de mí mismo que ya no me sirve. Mi Ser Superior está tratando de mostrarme que puedo saltar al río de mi violencia interior sin correr peligro, pero yo me sigo resistiendo. ¡Creo que debo decidirme a saltar, a hacer el trabajo interior, antes de que las cosas empeoren!"

Después de que Harry comenzó un serio trabajo en el Pathwork conmigo, con el fin de descubrir sus sentimientos violentos tuvo otro sueño:

"Me veo nadando en un lago lleno de peces que también es algún tipo de instalación de investigaciones marinas. Veo un gran pez que me parece ser una barracuda y me da miedo, pero al acercarme nadando pierdo el miedo y me siento tranquilo y seguro de que no me hará daño. Luego veo un pez enorme con dientes afilados justo enfrente de mí, más grande que un tiburón, pero no tanto como una ballena. Estoy muy sorprendido y bastante asustado. Pero vuelvo a darme cuenta de que mientras más me le acerco menos me asusta. Me relajo y me percato de que hay todo tipo de peces nadando en torno a mí, pero que ninguno me morderá. Suelto un suspiro de alivio y nado más hacia el fondo. Entonces, mientras buceo me doy cuenta de que aguanto sin respirar mucho más tiempo del que pensaba. Llego al otro lado del lago y entro en algo que es como un laboratorio en donde una mujer me ayuda a empezar a respirar normalmente otra vez."

En el laboratorio donde trabaja su proceso personal conmigo Harry está aceptando su violencia interior, buceando profundamente dentro de su inconsciente y aprendiendo a nadar con lo que ahí se encuentra.

▼ *El impulso de la evolución* ▼

El crecimiento espiritual (el desarrollo hacia la unificación de todos nuestros aspectos no armoniosos) no sólo es algo urgente para el estado actual de nuestra evolución. También es el significado y propósito de la vida humana sobre la Tierra. La tarea de crecer espiritualmente vincula a la humanidad con toda la vida en el planeta. Y el significado de esa vida se realiza mediante su participación dentro de los patrones de la evolución que manifiestan a la Mente Cósmica a través de formas cada vez más complejas y conscientes de sí mismas.

La condición humana es un estado de evolución acelerada, de un constante "convertirse". Inversamente, el estado de naturaleza no-humana, es una manera más simple de "ser" en la que las fuerzas de la evolución se mueven lentamente pues aún no han alcanzado el nivel de conciencia de sí mismo o de libre albedrío. En el otro extremo del espectro de la evolución, más allá de nuestra conciencia humana normal, se encuentran seres de espíritu puro que han evolucionado por encima de la dualidad de la condición humana y que existen en completa unidad y conciencia de sí mismos, en un estado de "ser consciente". La conciencia humana no es ni simple naturaleza ni espíritu puro. En cambio, estamos entre esos dos niveles de la evolución, somos seres espirituales y materiales, poseedores de una conciencia de sí parcial pero no completa, atrapados en la inquietud de la división interna y la carencia de plenitud. Estamos en un estado de desequilibrio que busca equilibrarse, de desunión y de dualidad que evoluciona hacia la unidad.

A diferencia de la naturaleza que no es consciente de sí misma, los seres humanos tenemos la capacidad (aunque sólo sea temporal) de oponernos a nuestra propia evolución. A diferencia de un árbol, podemos decir "no" al crecimiento. Podemos rehusarnos a sentir la fuerza vital que hay en nuestro cuerpo creando una armadura muscular que aísla el placer y el dolor, adormeciéndonos ante las realidades de nuestra vida física. Podemos rehusarnos a crecer emocionalmente, y así nos quedamos atrapados en respuestas inapropiadas e infantilmente anacrónicas ante la vida. Podemos decidir no expandir nuestra mente y así seguir pensando con base en conceptos limitados que se endurecen en prejuicios e ideas fijas. Podemos cerrarnos ante todo lo que la vida nos ofrece y así sentirnos víctimas inhibidas que se aferran a actitudes viejas y deslavadas. Podemos tratar de engañar a la vida deseando obtener más de lo que estamos dispuestos a dar.

No obstante, tarde o temprano rehusarnos de ese modo a crecer o a abandonar las viejas actitudes se volverá en contra de nosotros. Simplemente porque no es posible engañar a la vida. En cualquier ámbito en que nos negamos a crecer (mental, emocional o espiritualmente) nuestra experiencia de vida será proporcionalmente superficial e insatisfactoria. Cada vez que nos resistimos al impulso de la evolución hacia una mayor expansión y desarrollo personales terminamos creándonos más dolor y dificultades. Tenemos que aprender continuamente, una y otra vez, que nuestra felicidad yace en asumir el camino de la evolución personal, a pesar de nuestros miedos.

El llamado de la fuerza vital hacia la evolución es una realidad. Se le puede resistir, pero no se le puede negar. El crecimiento personal no es sólo deseable, es inevitable. Es parte del inexorable impulso cósmico hacia la evolución

> Existe un gran impulso en el universo manifiesto en donde vives. Ese impulso debe existir en cada individuo humano. Ese impulso se dirige hacia la unión, hacia la unificación, la reunión de los fragmentos individuales de la conciencia... Ese impulso se manifiesta como una inmensa fuerza que mueve a todos hacia la unificación interior y la unificación con los demás, haciendo que la separación y el aislamiento sean dolorosos y vacíos... La vida, el placer, la unidad con el ser y con los demás son las metas del plan cósmico de la evolución. (CGP 149)

La fuerza de la evolución constantemente nos empuja hacia el crecimiento, hacia la apertura de más áreas de nosotros a fin de crear una mayor conciencia y una mayor unidad. Una vez que conscientemente decidamos participar en la tarea universal de la evolución mediante la búsqueda de nuestro propio crecimiento espiritual, nuestras vidas se llenan de sentido y propósito, pues gozosamente participamos del acontecer cósmico.

▼ Ejercicios para el Capítulo 2 ▼

1. Explora algunas de tus dualidades personales. ¿Qué partes de ti o de tu vida rechazas o juzgas como: a. intolerables; b. inaceptables; c. indeseables? Imagina que le das la bienvenida a casa a estas partes de ti y de tu vida, igual que el padre hizo con su hijo pródigo, o como lo hace el buen pastor con las ovejas perdidas.

2. ¿Qué partes de ti o de tu vida juzgas como: a. tolerables; b. aceptables; c. deseables? ¿Cómo puedes fortalecer tu aceptación de ti y de la vida?

3. Describe cualquier experiencia que hayas tenido con el "Núcleo" de tu ser, con el centro unificado de la vida que fluye a través de ti?

4. Observa en el pasado el curso de tu propio desarrollo espiritual. ¿Qué sucesos o personas te han servido para despertarte para que sigas tu camino interior? ¿Escribe una breve carta de agradecimiento a quien sea o cualquier cosa que te ha ayudado a despertar. Especialmente toma nota de cuándo las crisis y las dificultades de la vida te han dado un incentivo para tu aprendizaje espiritual y agradécete retroactivamente por esos sucesos.

5. Observa algunas de las crisis pasadas de tu vida y ve si puedes resumir la lección que encerraban para ti. ¿Qué dualidad interna pudiste esclarecer? ¿Cómo fue que la resolución de la crisis le dio mayor unidad a tu vida?

6. Haz un compromiso consciente con tu evolución personal, incluyendo el compromiso de sacar a la luz de la conciencia todos los aspectos no desarrollados de tu personalidad. Formula el compromiso con tus propias palabras y crea tu ritual de compromiso. Si es posible invita a una o más personas a servir de testigos ante tu compromiso.

▲ 3 ▲

DESARROLLAR
EL SER OBSERVADOR

"Existe un ser real que no es igual a tus aspectos negativos ni a tu rígido juicio de ti mismo, ni a la máscara que cubre tu negatividad. Tu tarea consiste en encontrar ese ser real."

CONFERENCIA DEL GUÍA 189
"La determinación de la identificación del ser a través de los niveles de conciencia."

▼ La expansión de James: ▼
el microscopio y el maletín
de primeros auxilios

A los cincuenta años de edad, James sabía quién era. O creía saberlo. Había subido desde una deficiente y limitada educación de clase baja hasta obtener títulos universitarios y había trabajado para construir una vida culturalmente sofisticada y económicamente exitosa. Había superado un matrimonio joven e inmaduro con una mujer dependiente y controladora dejándola para que ella educara a sus dos hijos. Siendo niño, James se había tomado muy en serio el rígido catolicismo de su familia, incluso llegando a ser un acólito devoto. Nunca pudo entender las bromas de los otros niños que se iban de misa o que usaban el nombre del Señor en vano. James realmente temía la posibilidad de ser condenado para siempre por esos actos. Ya adolescente, se vio atrapado en una tremenda contradicción entre su floreciente y poderosa sexualidad y las prohibiciones de la Iglesia. Al mismo tiempo su mente estaba empezando a retar las supersticiones de su religión. Finalmente rechazó el catolicismo y se convirtió en un férreo ateo.

Sin embargo, nunca dejó de buscar respuestas a las preguntas fundamentales acerca del significado de la vida y de la muerte. Casi a los treinta años James descubrió las religiones místicas del oriente con sus respuestas que detenían la mente ante las preguntas que todavía se hacía. Así fue como se convirtió en un serio practicante de budismo zen y, después de muchos años de meditación, alcanzó una experiencia poderosa de iluminación en la que su sentido de separación del ser limitado por el ego se disolvió en un estado de conciencia de unidad, la toma de conciencia de Dios. Durante sus años treinta James descubrió el Pathwork y había realizado mucho trabajo tratando de alinear su personalidad con su despertar espiritual.

Pero más tarde se sintió aburrido con su vida. Aunque disfrutaba de sus capacidades, de su independencia y de su madurez intelectual, sentía que había alcanzado todas sus *metas terrenales. Su conocimiento espiritual le parecía seguro y rara vez sentía angustia personal. Razonablemente satisfecho con su vida y sus relaciones, James había estado rezando inconscientemente por que algo le sacudiera y le hiciera comprometerse realmente en su camino espiritual una vez más.*

Fue entonces que su hijo de veinticinco años, Matthew, llegó a visitarlo. James lo había visto sólo de vez en cuando desde que había dejado a su esposa muchos años atrás. Padre e hijo nunca habían estado cerca. A pesar de que quería mucho a Matthew, nunca se había sentido realmente amoroso hacia este gentil muchacho, quien había sido un niño físicamente frágil y nunca había sido suficientemente agresivo o exitoso como para complacer a su padre. La ambivalencia de James hacia su hijo también contenía una fuerte dosis de culpa por su incapacidad como padre.

Poco después de su llegada, Matthew le dijo a su padre que era homosexual y que tenía SIDA, enfermedad de la cual seguramente moriría en un año.

Al reaccionar ante el shock con un adormecimiento emocional, James trató de observar en sí mismo los sentimientos que esperaba tener ante las trágicas noticias de Matthew. Pero todo lo que podía sentir era un lugar frío y duro alrededor de su corazón que dejaba fuera todos los sentimientos.

James trató de que su hijo le hablara del asunto y durante la semana siguiente Matthew cuidadosamente empezó a abrirse, primero describiendo la ansiedad que le provocaba su padre y el resentimiento que tenía porque los había abandonado. Describió cómo su sensación de estar atrapado y restringido, conforme fue creciendo en compañía de su madre, había vuelto ahora que nuevamente estaba viviendo con ella. Matthew admitió estar aterrorizado por la idea de morir pues su propio rechazo del catolicismo no había sido remplazado con ninguna perspectiva espiritual. Confesó que su vida sexual homosexual había sido agitada e insatisfactoria, furtiva y poco placentera, hasta que, hacía un año, se había encontrado y establecido brevemente para vivir con un hombre al que amaba profundamente. Pero cuando le diag-

nosticaron el SIDA, la relación se desmoronó bajo la presión y había tenido que volver a vivir con su madre.

James escuchó todo esto con muy pocas reacciones, mientras que el frío alrededor de su corazón se solidificaba volviéndose un adormecimiento invernal. Al mismo tiempo que le deseaba el bien a su hijo y no lo juzgaba por su homosexualidad, James no podía encontrar nada tranquilizante para decirle acerca de la muerte. No podía articular ni una palabra de consuelo. Su voz parecía estar perdida en el fondo de un pozo congelado. Una semana más tarde, cuando Matthew se fue de vuelta a ser cuidado por su mamá, lo único que James podía encontrar eran retortijones de vieja culpa por lo mal padre que había sido.

Entonces empezó la pesadilla. James se despertó varias noches sacudido por temblores y sudor. En un sueño, "estaba rodeado de monjas o tal vez brujas, terroríficas mujeres de un tamaño descomunal, todas vestidas de negro, cacareando y apuntándome con dedos acusadores. Estoy seguro de que estoy a punto de ser asesinado a causa de un horrible crimen que cometí. Conforme se me van acercando, mágicamente encuentro un microscopio en mi mano. Al ver a través del microscopio toda la escena del sueño se cambia y ahora me estoy viendo a mí mismo y a las descomunales mujeres desde una gran distancia, a través del microscopio, observando de la misma manera en que un científico lo haría, tranquilamente estudiando un fenómeno natural."

En otro sueño: "Estoy abandonado solo en un frío y oscuro campo en donde voy a tener que pasar la noche. De algún modo sé que hay vampiros aquí, y que bien pueden venir a chuparme la sangre. Quisiera que viniera un amigo con un maletín de primeros auxilios."

Después de varias semanas de pesadillas, James volvió a las sesiones regulares del Pathwork con la esperanza de encontrar las herramientas que sus sueños le sugerían que podrían ayudarle. Su guía le pidió que escribiera un diario en el que anotaría todos sus sueños y sentimientos. Al trabajar con sus sueños, comprendió que el microscopio de su primer *sueño representaba la herramienta del científico objetivo que hay en él, lo cual le ayudó a no ser abrumado por las amenazantes mujeres. En la segunda pesadilla James había deseado que un amigo compasivo le llevara su "maletín de primeros auxilios", para ayudarle a curarse a sí mismo. Era evidente para James y para su terapeuta que había viejos y profundos sentimientos que necesitaban salir a la superficie. Los dos sabían que James necesitaba la claridad del científico con el microscopio y la compasión de un amigo con un maletín de primeros auxilios para ver y registrar lo que le estaba pasando, sin juicios y sin miedo. Con la ayuda de su ser observador, James podía dar la bienvenida al creciente remolino inconsciente como una señal de la nueva fase de su trabajo espiritual. Pronto tuvo un sueño acerca del estado de su "casa interior".*

"Estoy en una casa que se cae a pedazos. Al bajar las escaleras veo las cortinas que se caen al piso, y luego parte de los escalones se desmoronan. Un joven se ríe. Y el dueño de la casa dice: 'Es muy duro. No sabes cuánto luché para hacer este lugar. Durante años he estado comprando y vendiendo pequeños bienes raíces, sabiendo que sólo tendría una magra ganancia en cada transacción. Estuve ahorrando esas ganancias para comprar este lugar y ahora se está cayendo. Si lo vendo nunca me darán lo que realmente vale.'

"Salgo con el dueño de esta casa en ruinas y otros amigos. Pasamos por calles de la ciudad llenas de vueltas y retornos y comento acerca de lo duro que resulta este viaje. Llegamos a un bar y ordeno una Bud (cerveza Budweisser N. del T.) y el barman se ríe y me dice: 'Esa es exactamente la única cosa que aquí no vas a encontrar.' Le digo que entonces me de lo que tenga. El barman me sonríe con liviandad, se inclina hacia mí y contesta: 'Podría darte muchas otras cosas.' Sintiéndome muy incómodo, salgo solo del bar para merodear por calles desiertas, sintiéndome completamente perdido."

En los siguientes meses James fue dejando ver su miedo de que la cuidadosa estructura de su ego que con tanto trabajo había construido a los largo de varios años, estuviera como la casa de su sueño, en peligro de caerse y perder todo su valor.

Soltar algunas de las defensas de su ego significaba abrirse a la posibilidad de sentirse temporalmente perdido. Detrás de su miedo al barman homosexual, descubrió su anhelo de un "Bud" (un amigo, en el argot norteamericano, N. del T.), un amigo fraterno. Toda una vida de actitud competitiva ante los hombres empezaba a dejar surgir el deseo de una verdadera cercanía masculina.

James también descubrió al pequeño niño dentro de él que estaba creciendo sintiéndose abrumado por su moralista madre y por las monjas que lo rodearon durante los doce años que pasó en escuelas católicas. Mientras crecía, James había sido aterrorizado por las amenazas del infierno y la condena a causa de sus impulsos sexuales. Incluso ahora, aunque de manera inconsciente, James tenía miedo de que su sexualidad lo condenara a ser "mala sangre". La amenaza del vampiro de su sueño surgió de ese antiguo terror y se relacionaba con su miedo inconsciente a que el SIDA de su hijo fuera un castigo por la sexualidad.

James sintió el enojo que tenía por el poder abusivo que esas mujeres católicas tuvieron sobre él y entonces revisó los años durante los cuales realizó una venganza inconsciente, en que su propio vampiro había actuado con crueldad emocional hacia las mujeres con las que había tenido relaciones cercanas. Ahora sentía una culpa real de adulto por haber cerrado su corazón ante las mujeres por miedo a que ellas lo hirieran o lo controlaran.

Revisó sus relaciones con los hombres y se percató de que había rechazado a muchos que se le había acercado en busca de una amistad. James sintió en su interior al pequeño niño asustado por su padre, un hombre grande y atlético que constantemente ridiculizaba su sensibilidad. Todavía le dolían los recuerdos de cuando iba a cazar pichones con su padre y éste le pedía que fuera a recoger los pájaros muertos. Lloró recordando la vista de un pichón cuya muerte había sido especialmente patética, con su pecho herido dando los últimos respiros y él sintiéndose como el hijo de perra cómplice del asesinato. Finalmente se había rehusado a ir de cacería con su papá adoptando una máscara de desprecio y superioridad ante su padre y sus deportes. Pero ahora James sentía el dolor de su aislamiento respecto de su padre y en su angustia permitió una apertura para sentir el dolor de su sensible hijo Matthew ante su propio rechazo.

La vida de James ya no era aburrida en absoluto, su vida interior estaba muy llena dado que había abierto los enormes recintos interiores de su ser emocional. Tuvo otro sueño acerca de su casa interior. "Estoy en un cuarto de la casa en ruinas del otro sueño, pero sé que hay otro cuarto más grande y en buen estado detrás de éste. Algo muy distinto está sucediendo en aquel cuarto, hay muchos hombres de todas las edades y características y están hablando acerca de hacer una película juntos. Quieren que yo participe y yo me pregunto si lo haré."

El sueño le ayudó a ver que detrás de la derruida y vieja estructura de su máscara había un cuarto en buenas condiciones en el que había todo un "reparto de personajes". Era un cuarto dentro de su casa psíquica lo estaban invitando a unirse en el guión interior que se iba a actuar.

En sus sueños y en su trabajo personal James se estaba abriendo a muchos aspectos anteriormente ocultos, su miedo y su anhelo de cercanía con un hombre, sus terrores sexuales de la infancia y la resultante culpa de hombre maduro. Estaba entrando en un territorio desconocido que sentía más femenino y vulnerable que la fuerza masculina y estoica que había conocido hasta entonces.

Soñó nuevamente: "Estoy afuera de la puerta de la casa de mi hermana. Sólo he estado unas cuantas veces en su casa y ni siquiera en esas ocasiones he entrado. Pero esta vez, en el sueño, me invita a que entre y yo lo hago con una sensación de santidad, como si entrara en una iglesia."

Aquí tenemos un nuevo cuarto en la casa interior de James, el cuarto de su anteriormente negada naturaleza femenina, la cual finalmente empieza a descubrir. Poco después de esta entrada espiritual volvió a soñar:

"Estoy en camino hacia un antiguo lugar sagrado en América del Sur. En el avión una mujer se me acerca dicién-

dome que ella es la primera azafata indígena peruana. Me siento torpe con ella, sin saber qué decirle. Sin embargo, tengo la sensación de que este viaje se hizo para que yo la conociera."
Por fin queda revelada una de las razones del remolino inconsciente por el que James pasaba recientemente: estaba de viaje con el objetivo de encontrarse con su nativa naturaleza femenina enterrada.

En sus sesiones del Pathwork continuó explorando nuevos sentimientos y se topó con muchas sub-personalidades que se habían opacado ante el dominio de su rígida máscara del ego. A través de esta experiencia de cambio kaleidoscópico, James mantuvo intacta una parte de sí mismo que era capaz de montar sobre cualquier ola, de permitir cualquier sentimiento y de admitir cualquier información inconsciente. Esa parte era su Ser Observador, un ancla espiritual en los pantanosos mares del crecimiento. Su vida emocional, que parecía congelada hasta hacía unos meses, se había derretido completamente.

La integración de más aspectos de su naturaleza anteriormente oculta pronto le dio una nueva capacidad para compartir los sentimientos con su hijo. Hacia el final de la vida de Matthew, James pudo llorar con él, admitir lo que lamentaba acerca de la manera en que se había comportado como padre y agradecerle a su hijo el haber venido a su vida. Estando cerca de la cama de Matthew en el hospital durante los últimos días, hablándole suavemente, por fin James pudo acariciar y consolar a su hijo, al que había conocido tan poco. La trágica y temprana muerte de este gentil joven homosexual, ayudó a su padre a reconocer su propia gentileza y acercó a James hacia su integridad personal.

▼ Desarrollar al Ser Observador ▼

Todo ser humano es, en realidad, muchos seres. Igual que James, cada uno de nosotros existe simultáneamente en varios niveles de conciencia. Aunque esto nos confunde, también nos ayuda a darle sentido a varias contradicciones aparentes que coexisten dentro de nosotros. El James adulto quería sentir compasión por su hijo. Pero su propio niño interior estaba paralizado por el miedo residual de ser ridiculizado por su sensibilidad emocional. El ser espiritual de James sabía que la muerte no era ninguna ilusión, pero su miedo y su dolor congelados ante su hijo le impedían expresar lo que otra parte de él sabía muy bien. Su ego masculino había luchado, soportado y construido una sensación muy fuerte de sí mismo; al tiempo que su ser femenino de sentimientos estaba echando por tierra la rigidez de la estructura a fin de permitir que las aguas de su inconsciente fluyeran con mayor libertad. Nuestros muchos seres interiores contradicen la idea limitada que tenemos acerca de quienes somos, además de que los diferentes niveles a menudo se contradicen entre sí.

Esta complejidad interior puede ser comparada con tener un "reparto de personajes" dentro de nosotros, cada uno de los cuales tiene sus propias creencias, actitudes y sentimientos. Cada personaje vive en un cuarto aislado dentro de nuestra casa psíquica y habita una realidad particular. O podemos decir también que cada uno de esos niveles de conciencia existe en una frecuencia diferente a la cual se puede acceder como sucede con las diferentes estaciones en el cuadrante de la radio. Cuando estamos sintonizando una estación podemos ser inconscientes de que es posible acceder a una frecuencia completamente distinta con un leve movimiento de la perilla del cuadrante interior.

Al conocer nuestro reparto interior de personajes, o las frecuencias psíquicas interiores, especialmente tenemos que aceptar a aquellos aparentemente indeseables, incluyendo al niño asustado y sensible lo mismo que al adulto vengativo y hostil. Esos personajes viven escondidos como nuestra sombra, la cual puede ser reprimida pero nunca eliminada.

A pesar de que podemos llegar a comprender que hay niveles diferentes y contradictorios de conciencia dentro de nosotros, a menudo no nos damos cuenta de que cada uno de ellos es inherentemente creativo. Nuestras vidas son una manifestación de la suma total de los diferentes personajes o niveles de conciencia que somos, ya sea que nos percatemos o no de esto. Sacar a la conciencia las palabras interiores de nuestro reparto personal de personajes nos permite comprender la manera en que creamos nuestra vida.

<h2 style="text-align:center">▼ El Ser Observador ▼</h2>

¿Cómo empezamos el viaje interior de auto-transformación? Si habremos de encontrarnos con nuestro niño herido y soltar nuestro ego negativo, desechar nuestra máscara y transformar nuestro Ser Inferior, entonces ¿quién hace el trabajo? ¿Cuál ser trabaja sobre estos otros seres?

Las partes de nosotros que ya están desarrolladas asumen la labor de dar la bienvenida a la conciencia y de transformar a las otras partes. Las partes maduras de uno mismo se convierten en los "guías" de las partes no desarrolladas. Todos nuestros "guías" nos conducen en el viaje de evolución hacia la madurez y la plenitud. Sí necesitamos la ayuda de profesores del exterior, de curanderos, terapeutas y guías, pero debemos recordar que la meta también es despertar al maestro/curandero interior que está siempre presente y dispuesto a guiarnos.

Aun si no nos sentimos maduros e incluso si no logramos entrar en contacto con el maestro interior, con cierta práctica, todos podemos desarrollar un ser observador. El Ser Observador se construye con base en las herramientas que James descubrió a lo largo del trabajo consigo mismo: objetividad y desapego (el microscopio del científico) aunados al amor y la compasión (el maletín de primeros auxilios del amigo) hacia nuestros muchos otros seres. El observador se mantiene "afuera", podemos decir, de nuestros seres y nuestra vida y toma nota de lo que se experimenta. Se trata de un lugar en el que podemos colocarnos psíquicamente y desde el cual podemos ver el resto de nuestras vidas. Es un lugar con el que nos podemos identificar mientras aprendemos a percatarnos y darle nombre a las otras partes del ser. La capacidad de observarnos con objetividad y compasión es la habilidad más importante que se debe desarrollar al andar el camino espiritual.

El observador objetivo es una función positiva del ego. Es un aspecto de Ser Superior que podemos experimentar en la realidad ordinaria del ego. Es un testigo benigno de nuestros procesos interiores y sucesos exteriores. Simplemente anota, sin juzgar, todo lo que llega a la superficie de nuestra conciencia. Recibe especialmente los mensajes del inconsciente que traen información potencialmente nueva acerca de uno mismo. No discrimina entre lo "bueno" y lo "malo" que surge del interior, recibe y da la bienvenida a todo lo que llega a la conciencia.

Laura acababa de mudarse de una vida urbana como bailarina y profesora de danza en la que había mantenido una perfecta imagen profesional para vivir una vida más simple en el campo con su nuevo esposo. Tuvo el siguiente sueño:

"Salgo de una sesión del Pathwork al estacionamiento en donde hay tres vehículos parados y sé que todos son míos. Uno es un lujoso Cadillac blanco, otro es una motocicleta Harley-Davidson negra y el tercero es una camionetita pickup roja. Todas mis pertenencias están en los tres vehículos. Varios ladrones enmascarados están tratando de robárselo todo y yo empiezo a gritarles: 'No pueden llevarse eso, es mío.' Yo sé que parte de las cosas no tiene ningún valor, de hecho se trata de cosas que probablemente tiraré al llegar a casa. Pero no quiero que se las lleven. Sé que es mío y estoy decidida a defenderlo. Finalmente grito lo suficiente como para lograr que se vayan y no se roben las cosas. Me siento triunfante al haber reconocido públicamente que todo eso era mío."

Laura sintió que los tres vehículos eran aspectos de sí misma. El Cadillac blanco era su máscara de bailarina profe-

sional, lujoso y glamoroso. La motocicleta era su idea de su Ser Inferior negativo: emocionante pero peligroso. Y la pequeña camioneta pick-up roja era su Ser Superior llevándola ahora hacia una vida en el campo. Estaba siguiendo su corazón más bien que su imagen idealizada de sí misma. Pensaba que los ladrones enmascarados eran la parte defensiva (máscara) de ella que trataba de negar los otros aspectos de su identidad. Y se sentía maravillosamente por haber insistido en que los tres vehículos y su contenido eran suyos. El sueño dio solidez a su reconocimiento de todo lo que la constituye, la Máscara, el Ser Inferior y el Ser Superior. El sueño también incorpora en dónde había estado y hacia dónde se dirigía. En el simbolismo de la rueda medicinal de los indios de las planicies el color blanco se relaciona con el Norte, con el dejar ir y con la muerte (de su viejo estilo de vida) y el rojo es el color del Este, relacionado con el nacimiento y el comienzo de cosas nuevas.

La Laura del sueño, que afirma ser la dueña de los tres vehículos, es el ser capaz de identificar otros aspectos sin asimilarse a ninguno de ellos. Ese Ser Observador también puede ser llamado el "testigo justo" que ve y registra todo sin distorsiones. El observador se sienta a la orilla del gran espacio de nuestros seres interiores poniendo atención a todo lo que acontece.

Podemos visualizar la inmensidad del ser viéndonos a nosotros mismos como un recipiente en el cual "flotan" aspectos de la conciencia universal expresándose, por ahora, a través de mí, y luego a través de ti y más tarde a través de alguien más. Semejante manera de visualizar las cosas nos puede ayudar a despegarnos un poco de los contenidos específicos de nuestro particular recipiente personal de conciencia.

Cada rasgo que la comprensión humana puede reconocer, cada actitud conocida en la creación, cada aspecto de la personalidad es una de las múltiples manifestaciones de la conciencia. Mientras todavía no ha sido integrada en la

totalidad, cada una de ellas necesita ser unificada, sinte-
tizada, convertida en parte de un todo armonioso... ¿Puedes imaginar que muchos de los rasgos de carácter que te
resultan familiares, que siempre has asociado con personas, pensando que sólo pueden existir a través de una
persona, no son la persona en sí, sino que en realidad son
partículas de la conciencia total que flotan libremente,
sin importar sin son características buenas o malas? Considera por ejemplo el amor o la malicia, la perseverancia
o la pereza. Todas éstas son partículas de la conciencia
total que flotan libremente y que necesitan incorporarse
dentro de la personalidad manifiesta. Sólo entonces la
purificación, la armonización y el enriquecimiento de la
conciencia manifiesta puede llevarse a cabo creando de
ese modo el proceso de la evolución hacia la unificación
de las partículas aisladas de la conciencia. (CGP 189)

Esta comprensión de uno mismo como "recipien-
te" de muchas diferentes partículas de conciencia, entre las
cuales unas son superficiales, otras negativas o incluso
destructivas, nos ayudará de manera especial a aprender a
vernos con mayor compasión y desapego.

Podemos aprender a deslizar nuestra identidad desde
todos los fragmentos de la conciencia que flotan hacia
aquel que lo observa todo. Esto se puede comparar con
identificarse con estar entre el público cuando observamos a la totalidad del reparto de personajes que salen de
nuestro escenario interior. O, en otra metáfora, nos convertimos en el dueño de la casa que abre las puertas de los
diferentes cuartos en donde viven esos personajes.

Las actitudes negativas e improductivas hacia el ser
siempre provienen de la falsa creencia de que sólo somos
alguna parte limitada o negativa de nosotros en vez de la
totalidad. El puente hacia el conocimiento de nuestra
integridad interior es el Ser Observador, esa parte de uno
mismo que acepta cualquier cosa que haya dentro de nosotros. Al aprender a identificarse con el Ser Observador,

uno puede desarrollar la aceptación de sí mismo. La total aceptación de uno mismo es el hábito más curativo que se puede desarrollar en el camino espiritual.

▼ *Distorsiones de la observación* ▼
de uno mismo

Cuando apenas empezamos a observarnos tendemos a hacer juicios dualistas acerca de lo que vemos; nos juzgamos y juzgamos nuestras características llamándolas buenas o malas, débiles o fuertes, tontas o profundas. Sin embargo, tan pronto como nos juzgamos ya no estamos observando sino juzgando. El proceso de la observación debe entonces pasar hacia "atrás" o a un lugar anterior al del juez de modo de que eso nos permita observar tranquilamente el juicio de uno mismo. Si descubrimos que perdemos las esperanzas por lo que observamos, entonces, "damos un paso atrás" y observamos la desesperanza.

Generalmente nos sentimos alarmados, llenos de desaprobación o incluso desesperados al descubrir que actuamos o sentimos de maneras que no se ajustan a la imagen idealizada que tenemos de nosotros. Pero no podemos cambiar el comportamiento que surge de nuestros seres no desarrollados hasta que la conducta en cuestión y las actitudes subyacentes no sean sacados a la luz de la conciencia. La autocondena tan sólo nos hace retroceder hacia la negación de nuestra negatividad y por lo tanto a la imposibilidad de transformarla.

▼ *La fuente de las distorsiones* ▼
en la observación de uno mismo

Generalmente nuestros juicios negativos acerca de lo que vemos en nosotros son las voces interiorizadas de nuestros padres o de las primeras figuras de autoridad, o también de rígidos códigos culturales y religiosos de conducta. Esos juicios no son el verdadero Ser Observador, sino que provienen de la imagen idealizada de uno mismo que ha materializado los estándares irrealistas de perfeccionismo con los cuales constantemente nos estamos midiendo. El primer paso en la auténtica observación de uno mismo consiste, entonces, en la observación de ese perfeccionismo. En cualquier situación en la que nos enfrascamos en un rudo juicio de nosotros tenemos que dar un paso hacia atrás y observar este mismo proceso llenos de compasión.

Cuando Martha se estaba mudando a un nuevo departamento decidió llevarse algunas cajas de cartón de su trabajo junto con los pequeños "tiliches" de poliuretano que contenían en caso de que quisiera empacar algo frágil. Sin embargo, al llegar a casa, se dio cuenta de que no necesitaba el poliuretano y que éste tan sólo le quitaba el espacio disponible para empacar, así que ahora tendría que deshacerse de él.

Entonces se deprimió terriblemente y apenas pudo continuar empacando. Al volver al dominio de sí misma se percató de una voz interior que le decía acusatoriamente: "¡De veras que eres una estúpida! ¿Cómo se te ocurrió que el poliuretano te iba a servir de algo? Qué idea tan tonta." La fuerza de esa autocondena le pareció absurda y cómica, a pesar de que se sentía realmente llena de dolor.

Al detenerse a escuchar esa debilitadora crítica de sí misma, se dio cuenta de que le sonaba como la voz de su madre, quien constantemente la había criticado durante su infancia. Martha había interiorizado la voz de su madre y la usaba ahora para destruir su auto-estima. Aunque no era capaz de cambiar inmediatamente esa actitud auto-destructiva interior, sí pudo retroceder un poco de ese juez crítico y penetrar en un verdadero ser observador que simplemente tomó nota de lo que estaba sucediéndole: El viejo drama de la madre crítica y la niña lastimada estaba siendo representado una vez más dentro de ella.

Entonces empezó un diálogo entre esa madre y su hija. Sentía la voz de la niña como la de una víctima, mientras que la de la madre estaba "por encima". De pronto la parte de víctima se afirmó y dijo que ya no estaba dispuesta a soportar más semejante abuso. Se enfrentó a la crítica y ésta se echó para atrás. Inmediatamente Martha se sintió mejor y pudo empezar a empacar otra vez. Su objetivo Ser Observador le había facilitado esa auto-curación actuando como un ayudante benigno y separado mientras ella trabajaba con sus personajes internos.

Las voces de perfeccionismo, de dudas acerca de uno mismo y de auto-denigración suelen ser las voces negativas de los padres que hemos interiorizado. La teoría Gestalt las llama la voz del "perro de arriba" que siempre critica al "perro de abajo"; otras terapias dicen que se trata de la voz del ser "paterno" que critica al ser "hijo". La exigencia de perfeccionismo por parte del juez interiorizado hace que los más pequeños errores se conviertan en verdaderas catástrofes para nuestra auto-estima.

Martha continuó analizando su voz crítica en una sesión del Pathwork y descubrió el secreto de su perpetuación: era la creencia de que "si duele, debe ser cierto". Le daba mayor credibilidad a sus voces auto-críticas de la que daba a cualquiera de las voces que le hablaban bien de ella.

Al observar esto con mayor profundidad, se percató de cuánto había necesitado de la aprobación de su madre cuando era niña, pensando que sólo estaría bien si conseguía vivir de acuerdo con los estándares de perfeccionismo que su madre había establecido. Mientras tanto tendría que sufrir al no ser amada por ella. Era difícil aceptar que en realidad nunca sería amada por su madre de la manera en que ella lo deseaba y que la falta de aceptación de que sufría en realidad era un problema de su madre. Su necesidad de aceptación era real, aunque no fuera satisfecha. La verdad es que su madre había sido imperfecta como tal, y ella, una hija imperfecta.

Martha tenía que abandonar la idea ilusoria de que ella era la mala y su madre era la buena y perfecta cuyo amor podría ganar logrando un día ser tan perfecta como se lo pedía. Tenía que aceptar que no había sido amada correctamente, que no había sido aceptada tal como era y que eso no era culpa suya. Simplemente así sucedió.

Sollozó amargamente con mucho dolor al abandonar la idea ilusoria de que algún día su madre la amaría si llegaba a ser perfecta. Y luego, más suavemente, lloró con el dolor de la niñita solitaria dentro de ella a quien había estado regañando tan a menudo en sus pensamientos. Martha pudo visualizar a su Ser Superior como la buena madre volviendo a dar "amor materno" a su pequeña niña, abrazándola y consolándola, amándola incondicionalmente, permitiéndole cometer errores.

Necesitamos ser capaces de identificar las voces negativas auto-críticas del interior, pero también tenemos que aprender a no identificarnos con ellas. Son sólo una parte de nuestro paisaje interior, no más "verdaderas" que ninguna otra parte de nosotros.

Muchos de nosotros tenemos ideas equivocadas acerca de lo que es la conciencia de uno mismo; ideas tales como que "si duele debe ser cierto" o, igualmente falso, "si duele, no puede ser cierto". En realidad, la conciencia, especialmente la conciencia del Ser Inferior, puede ser dolorosa. Sin embargo, semejante dolor, al ser simplemente sentido, es tanto temporal como limpiador. Y la conciencia, especialmente del Ser Superior y de los estados unificados del ser, puede ser profundamente placentera. Detrás de los sentimientos temporales de dolor o de placer que pasan a través de nosotros, la conciencia simplemente es un recipiente vacío para toda la experiencia vital.

▼ *Auto-aceptación radical* ▼

Hace veinte años me dieron un ejemplo dramático de la posición de la auto-observación benigna. Cuando apenas había ingresado a la comunidad del Pathwork, una mujer a quien llamaré Penny, cuya pierna había tenido que ser amputada a causa de un cáncer, también asistía a las conferencias del Guía dadas por Eva Pierrakos en Nueva York. Unos meses más tarde Penny tuvo que hacer frente a un diagnóstico terminal y Eva le preguntó cómo se sentía ante su muerte inminente. "¿Está bien morir, o no está bien, Penny?" Ella simplemente le contestó: "No está ni bien, ni no bien, Eva, sólo es así." Ese "solamente es así" de la muerte ha sido para mí un modelo de auto-aceptación radical ante cualquier cosa que se observa en el interior en todo momento.

Creo que las enseñanzas del Pathwork pueden hacer por nuestra comprensión de la negatividad y del mal lo que otras enseñanzas espirituales recientemente popularizadas han hecho por nuestra aceptación de la muerte. El mal, como la muerte, simplemente es. En el nivel de dualidad en el que vivimos la mayor parte del tiempo dentro de nosotros viven energías tanto benignas como negativas. Pero negamos nuestra negatividad con una vehemencia aún mayor de la que usamos para negar nuestra muerte. A final de cuentas no podemos negar que moriremos. Pero podemos perpetuar la ilusión de que no contenemos ningún mal. Sin embargo, vivir en esa ilusión es algo que lesiona nuestra salud espiritual de la misma manera que lo hace la negación de nuestra mortalidad. Podemos aprender a abrir la posibilidad de la conciencia de los aspectos negativos y malignos de nosotros en condiciones seguras de auto-aceptación.

No hay nada dentro de nosotros que sea completamente inaceptable. Simplemente es, cualquier cosa que sea. El trabajo más importante que tenemos que hacer sobre nosotros mismos consiste en alinear nuestra actitud con una auto-observación honesta y compasiva.

¡Cuán diferente pude ser su actitud consigo mismos cuando se dan cuenta de que la tarea de las entidades humanas consiste en llevar aspectos negativos dentro de sí con el fin de integrarlos y sintetizarlos! Esto aporta verdad sin desesperanza. ¡Cuánta dignidad les aporta el considerar que realizan una tarea importante en favor de la evolución! Al llegar a esta vida, traen consigo aspectos negativos específicos con el objeto de transformarlos... Cada ser humano cumple con una inmensa labor en la escala universal de la evolución. (CGP 189)

La impaciencia y las exigencias para que el ser cambie siempre son contraproducentes. El juicio de uno mismo crea una actitud de rebeldía en contra de un duro super-ego. En cambio, si vemos clara (sin auto-engaño) y compasivamente (sin auto-compasión), entonces podemos decidir cambiar los aspectos negativos. Es mucho más probable que deseemos cambiarlos cuando simplemente y de manera benigna constatamos qué y quién estamos expresando en cada momento, a sabiendas de que eso no es la totalidad de lo que somos.

Si te abocas a alcanzar el crecimiento en vez de la perfección, vivirás en el ahora. Te librarás de los valores superpuestos y descubrirás los tuyos. Te liberarás de las sutiles pretensiones e imposiciones. Esto te conduce hacia el desarrollo de tu ser y te aleja de la auto-alienación. Todo esto te acercará a un estado de identificación con tu verdadero ser, a estar anclado en un ser real, en vez de las capas superficiales. (CGP 97)

▼ *Dos aspectos del Ser Observador:* ▼
la verdad y el amor

La práctica de la honesta observación de uno mismo nos enseña algo acerca de la verdad y el amor: aprendemos la honestidad total con el ser combinada con la aceptación total del ser.

Aprender a ser honesto con uno mismo, a no retraerse ante cualquier cosa que vemos en nuestros pensa-

mientos y sentimientos ocultos o en nuestro comportamiento, es lo mismo que aprender a vivir en la verdad ante
uno mismo. Al fortalecer nuestra capacidad para ser verdaderos con nosotros mismos también fortalecemos nuestra capacidad de ser auténticos y verdaderos con los demás
y a ponernos del lado de las cuestiones de la verdad en el
mundo.

Aprender a aceptarse a uno mismo, a perdonar y
tener compasión por todos los pensamientos y sentimientos escondidos, lo mismo que por toda acción, independientemente de lo aparentemente inaceptable que sea, es
lo mismo que aprender a vivir en el amor. Al fortalecer
nuestra capacidad de aceptar y perdonarnos, a no rechazar, juzgar o comparar nuestro ser con los otros, también
fortalecemos nuestra capacidad para amar a los demás.
Sólo cuando ya hemos aprendido primero a amarnos a
nosotros mismos podemos aprender a amar a los demás
incondicionalmente, sin ceguera, sin indulgencia ni dependencia.

El aprendizaje de los valores universales del amor
y la verdad debe empezar con la práctica de actitudes de
absoluta verdad y aceptación incondicional de uno mismo. Al aprender a identificarse con el Ser Observador en
vez de alguna parte específica de pensamiento o sentimiento distorsionado, se aprende a dar la bienvenida a todo lo
que nos llega en la vida como parte de nuestro crecimiento
espiritual.

▼ *La verdad: actitudes constructivas* ▼

Ser honesto con el ser significa dar la bienvenida al material inconsciente que llega a la conciencia, aun cuando se
trate de cosas como pesadillas, pensamientos negativos o
sentimientos desagradables. Cada acto de sacar a la luz las
cosas inconscientes o apenas conscientes significa un avan-
ce en la evolución de la conciencia, en el movimiento de la

ignorancia hacia la conciencia, de la limitación a la integridad y de la desunión hacia la unión.

Las emociones negativas y el pensamiento negativo inconscientes son poderosas fuerzas creativas del universo. En el nivel personal, nuestros prejuicios no analizados en contra del sexo opuesto minan los esfuerzos conscientes por establecer una relación íntima con una pareja. En el nivel social, nuestros prejuicios no analizados o intelectualizados hacia la gente de diferente color, cultura o religión, continúan creando relaciones negativas entre la gente. Mientras esa negatividad sea intelectualizada o negada, sus resultados serán siempre creados de manera inconsciente. Y luego nos permitimos sentirnos sorprendidos por los resultados, que van desde un fracaso matrimonial hasta un mundo lleno de guerras. Estos resultados negativos sólo pueden ser prevenidos si dejamos que la negatividad se haga consciente.

Esto puede dar miedo al principio. El descubrimiento de pensamientos y sentimientos negativos anteriormente no reconocidos y la conciencia de que esa negatividad es la causa de las experiencias vitales no deseadas suele crear un retraimiento inicial ante el proceso y el deseo de reprimir el material. Sin embargo, la represión vuelve imposible el establecer la conexión de causa y efecto, lo cual es esencial para el crecimiento de la responsabilización por uno mismo y de la conciencia espiritual. La conciencia es un estado más deseable que la ignorancia, aun cuando su contenido no siempre sea placentero. La realidad es preferible a la ilusión, a pesar de que temporalmente nos pueda parecer muy dolorosa.

Poco a poco vamos aprendiendo a distinguir la honesta observación de uno mismo frente a la auto-crítica ácida y castigadora. Esta última siempre nos hace sentir mal y provoca una culpa innecesaria, falsa y confusa; mientras que la verdad, por dolorosa que sea, siempre clarifica.

▼ El amor: actitudes constructivas ▼

A fin de desarrollar una verdadera auto-aceptación primero necesitamos confrontar ciertas actitudes comunes que se disfrazan de amor. La auto-indulgencia, la negación y la racionalización no son verdadero amor, sólo nos mantienen alejados de las verdades desagradables. Erróneamente creemos que al ver el Ser Inferior estamos siendo buenos con nosotros (o con los demás), enfatizando lo positivo y construyendo la auto-estima. Si bien es necesario ser muy cuidadosos en lo que se refiere al momento indicado para confrontar nuestra negatividad (o la de los otros), negarla o racionalizar en torno a ella no es algo que surja del amor. Su origen es el miedo al Ser Inferior.

La negación de nuestra negatividad sólo alimenta ese miedo a uno mismo y por lo tanto mina la auto-estima. Negamos o racionalizamos en torno a nuestro Ser Inferior por miedo a que eso sea todo lo que somos. Cada uno de nosotros encierra un miedo profundo a ser esencialmente malo, a no tener remedio o a no merecer ser amado. Y tenemos miedo de que ver nuestra desesperanza o nuestra maldad provocará nuestra aniquilación. Es preciso hacer frente a esta profunda ilusión de la personalidad humana. Al enfrentar nuestra negatividad y percatarnos de que no es todo lo que somos en realidad, la aparente necesidad de negarla o evadirla también se disolverá gradualmente.

El camino para salir del miedo a uno mismo es el reconocimiento gradual de que no somos ninguno de nuestros "personajes" interiores, incluyendo a la Máscara y al Ser Inferior. Gradualmente hacemos pasar nuestra identificación desde los aspectos observados del ser hacia el observador que se identifica con esos aspectos. Nos convertimos en el que hace el mapa, y no en aquel de quien se hace el mapa. Nos convertimos en la conciencia, no en aquello de lo que somos conscientes.

Volverse un amoroso observador de uno mismo es equivalente a convertirse en un buen padre para uno mismo. Lentamente vamos aprendiendo a darnos amor incondicional, especialmente a las partes de nosotros que son infantiles, débiles o inmaduras. El buen padre refleja los aspectos de fortaleza de su hija y le ayuda a toda su persona, incluyendo sus sentimientos negativos, aunque también tenga que poner límites a la expresión de esa negatividad ayudándole a que aprenda a encontrar la expresión adecuada de su persona. El padre le enseña que la negatividad no es su naturaleza esencial, sin negar ni ocultar esos aspectos. Nuestros aspectos negativos pueden ser vistos como niños inmaduros dentro de nosotros que necesitan nuestra atención y amor con el fin de "crecer" para alcanzar la expresión madura de su ser.

Creo que cuando logremos amar todos nuestros seres estaremos cumpliendo la promesa ofrecida por el Salmo 23: "He aquí que, a pesar de que camino a través del valle de la sombra de la muerte, no temeré el mal, pues tú estás junto a mí." El "tú" del salmo es un ser de amor incondicional que puede estar presente con nosotros aun en el momento en el que enfrentamos el miedo, la muerte y el mal. Este "tú" si bien puede significar Dios o Cristo o un ser angelical percibido como si estuviera fuera del ser, también puede ser experimentado dentro del ser. Podemos advertir esta presencia como nuestro propio Ser Superior, el compañero de nuestra alma, el ser divino interior. Cuando nos ofrecemos esta compañía espiritual, podemos hacer frente a cualquier cosa.

Cuando le damos una generosa aceptación y amor a nuestros aspectos inmaduros, les damos lo que más necesitan para crecer. "Hemos estado toda la vida esperando para oír las palabras 'Te amo', dichas por nuestra propia voz"[1]

Cuando practicamos el amor en vez de la negación nos damos espacio para expandirnos. Creamos un espacio-

---

[1] Tomado del libro de Stephen Levine, Healing Info Life and Death, Double day, 1987.

so tazón de aceptación para cualquier cosa que experimentemos dentro de nosotros. Entonces nuestros aspectos negativos, dolorosos o indeseables no tendrán que esconderse. Cuando están lejos de la luz de nuestro amor, nos infestan sin que los veamos. Cuando dirigimos esa luz de amor y verdad hacia ellos, entonces pueden crecer.

Al desarrollar actitudes positivas de honestidad y auto-aceptación construimos un puente hacia el más grande ser que hay dentro de nosotros. El observador objetivo empieza siendo una función del ego, al disciplinar una parte de nosotros a mantenerse afuera y observarnos. Sin embargo, a medida que nuestra capacidad para ser simultáneamente honestos y amorosos con nosotros va madurando, nos vamos identificando más y más con el ser honesto y amoroso que es nuestra expresión personal de esas fuerzas divinas en la naturaleza. Llegamos a reconocernos en nuestro Ser Superior, que observa y transforma el resto de lo que somos.

> En la medida en que el ser consciente utiliza su actual conocimiento de la verdad, su poder ya existente para ejecutar su buena voluntad, su existente capacidad para... escoger la actitud adecuada ante los problemas, en esa exacta medida la conciencia se expande y se deja infiltrar más por la conciencia espiritual. La conciencia espiritual no puede manifestarse cuando la conciencia que ya existe no participa completamente en el proceso de auto-observación. (CGP 189)

▼ Auto-identificación ▼

Aprender a identificarse con el objetivo del observador y a des-identificarnos de los múltiples y diferentes aspectos de nosotros crea la libertad interior.

A través del acto de reconocimiento de algunos aspectos anteriormente no aceptados del ser se produce un cambio sutil pero determinante en la identificación. Antes de ese reconocimiento, eras ciego a los aspectos destructivos, lo cual indica que pensabas que ellos eran tú. De modo que no podías permitirte reconocerlos... Pero en cuanto reconoces lo anteriormente inaceptable, dejas de ser lo inaceptable, y en cambio te identificas con eso que hay en ti y que es capaz de realizar el reconocimiento... Es completamente diferente identificarte con los rasgos feos que identificarlos. En el instante en que los identificas, dejas de identificarte con ellos. Es por esto que, una vez que se ha vencido la siempre presente resistencia a lograrlo, resulta tan liberador reconocer lo peor que hay en la personalidad... En el momento en que identificas los aspectos destructivos, les das nombre, los delimitas, los articulas, los observas, entonces es aquello que identifica, nombra, delimita, articula y observa lo que se convierte en el ser con el cual puedes identificarte de manera segura y verdadera. Ese ser tiene muchas opciones, posibilidades y alternativas. Por lo tanto ya no tienes que condenarte con tu odio de ti mismo. Parecerá como si no hubiera ninguna otra salida más que odiarte mientras no hayas logrado este fundamental proceso de identificación con esa parte de ti que es capaz de observar, delimitar, nombrar, escoger, decidir, enfrentar, lidiar y reconocer, sin el devastador juicio de ti mismo. (CGP 189)

Kathy tenía infinidad de dudas acerca de su matrimonio. A veces se sentía con ganas de dejar a su esposo, pues le provocaba una gran impaciencia. Parecía estar subdesarrollado espiritual y emocionalmente. En otras ocasiones, sentía que la culpa era suya, que era poco generosa y que estaba bloqueada para amar. Se forzaba a cambiar, sólo para descubrir que su resistencia a abrir sus sentimientos por él había crecido más que nunca.

Cuando le pedí a Kathy que buscara un ser que fuera capaz de aceptar todas esas contradicciones y ambivalencias, ella visualizó un valle lleno de neblinas remolineantes que iban en diferentes direcciones y oscurecían su visión del verdadero terreno del valle. Entonces se imaginó a si misma sentada en la cima de uno de las montañas, mirando con bondad hacia el valle de su tormenta interior, observando las brumas y calmadamente esperando a que se aclararan.

La visualización de Kathy entonces cambió de las montañas que contenían el valle a cuatro paredes que encerraban su prisión. Una pared le parecía como la barrera de su conciencia en proceso de despertar. No podía ir hacia atrás de ella para percibir la época en que aún no era consciente de sí misma; estaba impedida de ver la "inocencia" de la inconsciencia. La pared de enfrente era su resistencia, su miedo al futuro de su relación. Descubrió que podía "sentarse" por encima del techo de su prisión para estudiar cuidadosamente las paredes de su inconciencia pasada y su resistencia al futuro. Al contemplar las paredes de su prisión interior encontró paz ante su frenética ambivalencia e incluso cierta dosis de auto-aceptación.

Saber que no somos nuestros defectos nos ayuda, por un lado, a ser generosos y compasivos y, por el otro, a no estar a la defensiva. Si efectivamente nos defendemos o nos avergonzamos de nuestros defectos, entonces el observador retrocede un paso más y simplemente observa compasivamente esas actitudes de auto-defensa y vergüenza. En cierto modo continuamos dando "pasos hacia atrás de nosotros", hasta que encontramos un lugar en donde podemos descansar en una serena auto-aceptación. No importa qué tan desprotegidos nos sintamos respecto de nosotros, podemos aprender a mover nuestra conciencia hacia el infinito, hacia el tazón de conciencia espaciosa y amorosa que puede aceptar eso.

Al aprender a identificarnos con el Ser Observador educamos todos los otros seres temporalmente negativos para que puedan percatarse de que no son nuestra verdadera identidad.

Aprendes que eres lo que observa y no aquello que es observado. Así, no importa qué tan indeseable pueda ser cualquier aspecto en particular, se vuelve completamente posible lidiar con él, aceptarlo, explorarlo, trabajar con él y ya no tenerle miedo. La capacidad de observar y calificar, de registrar y evaluar y, por último pero no lo menos importante, de escoger la mejor actitud posible en cuanto a qué hacer con lo que observas; esto es el verdadero poder de tu ser verdadero, tal como existe ya en este momento. La libertad, la liberación, el conocimiento del ser y el encuentro con el ser son los primeros pasos hacia la realización de la conciencia mayor, la conciencia universal y divina que hay en ti. (CGP 189)

▼   *Herramientas para desarrollar*   ▼
el Ser Observador: la meditación
y la revisión diaria

Se necesita disciplina para desarrollar un Ser Observador objetivo y compasivo. Enfocar la mente hacia el interior y atestiguar cualquier cosa que haya al interior del ser requiere de práctica. Las disciplinas espirituales más útiles para alcanzar esto son la meditación y la revisión diaria.

Tan sólo unos cuantos minutos de meditación cada día, en los que relajamos la ocupada mente exterior y nos sintonizamos con nuestros seres profundos producen extraordinarios beneficios físicos, emocionales y espirituales. La meditación nos puede llevar a todos los niveles de nuestro ser interior. Podemos escuchar las voces del niño interior y del Ser Inferior lo mismo que entrar en contacto con el Ser Superior. Podemos usarla para reeducar los aspectos inmaduros y para relajar tensiones. Y, en momentos de gracia divina, podemos entrar en contacto con el espacio de la conciencia unificada.

La primera tarea en la meditación consiste en soltar la actividad de nuestra parlanchina mente del ego exterior,

78 ▲ Susan Thesenga

la cual está llena de preocupaciones del pasado y del futuro, para descubrir una tranquila presencia que puede atestiguar nuestro ser en ese instante. De modo que nos tomamos un poco de tiempo cada día para sentarnos relajados y alertas en un lugar reservado y tranquilo, adoptando una posición simétrica, con la espalda erguida y los pies asentados sobre el piso. Se necesita tiempo para sintonizarse en el interior y liberarse de las distracciones exteriores, para centrarse. Considero que las prácticas siguientes son una excelente ayuda.

1) Meditación con la respiración: Enfocar toda la atención en la respiración, la inspiración y la espiración, mientras va sucediendo, en cada instante. La respiración es el lugar en donde convergen los procesos voluntarios e involuntarios, en donde se disuelve la frontera entre lo "interior" y lo "exterior", y, por lo tanto, un poderoso punto de encuentro de la mente y el cuerpo, del ser aislado y el Todo. Al enfocar la respiración observa y deja ir todos los otros pensamientos, generando una atención centrada únicamente en el momento, en la conciencia presente de cada respiración mientras ésta sucede. No trates de cambiar nada, sólo enfoca la intención de percatarte de la respiración tal como es. Puedes contar cada respiración, del uno al diez, y luego empezar de nuevo, o bien simplemente enfocar algún punto de tu cuerpo (las fosas nasales, el pecho o el abdomen) desde donde observarás cada inspiración y espiración. Observar la respiración tal como es en cada momento gradualmente va pasando de los contenidos de la conciencia hacia el Ser Observador.[2]

2) Meditación llena de atención: Otra práctica para centrarte consiste en verte en el umbral de la mente pensante. Identifícate con un centinela en la orilla de la mente y

---

2 Para una excelente introducción a la respiración y la meditación de preciencia mental, ver *Mindfulness in Plain English* de la Venerable Henepola Gunaratana.

observa cada pensamiento, sentimiento o sensación en el instante en que surja. Toma nota de ello y déjalo ir, sin apegarte a nada de lo que surja. Continuamente debes enfocar nuevamente la conciencia del centinela, de quien realiza la observación. Esto poco a poco tranquiliza al cuerpo-mente para que eventualmente puedas poner atención a cada pequeña experiencia interior y dejarla pasar sin juicios ni apego. Nuevamente, no trates de cambiar nada, sólo toma conciencia de lo que es.

Estas dos prácticas para centrarte fortalecerán tu identificación con el Ser Observador objetivo y compasivo. Una vez que ya tengas la habilidad de identificarte con el testigo podrás utilizar tu tiempo de meditación para trabajar con tus seres inmaduros y para escuchar la guía de tus seres esclarecidos.

En el Capítulo Diez hablaremos de la utilización de la meditación para ayudar a transformar el Ser Inferior entrando en un diálogo de tres partes entre el ego positivo, el Ser Inferior y la vida Superior. El Capítulo Once presentará una visualización destinada a crear una vida más positiva y satisfactoria. Pero se trata de tareas más complejas que sólo podrás realizar una vez que hallas calmado la mente exterior y te hallas identificado con el Ser Observador.

3) Oración: La oración puede ser fácilmente introducida dentro de los periodos de tranquila meditación. La oración surge del deseo espontáneo de buscar la armonía con, o la protección y la guía de algún poder o espíritu superior. Obviamente puede tomar diversas formas, desde la inocente expresión de un sincero deseo hasta un ritual complejo y elaborado de evocación. A medida que avanzamos en nuestra evolución espiritual, la oración deja de ser una simple petición que se hace a un poder superior percibido como algo exterior al ser y se convierte en un medio para formular nuestras demandas dirigidas a lo más profundo de la sustancia de nuestra alma creativa al tiempo que se evoca la ayuda de los poderes universales.

Igual que la meditación, la oración es un camino para abandonar el pequeño ego ante las más grandes energías de la vida. Pero mientras que la meditación es más receptiva y silenciosa, la oración se dirige hacia cierta meta de una manera que compromete más activamente a la divinidad. En mi opinión, la más grande plegaria que existe para alinear el ego y los objetivos individuales con los más amplios designios de Dios es: "Hágase Tu voluntad, no la mía."

▼ *Revisión diaria* ▼

Además de la meditación y la oración de todos los días, la revisión diaria es la práctica espiritual más importante para fortalecer la conciencia de nuestro ser. Se trata de tomarnos el tiempo para revisar nuestra vida interior y exterior todos los días. Esto se puede hacer de la mejor manera posible llevando un diario escrito, pero también es útil tan sólo dedicar algo de tiempo a una silenciosa contemplación. Escribir un diario siempre es una buena manera de construir una conciencia focalizada de nuestro ser. En él, podemos incluir los sueños, una guía escrita y la reflexión en torno a uno mismo.

Sin embargo, la disciplina de la revisión diaria va más allá del simple registro de los sucesos exteriores (o interiores) de cada día. Es una práctica específica que hace avanzar nuestra capacidad para identificarnos con el Ser Observador y para trabajar con nuestros otros seres.

He aquí cómo se hace: Deja que los sucesos del día pasen delante de ti y toma nota particularmente de todos los incidentes que te provocaron una sensación o reacción no armoniosa. Escribe o toma nota de éstos, y sólo estas cuestiones, sabiendo que esas manifestaciones te dan las claves para descubrir los estados interiores que les dieron origen.

Cada experiencia negativa es una invitación a mirar más profundo dentro de uno mismo y descubrir la lección del día. Al hacer una revisión diaria aprendemos a tomar conciencia de cómo reaccionamos en realidad, de modo que esos pensamientos/sentimientos no puedan encontrar la oportunidad de acumularse en el inconsciente. Aprendemos a "limpiarnos" cada día, realizando un cierto tipo de higiene emocional cuya importancia para el bienestar espiritual es similar a la importancia de la higiene física para nuestro cuerpo.

Al realizar la revisión diaria fortalecemos nuestro deseo de verdad, pues nos damos permiso de experimentar y anotar todo lo que verdaderamente pensamos y sentimos, en vez de lo que creemos que deberíamos hacer, sentir o pensar. Cuando nos topamos con resistencia, sólo lo anotamos igual que anotaríamos cualquier otro aspecto de nosotros. La revisión diaria evita el auto-engaño, las mascaradas y la represión, que son los ingredientes de la intranquilidad mental y la confusión.

> Si llevas esto a cabo durante cierto tiempo y no sólo lo haces una o dos veces, sino que lo sigues fielmente, verás que después de un rato surgirá de ahí un patrón bastante claro. Al principio esos incidentes (en los que experimentas falta de armonía) te parecerán completamente desligados y aislados. (CGP 17)

> (Pero después de un tiempo,) descubrirás que cierto tipo de incidentes se repite. Entonces surgirá un patrón que te dará claves acerca de tu estructura interior. Si algo es recurrente, entonces es una clave hacia tu alma. (CGP 28)

Una vez que hemos empezado a ver un patrón en nuestra experiencia, entonces podemos empezar a mirar más profundo dentro de nosotros en busca del origen del patrón. Nos preguntamos: "¿Quién es la persona dentro de mí que reacciona de esta manera?" Y luego podemos trabajar con los diferentes seres que surgen iniciando un diálogo entre la parte de nosotros que necesita ser curada y el Ser Superior que puede dirigir la curación. Después de un tiempo, la revisión diaria se convertirá en un tiempo habitual en el que se establece la relación entre los diferentes seres que han emergido durante el día.

Podemos hacer un trabajo muy importante por nuestra cuenta mediante la práctica cotidiana de la meditación, la oración y la revisión. Sin embargo, debo añadir que toda aquella persona que está siguiendo concienzudamente el camino espiritual, en ocasiones también necesita de una ayuda exterior que le guíe en el camino de la transformación. Todos somos ciegos ante ciertos aspectos de nosotros que sólo pueden ser percibidos con precisión por los demás. Y necesitamos la seguridad y el apoyo de otros seres humanos que atestiguan nuestro dolor y reconocen nuestra lucha. Necesitamos otros humanos que puedan reflejar el "tú" de nuestro Ser Observador, capaces de estar junto a nosotros cuando enfrentamos nuestro dolor y nuestras distorsiones.

Nuestro desarrollo espiritual será enormemente facilitado por una práctica espiritual constante, pero semejante disciplina no puede forzarse. La práctica espiritual diaria es, creo, una verdadera necesidad para los seres humanos que están tratando de volverse más conscientes. Sin embargo, la disciplina espiritual debe desenvolverse lenta y orgánicamente, generalmente a lo largo de años en los que inicialmente la práctica sólo es esporádica. Desarrollar una práctica espiritual no debe convertirse en otra macana de nuestro perfeccionismo con la cual nos golpeamos. ("Ves qué terrible eres, no estás trabajando lo suficiente sobre ti mismo, no estás meditando como deberías", o cualquier otra cosa.)

El ego es necesario para establecer la disciplina personal, pero no puede hacer el trabajo por sí solo. Se puede facilitar el proceso invocando las energías del Ser Superior. La práctica de la auto-observación rápidamente se derrumbará si es forzada y desagradable. Si sentimos nuestra necesidad real de alcanzar la comprensión de uno mismo, entonces la experiencia de la disciplina espiritual traerá sentimientos de placer y de éxito. Cuando meditamos porque es agradable, y trabajamos sobre nosotros porque realmente conocemos el alivio de la verdad en vez de vivir en la ignorancia acerca de uno mismo, entonces nuestra práctica tiene un sustento real.

Jody había desarrollado su práctica espiritual durante su trabajo inicial dentro del Pathwork, pero más recientemente había dejado de lado su meditación diaria pues su vida exterior se había vuelto más satisfactoria y llena de ocupaciones. Meditaba menos frecuentemente y sólo cuando se sentía especialmente fuera de su centro. En una sesión conmigo Jody habló de una tensión interior que sentía al dejarse "atrapar por las garras de cada día", como ella lo ponía, presionada por las exigencias de su vida exterior. Una vez que, estimulada por mí, Jody retomó la meditación diaria se percató de que su tensión se reducía y su vida empezó a fluir más suavemente. Jody dijo que volver a poner la meditación en el centro de su vida era como "ponerle el centro a un disco de 45 rpm que antes había estado moviéndose sin ton ni son sobre la tornamesa".

En el camino espiritual del conocimiento de uno mismo encontraremos muchos estadios y niveles de conciencia dentro del ser. Podremos descubrirnos pensando cosas raras; pensamientos más excelsos, locos o malos de lo que jamás soñamos que fuéramos capaces. Podremos descubrirnos sintiendo emociones que jamás soñamos posibles: una agonía insoportable o un éxtasis inesperado. El camino espiritual exige que nos abramos a todos nuestros múltiples seres, viajando siempre en dirección del centro del ser, hacia el estado de conciencia unificada. La práctica de la autoobservación es el puente desde nuestros seres generalmente dispersos hacia el núcleo de nuestro ser unificado.

▼ *Ejercicios para el Capítulo 3* ▼

1. Escoge algún asunto de tu vida que te preocupe actualmente. Identifica dos de los "personajes de tu reparto" interior, de preferencia dos que tengan opiniones opuestas acerca de ese asunto. Primero describe brevemente a cada uno de los personajes y sus puntos de vista. Luego crea un diálogo escrito entre ellos al respecto. Explora de manera completa el punto de vista de cada uno de ellos y ve si puedes aprender un poco más acerca de tus conflictos interiores y tu ambivalencia en esta área.

2. Practica la revisión diaria por escrito durante cinco días, haciendo el resumen de los momentos en que experimentaste pensamientos o sentimientos no armoniosos. Luego de los cinco días ve si encuentras denominadores comunes en estas experiencias.

3. Practica la meditación diaria por lo menos durante diez minutos por cinco días consecutivos. Escribe cuándo lo hiciste y resume tu experiencia de cada día. Puedes usar cualquiera de las prácticas para centrarte que se expusieron en este capítulo, pero dí claramente cuál escogiste: ya sea siguiendo la respiración, o parándote en el umbral de la mente observando los pensamientos/sentimientos/sensaciones.

4. Practica identificarte con tu Ser Observador objetivo mientras realizas algún acto cotidiano de rutina, tal como cepillarte los dientes, durante cinco días. Observa tus reacciones exteriores y observa tu experiencia interior. Escribe acerca de tus experiencias.

▲ 4 ▲

ABARCAR AL NIÑO, AL EGO ADULTO Y A LOS SERES TRANSPERSONALES

"Sólo cuando posees completamente tu ser exterior, tu ego, puedes entonces prescindir de él y alcanzar tu verdadero ser."

CONFERENCIA DEL GUÍA 132.
"La función del ego en relación con el ser verdadero"

▼ *Bobbi, Bárbara y la abuelita:* ▼
Descubrir a la niña y a la sabia mujer interiores

Bárbara llevaba cinco años luchando contra el cáncer. Primero le amputaron un seno y luego tuvieron que practicarle una extirpación extensiva de los ganglios. Ahora el cáncer había llegado a su hígado y le habían pronosticado menos de seis meses de vida. Se decidió a tomar un retiro de siete días para hacer un trabajo personal intensivo en Sevenoaks conmigo y con su terapeuta, Donovan, con la intención de penetrar más profundamente en las raíces emocionales de su enfermedad y para prepararse espiritualmente para lo que pudiera llegar. Quería vivir, pero sabía de manera realista que tal vez no le quedaba mucho tiempo.

Bárbara trajo al Pathwork su propia visión bastante desarrollada del trabajo espiritual, una mezcla de su judaísmo cultural, de sus habilidades psíquicas y un profundo respeto por las enseñanzas de la naturaleza tal como la entienden los indios de los Estados Unidos. Se había separado de su esposo, lo cual había sido una terrible pérdida emocional, poco antes de su primer brote de cáncer.

Al inicio de su retiro intensivo escribió en su diario: *"El aire otoñal huele muy bien. Estoy sentada en un banco de madera bajo el círculo de siete robles sagrados frente a las montañas. Siento los olores de hojas crujientes y pasto, de insectos y de bellotas que se hacen viejas. Un olor dulce, pero no es el perfume de las flores de la primavera y el verano, en cambio es el olor de la tierra en descomposición y de las cosas que se están convirtiendo en tierra. Observo las hojas marrón del roble que caen tan suave y graciosamente a través del aliento del viento hacia la receptiva madre tierra. Reconozco las partes de mí que han caído a lo largo de los años como varitas y ramas de un árbol. No deseo caer completamente todavía, y espero que, cuando lo haga, caeré tan sin esfuerzo y tan graciosamente como la hoja que ha terminado su estación. Mi cuerpo se convertirá en cenizas para alimentar la* tierra con calcio y minerales. Y entonces mi espíritu se elevará sobre las alas de las águilas que revolotean sobre esta tierra."

Bárbara era consciente de su mujer sabia interior que aceptaba el lugar de la muerte y la pérdida en el ciclo de la vida. Al mismo tiempo su ego adulto no quería morir y su niña interior estaba asustada ante la posibilidad de que nunca podría crecer. La niña interior de Bárbara, la pequeña Bobbi, todavía estaba congelada dentro de ella, sin haber podido recuperarse de sus antiguos traumas.

En el retiro intensivo Bábara usó su ego adulto para evocar y hablar con la pequeña Bobbi, tan lastimada por las pérdidas que sufrió en la infancia. Y usó su ego para evocar a su ser espiritual, quien vino a ella en la forma de una antigua Abuela de la Tierra. Esa mujer sabia podía reconfortar y consolar a la niña Bobbi y a la adulta Bárbara, tan asustadas de morir. Los tres seres estuvieron presentes en su trabajo.

Más adelante, Bárbara trabajó sobre el asunto emocional incompleto con su padre, quien se había suicidado de un balazo cuando la pequeña Bobbi tenía sólo cuatro años de edad. Con la voz de la niña, escribió en su diario:

"Mi querido papá. Si al menos hubieras vivido. Pero capaz que entonces mi amor por ti se hubiera vuelto tan amargo como le pasó al de mamá, que se convirtió en algo tan dañino y malo.

"¡Yo nunca hubiera dejado de amarte, papá! ¡NUNCA!, no importa qué hubiera pasado. Yo no le hubiera hecho caso a mamá. Nunca le haré caso a mamá. Ella me dice mentiras. Me dice mentiras para su propia conveniencia y yo no la voy a escuchar. Ni siquiera le voy a creer. Ella es fría y dura y nada sexy y odia a los hombres y yo nunca la voy a escuchar. Nunca me portaré así contigo. Te quiero. Tú y yo nos parecemos. Somos dulces y cálidos, vitales, sexys y juguetones. ¿Que tal si nos quedamos siempre juntos así, para siempre, de acuerdo? Huyamos y juguemos sin crecer nunca."

En sus sesiones con Donovan y conmigo Bárbara, poco a poco, se permitió regresar cada vez más a la pequeña niña en su interior. Donovan y yo a veces hicimos el papel de su papá *y su mamá, y apoyamos su necesidad de descargar la rabia y el dolor que quedaban de su niñez. Gritó con cólera a su madre y sollozó por el dolor de la pérdida de su padre.*

El papá de Bárbara había sido un hombre desequilibrado, infantil e irresponsable que nunca pudo conservar su trabajo ni mantener a su familia. Se había sentido fracasado durante mucho tiempo antes de llegar a suicidarse. En su diario, Bárbara describió parte de su trabajo con nosotros:

"Donovan me abrazó y fue mi papá durante un rato. Me dijo que estoy bien y que no importa lo que me suceda, yo estaré bien y él, mi guía, está feliz de que yo haya llegado a su vida y que él, mi papá, estaba feliz de yo hubiera nacido. Mi papá, mi adorable, triste, loco, dulce, cálido, perdido, fuera de sí, confundido y amoroso papá.

"Donovan, en el papel de mi papá, dijo que mi amor era la única alegría de su vida, pero que todo el amor del mundo, si lo hubiera tenido y se lo hubiera dado, no lo habría mantenido con vida porque una persona no puede dar tanto amor a otra cuando ésta no lo sabe recibir. Donovan/papá dijo: 'Simplemente no puedo tener éxito en el trabajo ni con una mujer. Te amo. Eres el brillo y la dulzura de mi vida, pero mis problemas son tan profundos que me abruman y estoy confundido y fuera de control, así que me voy a tener que ir, pero no es tu culpa.' Eso sonaba como yo misma. Pon a la mujer en el lugar del hombre.

"El único hombre adulto al que alguna vez amé con algo cercano o parecido al feroz y salvaje amor que sentía por mi padre, mi papá, fue mi esposo. Tal vez por eso es que la ruptura de esa relación fue tan dura y espantosamente dolorosa. Ahora amo así a Donovan. Tengo miedo por él. Tengo miedo de que la profunda experiencia que tenemos el uno del otro en este momento, de alguna manera lo ponga en peligro. Mi 'destino' provocará daño en él. Podría... no puedo decirlo. No quiero poner mis pensamientos en palabras y tal vez le doy demasiado peso al hecho. Pero tengo mucho miedo."

El padre de Bárbara había amenazado con irse infinidad de ocasiones, muchas veces antes de que se suicidara, así que ella nuevamente estaba experimentando el miedo de que Donovan se fuera y la vergüenza de que ella fuera culpable. También sentía el terror que siguió a la muerte de su padre, cuando su madre estaba abrumada y era incapaz de ocuparse correctamente de ella. Bárbara redescubrió el dolor y la cólera vinculados al recuerdo de que su madre había destruido todas las pertenencias de su padre inmediatamente después de su muerte, incluyendo una carta que él había escrito para Bobbi justo antes de suicidarse.

"Sentí la inmensa pérdida de nunca haber visto la carta que mi padre había dejado para mí. ¿Qué era? No importa qué tan simples o profundas hubieran sido las palabras... y la traición de mi madre que llevó a alguien a su cama, destruyendo todo rastro de él. Ella siempre fue tan egoísta, absorbida en el drama de sus propias dificultades. ¡Cuánto la odiaba!

"Le dije a Donovan por primera vez cómo mi madre había quemado la última carta de mi padre para mí. Donovan espontáneamente se puso a llorar lo cual me conmovió. Su llanto honraba la magnitud de la pérdida de mi infancia. Los pinchazos y la debilidad de mi espalda (ese familiar y atemorizante dolor típico del cáncer) se han ido desde la sesión de esta mañana. Creo que se fueron con la cálida mano de Donovan sobre la parte de abajo de mi espalda, en el lugar exacto, mientras experimentaba y soltaba la cólera y el dolor de mi aturdida y adolorida niña."

Golpeando almohadas y retorciendo los "cuellos" de toallas, Bárbara se descargó de buena parte de su cólera infantil contra de su padre por haberse matado, y en contra de su madre por haberse derrumbado después de esa muerte y por haber desvalorizado su relación con su padre. El trabajo siguiente consistió en ayudarle a su ego adulto a comprender sus experiencias, especialmente la intensidad del impacto de la muerte de su padre sobre su niña interior. El suicidio ocurrió justo cuando Bobbi estaba en la etapa de su desarrollo en que la pequeña niña despierta sus sentimientos sexuales y de amor por su papá, y justo cuando rechaza la dependencia total hacia su madre, mucho antes de que los pueda ver a ambos como gente real. Sucedió en la época en la que él todavía era su perfecto Papi y su Mami era la malvada.

Así fue como Bárbara se sumergió en su mente de niña y encontró las simplificaciones, generalizaciones y conclusiones falsas tan típicas del pensamiento infantil: "Si me pasan cosas malas, entonces debo ser mala." En su mente infantil inconsciente ella creía que la muerte de su padre debía haber sido un castigo por su maldad. Probablemente estaba siendo castigada por amar a su papá y rechazar a su mamá. Esa conclusión errónea entonces la llevaba a: "Dado que merezco el castigo, yo me castigaré a mí misma. Si yo me castigo primero, entonces tal vez Dios no lo hará." Bárbara siempre había sentido que su padecimiento de cáncer y, más que nada, de las terribles quimioterapias, eran como una forma de auto-castigo, un pago por algo que ella no sabía qué era. Ahora su mente adulta podía mirar profundamente dentro de la irracionalidad de sus conclusiones infantiles, empezar a ponerlas a prueba y tener compasión por la niña desequilibrada que había tenido ideas tan dolorosamente equivocadas y sufrido un auto-castigo tan excesivo.

A medida que su mente comprendía mejor las distorsiones de la pequeña Bobbi, pudo ir más profundo dentro de la niña interior y encontró lo siguiente: "Soy exactamente como él. Odio a mamá y quiero que se muera. Él debería haberla matado en lugar de suicidarse. Entonces podríamos habernos ido juntos, yo y mi papi, dejando a esa fría y mala mujer. Pero no la mató. Así que si crezco y me convierto en una mujer, entonces yo voy a tener que matarla, porque ella lo mató a él, a su espíritu, de modo que ya no quiso vivir más. Así que mejor me mato antes de matarla a ella.

"Las mujeres son frías y malas y hacen que los hombres se suiciden, así que mejor me mato antes de convertirme en una mujer como mi madre. Mi esposo me dejó. Debe haber sido culpa mía. Yo era fría, exigente y muy crítica, así que él empezó a beber. Una noche tuvo un accidente de auto en el que se pudo haber matado, lo cual habría sido culpa mía. Me he convertido en una mujer como mi mamá, y ella hizo que muriera mi papá, *y yo estoy lastimando a mi esposo. Así que yo también estoy haciendo eso. Estoy matando. Más vale que me mate pronto para evitar que mate a alguien más."*

Después de haber escrito esto, Bárbara se acostó a dormir, pero se levantó en medio de la noche, asustada, y siguió escribiendo:

"Algo viene para llevarme en la noche.
Nadie más puede oírlo o verlo.
Nadie me va a creer.
Puede ser que sea yo."

La pequeña niña estaba hablando, dejando que la Bárbara adulta conociera el miedo que le tenía a su demonio, a su destructividad, al asesino que llevaba adentro. Entonces la voz de la niña de cuatro años volvió a hablar, dejando ver algo más de los pensamientos negativos que residían en su interior desde el trauma del suicidio de su padre:

"Se acabó.
Estoy contenta de que se haya acabado.
Quisiera que ambos estuvieran muertos.
Quisiera que todo el mundo estuviera muerto.
¿Quién me va a cuidar?
Quisiera también estar muerta."

Y nuevamente surge la revelación de lo que la parte destructiva de Bárbara hace en contra de sí misma y por qué:
"Estamos haciendo esto porque si perdemos el control mataremos a alguien más. Así que estamos dejando que este cáncer se salga de control dentro de nosotras para que no perdamos el control afuera de nosotras."

Bárbara llegó a una de las raíces de su cáncer, el miedo a su propio asesino vuelto en contra de ella. Y en esa misma noche la niña volvió a hablar, dirigiéndose a la Abuela, la guardiana del viaje de su alma.
"Duele, Abuela. Ya no quiero que me duela más."

*Y pidió poder oír la voz de la Abuela, quien le contesta:
"Sí hija mía. El dolor psíquico, y aun el físico, que te
has provocado para pagar por tu culpa oculta y por el miedo
a tu maldad, pueden cesar ahora. Ya no tienes que castigarte
o dejar de amarte. Has sufrido más que suficiente. Ya puedes
dejar de hacerte daño. Dios te ama tal como eres. Has sido
completamente perdonada y siempre lo fuiste. El asesino al
que tanto temías no es tan malo como creías. Era una respuesta infantil natural a tu dolor infantil real. Ahora puedes ver
su infantil inocencia y ya no tienes por qué temer nada. Estás
a salvo y eres libre y completamente amada."*

*Al reflexionar más tarde sobre su niña destructiva,
Bárbara se percató de que ahora se sentía mucho más poderosa
que nunca antes en su vida. Más tarde escribió acerca de esa
conciencia desde el lugar del ser de su ego adulto inteligente.*

*"Me he sentido desarmada porque no había reconocido
a mi Ser Inferior, a mi asesino inconsciente. Al no ser dueña de
mi asesino, su poder se quedó encerrado en un lugar oscuro
desde donde me estaba matando. ¡Ah!, qué alegría tenerlo por
aliado, recuperar su energía. Ahora conozco sus pensamientos
secretos, sus pensamientos de muerte y puede recuperar el poder
de mi odio sin tener que expresar el auto-castigo."*

*Cerca del final de su retiro intensivo Bárbara escribió
desde el punto de vista de su ser adulto:*

*"Muy bien niñita, te voy a cuidar. De verdad voy a
hacer lo mejor posible por cuidarte de la manera más amorosa
que puedo, reconociendo que soy imperfecta. Tal vez me muera
de cáncer, pero no me voy a matar con el cáncer. ¡Me amaré,
amaré todos mis seres!*

*Si permanecemos juntas, nuestro Ser Inferior y Ser
Superior, entonces nos las arreglaremos para llegar hasta el
dios y la diosa de los que formamos parte. Nuestra oscuridad
es sólo el dolor de nuestro conocimiento parcial. Así que
cuenta con las energías de la tierra para limpiar y curar. El
águila volará aun cuando el sol se ponga y nuestra abuela la
tierra suelte un olor tan dulce y rico."* Bárbara también comenzó a hacer las paces con su madre.

"*Ahora puedo ver que mi madre ha estado evolucionando hacia un intento más auténtico de dar un cuidado no egoísta y ahí está creciendo un amor dulce y delicado de ella para mí-tal-cual-soy. Y ahora mi tarea consiste en confiar y en aceptar eso de ella, dejarla que me dé en mi estado actual de necesidad, y dejarla que sea, dado que su dolor seguramente fue tan grande como el mío. Ahora puedo sentir mi compasión por ella y también puedo llorar, junto con ella, por el doloroso pasado. Pero eso es algo que ya terminó.*

"*Mi mami nunca me llevará a la cama y mi papi nunca me abrazará, pero mis guías han hecho ambas cosas, y fueron mis papás durante este corto periodo, al mismo tiempo que continuaron siendo ellos mismos. Ahora los voy a dejar para ser mi propio padre y mi propia madre, para cuidarme yo misma. Durante este tiempo fui la pequeña Bobbi, la niña del Ser Superior y del Ser Inferior, y al mismo tiempo era yo, la Bárbara adulta. Y, como siempre, la Abuela también estuvo aquí.*

"*Así que ¡bravo! para todas nosotras, para todas las 'nosotras' que estuvieron presentes en estos pocos y preciosos días. ¡Bravo!*"

El retiro intensivo de Bárbara terminó con un ritual en la rueda de sanación de Sevenoaks. Pusimos fotos de su ser niña y de su ser adulto en el centro del círculo, junto con una pluma de águila para simbolizar su espíritu. Invocamos el poder de los puntos cardinales para sanar y fortalecer su cuerpo y su alma.

Bárbara vivió un año más de lo pronosticado, con muy pocos dolores. Ese año lo pasó realizando una profundización espiritual. Durante sus últimos meses su madre le brindó unos cuidados exquisitos y el amor entre madre e hija fluyó con dulzura. Hacia el final de su vida, su espíritu a menudo viajaba "fuera de su cuerpo" y pasaba la mayor parte del tiempo con la Abuela. Su conciencia egóica no sabía que el cuerpo se estaba muriendo, pero a menudo hablaba de estar con la Abuela, viendo las montañas y volando con las águilas. Después de su muerte, sus cenizas fueron esparcidas debajo de los siete robles (Sevenoaks, N. del T.) y sobre la rueda de sanación.

▼ *Abarcar al niño, al ego adulto* ▼
y a los seres transpersonales

Igual que Bárbara, cada uno de nosotros necesita encontrarse y cuidar a su niño interior. Y también podemos evocar a nuestra abuela y nuestro abuelo espirituales, a nuestros ángeles guardianes, maestros o guías que vienen a nosotros más allá del nivel de nuestra personalidad del ego adulto.

A medida que viajamos hacia el interior descubrimos muchos diferentes seres interiores. De modo que necesitamos mapas que nos permitan distinguir los múltiples tipos de conciencia que configuran nuestra totalidad.

▼ *Mapas de la conciencia* ▼

En este libro presentamos dos mapas de la conciencia de la psique humana individual que proporcionan una guía confiable para el trabajo espiritual de transformación personal. El viaje de cada persona pasa por un terreno interior diferente y, por lo tanto, produce un mapa de experiencias único. Es cierto que sólo al realizar tu propio viaje y adaptar los mapas a tus necesidades podrás constatar la validez de los que se presentan aquí. Sin embargo, el hecho de contar con un mapa que ya le ha sido útil a innumerables exploradores te dará algunas referencias y fronteras que podrás usar como referencia cuando entres en tu propio paisaje interior.

El mapa más general que presenta este libro incluye a los tres seres: la Máscara, el Ser Inferior y el Ser Superior. La Máscara, que será expuesta con detalle en el Capítulo seis, es un falso ser exterior, el que ponemos frente a nosotros para que el mundo lo vea, la persona que pensamos que deberíamos ser. La Máscara se parece, de manera general, al concepto junguiano de persona. Oculto por debajo de la Máscara se encuentra el Ser Inferior, el aspecto negativo de la sombra junguiana, un almacenamiento de energía oscura y generalmente inconsciente que incluye todas nuestras distorsiones e ideas erróneas. El Ser Inferior y su transformación son especialmente abordados en los Capítulos Siete, Nueve y Diez.

El ser de la Máscara es reactivo; ha sido creado como respuesta ante el impacto de los otros sobre nosotros. En cambio, el Ser Inferior es activo, espontáneo y constituye el centro innato de la destructividad que surge de nuestra largamente olvidada decisión de separarnos de nuestro corazón y de la totalidad de la creación, de Dios. En nuestro núcleo, o centro, se encuentra el Ser Superior (el cual Jung llamó el Ser), un cúmulo de energía vital positiva espontánea que constituye nuestro verdadero ser. Tal como será explicado en los Capítulos ocho y once, el Ser Superior tiene una vitalidad ilimitada disponible para crear una experiencia de vida positiva.

La Máscara y el Ser Inferior son acrecen-tamientos, o defensas, que nos impiden conocer nuestra verdadera identidad como emanaciones de Dios. Sin embargo, la Máscara y el Ser Inferior también son algo muy real en el nivel humano. La división de la conciencia en estos tres seres (la Máscara, el Ser Inferior y el Ser Superior) es algo central para los principios, el proceso y las prácticas del camino del Ser Sin Defensas. El viaje espiritual comienza penetrando en la Máscara, avanzando a través de la exposición y transformación del Ser Inferior y el conocimiento y establecimiento de un ancla en el Ser Superior. En este camino llegamos a conocer a Dios dentro de nosotros y a encontrarnos, honesta y amorosamente con nuestras obstrucciones hacia Dios, las cuales han adoptado la forma de la Máscara y del Ser Inferior.

He aquí una visualización de los tres seres, con la Máscara representando nuestra identidad "exterior", debajo de la cual se encuentra el Ser Inferior que defiende nuestra identidad central, nuestro Ser Superior. En nuestro centro se encuentra Dios.

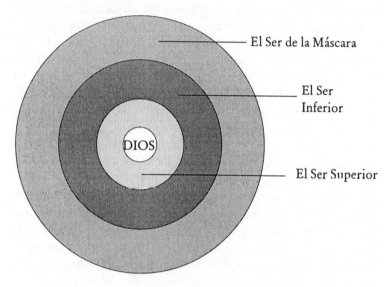

El Ser de la Máscara

El Ser Inferior

DIOS

El Ser Superior

En este capítulo se presenta otro mapa de la psique humana y será aquél al que se hará referencia a lo largo del libro. Es un mapa de los cuatro niveles de la evolución espiritual de los seres humanos, que también son cuatro maneras diferentes de experimentar y conocer el mundo. Aunque cada una de éstas representa cuatro estadios sucesivos dentro del desarrollo espiritual, también pueden coexistir simultáneamente en nuestra psique como: 1) el niño interior o la conciencia primaria; 2) el adulto o la conciencia del ego; 3) el alma o el nivel transpersonal, que contiene la historia kármica del viaje de nuestra alma y también expresa la conciencia colectiva, arquetípica, de toda la humanidad, y 4) el nivel de la unión, el cual es un sinónimo de la conciencia cósmica. En cada uno de estos niveles de desarrollo se tiene que realizar un trabajo interior diferente.

El mapa de los tres seres interactúa con el mapa de los estadios o niveles del niño, el ego adulto, el alma transpersonal y la conciencia de unidad. La Máscara, el Ser Inferior y el Ser Superior se expresan tanto en el nivel del niño como en el del ego. La Máscara desaparece en el nivel transpersonal, pero el Ser Inferior continúa expresándose en esa dimensión. Sin embargo, el lado oscuro de nuestra naturaleza desaparece en el nivel de la unidad, el cual se encuentra más allá de toda dualidad y, por lo tanto, más allá del conflicto que se desenvuelve en nuestro interior entre el Ser Inferior y el Ser Superior.[1]

Lo anterior se resume en el cuadro de la página siguiente.

Este libro es un esquema del trabajo que se debe realizar en cada uno de los niveles y con cada uno de los tres seres. El camino espiritual es el proceso de llevar nuestra identificación (quién creemos que somos) hacia la columna del Ser Superior. Empezamos en el nivel del ego deslizando nuestra identidad hacia el ego positivo, fortaleciendo nuestra capacidad para realizar una auto-observación objetiva y compasiva. Entonces dejamos caer nuestra ancla del ser hacia aspectos cada vez más profundos del Ser Superior, incluyendo al niño interior espontáneo y creativo y al padre, madre o maestro interior llenos de amor y sabiduría. Desde este punto seguro de identificación con el

---

1 A pesar de que estos mapas de la conciencia provienen de las enseñanzas del Guía del Pathwork, la formación de mi pensamiento se ha visto influenciada por los libros de Ken Wilber, especialmente El espectro de la conciencia, Sin fronteras y su más recientes libros citados en Grace and Grite, todos los cuales hacen distinciones muy útiles entre los diferentes niveles de conciencia. Sospecho que los tres niveles de evolución de la conciencia del Guía del Pathwork –niño/primitivo, ego adulto y ser o alma universal– también corresponde de una manera muy cercana a lo que Wilber escribe como los estadios pre-racional, racional y post-racional en la evolución de la auto-identificación. Él y otros también llamado a estos niveles pre-personal, personal y traspersonal; o bien, pre-consciente, consciente y supra-consciente, Yo he llamado estos tres niveles "niño", "ego adfulto" y "traspersonal" sólo porque creo que esas faces son claras y simples.

Nivel y tarea del desarrollo	LOS TRES SERES		
	La máscara	El Ser Inferior	El Ser Superior
El ser niño *Reeducar al niño interior para que se convierta en un adulto autónomo.*	Niño de actitud falsa que se comporta en relación con las expectativas de los demás a fin de evitar la vulnerabilidad de ser real. Niño sumiso o rebelde, en reacción a la autoridad paterna que proyecta en los demás.	Niño egoísta voluntarioso, que sólo quiere las cosas a su modo. Niño negativo, herido que se defiende contra el dolor y la desilusión. Supersticioso y no autónomo.	Niño espontaneo, amoroso y creativo con el espíritu. Niño abierto, sin defensa y capaz de sentirse y ser vulnerable. Abierto a la realidad espiritual, sin prejuicios.
Ego adulto *Fortalece la mente positiva del ego. Alinearse con el Ser Espiritual*	Imagen idealizada de uno mismo que presentamos ante el mundo y deseamos creer que es quien somos. Exigencias perfeccionistas sobre uno mismo y los demás. Defensas del cáracter de la Máscara: una distorsión de la cualidad divina de la sumisión (Amor), la agresión (Poder) o el retraimiento (Serenidad)	Defectos de la personalidad. Ego autoconcentrado y egoísta que quiere ser el amo de todo lo que vigila. De manera alternada, un ego débil y dependiente que no asume su responsabilidad ni acepta lo que merece. Orgullo, obstinación y miedo (aspectos del Ser Inferior en todos los niveles)	Buenas cualidades de la personalidad. Voluntad positiva del ego, al servicio del Ser Espiritual. Toma decisiones positivas. Fuerza de personal: Amor, Poder o Serenidad.
Alma/Nivel transpersonal *Sanar el alma personal y colectiva. Abandono ante Dios.*	Ya no hay máscara	Alma personal: Directivas negativas del alma, con la intención de perpetuar la dualidad. Fallas en el alma personal; distorciones kármicas. Alma colectiva: Arquetipos negativos e impulsos demoniacos. Apego al poder negativo y la separación (el mal).	Alma personal: Directivas positivas del alma con la intención de unificar. Abandono ante los guías interiores y Dios.
Nivel de Unión ESTAR EN DIOS	Ya no hay máscara	No más impulsos de separación; ya no hay ser interior.	Prescencia creativa; Amor y Verdad; ESTAR AQUÍ AHORA

Nota: Al final del libro he incluido una versión más extensa del cuadro, llamada "Pasos en el camino espiritual", en la cual se incluye un resumen del trabajo que se debe realizar en cada nivel y la posición del guía ante la persona que trabaja en cada nivel.

Ser Superior, entonces incorporamos los otros aspectos de quienes somos: nuestras identidades personales fragmentadas y defensivas que se encuentran en las columnas de la Máscara y del Ser Inferior. Invitamos a esos aspectos menos desarrollados hacia la conciencia y los integramos en el recipiente más amplio de la conciencia que nos da el Ser Superior. De este modo recogemos los pedazos esparcidos de nuestros seres y los llevamos de vuelta a casa, creando así una unidad más y más clara en nuestras vidas. Del mismo modo continuamos develando la conciencia de nuestra realidad más profunda como algo que ya vive en la unidad y la integridad, en unión con Dios.

No trates de entender todo esto de una sola vez; deja que se vaya metiendo en ti a medida que avanzamos a lo largo de los estadios o niveles del camino en los siguientes capítulos. ¡Entonces todo se volverá claro!

▼   *El ser niño*   ▼

Dentro de cada uno de nosotros vive un niño interior. De hecho tenemos muchos niños interiores que corresponden a cada uno de los niveles de desarrollo a través de los cuales hemos pasado a lo largo de nuestra vida. Son especialmente importantes para nuestro proceso de sanación personal los niños que se quedaron bloqueados en alguna etapa de su desarrollo emocional a causa de negligencia, la invasión o los traumas. Cuando el desarrollo emocional ha sido incompleto, el adulto expresará los asuntos no resueltos de la infancia hasta que se les ponga atención. El adulto que somos puede reexperimentar la conciencia de esos niños interiores a fin de sanarlos.

El bebé que hay dentro de nosotros siempre fue dependiente de quienes se encargaban de cuidarlo y su imperativa necesidad de cuidados, amor y comodidad fueron asuntos de vida o muerte. Cuando éstos no fueron correctamente satisfechos, el niño interior continuará tratando de que los demás se ocupen de él o ella o, en cambio, rehusándose a sentir la necesidad de los cuidados de los demás, mucho tiempo después de que ha dejado de ser niño físicamente. La demanda de gratificación inmediata era una necesidad real para el bebé, pero en el adulto no es ni correcta ni realizable. Sólo al permitirnos sentir el impacto total de no haber recibido satisfacción a nuestras primeras necesidades y el inmenso dolor ante esa situación nos permite volver a dar cuidados paterno-maternos a nuestro bebé para propiciar que crezca y madure, a fin de convertirse en un adulto capaz de cuidar de sí mismo.

El niño que comienza sus experiencias y que nos habita necesitaba afirmar su independencia y empezar a controlar sus funciones corporales. Si nuestra necesidad de diferenciación fue bloqueada, el niño dentro de nosotros seguirá temiendo la invasión por parte de los demás, afirmando inconscientemente su derecho a separarse, lo cual podrá limitar nuestros intentos por alcanzar la cercanía adulta. Sólo al volver a experimentar nuestra rabia infantil ante el hecho de que se haya coartado nuestra necesidad espontánea de crecer separados de los padres podremos encontrar el equilibrio adecuado entre la separación y la unión en la edad adulta.

Una parte de nuestra psique se congela en cualquier punto del proceso del desarrollo de la infancia hacia la adolescencia cuando lo que se experimenta implica una ausencia de seguridad personal, un trauma o una amenaza tan grandes como para que no se les pueda haber sentido y liberado en ese momento. El desequilibrio puede ir desde las necesidades físicas y emocionales insatisfechas en la primera infancia o desde la falta de apoyo cuando empezamos a experimentar con nuestras capacidades, hasta la invasión de las fronteras de la integridad personal más adelante en nuestro desarrollo. El niño generalmente no tiene la perspectiva suficiente como para saber que lo que está sucediéndole no es correcto. En cambio se adapta al medio ambiente en el cual es criado(a) y reprime su dolor o protesta. Si no sabe que lo que le está pasando no es correcto, pero no tiene a nadie con quien hablar de su situación, la soledad puede ser en sí misma insoportable y la situación negativa correspondiente nuevamente puede ser reprimida.

Más tarde, sin embargo, cuando observamos de cerca nuestra conducta de adultos, podemos ver claramente que ciertas etapas de nuestro proceso de desarrollo fueron desequilibradas o no pudieron completarse. Entonces podemos entrar en la mente y en los sentimientos del niño que todavía vive en nosotros y completar el proceso de crecimiento. Bárbara, cuya historia sirve de introducción a este capítulo, encontró a su niña interna y la dejó hablar. Su Bobbi interior habló, tal como podíamos esperarlo, con una voz de niña. La Bárbara adulta, junto con sus guías terapeutas, escuchó de una manera en la que nunca antes nadie la había escuchado en su terrible dolor de niña después del suicidio de su padre. Éste solo proceso de escucha le ayudó a la niña a sanar de los secretos sentimientos asesinos que había juzgado de manera tan severa castigándose tan dolorosamente.

En el Capítulo Cinco discutiremos más acerca del proceso para trabajar con nuestros niños interiores, pero en éste nos dedicaremos a la mente del niño en general, aunque nos damos cuenta de que existen enormes diferencias entre un bebé y un niño o niña de diez años de edad. No obstante, en términos de su desarrollo, ambos todavía están en el proceso de lograr que sus necesidades de dependencia sean satisfechas al tiempo que van abandonando esa dependencia. Ambos todavía están en variados niveles de fusión con su medio ambiente, separándose gradualmente para convertirse en personas individualizadas.

▼   *La mente infantil indiferenciada*   ▼

El niño que tenemos dentro de nosotros no sólo tiene las características del niño específico que fuimos alguna vez, sino también las cualidades universales de todos los niños. El ser niño es espontáneo, creativo, juguetón, sensible, responde tanto emocional como físicamente y está lleno de encanto, asombro y amor. Éstas son las características del Ser Superior del niño. Pero el niño también es egoísta, exigente, dependiente, irresponsable, incapaz de discriminar, caótico, inmaduro y supersticioso; lo cual constituye las características del Ser Inferior del niño.

> Al nacer, el niño aún no posee un ego. Sin éste, es posible percibir el mensaje del ser verdadero con relativa facilidad. Pero sin el ego, el significado del mensaje se distorsiona. El niño experimenta el anhelo por la máxima perfección, el máximo poder y el máximo placer. Pero en el ego no desarrollado, todos estos deseos no sólo son ilusorios, sino egoístas y destructivos. (CGP 132)

El niño o niña conoce espontáneamente el potencial ilimitado del mundo invisible del espíritu, del cual recientemente ha venido. Pero esos mensajes se encuentran distorsionados por las exigencias de satisfacción instantánea, proveniente del exterior, sin tener que crear esa satisfacción desde su propio interior.

La mentalidad del niño o niña se parece a la de los hombres primitivos o mente colectiva.[2] Es fundamentalmente inconsciente, funciona a partir de respuestas auto-

---

[2] Quiero aclarar que, al conectar los estados del niño y primitivo no quiero decir que los pueblos indígenas o primitivos sólo piensan con una mentalidad infantil. Este es un tipo de pensamiento o de conciencia -el aspecto no desarrollado o infantil de todos los pueblos. De hecho, todas las culturas humanas tienen elementos de los tres aspectos: la mente infantil, la mente del ego y la mente traspersonal. No obstante, en muchas culturas indígenas de la mente del ego o discriminadora es la menos desarrollada. En cambio se expresan de manera más completa tanto los aspectos infantiles supersticiosos como los aspectos maduramente espirituales. Dado que nuestra cultura típicamente occidental, por el contrario, ha enfatizado excesivamente el desarrollo de la mente del ego separado, se puede encontrar un necesario equilibrio en los occidentales que abren a las enseñanzas espirituales que se encuentran en las culturas nativas.

máticas o instintivas en vez de a partir de decisiones conscientes o de una reflexión en torno a sí mismo. Vive en los niveles físico y emocional de manera elemental y completamente en el momento. Sólo conoce su propia experiencia y hace generalizaciones acerca de la naturaleza del mundo desde la perspectiva limitada de su mundo personal. (El Capítulo Cinco explora más ampliamente cómo esas generalizaciones que hacemos en la infancia dan color e incluso definen nuestra experiencia actual de la realidad.)

La conciencia del niño o niña se confunde con su ambiente, con la familia, la tribu y la naturaleza. A partir de esa fusión desarrolla ilusiones de omnipotencia. Antes de percatarse de su limitado aislamiento, cree que puede hacerlo todo y no sabe que existe la muerte ni la teme. La sensación de la mortalidad surge al mismo tiempo que la conciencia de ser un cuerpo y un ego separados. Cuando somos adultos tenemos miedo del niño interior a causa de las poderosas y espontáneas energías en las que vive y que inconscientemente controlan muchas de nuestras acciones actuales.

Tenemos miedo de nuestro niño o niña internos porque sus impulsos y acciones primitivos no se originan sólo en el Ser Superior, sino también en el Ser Inferior. La idea inicial del pequeño niño (a) acerca de lo que es "bueno", es aquello que le hace sentir bien en el momento; mientras que lo que estorba su gratificación inmediata es concebido como "malo". La mente del niño, previa al surgimiento del ego, no realiza juicios morales independientes, y puede tener dificultades para comprender qué es lo que está haciendo equivocadamente cuando se le dice que su acción es "mala". Vive de acuerdo con los dictados de las costumbres de su familia/tribu, pero aún no ha desarrollado su sensibilidad de una moral individual.

Para el niño(a) un acto de máximo egoísmo puede surgir inmediatamente después de un gesto de generosidad espontánea, sin que eso le haga sentir contradicción interna alguna. Mi hija Pamela siempre ha adorado a su gato

Butterscotch y, sin embargo, cuando tenía seis años le cortó sus bigotes sin dudar un momento, simplemente porque en ese instante el gato no era para ella nada diferente a sus muñecas Barbie, a las que regularmente les cortaba el pelo. De una sensible intuición acerca de una persona amada puede surgir una crueldad bárbara hacia otra (e incluso la misma) que de momento es percibida como el "enemigo". Una conciencia sostenida del otro depende de un desarrollo sano del ego y de la comprensión de nuestra separación de y, al mismo tiempo, la relación con los otros.

El niño aún no se ha diferenciado ni es responsable en sus relaciones con los demás. Podemos ver al ser infantil operando dentro de nosotros siempre que inconscientemente convertimos a nuestros compañeros o a quienes tienen posiciones de autoridad en figuras "paternas" a las que les exigimos y de las que esperamos un amor perfecto o un incesante alimento emocional. Un adulto incapaz de asumir el "toma y daca", así como la igualdad esencial que exige una relación entre dos adultos vive todavía dentro de un olvidado guión infantil. La necesidad de tener reglas rígidas y una jerarquía, también es un indicio de que la mente infantil está buscando un mundo más simple en el que hay mamás y papás, o jefes tribales, que se hacen responsables y definen lo que está bien.

El niño/hombre primitivo que vive en nosotros es supersticioso en su relación con Dios. Convertimos a Dios en una figura de autoridad exterior que recompensará o castigará nuestro comportamiento, del mismo modo en que esperábamos que lo hicieran nuestros padres. En la mentalidad infantil todas las corrientes internas psicológicas y espirituales se proyectan hacia afuera y el mundo está habitado por demonios y ángeles, espíritus buenos y malos, a los que agradecemos o culpamos según la experiencia del niño. El niño hace que el mundo invisible se vuelva cosas y seres tangibles, y esto es una de las cosas que amamos en los niños.

Pero el niño no entiende que muchos de sus seres fantásticos son proyecciones que se originan en el ser. Siempre que creemos en nuestras supersticiones estamos inmersos en nuestra mente infantil. Todos lo hacemos en un intento secreto por hacer un trato con Dios, hacemos "sacrificios" para obtener lo que deseamos o, en cambio, nos portamos como si lo divino fuera un "gran papá" en el cielo.

El camino espiritual exige que develemos al niño interior no desarrollado y negativo (en relación con el ser, con los otros y con Dios) a fin de que podamos ayudar a la maduración de los aspectos no desarrollados. Si somos realmente abiertos para comunicarnos con nuestro niño interior, él o ella nos hablará y revelará en dónde nos hemos quedado bloqueados. Debemos ser como padres para nuestro propio niño interior, estimulándolo para que crezca y se haga responsable e independiente.

El ser infantil, en su aspecto positivo, nos da acceso a nuestras energías creativas y espontáneas. Es nuestra liga con la profunda sabiduría de las culturas primitivas, como se puede ver en lo siguiente.

Un hombre mayor que trabajaba como consultor en organización tuvo este sueño durante un retiro de tres días al aire libre en las tierras de Sevenoaks:

"Supuestamente estoy conduciendo un grupo sobre el tema del desarrollo organizacional, pero las cosas están funcionando mal. Un niño se me acerca y me dice: Aquí no está pasando nada nuevo. Todo sucede tal como pasaba hace 2500 años. Creo que tiene razón. La mayor parte de las dinámicas del grupo en realidad son asuntos no resueltos acerca de desilusiones que estas personas han tenido con sus papás y sus mamás, y la mayoría de los conflictos en el grupo tienen que ver con lealtades tribales y asuntos territoriales. ¡No hay nada de moderno en el desarrollo organizacional, después de todo!

"El niño entonces me saca del cuarto hacia el sótano del edificio. Desde ahí entramos en una cava y seguimos bajando. Finalmente, me conduce hacia un cuarto ceremonial en penumbra y me muestra algo que está mitad enterrado en el piso. Me acerco y empiezo a sacarlo. Es una enorme rueda

de piedra y me doy cuenta de que tiene cuatro grupos de huellas de manos, un grupo para cada uno de los cuatro "rayos" de la rueda, que corresponden a los cuatro puntos cardinales de la Rueda de Sanación. Uno de los grupos está conformado por las huellas de las manos de un niño."

Este hombre fue llevado hacia una profunda exploración de su niño interior y de sus conexiones con su ser más primitivo, la profunda sabiduría primitiva interior que subyacía a su aspecto civilizado. Al descubrir más acerca de su niño y su sabiduría "primitiva" se dio cuenta de que también sería llevado a ser más un "transmisor"* de sus nuevos descubrimientos.

La exploración del niño que hay en nosotros puede abrirnos a las energías más profundas de los niveles universal o transpersonal de la experiencia.

▼ EL ser del ego adulto ▼

Dentro de cada uno de nosotros vive un ser del ego adulto, el ser con el que normalmente nos identificamos. El ego es capaz de elegir y dar seguimiento, es capaz de soportar la frustración y de trabajar duro para alcanzar una meta en el futuro. El ego nos permite ser autónomos, responsables, ordenados e independientes para poder negociar exitosamente dentro de nuestro dominio material/humano como seres separados. Pero el ego también es calculador, materialista, extremadamente mental y está encerrado en las rígidas fronteras del estrecho interés personal. Por sí mismo es incapaz de generar placer, alegría, creatividad o amor. Tiene que ser capaz de soltarse ante el ser más amplio para poder experimentar el flujo espontáneo de la fuerza vital. Pero antes, la mente infantil tiene que dejar la

---

* Igual que los rayos transmiten la fuerza en una rueda. En inglés, rayo es *spoke* y de ahí surge el juego de palabras con *spokes person*, "aquel que transmite las palabras de una autoridad superior". N. del T.)

exigencia de gratificación instantánea y desarrollar un ego capaz de aceptar las limitaciones de la vida humana.

> Tienes que aceptar tus limitaciones como ser humano antes de poder percatarte de que tienes una fuente ilimitada de poder a tu disposición. Tienes que aceptar tus propias imperfecciones, así como las imperfecciones de la vida, antes de poder experimentar la perfección absoluta que constituye el destino que a final de cuentas tienes que realizar. Pero sólo puedes comprender esto una vez que hayas abandonado la distorsión infantil de este conocimiento. Tienes que aprender a soltar el deseo de un placer supremo y aceptar el placer limitado antes de poder percatarte de que el placer absoluto es tu destino final. La aceptación de lo menor es la aceptación de la realidad de las limitaciones de esta dimensión. Para ello, son necesarias las facultades del ego. Sólo cuando tu ego se relacione de manera adecuada con el ámbito en el que tu personalidad y tu cuerpo viven ahora, entonces podrás comprender profundamente tus facultades reales, tu potencial y tus posibilidades. (CGP 132)

Mientras las limitaciones del ámbito humano no son aceptadas, no es posible trascenderlas. Mientras el ego no esté suficientemente desarrollado, no puede ser abandonado. Esto puede sonar contradictorio, pero se trata de los pasos esenciales en el camino espiritual. "Sólo cuando el ego es sano y fuerte podemos saber que no constituye la respuesta final, el dominio final del ser." (CGP 132)

▼ *Aspectos positivos y negativos* ▼
del ego

Igual que sucede con el ser infantil, el nivel del ego adulto tiene aspectos positivos y negativos de conciencia y energía que brotan de nuestros seres Superior e Inferior. Cuando nos perdemos en la creencia de que el ego es todo lo que hay, entonces nuestras fronteras se rigidizan y se instala una separación negativa. Nuestra percepción se limita sólo a las apariencias exteriores acerca de lo que nos separa de los demás en vez de percibir lo que nos une. Esto conduce a la competencia, la envidia, el auto-engrandecimiento, el orgullo y la obstinación. El ego, en sus aspectos negativos, promueve una idea exagerada del ser aislado y una visión hostil de los demás. Cuando nos identificamos exclusivamente con el ego adulto, entramos en el mundo paranoico del "yo" contra "ellos".

Los aspectos positivos del ego, por el otro lado, incluyen todas las capacidades voluntarias que nos permiten hacer elecciones positivas y asumir nuestros compromisos, diferenciarnos de los demás, aceptar la frustración y discernir. El ego positivo incluye la capacidad de realizar la auto-observación objetiva y acrecentar la conciencia de uno mismo. También tiene la capacidad de establecer relaciones entre el pasado, el presente y el futuro y de entender el funcionamiento de las relaciones de causa y efecto en nuestras vidas y en nuestra historia humana colectiva. A partir del mundo indiferenciado del aquí-y-ahora en que vive el ser infantil, el ego adulto puede ampliar su conciencia hacia atrás y hacia adelante en el tiempo y puede moverse con empatía hacia los otros percibidos como seres especiales y separados en vez de como extensiones de sí mismo. Estas capacidades son puentes hacia el Ser Superior transpersonal.

En sí mismo el ego no es ni bueno ni malo. La diferenciación del ser individual de la familia y la cultura es simplemente un estadio necesario en el desarrollo humano. El desarrollo de un sentido particular del ser, es algo que corresponde a la entidad en crecimiento, a fin de crear sus fronteras y aceptar sus limitaciones. El potencial espiritual del ego depende completamente de cuál aspecto profundo del ser ha escogido para alinearse con él, ya sea al Ser Superior o el Inferior. Si la función del ego se alinea con el Ser Superior, entonces tendrá la flexibilidad para realizar su trabajo cuando eso es lo correcto, y para quitarse de en medio y dejar que las energías espirituales espontáneas hagan lo suyo cuando así corresponda.

> El ego debe saber que sólo es un sirviente del ser más grande que hay en el interior. Su función principal consiste en buscar deliberadamente el contacto con el ser más grande. Debe conocer su posición. Debe saber que su fuerza, sus posibilidades y funciones consisten en buscar el contacto, en decidirse por él, en pedir ayuda del ser más grande para establecer un contacto permanente con él. (CGP 158)

▼ El ego en la relación con los demás ▼

El ser del ego es mucho más consciente y reflexiona mucho más en torno a sí mismo que el ser infantil, de modo que es capaz de responsabilizarse y controlarse voluntariamente a sí mismo. Estas capacidades le permiten tener intercciones maduras.

Conforme una persona madura, desarrolla un sentido del ser. Mientras más consciente es de sí misma, por paradójico que parezca, más debe preocuparse por los demás. Basta con pensar en esta gran verdad espiritual, amigos míos: la falta de sentido del ser significa egocentrismo. Un sentido del ser completo implica preocupación por los demás, precisión en la evaluación de las ventajas y desventajas de los demás y de uno mismo. No significa aniquilación del ser por los otros en aras de una idea equivocada del martirilogio. Pero sí implica un sentido de equidad en el cual cada uno es capaz de abandonar alguna ventaja, si ésta crea un dolor no merecido o una desventaja injusta para alguna otra persona.

Así que, en un lado de la balanza, tenemos al niño que no tiene ego, ningún sentido de su ser, ninguna conciencia de sí, lo cual se acompaña de un excesivo egocentrismo y una completa dependencia de seres más fuertes. En el otro lado tenemos a la persona madura que tiene un sentido de su ser, conciencia de sí más allá del principio del placer-dolor. De ahí surge un sentido social, la responsabilidad, la preocupación por, la comprensión de y el sentimiento compartido con los demás de modo que esta persona forma parte de un todo armonioso con los otros que lo rodean y con quienes comparte intereses y objetivos. Es libre e independiente, lo cual no debe confundirse con omnipotente. No domina y no es dominado. En cambio, se establece una sana interdependencia entre esta persona y sus congéneres. (CGP 120)

Un sentido del ser autónomo y responsable es la condición previa de una sana comunidad. Sin un ego diferenciado, la persona recrea las relaciones infantiles tendiendo a escoger compañeros que representan a alguno de los padres y abandonándose de manera inapropiada a las expectativas de los otros en vez de descubrir y encontrar firmeza en su ser. Familias problemáticas y relaciones extremadamente dependientes siempre son señales de una insuficiente diferenciación del ego.

Por otro lado, si el ego es rígidamente autónomo tal vez sea muy difícil para esa persona abandonarse al amor o aceptar la necesidad de los otros, admitir cuando está equivocada y tener la indispensable flexibilidad para relacionarse.

▼ *EL ego en relación con Dios* ▼

El ser del ego puro es ateo y materialista. El ego sospecha de todo lo que no puede entender con la mente racional o ver con los ojos físicos. Este tipo de ateísmo, al menos es un rechazo de la supersticiosa imagen de Dios de la mente infantil.

Este último estadio del ateísmo, siendo en sí mismo erróneo, sin embargo muestra un estado superior de desarrollo que va más allá de una supersticiosa creencia en Dios. Esa creencia proviene básicamente del miedo, la evasión, el escapismo, el pensamiento dirigido por los deseos y la negación de la responsabilidad de uno mismo. El segundo estadio del desarrollo espiritual (el ateísmo), a menudo es un periodo necesario de transición en el camino hacia una experiencia y una relación más realista y genuina con Dios. Durante esta etapa del ateísmo se cultivan las facultades de dependencia en uno mismo que serán de capital importancia para el crecimiento individual. No defiendo el ateísmo de la misma manera en que no defiendo una creencia infantil y aferrada en Dios. Ambas cosas son etapas y en cada etapa hay algo importante que el alma debe aprender. (CGP 105)

Cuando por primera vez volvemos a nosotros mismos desde la confusión de nuestra familia y nuestra cultura, nos quedamos sólo con nuestro ser. Desde este punto de vista y en esta etapa, nos vemos confrontados con nuestra soledad: nacemos solos y moriremos solos. Nuestro destino está en nuestras manos. Nadie nos salvará y nuestra condenación sólo es importante para nosotros.

Evidentemente el peligro del punto de vista materialista consiste en que nos encierra dentro de la creencia de que eso es todo lo que hay. Cuando se niegan los mundos invisibles y la realidad más profunda, entonces el ser debe vivir en un desierto árido en donde no existen las aguas vitalizadoras del misterio, la maravilla y el espíritu.

▼ *La necesidad de un ego sano* ▼

Un ego sano no sólo es necesario para interactuar dentro de nuestro mundo humano con eficacia, teniendo un sentido de autonomía y poder personales, sino que también necesitamos un ego fuerte para trabajar en el camino espiritual.

El salto hacia el ser espiritual requiere de mucha preparación interior. El niño negativo y egoísta lo mismo que el ego rígido y negativo, siendo ambos aspectos del Ser Inferior, necesitan ser reeducados y realineados a fin de que la entrega ante la espiritualidad sea firme y duradera.

Este proceso de reeducación requiere de un fuerte ego positivo. Necesitamos ser capaces de evocar e integrar el contenido del inconsciente incluyendo los pensamientos y sentimientos de la infancia, los arquetipos culturales y masivos, las marcas kármicas y nuestros impulsos primitivos y espontáneos. El ego debe ser suficientemente fuerte para no verse permanentemente abrumado por la expresión de estos diferentes seres. La fuerza del ego es necesaria para poder discriminar, a fin de estimular activamente algunos aspectos del ser al tiempo que se transforman otros. De este modo el ego debe tener claridad, disciplina y ser abierto.

Un ego sano sabe que hay algo muy profundo dentro del ser que debe ser mucho más grande que él.

> Expandir la conciencia de la mente limitada representa una dificultad enorme ya que, al menos al inicio de tu búsqueda, tan sólo tienes esta mente limitada a tu disposición. Así que esta mente limitada debe trascenderse a sí misma a fin de realizar su poder y perspectivas ilimitadas. Así que el camino constantemente requiere que la mente lance un puente desde sus propias limitaciones mediante la consideración de nuevas posibilidades, dando lugar a otras alternativas para el ser, para la vida, para la expresión del ser en la vida. (CGP 193)

Las decisiones que se deben tomar para lograr el crecimiento espiritual no pueden ser tomadas por un ego débil. Un ego débil constantemente necesita ser protegido y tranquilizado respecto de su valor, así que tiene problemas para trascenderse a sí mismo. Cuando una estructura débil del ego se hunde en el estanque del inconsciente puede ser aventado y abandonado flotando en un mar de otras realidades, antes de que tenga un sentido claro de su propia realidad específica y separada. Si no hay una definición clara del ser exterior, las poderosas energías del inconsciente pueden destrozar la débil personalidad.

Así que tal vez sea necesario enfocar el trabajo espiritual primero hacia el desarrollo de un funcionamiento positivo del ego.

Donald tenía una pequeña herencia que había podido estirar viviendo de manera muy modesta. Después de haberse graduado de la universidad, durante unos años sólo había vivido de manera marginal. Frecuentemente había consumido mariguana y otras drogas para relajarse, y en ocasiones para alcanzar alguna comprensión espiritual.

Ahora estaba listo para un trabajo más serio sobre sí mismo y su relación con el mundo. Se daba cuenta de que la fuerza de su ego (para un trabajo centrado y firme y para darle fuerza a su voluntad) nunca había sido muy grande, lo cual había sido dañado todavía más por el uso frecuente de la mariguana. Empezó un programa de recuperación y luego un trabajo como periodista que disfrutaba mucho a cambio de un bajo salario. Después de un año de trabajo sabía que era tiempo de pedir un aumento, lo cual lo ponía muy nervioso. Tuvo este sueño:

"Estoy en una ciudad del noreste (de los Estados Unidos). No tengo dinero y tengo que volver a mi casa en Virginia. Me encuentro con un tipo escalofriante que trata de sonsacarme algo de dinero. Luego aparece un estudiante, evidentemente rico, y el tipo empieza a molestarlo para que le dé algo de dinero. Luego desaparece el estafador con el dinero del estudiante.

"Me escapo con el estafador y nos detenemos en un barrio residencial para entrar en una casa. Decido pedir aventón para volver a Virginia y el estafador dice que me va a mostrar un atajo hacia la autopista. Pero al llegar ahí, veo

que la entrada empieza en el aire, así que no hay modo de entrar en la autopista desde donde estamos. Así que volvemos a la casa.

"El estafador se va para emborracharse. Luego llega el estudiante. Resulta que estamos en su casa. Le explico todo lo que ha sucedido y me cree. Así que juntos descubrimos parte del dinero que le había sido robado enterrado debajo de unas plantas en el jardín."

"Vuelve el ladrón. Le explico que es la casa del estudiante y que ahora tenemos que hablar con él. Empiezo a explicarles a ambos lo que ha pasado en términos kármicos. Al estudiante le digo que necesita esta lección para aprender a valerse por sí mismo. Me entiende. Me da más miedo hablar con el estafador, pero le digo que su lección es que tiene que enderezar su vida. Al principio parece enojado, pero luego silenciosamente mueve la cabeza mostrando que está de acuerdo. Resulta claro que mi trabajo consiste en mediar y negociar entre ellos dos."

Donald trabajó con los personajes de su sueño. Le costaba menos trabajo identificarse con el estudiante que había sido robado pues se sentía estafado por la baja paga que recibía en su trabajo. Era tiempo de que se pusiera de pie y exigiera lo que valía en su trabajo, en vez de esconderse detrás de su herencia.

En su papel de estafador, Donald podía ver que de hecho seguía siendo adicto, ya no a la mariguana, pero tal vez de manera más grave a su herencia, lo cual le impedía hacerse su propio camino por la vida. Así que en su sueño era incapaz de entrar en la carretera que lo llevaba a casa pues la entrada estaba "muy alta", no estaba en la tierra y estaba desconectada.

Antes de que pudiera ponerse en la carretera hacia su casa, primero tenía que ser el árbitro entre esos dos lados de sí mismo, el estudiante y el estafador. La responsabilidad del ego adulto de Donald quedaba claramente definida: ayudar a esas partes de sí mismo a crecer. Se sentía esperanzado respecto del éxito de su trabajo interior, pues el dinero encontrado en el jardín parecía un buen augurio respecto de sus capacidades profesionales.

Algunas personas tratan de hacer que su débil ego sea como una virtud espiritual, pero esto no es más que una evasión que sólo puede llevar a más debilidad. Cualquier cosa que lleva a la abundancia proviene de la abundancia. Mientras el ego sea débil, nos hacen falta algunas de las facultades del pensamiento, la capacidad de discriminar, la iniciativa y la disciplina. Sin todas estas capacidades no tendremos la disciplina y la perseverancia necesarias para el crecimiento espiritual. En el sueño anterior, Donald afirma su necesidad de ser fuerte en su confrontación de las partes de sí mismo que no quieren crecer.

Contrariamente a quienes quieren disminuir el ego, hay quienes afirman que un ego fuerte es el equivalente de la satisfacción personal. Pero un ego fuerte nunca es suficiente para hacernos felices.

> La felicidad, el placer, el amor y la paz interior son, todos, resultado de haber entrado en contacto con el ser más profundo y espontáneo. Cuando sólo te identificas con el ego, con el ser exterior de la voluntad, te desequilibras por completo y tu vida se vacía de sustancia y significado... Entonces se buscan placeres sustitutos, a menudo de manera frenética, pero su vacío te deja exhausto e insatisfecho. El ego no puede producir sentimientos profundos ni una vida profunda y llena de sabor. Y tampoco puede producir una sabiduría profunda y creativa. (CGP 158)

Un ego verdaderamente sano, por lo tanto, es aquel que no es ni muy grande y fuerte (hiper-activo, excesivamente controlador, rígido, orgulloso o voluntarioso) ni demasiado pequeño y débil (pasivo, indefenso, voluble, avergonzado, incapaz de actuar). Fuerte y flexible, un ego sano está abierto al cambio y a las nuevas ideas. Ante todo, un ego sano es consciente de sí mismo siendo sólo un fragmento de la conciencia del todo y, por lo tanto, es capaz de conservar su humildad. "Cuando el ego se vuelve suficientemente fuerte para tomar el riesgo de confiar en facultades diferentes de su conciencia, encontrará una nueva seguridad de la cual jamás había soñado antes." (CGP 152)

▼ *Nivel del alma/transpersonal* ▼

El alma no tiene límites en el tiempo ni en el espacio. No muere porque nunca nació. Se encuentra eternamente disponible en todas partes. Aunque el espíritu de Dios se manifiesta de diferentes maneras en cada alma individual, de acuerdo con el condicionamiento personal y cultural, su esencia es idéntica a la eterna fuerza vital que permea todo el universo.

La experiencia del alma o nivel transpersonal del ser trasciende y rompe con el "recipiente" del ser creado por el ego. Nuestra experiencia del ser "se expande", podemos decir, a fin de incorporar más y más de quienes somos. Cuando nos abrimos a este nivel dejamos las fronteras familiares de nuestra presente encarnación y personalidad, de la manifestación de este tiempo y espacio y nos experimentamos a nosotros mismos como un todo más grande, profundo e incluyente.

Podemos experimentar vidas pasadas y entonces saber que somos un alma eterna que ha viajado a través de muchas vidas recogiendo sabiduría, buscando más y más integridad. Podemos entrar en una realidad chamánica, en los mundos ocultos de la naturaleza que existen en los planos interiores con los que podemos entrar en contacto en la realidad no ordinaria. Podemos llegar a conocer nuestra esencia angelical, como seres de luz o aspectos de Dios que se han manifestado en la tierra para realizar ciertas tareas. O podemos entrar en contacto con arquetipos universales (la mujer o madre sabia, el sabio o el rey) y saber que también existimos en ese nivel del inconsciente colectivo tal como éste fluye a través de todas las culturas humanas. Podemos sentir a nuestros guías o gurús interiores que se mueven más allá de las fronteras de las relaciones humanas normales.

Bárbara, cuya historia sirve de introducción a este capítulo, tenía un contacto frecuente con un importante guía personal al cual experimentaba como la Abuela de la Tierra. En su proceso de muerte a menudo se encontraba con la Abuela, quien le enseñó a volar con las águilas. A continuación les presento una historia mía que surgió en una época en la que las enseñanzas acerca de la muerte no podían haberme llegado de otra manera.

Soy una persona impresionable. Aunque estoy bien arraigada y soy competente en el mundo normal del ego adulto, me resulta relativamente fácil entrar en otras realidades. Cuando era niña me identificaba con personajes de muchas de las novelas que leía. Tengo acceso a las vidas pasadas, lo cual puede ser un logro maravilloso, pues me permite entrar con facilidad en el "universo" de otra persona. Pero también puede ser un problema, ya que en ocasiones me puedo perder en la realidad de otros.

Las películas son retos muy especiales. Al entrar en la ficción de una buena película, abandono la incredulidad y mi ego se suelta y "flota" durante el tiempo de la misma. Después de la película me toma un rato "regresar" a mi sensación ordinaria del ser. Ocasionalmente, antes de regresar, caigo en otra realidad o aspecto de mi inconsciente. Este estado alterado suele ser útil para iluminar algún aspecto escondido de mi persona que no hubiera sido accesible en mi estado normal del ego.

Una tarde, a mediados de los años setenta, después de haber visto la película "El cielo puede esperar" tuve una extraordinaria expansión de mi conciencia. La película es una comedia ligera acerca de una persona que muere "por error" y luego se mete en varios cuerpos hasta que encuentra el que le corresponde. Mientras estaba saliendo del cine con mi esposo Donovan, empecé a tener sensaciones extrañas detrás de la cabeza y la nuca. Al poner atención a esas sensaciones sentí algo que me jalaba hacia atrás fuera de mi cuerpo.

Ya en la calle con Donovan, de pronto me descubrí parada como un metro hacia atrás y unos treinta centímetros por arriba de mi cuerpo físico. Estaba inundada de los sentimientos más fuertes de paz y bienestar que jamás había sentido. En ese momento sabía que era eterna, incapaz de no haber sido alguna vez. Tan sólo era y sería por siempre, este ser que sentía que era en ese momento. Lo más cerca que me pude acercar a las palabras explotó en dirección de mi esposo: "¿Sabes quién soy, Donovan? ¿Sabes quién eres? Somos ángeles devotos de Dios. ¡Eso es quienes somos en realidad! Y no podemos morir porque nunca nacimos, solamente somos."

Mientras cruzábamos la calle en dirección de nuestro coche tuve el impulso de lanzar mi cuerpo hacia un vehículo que se acercaba. Al experimentar mi cuerpo como una marioneta sin vida que colgaba delante de mí tenía absoluta confianza en que en relación con mi ser verdadero, el ser que era ahora, no hacía ni la más insignificante diferencia si mi cuerpo vivía o moría. Pero también supe algo más importante: no me correspondía a mí destruir mi cuerpo, independientemente de lo irrelevante que pudiera sentirlo en ese momento para mi verdadera identidad.

Para cuando llegamos a nuestro coche estaba empezando a volver dentro de mi ser más limitado. Sentí y oí un suave "wuush" al volver a integrarme en mi cuerpo.

"Es acerca de la muerte", empecé a repetir. "Es muy importante que entendamos acerca de la muerte. Que no es lo que la gente teme, que tan sólo es un paso de una identidad pequeña hacia una más grande. Necesitamos entenderlo. Creo que recibí esta experiencia para que pudiera mejorar mi entendimiento y ayudar más a otra gente. ¡Qué regalo!"

Estuve callada y pensativa durante el camino a casa. Por un rato podía sentir la identidad "más amplia" detrás de mí y luego la conciencia de eso también se desvaneció, conforme nuevamente era sólo Susan, de vuelta en mi cuerpo y mi conciencia del ego normales.

Sólo más tarde me percaté de la importancia del momento de mi vida en que llegó esta experiencia. Fue poco después de que mi maestra espiritual Eva Pierrakos se enfermó de cáncer y antes de que muriera. Aún entonces supe que para hacer este trabajo con otras personas tendría que tener confianza en que la muerte, incluyendo la muerte de Eva, no era el final. Más tarde, claro está, de cualquier modo tuve que pasar por un profundo dolor y desesperación después de su muerte, pero el saber que provenía de mi experiencia fuera de mi cuerpo me dio un sostén.

Para cuando trabajé con "Bárbara", cuya historia inicia este capítulo, sabía que el trabajo de auto-purificación es la sanación del alma que vive más allá de cualquier vida en particular. La muerte inminente de la persona no es un impedimento para realizar ese trabajo, sino que le añade la urgencia de hacerlo.

El suave "wuush" de energía que experimenté al volver dentro de mi cuerpo fue la repentina contracción de mi conciencia mientras volvía al "recipiente" que constituye el ego/cuerpo. A menudo podemos experimentar algo similar al despertarnos de un sueño en el que nos hemos expandido hacia una conciencia diferente y más amplia. Y lo contrario ocurre a menudo cuando nos estamos quedando dormidos, cuando podemos sentir que nos escapamos del recipiente del ego hacia otras dimensiones de la realidad.

▼ Aspectos positivos y negativos ▼ del nivel transpersonal

En el nivel transpersonal nos expandemos más allá del ego hacia los seres más grandes que éramos antes de nacer y que seremos nuevamente después de la muerte. Podemos abrir un canal hacia otras entidades espirituales o energías que existen más allá de nuestra realidad ordinaria de todos los días. Podemos entrar en esas realidades a través de la meditación y otras prácticas espirituales y saber que nosotros y la realidad somos mucho más de lo que pensábamos.

Sin embargo, el nivel transpersonal todavía se encuentra en la dualidad. Dentro del nivel transpersonal podemos entrar en contacto con niveles que son malos, ignorantes o distorsionados, igual que lo hacemos en los niveles infantil y del ego. El Ser Inferior está hecho de los impulsos del niño inmaduro, del ego negativo y las distorsiones del nivel transpersonal.

La experiencia de arquetipos y habilidades psíquicas que se encuentran a nuestra disposición en el nivel transpersonal es algo especialmente seductor pues tocamos energías espirituales muy poderosas. Pero las entidades espirituales también tienen su lado de sombra, pueden o no estar alineados con una intención ética. El "glamur" y el poder espiritual del contacto con este nivel no deben distraernos de nuestra tarea de transformación personal y de servicio a Dios.

Al profundizar en nuestro trabajo personal sobre nuestras distorsiones, inevitablemente adquirimos un mayor poder espiritual. Esto trae consigo una mayor responsabilidad en el manejo correcto de ese poder. Tendremos tentaciones. Podemos entrar en contacto con nuestro arquetipo del brujo negro que usa su poder espiritual para su engrandecimiento personal. O, al expandir nuestra capacidad para afectar a los demás por medio de nuestro amor, tal vez necesitaremos cuidarnos de la distorsión de usar el amor como un medio para controlar a los demás. Podemos contactar el arquetipo de la madre que devora a sus hijos. Si nuestra intención sigue alineada con el crecimiento espiritual, el contacto y la transformación de nuestros arquetipos negativos puede ser un aspecto muy poderoso del trabajo.

En una ocasión, hice un importante trabajo con una vida anterior al entrar en una vida muy antigua de un hombre africano, en la cual tenía dones chamánicos extraordinarios. Podía fácilmente entrar en la conciencia de otros y provocar cambios en su energía, lo cual provocaba sanaciones impresionantes que me hicieron famoso. Sin embargo, a final de cuentas abusé de esos dones usándolos para seducir mujeres y destruir a mis rivales. Finalmente me expulsaron de la tribu y poco tiempo después morí en una angustiosa soledad. El contacto con esa vida anterior dentro de mí, me ha vuelto extremadamente precavida en torno a las posibilidades de abusar del poder espiritual, y ha incrementado mi compromiso de usar mis dones para despertar únicamente en servicio de mis hermanos y hermanas dentro de nuestra familia humana.

Anhelamos el contacto con el nivel transpersonal dentro de nosotros, pues semejantes experiencias conllevan una enorme emoción y vitalidad. Podemos abrirnos para oír la voz de Dios dentro de nosotros, la cual puede ser experimentada como la voz de Cristo o de los ángeles guardianes, de la diosa o de nuestros guías espirituales, o simplemente la "callada, pequeña voz". Sin embargo, en el proceso también podemos abrirnos a escuchar las voces de entidades no encarnadas y no desarrolladas, incluyendo los poderes malignos, algunas veces llamados Satanás, que harán un mal uso de su contacto con nosotros. Así que siempre es básico evaluar cualquier experiencia de contacto con los seres espirituales, a fin de asegurarnos de que los mensajes son honestos, amorosos y en servicio de toda la humanidad y el bien supremo. Debemos ser especialmente cuidadosos ante guías que nos elogian o nos hacen promesas. Los mensajes que nos retan para que nos miremos a nosotros mismos de manera más profunda suelen indicar que el guía es real. Al entrar en contacto con entidades espirituales, debemos siempre estar escogiendo el alinear nuestro ego con lo divino, con el servicio a Dios.

Podemos engañarnos respecto del nivel con el que estamos entrando en contacto. La evolución hacia el estado de unidad es algo confiable y arraigado sólo cuando trabajamos activamente y nos comprometemos con la transformación del Ser Inferior, la fuerza de la separación, ya sea que se manifieste a través del niño interior, el ego o los niveles transpersonales.

▼ Distinguir el nivel del alma ▼ transpersonal de los otros niveles

Cuando estamos alertas a la realidad de nuestra alma, vivimos en una sensación muy expandida del ser. Estamos abiertos a todos los niveles inconscientes que viven en nosotros y sabemos que cada uno de ellos manifiesta un "pedazo" de quienes somos. Sabemos que somos completamente responsables por la creación de nuestra vida, pero también entendemos la auto-creación en el contexto más amplio de la aceptación de nuestro karma personal y colectivo. La comprensión de uno mismo va más allá de lo que el ego puede entender y dentro de un dominio de un verdadero conocimiento interior.

La experiencia de los niveles transpersonales del ser es un abandono hacia los procesos involuntarios y los sentimientos espontáneos, pero con una mayor conciencia y capacidad de discriminar de las que posee el ser infantil. Habiendo pasado por el escrutinio de uno mismo en el proceso de aclarar nuestra negatividad, reconocemos los momentos adecuados para abandonarnos al flujo divino. Entonces podemos volver y volveremos a las fronteras del ego cuando sea lo indicado.

En relación con los demás, podemos adelgazar las fronteras del ser a fin de entrar en una mayor simpatía y compasión con el prójimo, abandonándonos ante la experiencia de la comunión interior. Este íntimo conocimiento del otro es diferente de la experiencia de fusión que tiene el niño, pues él carece de la conciencia madura de que es un ser separado. A diferencia del niño, el ser transpersonal es capaz de nutrir a los demás, y así se mueve más allá tanto de la necesidad infantil de ser nutrido y de la tarea de auto-nutrición del ego.

En relación con Dios, el ser transpersonal conoce la realidad de los mundos invisibles, tanto interiores como exteriores. En este estadio sabemos que la materia, nuestra realidad exterior, sólo es un reflejo o una creación del mundo más interior del espíritu. Como el niño, sentimos lo invisible; a diferencia del niño, no personalizamos simplemente a lo invisible, sino que también sabemos que es algo subjetivo, interior y esencialmente más allá de la forma. No objetivamos a Dios, sino que lo comprendemos como algo vivo dentro de nosotros y de toda la vida.

▼ Nivel de la unidad ▼

En el nivel de la unidad la experiencia del ser es un sinónimo de la experiencia de la Conciencia Cósmica. En la conciencia de la Unidad absoluta de toda la vida, todas las distinciones entre seres separados, incluso almas separadas o arquetipos diferentes o tipos de ángeles, se evaporan en la experiencia de la "Grandeza" que hay detrás o dentro de todo. En lo que normalmente pensamos que es el ser se encuentra una experiencia que trasciende completamente al ser. Dado que no hay dualidad en este nivel, no existe ningún "ser" ni ningún "no ser". Este nivel es experimentado como bueno y verdadero, pero no se trata del mismo tipo de bueno o verdadero que tiene una oposición en la dualidad.

> La genuina experiencia de Dios es el ser. Dios no se percibe como si actuara: castigando o recompensando, o guiando de cierta manera. Te das cuenta de que Dios es. (CGP 105)

> En el estado del sentimiento cósmico experimentas la cercanía de la presencia de Dios en el interior... Esta manifestación entonces es experimentada como tu realidad y tu estado eternos, como tu verdadera identidad. (CGP 200)

> El nivel de la unidad es la experiencia de la tierra en donde arraiga el ser, el estado de la conciencia cósmica, la conciencia de que todo en la vida en realidad es uno, de que

en realidad no hay separación. Todo es una gigantesca energía-conciencia que late. Todo es Dios.

▼ Entrega ▼

Las aperturas hacia el ser transpersonal y el nivel de unidad llegan como una gracia, no hay ninguna cantidad de disciplina personal o de práctica espiritual que pueda garantizar semejante experiencia. Sin embargo, podemos practicar abandonándonos a la experiencia del momento presente, sin que la mente juzgadora y discriminadora del ego nos separe del resto de la vida. Cuando el ego tiene suficiente confianza como para negociar las limitaciones del espacio-tiempo que nos han sido impuestas a través de la encarnación, entonces puede relajarse lo suficiente como para permitir la llegada de un ser más grande.

Tal entrega puede llegar en una relajación profunda, en momentos de éxtasis creativo, de oración o meditación, danza, unión sexual o incluso en un dolor o pena profundos siempre y cuando no nos separemos de la experiencia. Siempre que estamos profundamente abiertos para permitir que nuestra realidad interior se manifieste, entonces podemos ser bendecidos con las recompensas de la entrega. Alcanzar y, gradualmente, aprender a vivir de esta fuente de eterna renovación es la meta de cualquier camino espiritual.

▼ Los niveles coexisten ▼

Cada uno de los niveles del niño interior, del ego adulto, el ser transpersonal y el nivel de la unidad coexisten al mismo tiempo en cualquier persona adulta, ya sea que tengan o no conciencia de ello. El proceso del crecimiento espiritual implica aprender a anclarse en el Ser Superior, al mismo tiempo que honesta y amorosamente aceptamos los otros aspectos de la psique. Por ejemplo, podemos llamar a los arquetipos transpersonales de la Madre Divina o el Padre Divino para que ayuden al ego adulto a que ame al niño interior lastimado. O podemos activar el ego positivo a fin de que restrinja y limite al niño interior negativo que desea expresar sentimientos destructivos. En otro momento, el ser infantil positivo puede necesitar educar al ego extremadamente controlador para que aprenda a jugar y a divertirse. El niño lastimado a menudo seguirá reprimido mientras no hayamos desarrollado un ego adulto suficientemente fuerte como para enfrentar las heridas enterradas y las falsas ideas que surgieron de ellas en la infancia.

Cuando el ego sea suficientemente sano y flexible tendrá la fuerza para abandonarse al flujo universal del amor y el placer que lo trasciende. Un ego sano a menudo es el "negociador" que nos permite entrar en contacto e integrar la experiencia del niño interior y del nivel transpersonal, tanto en sus aspectos positivos como en los negativos. Nuestro gradual despertar nos da acceso a todos los diferentes seres.

El crecimiento espiritual nunca es completamente claro ni lineal, sino que constantemente hace espirales hacia el interior, dando vueltas y haciendo círculos en torno a los muchos seres interiores en niveles cada vez más profundos de la exploración y la integración. Nuestro niño interior nos revelará en dónde está bloqueada la energía en alguna fase del desarrollo que necesita nuestra atención. Igualmente, nuestro ego revelará su inmadurez en sus manifestaciones de debilidad o rigidez. Siempre que encontremos un desarrollo interrumpido, enfrentar la verdad acerca de nosotros será el primer paso para sanar. Nuestras debilidades no son nada de lo que debamos avergonzarnos; nos muestran el propósito de nuestra encarnación. Estamos aquí para descubrir nuestros defectos y para madurar como seres de mayor capacidad para el amor y la verdad.

▼ La paradoja de la evolución espiritual ▼

Paradójicamente, la evolución es el impulso simultáneo hacia la diferenciación y la unidad. Nuestro proceso personal de individualización al mismo tiempo, nos acerca a una sensación mayor de nuestra especial identidad individuali y a una mayor identificación con la totalidad de la vida.

El impulso de evolución hacia la diferenciación puede ser visto en el crecimiento gradual de la individualidad y la complejidad a medida que la vida se mueve hacia arriba en la escala de la evolución. En tanto humanos, constantemente somos retados para diferenciarnos, para salir de una regresiva identificación excesiva con la familia, la tribu, la religión o la nación. Tenemos que ser capaces de desafiar al pensamiento masivo que enreda nuestra conciencia para, en cambio, poder encontrar nuestra propia y única verdad. Tenemos que estar dispuestos a permanecer solos con nuestra verdad. El principal instrumento para la diferenciación de los humanos es la función del ego.

El impulso de la evolución también nos lleva hacia la unidad. Si un individuo está constantemente trabajando en contra de los demás miembros de su especie, corre el riesgo de la extinción. Toda la vida es esencialmente un solo entramado, un tejido de energías intrincadamente entrelazadas. Afectar cualquier parte del tejido inevitablemente nos afecta a todos. Cuando comprendemos que toda la vida en esencia es una sola, aunque su expresión sea múltiple, nos acercamos a la realidad de la evolución.

El empuje del crecimiento personal consiste en adquirir suficiente fuerza para el ego individual, a fin de ser capaces de abandonar voluntariamente nuestra separación y unificarnos con el flujo universal de la fuerza vital que late a través de nosotros e, inversamente, permitir que la inteligencia universal se exprese a través de nosotros de una manera focalizada, eficaz y bien integrada. En la medida en que nos liberemos de las obstrucciones, nos convertimos en agentes de la transformación, en canales para traer la energía espiritual al planeta. Nos convertimos en co-creadores en la alegre tarea de espiritualizar la materia y materializar el espíritu.

▼ Ejercicios para el Capítulo 4 ▼

1. Piensa en un área de dificultades en tu vida actual. Pide escuchar la voz de tu niño interior en relación con esa dificultad. Manténte abierto a cualquier cosa que oigas. Tal vez te sea más fácil ver a tu niño interior. Deja llegar una imagen clara y concreta de él o ella, de la ropa que usa, de si está solo o acompañado, de la expresión de su rostro. Incluso puedes tener una sensación kinética del niño o niña en alguna parte de tu cuerpo. Entra en sintonía con tu niño interior de la manera en que mejor puedas hacerlo. Luego deja que la parte adulta de ti se convierta en el observador objetivo y compasivo a fin de que puedas escuchar al niño. En seguida, desde el punto de vista del niño, expresa tus pensamientos y sentimientos de manera completa en relación con el aspecto de la vida en el que el adulto está teniendo problemas. Permítete expresarte completa y libremente, sin importar lo loco, inmaduro o destructivo que te parezcan los pensamientos y sentimientos de tu niño interior.

2. Establece un diálogo entre el ego adulto positivo y el niño interior. El ego positivo (incluyendo la capacidad de auto-observación objetiva y llena de compasión) puede parecerse al buen padre que sabe cuidar y confrontar, y que ayuda al niño para que madure en las áreas en las que aún no está desarrollado. Escribe el diálogo.

3. Determina algún problema que muestre ausencia de armonía acerca de la cual hayas escrito en tu revisión diaria. Invita cualquier voz negativa para que llegue a tu conciencia, ya sea el ego cínico, el niño rebelde o cualquier otra. Toma nota de lo que dicen, escuchándolas de manera objetiva. Luego usa tu ego positivo para establecer un diálogo con ellas.

4. Conservando tu atención sobre el asunto en el que hay ausencia de armonía que usaste para el ejercicio anterior, invoca el nivel transper-

sonal del Ser Superior y pide su ayuda, su guía o su bendición. Escucha en el interior los mensajes que llegan para el niño inmaduro y/o para el ego adulto negativo. Entonces puedes establecer una conversación entre tres voces dejando que cada una le hable a la otra: 1) el Ser Superior transpersonal, 2) el ego adulto (positivo y negativo), 3) el ser infantil (positivo y negativo). El ego positivo es el negociador o quien se encarga de mantener la claridad en los personajes interiores.

▲ 5 ▲

VER CÓMO RECREAMOS
EL PASADO EN EL PRESENTE

"El niño forma ciertas conclusiones erróneas acerca de la vida que, sumidas en el inconsciente, más tarde moldean la vida del adulto."

PARAFRASEADO DE LA
CONFERENCIA DEL GUÍA 38
"Las imágenes"

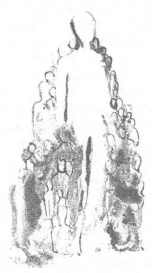

▼ Bill y Joanne: desatar los nudos ▼ sexuales en la relación

"Queremos que nos ayuden con nuestra vida sexual", fue lo primero que Bill dijo en nombre suyo y de su esposa Joanne en la primera sesión de su fin de semana intensivo para parejas. "Nos amamos, pero nuestro interés en la expresión sexual de nuestro amor ha decrecido mucho en los últimos años, así que queremos despertarlo nuevamente", añadió Joanne.

Bill y Joanne compartían el patrón sexual que más les había molestado y frustrado a lo largo de los diez años de su matrimonio. Frecuentemente, Bill iniciaba el intercambio sexual con cierta ansiedad en su deseo. Como resultado de esto, en cierto momento Joanne se asustaba por la intensidad de la energía sexual masculina de Bill que se le acercaba y entonces le comunicaba su miedo, pidiéndole su amorosa comprensión. Aunque a veces Bill trataba de consolar a Joanne, su energía sexual se desinflaba y, por tanto, empezaba a retraerse sintiéndose vencido. A menudo Joanne se sentía mal por esto y entonces trataba de volver a excitar a Bill. A veces eso funcionaba y el intercambio sexual se completaba, pero con la pérdida de la intensidad original. Más frecuentemente Bill se resistía y se enojaba, haciendo que Joanne se sintiera frustrada.

Los dos se sentían frustrados y derrotados en su esfuerzo por establecer una intimidad física. Una vez que habían descargado sus sentimientos de cólera y culpabilización del otro debido al estancamiento de sus relaciones sexuales, empezamos a explorar el interés de ambos en mantener congelada su sexualidad. Empezaron a percatarse de que los dos se habían acomodado en un patrón sin riesgos de retraimiento y culpabilización en vez de atreverse a sentir el miedo, la vulnerabilidad y la desilusión potencial que se hallaban bajo la superficie. Al final de una sesión en la noche les pregunté: "¿Realmente desean resolver el problema?"

Después de haber pensado en esta pregunta durante toda la noche, ambos llegaron a la siguiente sesión con el compromiso de realizar todo el trabajo que fuera necesario a fin de abrir sus sentimientos sexuales hacia el otro. Bill reconoció que fácilmente se sentía frustrado cuando la mujer no respondía inmediatamente a sus avances para hacer el amor. Y ése era el patrón que dominaba en su relación con Joanne. Joanne también reconoció que se sentía fácilmente amenazada por la agresión sexual de cualquier hombre, y que estaba más a gusto cuando ella controlaba las cosas iniciando los avances. Ambos podían sentir su deseo de tener las cosas bajo su control y su miedo a rendirse ante el otro. Más profundamente, sentían un miedo inconsciente a su propia energía sexual involuntaria, un temor que reforzaba sus luchas de control con el otro. Su disposición a asumir su responsabilidad personal en sus patrones sexuales abrió la puerta para su mutua sanación.

En las siguientes sesiones tanto Joanne como Bill llevaron un importante material proveniente de sus sueños. Este es el sueño de Joanne: "Estoy con Bill en el sótano de la casa en donde vivía cuando era adolescente y en donde tuve mis primeras experiencias sexuales con muchachos. En el sueño encuentro un escorpión y trato de dárselo a Bill porque me da miedo. Pero Bill no quiere tomarlo y, en cambio, está apretando en su mano una araña viuda negra contra su pecho."

Joanne interpretó al escorpión como su naturaleza sexual apasionada, la cual insistía en desconocer, atribuyendo a Bill la intensidad erótica que ella no admitía dentro de sí. Pero el sueño le decía claramente que se trataba de su escorpión y no de él. El sueño también reveló que ella sabía de manera inconsciente que Bill tenía su propio miedo a la sexualidad femenina, lo cual estaba representado por el hecho de que encerrara en su mano la araña hembra que mata a su compañero después de aparearse. Joanne, entonces, pudo reconocer más claramente el temor a su fuerza vital sexual y dejó de intelectualizarlo diciendo que se trataba de miedo a la sexualidad de su compañero. Además, el haber echado un vistazo al miedo de Bill suavizó sus sentimientos hacia él.

El sueño de Bill es el siguiente: "Estoy en la casa de mi madre y me orino en la rajada que hay entre las páginas de un libro abierto. Sé que mi madre estará furiosa por esto, así que para calmarla decido romper la punta de mi cigarrillo." Por primera vez Bill pudo ver, de manera más profunda, que él mismo estaba cortando la intensidad de sus sensaciones sexuales como un castigo largamente olvidado en relación con su madre.

El sueño le reveló el mundo reprimido de su niño interior. Siendo niño, durante cierto tiempo había creído que el sexo tenía lugar cuando un niño se orinaba encima de una niña, en su "rajada", y que eso era algo muy malo. Su madre siempre le había parecido una autoridad moral muy estricta que predicaba ante el pequeño Billy en contra del sexo, a pesar de que ella misma había sido muy seductora con su hijo. Bill odiaba su moralismo y su hipocresía. Siendo adolescente y luego un joven muchacho se había rebelado siendo desafiadamente sexual. Sin embargo, en su sueño Bill se dio cuenta de que él mismo se juzgaba como "malo" y se había rendido ante su madre mediante un cierto tipo de auto-castración.

Entonces les pregunté a Bill y Joanne: "¿Está cada uno de ustedes dispuesto a asumir el 100 % de su responsabilidad en su satisfacción sexual dentro de esta relación?" Pero ahora Bill ya se daba cuenta de que la dificultad que tenía para sostener el interés, una vez que se sentía rechazado por Joanne, se originaba en su profunda ambivalencia hacia su sexualidad. Independientemente de su origen, la resolución llegaría abriéndose al material que había en su interior, y no en algún cambio en Joanne. Joanne también sabía que el miedo a su energía sexual y a la intensidad masculina de Bill era un tema antiguo que sólo podía ser resuelto dentro de su propia psique. Al hacerse más responsable de sí misma, dejó de ubicar erróneamente su angustia y su necesidad de consuelo en Bill, abandonando su exigencia de que él hiciera las cosas correctamente.

Los dos compromisos que hicieron Bill y Joanne (el de estar dispuestos a resolver la dificultad entre ellos y el de estar igualmente dispuestos a asumir su propia responsabilidad en la resolución, mirando profundamente dentro de sí en busca de la fuente de sus problemas interiores) sentó las bases para que tuvieran un exitoso taller intensivo para parejas.

Ese tipo de compromiso no es algo fácil, dado que en las parejas existe una enorme tentación para culpar al otro. Y, tal como sucede en la mayoría de las parejas, en ésta las dificultades de cada uno estaban perfectamente complementadas con las del otro. Ahí en donde Bill esperaba ser sexualmente rechazado, era en donde la temerosa respuesta de Joanne le daba la oportunidad de seguir experimentando ese rechazo. En donde Joanne esperaba ser agredida sexualmente y sentir que la receptividad era algo inseguro, la ansiedad sexual inicial de Bill y su dificultad de darle un apoyo amoroso que la hiciera sentirse segura le daban la oportunidad de volver a experimentar su miedo a la sexualidad. Ambos expresaron la esperanza de que el hecho de haberse escogido uno al otro como pareja tuviera como base el deseo de una profunda sanación en el área sexual.

Creamos un ritual en el cual cada uno de ellos simbólicamente liberó al otro del gancho de culpabilidad y dependencia. Se comprometieron ante el otro para asumir la responsabilidad de su propia sanación sexual y para perdonarse mutuamente. Su amor empezó a fluir durante el ritual, pues empezaron a verse como amigos y compañeros que se ayudaban, en vez de considerar que el otro era la causa de su insatisfacción. Ahora el trabajo podía empezar con la máxima intensidad.

Joanne exploró sus asociaciones con el sótano de su sueño. Recordó que era un sitio peligroso en donde su floreciente sexualidad había amenazado con salirse de su control. Su familia había sido muy represiva en el plano sexual y ella recordaba un clima de miedo y una advertencia tácita de que no debía perder el control o dejarse lastimar por los muchachos, pues ellos sólo querían el sexo de las chicas. Dialogó con almohadas que representaban a sus padres, protestando y sintiendo el dolor de la ansiedad crónica de su familia. Más adelante habló como un padre esclarecido en asuntos sexuales que le daba consejos a la adolescente Joanne, reeducando a su niña interior en dirección de una nueva y más segura realidad acerca del sexo que pudiera reemplazar a la otra más temerosa.

Bill trabajó con su intensa ambivalencia en torno al sexo. Siendo un niño católico, había sido educado por monjas que insistían en lo malo que era el sexo, y hasta la adolescencia Bill había tratado con todas sus fuerzas de vivir a la altura de esos altos e irreales niveles de pureza y bondad. Cuando, en la adolescencia, despertó su fuerza sexual, se dejó ir ante sus exigencias pero sólo mediante la aceptación de un juicio negativo de sí mismo que le imposibilitaba conectar el sexo que era "malo" con el amor que era "bueno". Posteriormente, dada la urgencia de las exigencias hormonales, abandonó su deseo de llegar a conocer y amar a una muchacha y, en cambio, de manera furtiva y con muchas culpas, trató de vivir un guión de conquistas sexuales sin amor con cualquier chica que se lo permitiera. A lo largo de su trabajo en el taller intensivo para parejas, Bill sintió su inmensa culpa y vergüenza por la manera en que había maltratado a las muchachas y a las mujeres y por haber traicionado su propio deseo de amar.

Bill recordó un sueño que tuvo por primera vez cuando estudiaba la secundaria, cuando apenas había empezado a fumar cigarrillos: "Estoy caminando a lo largo del patio de enfrente hacia nuestra casa y llevo un cigarrillo encendido. A medio camino hacia la puerta principal me doy cuenta de que no quiero que mi madre me vea fumando, así que empiezo a romper el cigarrillo y a meterme parte del mismo dentro de la boca. Empiezo a masticarlo, junto con partes aún encendidas. Estoy echando el humo por la boca que me quema con un intenso calor mientras trato desesperadamente de que desaparezca el humo." La semejanza de las imágenes de este sueño con el que contó antes, acerca de que rompía la punta de su cigarrillo, le hizo ver claramente que él era responsable del hecho de cortar su pasión, su humeante cigarrillo. Una vez más, Bill se dio cuenta de que esperaba que la mujer, originalmente su madre y las monjas, rechazaran su pasión sexual.

Tanto Bill como Joanne lograron revelar algunos sucesos muy importantes con su padre del sexo opuesto que habían servido para solidificar sus concepciones erróneas acerca del sexo. Bill pudo reconsiderar su infancia a partir de otro sueño: *"Estoy parado en una calle de Nueva York mirando a las mujeres que pasan y sintiéndome atraído sexualmente por varias de ellas. Ahí cerca hay un parche rectangular de nicotina fresca. Lo piso y me hundo hasta abajo para llegar al andén del tren subterráneo; mis dientes se sienten raros, tres se aflojan y caen en la palma de mi mano."* Bill volvió a darse cuenta de que en su inconsciente (el tren subterráneo) se estaba castigando por sus pensamientos sexuales mediante la pérdida de sus dientes, de su "mordida", de su potencia.

Esto llevó a Bill hacia el pasado para que volviera a vivir un evento muy formativo de cuando tenía siete años de edad. Siendo niño, había estado muy cerca de su madre, pero a pesar de ello se sentía aterrorizado por ella. Tuvo un recuerdo: *"Estoy corriendo alrededor de la cocina, normalmente travieso, tal vez también azotando la puerta del mosquitero al entrar y salir de la cocina. Mi madre, que está trabajando ahí, trata de que me calme, pero yo continúo con mi excitación infantil. Entonces, mientras corro hacia el fregadero en donde ella está trabajando, me grita y levanta algo por arriba de su cabeza, tal vez un cuchillo. Me agacho, fingiendo cubrirme del ataque, sobre-actuando y me golpeo la cabeza muy fuerte contra una tarja de porcelana. Me rompo mis dos nuevos dientes incisivos permanentes."* En ese evento traumático Bill sacó la conclusión de que inconscientemente había "sacrificado" sus dientes a fin de calmar a su madre que se sentía amenazada por su vitalidad. Exactamente de la misma manera, Bill había sacrificado su sexualidad con Joanne, con quien su amorosa intimidad había hecho surgir temores similares a los que había experimentado con su madre.

Aquí teníamos una experiencia central de auto-represión en reacción al rechazo que percibía de su madre, un patrón que él había estado recreando desde entonces. Bill habló con su niño interior y rezó pidiendo la ayuda de su Ser Superior para volver a dar vitalidad a su espontaneidad y profundizar su confianza en el don divino de su naturaleza sexual.

El trabajo de Joanne, sobre su sótano interior, la llevó a volver a experimentar un evento formativo que sucedió con

*su padre, cuando ella estaba en casa para el verano antes de
entrar a la universidad y antes de que empezara su actividad
sexual. En ese año su padre se había enfermado de cáncer y había
pasado por una serie de cirugías mayores. Durante sus operacio-
nes y enfermedad le habían administrado analgésicos a los
cuales se había vuelto dependiente. Su desempeño en el trabajo
se había visto afectado y su jefe había sugerido que se retirara
antes del término normal. Su padre sabía que tenía que hacer
algo al respecto, así que durante un fin de semana del verano en
el que la madre de Joanne y los otros hermanos estaban de paseo
en la playa, y Joanne se había quedado sola en casa con él, le dijo
que tenía la intención de dejar todas las medicinas y que necesitaba su ayuda para soportar "en sus cinco".*

*Hasta entonces, Joanne no había tenido mucha clari-
dad respecto de la adicción de su padre a los analgésicos y su
anuncio la había abrumado. Al volver a vivir el momento en
la mesa de la cocina, cuando su padre había compartido esa
decisión con ella, Joanne temblaba y lloraba, gritando su
miedo y aullando al decir lo incapaz que se había sentido a sus
diecisiete años para estar a la altura de las necesidades de su
padre. Sólo ahora podía darse cuenta de toda la intensidad de
aquella necesidad de adulto que se dirigía hacia ella en esa
ocasión. Recordó que su padre vomitó y se deprimió durante
ese fin de semana, mientras ella estaba muy tensa, tratando de
hacer lo máximo para ayudarle y cocinar para él mientras
interiormente negaba su propio terror. Aunque su padre nunca había tenido un comportamiento sexual hacia Joanne, ella
sospechaba que su propia sexualidad floreciente se había enre-
dado con su miedo ante la necesidad de él. Para Joanne ese
momento, en el que la urgencia y la intensidad de la necesidad
de su padre se había dirigido hacia ella, se recreaba en su
relación sexual con Bill. Ahora ella tenía la oportunidad de
experimentar su miedo desde su origen. Sintió su terror y su
enojo ante lo inapropiado de la petición de un nivel de apoyo
que no podía dar a los diecisiete años. También sintió su amor
y su anhelo por acercarse a su padre, incluyendo el deseo de
haber sido capaz de darle lo que él necesitaba.*

El ser adolescente de Joanne no había sido suficientemente grande como para contener la intensidad de su padre, ni para permitir que afloraran sus propias reacciones, de modo que se había escindido de sí misma; pero había recreado esos sentimientos con Bill hasta que por fin los pudo ver desde su origen. Eventualmente, Joanne podría soltar el miedo que la había atrapado cuando tenía diecisiete años. Se dio cuenta de que ahora ya era una persona mayor con capacidades suficientes para recibir los sentimientos y deseos de un hombre. Ya no tenía que quedarse atrapada en el reciclamiento de su miedo.

Bill y Joanne profundizaron enormemente su amor y respeto mutuos al observar la lucha de cada uno para reconocer la expresión vibrante y segura de su sexualidad. En adelante, ya no estuvieron tan atrapados en la proyección de su propio padre o madre en su pareja y eso trajo enorme claridad a su percepción de cada uno. Cuando hacían el amor se conectaban tiernamente el uno con el otro, moviéndose despacio y con sensibilidad, tomando el tiempo necesario para comunicar sus sentimientos en cada momento.

▼ Ver cómo recreamos ▼ el pasado en el presente

La evolución espiritual es el proceso de expansión e integración gradual de nuestra experiencia de lo que significa ser humanos. Como adultos vivimos la mayor parte del tiempo dentro de una idea muy limitada de quienes somos. Nuestras mentes se han estrechado, nuestra energía está contenida y compactada, o difusa y desenfocada. Nuestra experiencia de la vida se ha restringido. Así qué a fin de expandirnos más allá de nuestra limitada experiencia, primero tenemos que saber cómo nos restringimos a nosotros mismos. A fin de escapar de nuestra prisión, primero tenemos que ver claramente qué es esta prisión y cómo la hemos construido.

Al nacer, el bebé es un sistema completamente abierto con una respiración que fluye libremente y con una capacidad de respuesta sin defensas ante el mundo. El ser separado aún no se ha formado, aunque el alma que ha nacido posee ciertas predisposiciones y tendencias propias. Durante el proceso de nuestro nacimiento, nuestra primera infancia y nuestra niñez, tenemos experiencias que parecen enseñarnos que ciertos aspectos de nosotros y de la vida son inseguros, equivocados y dolorosos, así que sobre la base de ese aprendizaje negativo cerramos el libre flujo de la vida a través de nuestro cuerpo.

Llegamos a la encarnación provenientes del nivel del alma con un plan que debemos enfrentar y ciertos asuntos por resolver durante esta vida. Desde este punto de vista, nuestros padres y las circunstancias difíciles de nuestra niñez son condiciones que hemos escogido a fin de echar luz sobre las áreas de nuestras dificultades, para que puedan ser puestas sobre el tapete durante nuestra niñez y, más tarde, enfrentadas y transformadas.

Durante nuestros primeros años instintivamente nos retiramos del lado negativo de las inevitables dualidades de la vida. Nos refugiamos de los dolores y de las desilusiones de la infancia y concluimos que ciertas partes de nosotros y/o cierto tipo de sentimientos son inaceptables. De modo que negamos partes de nuestras experiencias limitando así nuestra idea de quienes somos y de qué somos capaces de manejar en la vida. Desde el nivel del alma, vemos que las huellas o distorsiones preexistentes en el alma se hacen manifiestas en las primeras etapas de la vida del niño.

Bill y Joanne trabajaron durante su taller intensivo para parejas a fin de descubrir que juntos e individualmente, habían limitado su relación sexual de adultos como resultado del miedo intentando evitar el dolor de traumas no reconocidos de su infancia.

Cuando somos niños, una vez que hemos experimentado algunas desilusiones de la vida, tratamos de evitar el dolor futuro haciendo ciertas generalizaciones acerca de la vida, formando conclusiones basadas en nuestra particular experiencia y en nuestras interacciones específicas con nuestros padres. Por ejemplo, sobre la base del comportamiento de su madre para con él, lo cual se vio reforzado por las monjas, Bill había formado la conclusión de que tener toda su energía sexual provocaría el rechazo de las mujeres. Joanne, por su parte, basándose en su experiencia adolescente con su padre, concluyó que la sexualidad masculina era algo abrumador, algo más grande de lo que ella era capaz de manejar. Ambos inconscientemente concluyeron que el sexo es peligroso, y que era más seguro evitar el sexo o mantenerlo en un nivel de baja intensidad.

Estas conclusiones, basadas en experiencias infelices de la infancia o de la adolescencia entraron en el inconsciente y se convirtieron en la lente a través de la cual ellos veían la sexualidad, y de ese modo condicionaba lo que vivían. Cada vez que la sexualidad masculina positiva de Bill no encontraba una respuesta perfecta por parte de la mujer, eso le confirmaba su expectativa de rechazo y lo hacía sentir derrotado. A lo largo del tiempo, se arriesgaba cada vez menos y más a menudo se sentía rechazado, lo cual confirmaba su conclusión errónea. De manera similar, Joanne esperaba sentirse abrumada, de modo que si el hombre no era perfectamente amoroso y le daba seguridad desde el inicio, fácilmente se asustaba. Con el paso del tiempo su miedo despertaba con mayor facilidad, confirmando su conclusión errónea acerca de que la sexualidad masculina no era algo de fiar. Sus expectativas negativas creaban experiencias negativas; y sus experiencias negativas confirmaban sus expectativas negativas.

Todos, de manera inconsciente, le imponemos al mundo nuestras ideas limitadas acerca de la forma en que pensamos que funciona la vida y de cómo esperamos que se nos trate, lo cual se basa principalmente en nuestras más tempranas experiencias de cómo fuimos tratados por nuestros padres cuando éramos niños. Por lo general, nuestras expectativas son satisfechas por nuestra experiencia dado que la realidad interior que hemos creado es muy persuasiva. Tendemos a ignorar cualquier cosa que no cabe dentro de nuestras preconcepciones y nos sentimos atraídos hacia lo que sí corresponde a ellas. Más aún, nuestras reacciones y comportamiento defensivos, que fueron formados para dar un soporte a nuestras expectativas, suelen garantizar el resultado que esperamos. Es así como nuestra limitada realidad se confirma a sí misma en un círculo vicioso. Esperamos una respuesta negativa determinada de la vida y nos comportamos de acuerdo con esa expectativa. Cuando llega la respuesta, no hace sino reforzar nuestra conclusión errónea original.

Dado que las limitaciones de nuestro ser han sido creadas por nosotros, generalmente como respuesta al dolor de la infancia y a las limitaciones de nuestros padres y de nuestra familia, el proceso de reconocer todos nuestros seres nos obliga a volver a visitar nuestra infancia. Al sentir las heridas de nuestra niñez, fortalecemos nuestra capacidad de adultos para abarcar los opuestos que hay en el interior: los aspectos buenos y malos de nuestros padres, los aspectos buenos y malos de nuestro propio niño interior, el dolor y los placeres vividos por nuestro ser infantil abierto y sin defensas. Y descubrimos que tenemos una capacidad mucho mayor ahora para tolerar sentimientos y comprender cosas que podían haber sido intolerables para nuestro frágil ser infantil. Aprendemos a ir hacia atrás y volver a experimentar lo que se sintió de manera incompleta, que fue negado o separado de nosotros. En ese proceso descubrimos las creencias e ideas limitantes acerca de la vida y aprendemos a reemplazarlas con actitudes expansivas, positivas y abiertas. Esto crea entonces un círculo benigno de expectativas positivas satisfechas por buenas experiencias, el cual refuerza nuestro optimismo y apertura ante la vida.

Cuando disolvemos nuestras limitaciones personales, nuestra expansión tiene un impacto sobre todos los que nos rodean, creando un efecto de ondas. Cada vez que alguno de nosotros da el salto de la expansión de sus fronteras personales, profundizando su sensación de seguridad interior para incluir más aspectos de la vida, entonces toda la humanidad se expande. Así es como se promueve el proceso de la evolución de la especie.

▼ *Definición de una imagen* ▼

En el Pathwork llamamos imágenes a nuestras creencias falsas y limitantes acerca de la vida. Esas creencias errónas crean una energía que se bloquea en el cuerpo provocando emociones limitadas y actitudes defensivas que refuerzan la idea equivocada. Es así como las imágenes definen y limitan nuestra realidad, se convierten en vendas o lentes oscuros que inhiben y circunscriben nuestra visión y experiencia de la vida, impidiendo que podamos abarcarla de manera directa y completa tal como es.

El Guía usa la palabra "imagen" porque esa falsa idea acerca de la vida se encuentra superpuesta por encima de la pura experiencia vital, es como una "pintura" a través de la cual vemos la vida. Por otro lado, esa pintura superpuesta también puede ser vista desde el nivel espiritual. Desde el punto de vista espiritual, los pensamientos y emociones son "cosas" que se pueden ver. Una imagen es una configuración compacta de pensamientos y emociones que se han convertido en una masa rígida dentro de la sustancia del alma, son un sitio bloqueado de la energía de nuestro cuerpo-mente que nos ciega impidiendo que tengamos una clara percepción de la realidad.

Los espíritus vemos la totalidad del proceso de pensamiento como una forma espiritual, o una imagen. Los pensamientos, emociones y actitudes que no están conectados con una imagen fluyen en armonía con las fuerzas y corrientes divinas, adaptándose espontáneamente a las necesidades inmediatas, sujetos al cambio exigido por las circunstancias. Todos esos pensamientos y emociones fluctúan, son dinámicos y relajados: son flexibles. Pero las formas de pensamiento-emoción que emanan de creencias erróneas o imágenes, son estáticas y se congestionan. Esas formas no "van" de acuerdo con las diferentes circunstancias. Es así como crean desorden y falta de armonía. Puedo decir que se ha producido un corto circuito. Así es como lo vemos. La manera en que ustedes lo ven y lo sienten es a través de la infelicidad, la angustia y la confusión en torno a muchas cosas aparentemente inexplicables de su vida. El hecho de que no puedan cambiar lo que quieren que cambie, o de que ciertos eventos de su vida parezcan repetirse con regularidad, son dos ejemplos de esto. (CGP 38)

▼   El origen de las imágenes   ▼

Una imagen surge de la creencia dualista de que algunos aspectos de la vida son algo inseguro en contra de lo cual tenemos que defendernos. El niño que fuimos se enfrentó a alguna decepción y dolor, a partir de los cuales hizo ciertas generalizaciones acerca de la vida teniendo como base su experiencia personal. Por ejemplo, Bill descubrió que durante su vulnerable infancia, su exuberante sexualidad fue al mismo tiempo estimulada y duramente juzgada por su madre. En esa época no tenía la fuerza necesaria en su ego para sentir de manera completa el trauma y el dolor del rechazo de su madre de modo que reprimió su reacción y se volvió en contra de sí mismo.

El niño no tiene nada con lo cual comparar su experiencia, sólo conoce la realidad que le presenta su familia. Así que, de manera natural, concluye que ésa es la forma en que la vida debe ser para todo el mundo. Bill formó la conclusión de que su sexualidad era inaceptable no sólo para su madre, sino que, tratando de darle sentido a su experiencia, generalizó la expectativa de rechazo de su sexualidad hacia todas las mujeres. El niño piensa que tiene que actuar de determinada manera a fin de evitar un dolor posterior. Bill inconscientemente decidió que si él mismo reprimía sus sentimientos sexuales, entonces no tendría que sentir el dolor de que las mujeres lo rechazaran.

Al principio nos sorprende muchísimo descubrir que el "pensamiento" inmaduro de la infancia todavía domina buena parte de nuestra mente y nuestro comportamiento adultos. Pero también es muy esclarecedor ver cómo nuestras dificultades actuales a menudo tienen sus raíces en una lógica infantil inconsciente. Una vez que descubrimos esa forma de pensamiento infantil, entonces tenemos la oportunidad de deshacer el patrón de comportamiento. Antes de eso, inconscientemente estaremos volviendo a actuar siguiendo un patrón inexorable de recreación de la experiencia de la infancia dentro de nuestra vida de adultos.

Un hombre que nació y creció en el estado de Ohio tuvo un sueño en el que viajaba en bicicleta. Estaba viajando a través del campo en el estado de Virginia, en donde vivía y no lograba llegar a su destino. Cuando finalmente sacó un mapa para ver en dónde estaba, ¡descubrió que había estado siguiendo un mapa de Ohio y no el de Virginia! Se despertó con la clara conciencia de que había estado siguiendo un mapa de la vida que había creado durante su infancia en vez de uno que estuviera de acuerdo con su vida de adulto.

▼ *El origen de las imágenes* ▼
en el nivel del alma

Muchas imágenes tienen su origen en la primera y la segunda infancias en esta vida, una época en la que el alma es continua y extremadamente vulnerable. Pero con mayor frecuencia las imágenes existen previamente en el alma de una persona desde antes de su encarnación. En el caso de estas imágenes preexistentes, las experiencias infantiles generalmente sirven para dar solidez o hacer salir las falsas ideas más profundas o las huellas del alma que son como imanes para ciertas experiencias negativas. En ocasiones, el trabajo con las vidas pasadas puede revelar el origen de esas imágenes más profundas. Sin embargo, puesto que el alma entra en la tarea de la encarnación, precisamente para permitir que se manifiesten las distorsiones, la mayor parte del desbloqueo de nuestras imágenes puede ser realizado mediante una profunda exploración de los asuntos que nos presenta esta vida.

Cada uno de nosotros responde a las experiencias negativas de la infancia de acuerdo con la predisposición de su alma. Algunas experiencias de la infancia son una verdadera amenaza para el bienestar mental, emocional o físico del niño. Pero muchas de las que no son una verdadera amenaza son percibidas como si lo fueran debido a las huellas preexistentes del alma del niño. Por ejemplo, un acontecimiento del estilo del divorcio de los padres puede ser percibido como algo mucho más devastador de lo que en realidad es.

Puesto que una parte importante de nuestro trabajo consiste en el trabajo de desenmarañar las imágenes tal como se presentan en esta vida, tener la perspectiva de un origen más profundo en el alma, a menudo nos ayuda a comprender la manera peculiar en que las imágenes se aferran a nuestras emociones. Si acaso logramos ponernos en contacto con algún material perteneciente a otras vidas, eso puede dar mayor profundidad y vitalidad a nuestras luchas actuales. Por otro lado, todas las imágenes que no sean disueltas en esta vida, evidentemente serán llevadas a otra.

▼ *Tipos de imágenes* ▼

El niño piensa en absolutos y generalidades. Semejantes conclusiones le ayudan en su esfuerzo por comprender y, por lo tanto, defenderse de la sensación de ser abrumado por sus experiencias dolorosas. Más tarde, con un ego más fuerte, el adulto puede abrir sus conclusiones inconscientes acerca de la vida e investigar de cerca esas generalizaciones. Puede ir en busca de las verdaderas experiencias personales que se encuentran detrás de ellas. Y luego, con su ego más fuerte, puede experimentar e integrar el dolor no sentido de la infancia que se esconde detrás de las falsas generalizaciones.

Las imágenes pueden ser generalizaciones muy simples: sobre la base de la experiencia de un padre cruel, llegamos a la conclusión de que "Todos los hombres son crueles". Sobre la base de muchos pleitos familiares por el dinero, concluimos: "El dinero sólo trae problemas."

Siempre que usamos generalizaciones, especialmente en relación con alguien con quien tenemos una relación muy cercana, del estilo de: "Los hombres siempre ____" o "Los hombres nunca ____" o incluso, "Tú siempre ____" o "Tú nunca ____", nos metemos en el territorio de nuestras imágenes infantiles en vez de responder con precisión ante la situación actual. Estamos viendo el presente a través de las generalizaciones que hicimos basados en nuestras pasadas experiencias desagradables, y usamos esas generalizaciones para defendernos del dolor de la situación actual.

Otro tipo de conclusión errónea adopta la siguiente forma: "Dado que (los hombres, las mujeres, las autoridades, etcétera) son ____, entonces yo debo comportarme de tal y tal manera." Basamos nuestras respuestas emocionales actuales en esa conclusión formada en un lejano pasado.

Nuestras imágenes también toman la forma de falsas relaciones entre causa y efecto: "Si (acontece cierto estímulo), entonces ____ (esperamos cierto resultado)." "Si me porto de cierta manera, mami me va a castigar. Así que es peligroso expresar esa parte de mí mismo." Eventualmente, la parte que había sido considerada inaceptable se esconde y el niño la niega. Sólo el adulto es capaz de volver y corregir las conclusiones erróneas respecto de la relación de causa y efecto al afirmar que el hecho de que mami me hubiera

castigado por expresar mi ser de cierta manera, no significa
que esa parte de mí sea inaceptable.

El niño vive en un mundo instintivamente dualista
en el cual las cosas y las personas, las actitudes y los sentimientos son buenos o malos, aceptables o inaceptables. Las
imágenes siempre refuerzan las creencias dualistas de esto o
lo otro. Por ejemplo, si nuestra madre nos castigó de una
forma que parecía injusta, entonces formamos la conclusión de que o bien "yo soy bueno y mami es mala" o, más
probablemente, "yo soy malo y mami es buena". Sólo el
adulto que somos ahora puede corregir esas conclusiones y
expandir el pensamiento hacia el ambos/y. "Ambos, mami
y yo, tenemos razón. Mami tenía razones para responder así
ante lo que hice, pero exageró de manera desafortunada a
causa de sus propios problemas no resueltos."

El "pensamiento" involucrado en el proceso de
creación de una imagen es no-racional, pero al mismo
tiempo tiene una lógica emocional propia. Tenemos que
entrar en la mente de nuestro niño interior a fin de entender cómo esas creencias erróneas se cristalizan como base
de nuestras respuestas emocionales ante los demás, aunque
nuestra inteligencia adulta nos diga que esas conclusiones
no tienen ningún sentido racional.

A menudo nos avergonzamos del niño que vive en
nosotros. Tal vez ya no recordamos el proceso infantil de
pensamiento y tal vez hace mucho que olvidamos las
experiencias y las impresiones que nos condujeron a nuestras conclusiones erróneas. Pero la sensación de vergüenza
se queda con nosotros. Debemos "darnos cuenta de que un
sentimiento de culpa no es más que el rechazo del estado
en el que te encuentras ahora, el cual indica que no estás
dispuesta a aceptarte tal como eres actualmente". (CGP
40). Todo el crecimiento empieza con la aceptación de lo
que ahora es verdadero acerca de uno mismo, incluyendo
las emociones y el comportamiento irracionales que nos
limitan, así como las imágenes subyacentes que nos dictan
respuestas tan desviadas o restrictivas ante la vida.

▼ Más ejemplos de imágenes ▼ en funcionamiento

Pensemos en un niño pequeño que juega alegremente en la nieve y se queda afuera en el frío más tiempo del que debería y que más tarde se enferma de pulmonía. La mente de este niño podría acertadamente aprender: "Si me quedo en el frío mucho tiempo, corro el riesgo de enfermarme." Ésta sería una conclusión razonable a partir de su experiencia.

Sin embargo, su conclusión puede ir más allá formulándose de esta manera: "Si salgo al frío me voy a enfermar. El clima frío da miedo. Es mucho más seguro jugar en el interior." O si la experiencia se topó con una huella preexistente del alma relacionado con el miedo a la existencia física, entonces se puede alojar aún más profundamente dentro de su psique diciendo: "Mi cuerpo no es de fiar, pues hace que me enferme." O bien: "No debo confiar en el exterior, pues hace que me enferme." Semejantes conclusiones pueden provocar que se dé un retraimiento ya sea de su propio cuerpo o de la naturaleza. Si el niño fue dejado afuera por un padre o madre descuidados, las conclusiones entonces pueden ser todavía más graves: "Mi mami dejó que me enfermara, así que no debo confiar en las mujeres." Qué tan profundamente llega la experiencia es algo que depende tanto del contexto familiar como de la predisposición del niño.

Una atractiva y joven mujer llamada Beatrice tenía una carrera muy absorbente, buenos amigos y muchos intereses. Después de un matrimonio fallido, no había podido encontrar al hombre "correcto" para establecer otra relación. Al principio le achacaba esto a la escasez de hombres de su edad disponibles, pero eventualmente empezó a buscar dentro de sí misma para encontrar las causas de su insatisfacción. En su revisión diaria observó sus reacciones con los hombres y descubrió un patrón consistente: tenía miedo de que la rechazaran los hombres que ella deseaba, y menospreciaba a los que la admiraban.

Beatrice y yo empezamos a buscar las imágenes subyacentes a este patrón. Aparentemente su conclusión inconsciente era: "Cualquier hombre que valga la pena me rechazará,
sólo me amarán hombres indeseables." Y más aún: "Si quiero
evitar que me rechacen, entonces no debo mostrar que deseo a
un hombre, debo hacer como si estuviera tranquila, como si
fuera indiferente. Sólo así tendré una oportunidad para atraer
a alguien."

Beatrice exploró la manera en que estas imágenes arrai-
gadas en un pensamiento infantil inconsciente habían puesto
en marcha un círculo vicioso. Cuando estaba con hombres
deseables, anticipaba el rechazo y se volvía ansiosa, dudosa y
temerosa. Cubría su inseguridad y su deseo volviéndose alti-
va, indiferente y arrogante. Obviamente su comportamiento
producía verdadero rechazo por parte de los hombres, lo cual
aparentemente confirmaba su convencimiento original acerca de que todos los hombres valiosos la rechazarían.

Beatrice se acordaba que, siendo hija única, tenía poca
experiencia de relaciones íntimas con compañeros hombres de
su edad. Su padre había sido severo y autoritario, la criticaba
mucho y la estimulaba y halagaba muy poco. Creció con la
impresión de que perdería el amor de su padre si no le daba
gusto y lo obedecía. Inconscientemente sentía dolor y enojo
por eso, pero al mismo tiempo lo amaba y lo admiraba, se
sentía protegida por su fuerza y deseaba mucho recibir su
aprobación. Esta atmósfera dejó una profunda huella en su
alma y solidificó una imagen en la que todos los hombres
deseables y fuertes, como su padre, la desaprobarían. También
de manera inconsciente concluyó que sólo los hombres que la
rechazaban eran deseables.

Su madre era muy cariñosa y abierta, pero era incapaz
de proteger a Beatrice de la severidad de su padre. De hecho, su
madre también era intimidada por su esposo y, por lo tanto,
era sumisa y no se afirmaba a sí misma.

De modo que Beatrice desarrolló una tendencia inconsciente de percibir que todos los hombres que representaban parejas potenciales eran fuertes, deseables y rechazantes

como su padre, o amorosos, débiles y fácilmente accesibles
como su madre. Así las cosas, Beatrice no podía más que
sentirse insatisfecha con los hombres que conocía.

▼   *La compulsión a recrear*   ▼
las heridas de la infancia

Las dificultades de Beatrice y la historia del principio
acerca de Bill y Joanne ilustran otro aspecto de las imágenes de la infancia en cuanto a la forma en que operan en
nuestras relaciones íntimas: inconscientemente somos atraídos y escogemos parejas que nos recuerdan, no importa
qué tan sutilmente, al padre o madre de quien todavía
deseamos el amor que no tuvimos. Entonces tratamos, a
fuerza de voluntad, de que nos den lo que no obtuvimos
cuando éramos pequeños. Es como si en aquella época
hubiéramos sufrido una derrota y ahora estuviéramos
tratando de "ganar".

> Mientras no seas consciente de tu anhelo de amor per-
> fecto de tus padres y de las heridas y los resentimientos
> que has sufrido, estás condenado a tratar de remediar la
> situación en los años posteriores. Tratas de reproducir
> la situación infantil con el fin de corregirla. Esa compul-
> sión inconsciente es un factor muy fuerte, pero general-
> mente está profundamente escondido de tu compren-
> sión consciente...
>
> Todo este procedimiento es terriblemente destructivo.
> En primer lugar, es una ilusión el pensar que fuiste
> derrotado. Por lo tanto, es una ilusión pensar que pue-
> des salir victorioso. Más aún, por triste que haya sido la
> falta de amor cuando eras niño o niña, es una ilusión
> pensar que ahora constituya la tragedia que tu subcons-
> ciente cree que es. La única tragedia está en el hecho de
> que obstruyes tu felicidad futura al continuar reprodu-
> ciendo, y tratando de dominar, la situación. (CGP 73)

Así que Beatrice continúa atrayendo a los hombres que le recuerdan a su padre (autoritarios y fuertes) y luego trata de "forzarlos" a ser amorosos y dulces. Y, sin embargo, en su intento para ser deseable para esos hombres, inconscientemente imita a su padre, cuya indiferencia e inaccesibilidad asocia con el ser deseable. Su indiferencia, claro está, no es algo que invite a la calidez y el afecto que tanto necesita.

Una vez que Beatrice logra entender sus imágenes infantiles acerca de los hombres y una vez que ve su patrón de tratar de recrear la situación infantil a fin de forzar un final diferente, entonces la naturaleza ilusoria de sus esfuerzos se le aclara, y así puede empezar a tomar decisiones nuevas.

Por debajo de la compulsión negativa a recrear las heridas de la infancia, también se encuentra un objetivo más elevado. Tarde o temprano seremos enfrentados con nuestro patrón y entonces podremos responsabilizarnos por él. Cuando Bill y Joanne estuvieron listos para aceptar sus dificultades sexuales como algo que le atañía a cada uno y a buscar dentro de sí los orígenes infantiles y los patrones, entonces por primera vez pudieron cambiar lo que hasta entonces había parecido una puerta de prisión cerrada para la cual sólo el otro tenía la llave. Dado que recreamos nuestras vidas actuales en respuesta a heridas pasadas, tarde o temprano volveremos a nosotros con el fin de descubrir las causas originales.

▼   *Cómo encontrar una imagen*   ▼

El uso regular de nuestra revisión diaria de nuestras experiencias no armoniosas eventualmente nos conducirá a los comunes denominadores de estos eventos. Detrás de cada uno de esos patrones de insatisfacción, en donde parecemos atorarnos y ser incapaces de cambiar, se encuentra una imagen funcionando dentro de nosotros. Siempre que parece como si atrajéramos cierto tipo de sucesos o de gente que son continuamente problemáticos o insatisfactorios, una imagen está dominando nuestro comportamiento.

Los comunes denominadores de esos patrones siempre muestran el camino hacia algunas falsas ideas que guardamos, generalmente de manera inconsciente. Esas ideas entonces deben cristalizarse en expresiones claras y concisas, por irracionales que nos parezcan. Esas expresiones pueden empezar con generalizaciones como: "Todos los hombres son ____" o "El amor es ____". Otras falsas conclusiones acerca de la relación de causa y efecto empiezan así: "Si ____, entonces algo terrible sucederá." Nuestras imágenes suelen convencernos de que ciertas situaciones que sólo son dolorosas o meramente desagradables amenazan nuestra vida. Siempre que nos sentimos amenazados, nos atrapan las defensas que sostienen la falsa idea de que nuestra vida de alguna manera está en peligro en esa situación. Tenemos que aprender a poner estas falsas ideas en palabras precisas, para saber qué es exactamente lo que pensamos que está en peligro o en juego. Poner una imagen en palabras claras iluminará su irracionalidad y reducirá su poder sobre nosotros.

A menudo podemos ver el funcionamiento de alguna imagen, después de alguna experiencia o relación particularmente desagradable, cuando sentimos un cierto tipo de amarga "satisfacción": "Ya me lo esperaba..." o "Ya sabía que los hombres (las mujeres) son sádicos (as)", "Los niños sólo traen problemas", o "No se puede confiar en la gente", y ese tipo de comentarios. Nuestra decepción corrobora una creencia negativa y de ahí surge un tipo de regocijo perverso que se obtiene mediante la confirmación.

Cada vez que tenemos la experiencia de echar un vistazo a nuestras preconcepciones negativas, también tenemos la oportunidad de ver cómo nuestras imágenes dan forma a nuestra realidad. ¿Le ponemos exigencias poco realistas a la vida para poder confirmar nuestras expectativas de decepción? ¿Creemos que nuestras necesidades no serán satisfechas, de modo que no pedimos? ¿Asumimos que no merecemos nada, de modo que no creamos abundancia?

A menudo estamos más apegados a la decepción y al fracaso que a la felicidad y al éxito. Semejantes imágenes acerca de no merecer la satisfacción atraerá experiencias negativas que confirman nuestras expectativas, lo cual nos lleva al círculo vicioso de provocar el fracaso.

Cuando nos sentimos especialmente faltos de esperanza respecto de alguna situación personal, eso quiere decir que hay una imagen profundamente arraigada en funcionamiento. Esa imagen puede haber sido transmitida de generación en generación dentro de una familia, y por lo tanto puede ser especialmente difícil el disolverla en una sola vida. Cada familia perpetúa ciertas ilusiones compartidas por todos sus miembros. Cobrar conciencia de esas falsas ideas nos libera enormemente de su dominio.

Más allá de las falsas creencias de nuestra familia, todos compartimos imágenes que pertenecen a nuestra cultura y nuestro tiempo histórico, lo mismo que imágenes comunes a toda la humanidad, las cuales el Guía llama imágenes masivas. La imagen masiva más importante de la humanidad es la creencia fundamental de que nuestra especie está separada de y es superior al resto de la trama de la vida.

▼ *La vergüenza indica* ▼
la presencia de una imagen

La persistente sensación de vergüenza de uno mismo, así como el sentimiento de que uno no vale o no merece nada, son indicadores primarios de la presencia de una imagen. Hay una vergüenza muy definida en el niño interior de cada uno de nosotros, algo que ha ido creciendo a partir del momento en el que descubrimos que nuestros padre, y nuestro mundo no son perfectos. El niño(a) tiene la enorme necesidad de creer que sus padres son perfectos, puesto que ellos son todo lo que existe entre él o ella y el caos o la muerte. Cuando por primera vez descubre que no es amado(a) de manera perfecta o incluso que se le trata mal, asume que debe ser culpa suya, dado que generalmente no conoce a ninguna otra familia de manera tan íntima como para poder comparar su situación. Entonces se siente profundamente avergonzado(a) de esa parte de sí que, equívocamente, piensa que debe ser castigado o abandonado. Para cuando el niño que está creciendo comprende que sus padres y los otros adultos son ellos mismos imperfectos y tienen problemas, la vergüenza ya se encuentra profundamente arraigada y la autoestima ya está dañada.

Sabemos que este proceso se desarrolla en los casos de niños maltratados. Los niños generalmente son incapaces de percibir la fuente verdadera de la conducta destructiva de la gente que también los protege y los cuida, de modo que concluyen que todo el mal que se les hace debe ser por su culpa. Los niños entonces construyen defensas para no volver a ser lastimados mientras van haciendo crecer en su interior una vergüenza secreta, de modo que tienen grandes dificultades para sacar la verdad a la luz.

Es así como todo este proceso: el descubrimiento de que hay algo mal en la familia, al tiempo que se piensa que uno es la causa del mal que se sufre y se generaliza que no es posible confiar en la gente construyendo defensas para evitar todo el dolor padecido, se hunde en el inconsciente. Y, al igual que una planta que siempre está en la oscuridad, hay importantes partes de uno mismo que no pueden crecer. La luz de la conciencia debe entrar en el miedo, el resentimiento y la vergüenza del niño a fin de descubrir las imágenes que han sido enterradas en la mente inconsciente. Es por eso que tenemos que estar dispuestos a ver la verdad de cómo fuimos maltratados en la infancia, tomando en cuenta los defectos de nuestros padres, sin tener que deshacernos del bien que también pudo haber estado presente.

Siendo adultos podemos ser manejados por sentimientos de vergüenza o decepción cuya fuente igual surge
de situaciones actuales que de traumas ocultos de la infancia. Los sentimientos de la actualidad son sinónimos de los
de la infancia. Si nos dejamos sentir de manera completa el
dolor actual, éste nos llevará de vuelta hasta las experiencias formativas de los primeros tiempos. Cuando nos enfrentamos a un patrón de conducta negativo y persistente
o a una profunda vergüenza interior, podemos aprender a
preguntarnos qué es aquello del pasado ante lo cual estamos reaccionando. Cada vez que "descubrimos" la imperfección de nuestra pareja, jefe o de la vida misma, volvemos a experimentar los traumas originales de la infancia.
Cada vez que sentimos vergüenza o que nos culpamos por
las fallas de los demás, podemos estar seguros de que
estamos reaccionando a partir de nuestra imagen infantil.

Cobrar conciencia de nuestras decepciones originales es el punto de partida para enfrentar la realidad de
la imperfección de nuestros padres para pasar de manera
consciente a través del inevitable dolor, del enojo y del
resentimiento que son parte de la experiencia humana
universal. Mientras no hagamos este paso de manera
deliberada, seguiremos tratando de forzar a los otros a ser
nuestros "padres perfectos" en situaciones de adultos, y
volveremos a sentirnos decepcionados una y otra vez. De
hecho, nadie es nunca perfecto, ni nos amará de manera
perfecta y ésa es simplemente la realidad. No es culpa
nuestra, y no hay nada que podamos hacer para forzar a
los otros a que sean más perfectos. Todo el mundo es
imperfecto... y todo el mundo se merece el perdón.

▼ *La imagen principal* ▼
o escisiones del alma

Eventualmente llegamos a descubrir que, después de haber
desenterrado nuestras ideas erróneas en áreas tan diversas

como las relaciones amorosas, la amistad, el trabajo, el juego, la sexualidad y la creatividad, entonces aparecerán ciertos comunes denominadores de nuestras imágenes. Las imágenes principales definirán los asuntos centrales de nuestro carácter o nuestras escisiones dualistas del alma más elementales. Seguiremos topándonos con estas mismas distorsiones conforme damos vueltas cada vez más profundamente en el camino en espiral del crecimiento espiritual.

La imagen principal suele ser alguna conclusión falsa central acerca de la naturaleza de la vida y acerca de quienes somos en la vida; algo como: "la vida es insegura y nunca me sentiré seguro", o bien, "la vida es una lucha y yo tengo que permanecer protegido por armaduras y listo para atacar para no ser destruido", o en cambio, "la vida siempre nos decepciona, así que nunca voy a tratar de satisfacer mis sueños" y otras cosas.[1]

Nuestra principal imagen es nuestra manera más elemental de separarnos de la totalidad de la vida. La vida en esencia es un flujo interconectado de energía y conciencia, pero cuando rechazamos alguna experiencia vital, nos separamos de la unidad de ese flujo. Cómo nos separamos, qué es lo que consideramos peligroso o inaceptable de la vida, es lo que define nuestra escisión del alma o imagen principal.

La imagen principal es el núcleo del plan de vida de nuestra alma para esta encarnación: cuáles son las escisiones dualistas que esperamos transformar en esta ocasión. A veces podemos descubrir esto al observar nuestra elección de nuestros padres y de las circunstancias de vida desde la perspectiva del alma. Es útil preguntarse: ¿Cómo es que las escisiones en nuestra alma se encuentran representadas por la elección que hicimos al escoger a nuestros padres?

---

[1] Nuestras imágenes principales corresponden a la creencia que subyace nuestra estructura específica de carácter. Ver el libro de John Pierrkos, Core Energetics y los capítulos 12 y 13 del libro de Bárbara Brennan Manos que curan. También se puede obtener el libro A Summary of Character Structures de Susan Thesenga y Alan Hill a través del Sevenoaks Pathwork Center.

En la historia que presentamos antes, Beatrice tenía como imagen principal la idea de que la vulnerabilidad, la necesidad y la feminidad eran inaceptables. La elección que hizo su alma de una madre débil dejó salir su desprecio de lo femenino. Y su elección de un padre distante confirmó su auto-rechazo como mujer. Se defendía en contra de su vulnerabilidad imitando la indiferencia de su padre.

Por su parte, Bill, cuya historia sirvió de introducción a este capítulo, tenía la imagen principal de que la sexualidad y la agresión (aspectos esenciales de su hombría) eran algo vergonzoso e inaceptable. Esto se lo confirmaba una madre que no podía aceptar la sexualidad de su hijo ni poner los límites correctos para que ésta se expresara. Bill se defendía en contra del rechazo reprimiendo su poder masculino en este mundo. Joanne tenía como imagen principal el que la receptividad era peligrosa y que podía aniquilarla, de modo que, para compensar, desarrolló una manera de controlar las cosas.

Nuestra imagen principal incluye las falsas creencias centrales que tenemos acerca de la vida y de nosotros mismos, junto con las emociones resultantes y las defensas que sirven de apoyo a esas falsas creencias. La imagen principal es el punto nuclear de la estructura de nuestro carácter, o del patrón esencial de las defensas de nuestra personalidad. Es el núcleo de nuestras actitudes equivocadas y de nuestras dualidades específicas. Una vez que logramos descubrir nuestra imagen principal, ya no tomamos tan en serio nuestras defensas ni nos aferramos a nuestras creencias acerca de la realidad con tanta vehemencia.

Entonces tenemos la llave para abrir la prisión de nuestra conciencia limitada. Ya sea que, en determinado momento, seamos o no capaces de trascender nuestras limitaciones, a partir de ese descubrimiento no podemos tomar nuestras creencias negativas ni nuestras angustias tan en serio y la vida se vuelve más ligera y alegre.

▼ Cómo disolver las imágenes ▼
y los círculos viciosos que resultan de ellas

El primer paso para disolver una imagen consiste en abrir nuestra mente a la posibilidad de que la manera personal en que experimentamos la vida no es la única manera, ni la correcta, sino que más bien es la manera que derivamos de nuestra experiencia específica. De modo que podemos, y por lo tanto nuestra experiencia de la vida también puede, ser de otra forma. Podemos retar las falsas conclusiones que hicimos acerca de la vida y que crean nuestras experiencias negativas. Podemos abrirnos a la realidad más profunda que todavía está viva en nosotros y que está libre de las limitaciones que nos hemos auto-impuesto.

Los pensamientos y los procesos de pensamiento que se dirigen hacia un canal equivocado afectan todos los otros niveles de la voluntad, de los sentimientos y de la expresión física. Siempre crean círculos viciosos. Estos círculos viciosos te atrapan, te ponen en una situación de desesperanza. Pero en cuanto se rompe el círculo vicioso te liberas de esa trampa.

Por lo tanto es indispensable ver con claridad, comprender y abandonar los componentes de la actitud y el comportamiento que crean el círculo vicioso. Esto siempre quiere decir realizar un cambio fundamental de alguna concepción, de algún proceso de pensamiento o aproximación de la realidad. Esa idea errónea debe ser reconocida como tal: ¿por qué está equivocada, cómo existe y de qué manera te lleva hacia el círculo vicioso? ¿Cómo funciona el círculo vicioso? ¿Cuál es la idea verdadera que le corresponde? ¿Cómo es que vivir de acuerdo con esa idea verdadera te llevaría hacia un mundo abierto, hacia una secuencia benigna de expresión creativa de ti mismo? Todo esto debe ser claramente percibido, comprendido, hecho consciente y, eventualmente, experimentado emocionalmente.

Sólo a través de la experiencia emocional es posible reemplazar la idea equivocada con una concepción acertada. Sólo entonces la verdad arraigará en la psique y abrirá nuevos canales de funcionamiento, de comportamiento espontáneo (en oposición al comportamiento basado en reflejos condicionados) y de una expresión creativa de los sentimientos. (CGP 193)

Al descubrir los comunes denominadores que se encuentran detrás de las experiencias vitales negativas, somos llevados a descubrir las generalizaciones subyacentes, de las cuales aún no tenemos conciencia, que hacemos acerca de muchos aspectos de la vida. Cuando las encontramos, las ponemos en palabras tales como "las mujeres son ____". Al descubrir nuestras creencias particulares acerca de la relación de causa y efecto, también las ponemos en palabras del estilo de "Si ____, entonces ____". Posteriormente buscamos los denominadores comunes de nuestras creencias a fin de discernir nuestra imagen principal, la cual puede expresarse de la siguiente manera: "La vida es insegura porque ____", o bien "No merezco que me amen porque ____". Es así como vemos que se han formado nuestras principales defensas con el fin de darle apoyo a esa creencia.

Es necesario explorar los orígenes en la infancia y, ocasionalmente, incluso en una vida pasada, para volver a experimentar las emociones originales. Cuando nos podemos permitir experimentar el dolor en contra del que luchamos en la infancia, éste ya no está cargado del terror original. Podemos expandir nuestra sensación de lo que se puede experimentar con seguridad, al recordar que ahora ya tenemos los recursos del ego adulto para poder tolerar los sentimientos que amenazaron con devastar el ego aún no formado del niño. Al enfrentar esos sentimientos dolorosos y negativos ya no necesitamos las generalizaciones erróneas que le impusimos a la vida con el objetivo de evitar el dolor.

Nuestra habilidad para enfrentar nuestros sentimientos actuales, es tanto una causa como un efecto de nuestra disposición a enfrentar las heridas de nuestra infancia. Si no luchamos en contra de los aspectos dolorosos o atermorizantes de la vida, entonces podemos soltar las defensas que consumen tanta energía y evitan una experiencia de la vida directa y con el corazón abierto.

En cualquier etapa del trabajo con nuestras imágenes, su mantenerse en el inconsciente puede disminuir inmediatamente con nuestra disposición para asumir la responsabilidad de nuestra vida. Incluso si no conocemos con exactitud qué es lo que hay en nosotros que provoca la falta de armonía o la infelicidad, el hecho de asumir la responsabilidad de nuestra felicidad afloja partes del rompecabezas interior del cual tal vez aún no somos conscientes. Nos libera del sentimiento de ser víctimas que forma parte del origen de todas las imágenes. Siendo niños nos sentimos genuinamente indefensos y, por lo tanto, tratamos de obtener cierto control sobre nuestro entorno de la mejor manera que podemos, sacando conclusiones de nuestra experiencia con el objeto de hacernos invulnerables al dolor en el futuro. Pero en nuestras vidas de adultos nos sentimos tan víctimas de la vida como creemos que somos. Al asumir la responsabilidad sobre nosotros mismos ya no necesitamos recrear constantemente nuestra sensación infantil de ser totalmente indefensos.

Otro paso importante en el proceso de sanación de las imágenes viene luego de que hemos expuesto completamente la falsa creencia. Entonces activamos la verdad a través de la impresión de conceptos verdaderos sobre la sustancia del alma. En donde hemos descubierto la idea errónea de que "el sexo es peligroso" podemos afirmar una nueva realidad: "El sexo con mi esposo, a quien amo y en quien confío, es algo seguro, es una placentera expresión de nuestra cercanía." Reemplazamos la falsedad de la imagen cerrada con la verdad del universo abierto y benigno. Semejantes afirmaciones pueden ir profundamente en la impresión del alma, sólo una vez que hemos hecho el trabajo de identificación y abandono de las ideas erróneas.

A lo largo de este proceso activamos nuestro Ser Superior mediante la oración y la meditación, pidiendo vivir en la verdad y armonizarnos con el amor.

Un paso importante en el proceso de abandono de la imagen consiste en caer en el vacío de no saber. Dado que la imagen era un esfuerzo de nuestro ser infantil, por darle sentido al mundo a través de falsas conclusiones con el objeto de tener la vida bajo control, especialmente sus aspectos dolorosos, en el proceso de abandono de la imagen, temporalmente nos vemos obligados a volver al estado de ausencia de conocimiento previo al momento en que sacamos esas conclusiones erróneas. El Pathwork llama a este proceso la caída en el "abismo de la ilusión" y es exactamente así como se siente. Cuando soltamos el sostén de una imagen y sus defensas, tenemos miedo de caer en un abismo, pero al final de la caída siempre llegamos a un terreno más sano y más verdadero.

Harriet, cuya historia comenzamos en el Capítulo Uno, había pasado por el sufrimiento de la muerte de su padre cuando sólo tenía seis años de edad, y desde entonces se había aproximado a la vida como si se tratara de una terrible carretera llena de baches. No había ningún momento liso y suave. A menudo se enconchaba en el interior al entrar en relaciones con la demás gente, dado el miedo que tenía de los peligros que ella pensaba estarían amenazándola en cada esquina, especialmente en las relaciones más íntimas. Harriet sabía que su principal imagen acerca de la inseguridad de la vida se había formado en la época en que murió su padre, cuando su madre había sido incapaz de brindarle los cuidados necesarios.

Harriet había pasado la mayor parte de su vida buscando, nostálgicamente, padres sustitutos que pudieran volver a darle la seguridad de sus primeros años. Pero era incapaz de construir una relación comprometida debido a su terror a que un hombre la dejara. En cambio, se creaba relaciones fantasiosas con hombres que le resultaban inaccesibles.

Finalmente, se sentía lista para abandonar este patrón de comportamiento, lista para reemplazar la falsa seguridad de la nostalgia en base a una verdadera seguridad dentro de sí misma. Pero sabía que tendría que volver a enfrentar el temido olvido que encerraba la tragedia de su familia. En una visualización extendida, se imaginó llegando a la orilla de la agradable e inocente carretera de sus primeros seis años de infancia, mirando por encima de esa orilla hacia donde todo se disolvía en la nada. En la visualización, Harriet finalmente saltó hacia el abismo. De manera inesperada se sintió flotando en una suave caída como si fuera sostenida por brazos angelicales, incluso al mismo tiempo que olas de dolor desgajaban su cuerpo. Gritó su miedo y se sintió nuevamente flotando, cayendo suavemente hacia una nueva carretera, mucho más abajo del paradisiaco camino de la infancia. Durante muchos días después de lo anterior, Harriet se sintió vacía, viviendo con la pérdida tanto de su fantasía de seguridad como de la negatividad subyacente relacionada con los peligros de la vida. La vida era nueva y desconcertante, pero también emocionante y llena de promesas. Le tomaría algún tiempo aprender a caminar sobre este nuevo camino.

El vacío e incluso la depresión temporal que sentimos al abandonar una imagen es la crisis que surge de haber dejado de lado una falsa creencia que había parecido hacer de nuestra vida algo comprensible. Una imagen sirve par crear una "falsa unidad" entre las creencias y la experiencia que nos da cierto tipo de seguridad, porque parece darle coherencia a nuestra vida y una sensación de familiaridad a nuestras experiencias. Pero es un sistema cerrado, un círculo vicioso que nos es familiar, en el cual estamos presos. Adictos a nuestros patrones negativos, somos como el niño maltratado que se aferra a su madre que lo lastima, incluso cuando una gentil institutriz viene a llevárselo a un ambiente más benigno. El crecimiento espiritual exige que abandonemos nuestro sistema familiar de creencias a fin de darle lugar a una verdad más amplia.

El tiempo en el que soltamos es vulnerable, y a veces está lleno de desorientación y depresión, así que debe ser enfrentado con una cálida auto-aceptación. El sentimiento de vacío es un paso necesario dentro del proceso de abandono de las imágenes. De ahí surge una nueva y más profunda unidad basada en el abandono ante el amor y la verdad, algo que no puede ser forzado, sino que llega de manera segura y confiable.

▼ El círculo benigno ▼

Del mismo modo en que una imagen crea un círculo cerrado de experiencias negativas que se auto-refuerzan, una actitud de verdad y apertura crea un círculo en eterna expansión de experiencias y creencias benignas.

> En lo profundo, el alma humana contiene toda la sabiduría, toda la verdad. Pero las conclusiones erróneas, o imágenes, cubren ese fondo. Al cobrar conciencia de ellas, tanto emocional como intelectualmente, finalmente debes alcanzar la meta de manifestar tu voz interior de sabiduría, la cual te guía de acuerdo con la conciencia divina, con tu plan personal. (CGP 50)

Toda la vida se mueve en círculos: el día y la noche fluyen el uno hacia el otro, la luna crece y decrece, las estaciones del año se mueven una hacia la otra sin detenerse, todas las formas de vida nacen, crecen, mueren y las nuevas formas vuelven a nacer.

El camino espiritual también progresa en círculos que crean una espiral de crecimiento que siempre va más profundamente: disolvemos las imágenes y aprendemos nuevas maneras de ser, y luego vamos más profundo y vemos los errores que hay en las formas que seguimos ahora para poder disolver esos bloqueos. Al enfrentar algún asunto en particular trabajamos a través de esa cosa únicamente para caminar en círculo hacia un tiempo posterior y volver a enfrentar ese mismo asunto en un nivel más profundo o más sutil de su manifestación en nuestra vida. Trabajamos hasta que eventualmente disolvemos la imagen en su punto nuclear dentro de nuestra alma.

Gradualmente, aprendemos a vivir la vida sin expectativas. En el desarrollo de cada momento real nos sentimos satisfechos. Si aprendemos a aproximarnos a la vida con gratitud por lo que nos ha sido dado, llenos de la disposición para abrirnos a la verdad y el amor en un espíritu de confianza, la vida nos devolverá una inmensidad de sorpresas muy generosas. Entonces aprendemos que dar y recibir son una sola cosa. Y así es cómo nos hacemos uno con el círculo de la vida, recibiendo la inhalación y devolviendo la exhalación que nos anima a todos.

▼   *Ejercicios para el Capítulo 5*   ▼

1. Lleva una revisión diaria de los eventos en los que falta armonía dentro de un área de tu vida; por ejemplo, las relaciones con el sexo opuesto, las relaciones con la gente de tu sexo o tu trabajo. Encuentra los denominadores comunes de tus problemas en esta área y a partir de ahí empieza a deducir cuáles son tus imágenes siguiendo esta guía:

a. Busca y escribe las ideas erróneas que operan en esta área. Las puedes expresar completando las siguientes frases con tantas terminaciones como puedas encontrar de manera espontánea dentro de ti:

"Los hombres son _____."
"Las mujeres son _____."
"El trabajo es _____."

Luego, también, escribe las conclusiones falsas que sacaste acerca de ti mismo. Por ejemplo: "Dado que los hombres son _____, entonces yo tengo que ser/actuar _____ en relación con ellos."

Después escribe, también, una falsa cadena de relaciones de causa y efecto que creaste para ti. Por ejemplo: "Si actúo de determinada manera, entonces _____." y "Si no actúo de esta manera, (o de la manera opuesta), entonces _____."

b. Traza el círculo vicioso que resulta de una de tus imágenes y las conclusiones que surgen de ellas. Descubre cómo crean una aparente "justificación" para tu imagen, la "prueba" de que tu idea limitada es cierta.

2. Explora tu imagen principal, aquella en torno a la cual tus otras imágenes se agrupan, mirando los comunes denominadores de las imágenes que expusiste en el ejercicio 1. Esto será más fácil si completas las oraciones en relación con más de un tema. La imagen principal generalmente aparecerá al completar una frase como esta: "La vida es peligrosa y no se puede confiar en ella porque _____. De modo que tengo que defenderme mediante _____."

O bien, "No merezco ser amado(a) porque _____. De modo que debo esperar que me traten _____."

3. Explora tu imagen principal mirándola desde la perspectiva de tu alma. Considera a tus padres, la situación global de tu infancia y los traumas infantiles más importantes, como si hubieras escogido todo eso para ilustrar las distorsiones básicas de tu alma.

a. ¿De qué manera tus padres representan tus distorsiones básicas acerca de lo masculino y lo femenino?

b. ¿De qué manera tus padres representan tu escisión en la manera en que te aproximas a la vida? ¿Acaso uno de ellos representa una "conclusión" o idea acerca de la vida y cómo debemos aproximarnos a ella o defendernos de ella, mientras que el otro representa otra conclusión y generalización?

c. ¿Qué hay en las circunstancias de tu infancia que parece darle cuerpo a tu imagen principal, a tu visión básica negativa de la vida?

d. ¿Hay algún evento o trauma específico que pareció solidificar una generalización negativa acerca de la vida? ¿puedes recordar el momento o la situación exactos en que sacaste esa falsa conclusión acerca de la vida?

4. a. Vuelve a las imágenes que expusiste en el ejercicio 1. Escribe una afirmación de la verdad relativa a esta área específica con el fin de reemplazar tu falsa conclusión. Medita con esa afirmación e invita a tu Ser Superior para que trabaje con las voces interiores que tratan de hacerte volver a tus viejas creencias erróneas.

b. Escribe las afirmaciones que contradicen a la imagen principal que descubriste en los ejercicios 2 y 3. Esas afirmaciones pueden decir: "La vida es segura" y "Merezco ser amado(a) tal cual soy". Medita con estas afirmaciones, imprime en tu alma la posibilidad de experimentar la realidad de esta nueva manera.

▲ 6 ▲

COMPRENDER AL SER
DE LA MÁSCARA

Cuando reúnas el valor suficiente para convertirte en tu ser verdadero, aunque parezca ser mucho menos que tu ser idealizado, descubrirás que es mucho más."

CONFERENCIA DEL GUÍA 83,
"La imagen idealizada de sí mismo"

▼ La máscara de Connie: abandonar ▼
la imagen idealizada de sí mismo

Connie vino a un fin de semana de introducción al Pathwork en medio de una crisis espiritual. Siendo un miembro devoto de la iglesia Episcopal, había trabajado en comités y grupos de su iglesia y había escrito un libro para mujeres sobre cómo podían vivir una vida centrada en Cristo. Era una esposa devota y madre de cuatro hijos, al mismo tiempo que había sido muy generosa con otras gentes, pues estaba convencida de que debía de cumplir con todas sus obligaciones como esposa cristiana, madre y guía de su iglesia. Pero ahora sentía que había dado demasiado, se sentía vacía, seca. Su energía se había colapsado y había dejado de ser tan eficiente en sus diversos roles. Sumida en un estado casi depresivo muy cercano a la desesperación, recientemente había estado asistiendo a diversos retiros religiosos y talleres en busca de una renovación espiritual.

Alta y con cierto sobrepeso, Connie era una gran mujerona cuyo aspecto rígido mostraba que sentía el peso del mundo sobre sus espaldas. Pero a pesar de su amplio cuerpo y su fuerte carácter, poco a poco, mostró qué tan vacía se sentía en todo su interior. Su máscara de buena esposa y madre cristiana amenazaba con apagar su chispa interior además de que sufría enormemente por la carga de sus propias expectativas acerca de sí misma y de las exigencias que le imponían los demás. Mientras más hablaba de cuánto le pedían los demás, más se enojaba hasta que, poco a poco, se hizo claro que la peor carga que soportaba era la de su ira reprimida.

Fue necesario estimular mucho a Connie para que se expresara, pero finalmente soltó algo de su ira y empezó a caminar como loca a lo largo del cuarto en donde estábamos, haciendo sonar el piso de madera mientras gritaba y golpeaba con los pies. Culpaba a sus padres y culpaba a la Iglesia, se enojó en contra de su esposo y se enojó en contra de Dios. Conforme su energía se calmó un poco, reflexionó y dijo: "Dios mío, he asumido las expectativas que tiene todo el mundo respecto de *mí. He tratado de conquistar la aprobación de todos tratando de ser estúpidamente perfecta todo el tiempo. ¡Me estoy ahogando en mi bondad!"*

Con el fin de ayudarle a Connie a que se "quitara de encima" todas las expectativas de perfección y devoción, la hicimos sentarse en el piso y le pusimos una pila de cojines sobre sus hombros, cada uno de los cuales representaba las múltiples exigencias que había aceptado o puesto ella misma sobre de sí. Los aventó alegremente, lanzando cada uno tan lejos como pudo.

Luego, una vez que había lanzado sus cargas metafóricas, se quedó tranquila durante un momento antes de volver a ponerse de pie. "Saben, estoy simplemente furiosa por la manera en que he aceptado este papel durante tanto tiempo. Estoy tan enojada que creo que podría matar a alguien ahora mismo. O tal vez debería matarme a mí misma por haber sido tan estúpida." La animé para que sacara su furia asesina, para que la expresara. Nuevamente se puso a dar de pisotones y a gritar, sin preocuparse por darle sentido a lo que decía, dejando salir la energía de su furia letal.

En medio de un discurso violento, se detuvo de pronto y dijo: "Dios mío, soy una destructora. De veras me siento capaz de matar a todos los que me rodean. Esto es terrible. ¡Debo ser alguien terrible!" El grupo se encargó de convencerla de que su conducta no era terrible. Ventilar semejantes emociones dentro de un medio seguro y que da apoyo es mucho más sano que la reciente depresión e ineficacia, a través de la cual ella estaba manifestando exteriormente una destructividad dirigida hacia sí misma y hacia su familia. Su agotamiento y su colapso habían sido un mensaje hostil y generador de culpa dirigido a quienes ella había servido durante tanto tiempo. Su negatividad pasiva inconsciente había sido mucho más destructiva para todos, incluyéndola a ella, que la expresión activa de su ira dentro de la seguridad del grupo. Le aseguramos que su fuerza vital estaba siendo liberada a través de la voluntad de arriesgarse a sentir su ira. Conforme Connie dejaba caer su máscara de la exigida "bondad", empezaba *a encontrar un nuevo almacén de auténtica energía al ya no tener que negar la furia que había en su interior. Sólo al haber abierto esos sentimientos reales podía encontrar el camino de vuelta hacia su verdadero ser, hacia la inagotable fuente interior.*

"*De modo que mi agotamiento estaba escondiendo esta ira. ¡Este horrible sentimiento siempre estuvo dentro de mí!, ¿pero acaso esto no hace de mí una persona terrible?*"

"*No. Sólo te hace más real*", le dije. "*Tu máscara de cristiana perfectamente amorosa tenía que romperse tarde o temprano. Estaba hecha para expectativas irreales y el precio que habías estado pagando para sostener esa máscara agotaba tu energía. Ahora, en vez de la víctima cristiana martirizada, lo que vemos es tu verdadero yo.*"

Luego de este intercambio, Connie se sumió nuevamente en la vívida expresión de su ira. Su enorme cuerpo se sacudió por todos lados y empezó a disfrutar de la energía de las pulsaciones que la movían. El poder que venía de ella ahora era glorioso. Propuse que todos se unieran a Connie poniéndose de pie y ella guió al grupo en una poderosa expresión de energía puramente agresiva. Conforme Connie se sacudía y daba pisotones, guiando a los demás, su rígida pesadez empezó a dejar su lugar a una nueva y radiante alegría.

Entonces le sugerí que convirtiera su energía agresiva en una danza, en una celebración del poder original y de la energía creativa de Dios que se movía de manera tan completa a través de ella y de todos los demás. Pronto, todo el cuarto vibraba con la danza primitiva dedicada por Connie al poder de la vida. Todos experimentamos la energía pura que se liberaba al dejar salir nuestra temida ira. El efecto fue muy estimulante para los presentes y le dimos gracias a Connie por haber guiado la danza.

A medida que la danza se fue calmando, Connie reflexionaba en torno al poder que acababa de descubrir y se daba cuenta de que su ira no era algo que debía temer por ser "anticristiana", sino que merecía ser bienvenida como el camino hacia su propio poder y energía. Habiendo echado un vistazo a sus capacidades para guiar y sanar a los demás, Connie terminó su trabajo con el compromiso de reconocer su energía, de cuidarse mejor a sí misma y de usar su poder para seguir sus sentimientos, confiando en que la llevarían hacia un servicio a Dios sincero y sin resentimientos.

▼   *Comprender al Ser de la Máscara*   ▼

El Ser de la Máscara es la capa exterior de la personalidad, el ser con el que nos identificamos en la superficie, la cara que le mostramos al mundo. Es el ser que pensamos que deberíamos ser, o que deseamos ser, basándonos en imágenes mentales idealizadas. Connie trataba de vivir de acuerdo con la imagen idealizada de una "buena y amorosa mujer cristiana", una identidad forzada que suprimía partes importantes de ella. La falsedad de la máscara nos aparta todo el tiempo de la realidad de todo lo que somos.

Todos fuimos heridos psíquicamente durante la infancia, todos fuimos vistos y amados de manera imperfecta. La máscara es el yo que nos construimos para esconder al niño vulnerable y herido que fuimos alguna vez. Al poner un ser falso entre la demás gente y nuestra vulnerabilidad interior, tratamos de impedir que ellos se acerquen demasiado como para que nos puedan herir como fuimos heridos en la infancia. Es nuestra manera de tratar de controlar la vida.

La máscara se crea en reacción al dolor y al rechazo y, por lo tanto, está diseñada para tratar de agradar, de defendernos de o de controlar a los otros. Cuando estamos en el Ser de la Máscara nos centramos en reaccionar ante los demás y por tanto nos separamos de nuestra fuente interior. El Ser de la Máscara nos separa de la energía de nuestro ser verdadero y espontáneo, tanto de su aspecto positivo como negativo. Al estar en el Ser de la Máscara, culpamos a los demás por nuestros problemas, en vez de hacernos responsables por nuestros sentimientos. Así es como la máscara inscribe la creencia de que somos víctimas, la falsa idea de que alguien más es responsable de nuestra felicidad o infelicidad.

Debajo de la máscara se encuentra el Ser Inferior, la fuente de negatividad y destructividad dentro de nosotros. Nuestra propia negatividad es la verdadera fuente de nuestra infelicidad. El Ser Inferior suele ser inconsciente por completo o en parte, pues es difícil admitir nuestra negatividad ante nosotros. Cuando éramos niños nos hicieron sentir vergüenza del Ser Inferior, y teníamos miedo de que, al ser honestos en relación con nuestros sentimientos negativos, provocaríamos el rechazo de nuestros padres. Así que cubrimos esos sentimientos con una máscara con la esperanza de asegurar que nos amarían.

En cierto modo la máscara se parece al Fariseo de los tiempos de Cristo, quien monta un espectáculo completamente falso de bondad y poder o respetabilidad. Cristo se sentía extremadamente atraído por los pecadores porque sentía que eran auténticos. Su negatividad no era negada ni justificada, sus defectos y su dolor eran mucho más obvios y de ese modo era más fácil acceder a sus corazones. Cristo sabía que el Ser Inferior, o pecador, debe ser reconocido antes de que sea posible transformar su potencial creativo. Nuestro Ser Superior, o conciencia crística, también aprenderá a abarcar al "pecador" interior una vez que hayamos abandonado la hipócrita máscara del fariseo.

El Ser Superior es un sitio dentro de nosotros en donde el río de la energía vital universal fluye libremente. El Ser Superior es nuestra verdadera naturaleza en tanto expresiones individuales de Dios. Sin embargo, en el campo de la vida humana, las capas que esconden al Ser Superior (las capas de la máscara y del Ser Inferior) también son reales y deben ser penetradas.

Cuando las personas están emocionalmente enfermas, siempre lo están de acuerdo con alguna forma creada por el Ser de la Máscara. No se dan cuenta de que están viviendo una mentira. Han construido una capa de irrealidad que no tiene nada que ver con su ser real. De modo que no son honestos con su personalidad real. Ser honesto con uno mismo no significa que tienes que abandonarte ante tu Ser Inferior, sino que debes ser consciente de él... Debajo de las capas de tu Ser Inferior vive tu Ser Superior, tu realidad última y absoluta a la cual debes llegar algún día. Pero para alcanzarla primero tienes que enfrentar tu Ser Inferior, tu realidad temporal, en vez de esconderla, lo cual te aleja aún más de la Realidad Absoluta, de tu propio Ser Superior. A fin de enfrentar el Ser Inferior, tienes que romper a toda costa con todas las falsedades del Ser de la Máscara. (CGP 14)

Aquí tenemos una visualización de los tres seres con una lista de los principales aspectos de cada uno:

El Ser de la Máscara

Tipos de máscara
(AMOR)   (PODER)   (SERENIDAD)
Sumisión/   Agresión/   Desapego/
Dependencia   Control   Retraimiento

El Ser Inferior
Aspectos del Ser Inferior
Miedo   Obstinación   Orgullo

DIOS

El Ser Superior
Aspectos del Ser Superior
AMOR   PODER   SERENIDAD

El Ser Unificado

En realidad las tres capas no se encuentran contenidas una dentro de la otra como lo muestra la ilustración. Si vemos la circunferencia exterior como la frontera externa de la personalidad, en donde ésta entra en contacto con el mundo, una ilustración más real de los tres seres podría verse de esta manera:

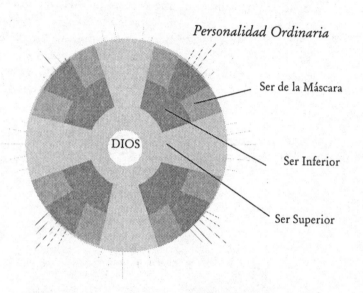

Personalidad Ordinaria

Ser de la Máscara

DIOS

Ser Inferior

Ser Superior

Esta ilustración es un retrato de la realidad de que en cada personalidad existen lugares a través de los que el Ser Superior brilla hacia el exterior y otros en donde el Ser Inferior no ha sido cubierto de modo que se puede ver cierta negatividad no diluida en la superficie. Igualmente, en otros lugares, tanto el Ser Inferior como el Superior están enmascarados. La máscara y el Ser Inferior pueden estar presentes en mayor o menor grado de lo que muestra la ilustración, dependiendo del nivel de purificación de cada alma.

Podemos preguntarnos cómo se vería una personalidad evolucionada. Me atrevo a decir que se vería más o menos como sigue:

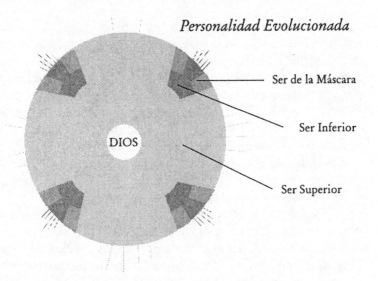

Personalidad Evolucionada

Ser de la Máscara

Ser Inferior

DIOS

Ser Superior

En la ilustración de la personalidad evolucionada la mayor parte de la máscara ha sido eliminada, la mayor parte del Ser Inferior ha sido liberada y las áreas restantes de ambos han sido inoculados con conciencia, volviéndose menos densas. Sin embargo, mientras la personalidad existe, es decir, mientras todavía nos encontramos en la encarnación humana, los tres aspectos del ser estarán presentes en cierto grado. Aprendemos a llevar nuestra identificación personal hacia el centro de nuestro Ser Superior, a saber quienes somos en realidad y a canalizar esa energía en servicio de los demás. Pero también aprendemos a no negar lo que queda de la máscara y del Ser Inferior cada vez que aparecen. Aprendemos a dar la bienvenida dentro de la conciencia a todos los aspectos que todavía necesitan sanar.

▼ *La máscara y el viaje* ▼
de transformación

La máscara es la primera capa de la personalidad que debe ser penetrada, aceptada y abandonada en el viaje de transformación. Sin embargo, el hecho de que primero debamos entrar en contacto con la máscara, no significa que podamos deshacernos de ella con facilidad o de una vez por todas. Seguiremos teniendo una máscara hasta que estemos listos para revelar y asumir la responsabilidad por nuestro Ser Inferior, siendo al mismo tiempo capaces de identificarnos con nuestro Ser Superior. Sólo entonces dejarán de ser necesarias las defensas de la máscara. Mientras tanto, al igual que sucede con todas las otras limitaciones humanas, nuestra tarea consiste simplemente en identificar nuestro Ser de la Máscara sin culpa y sin auto-denigrarnos.

El viaje de transformación requiere de la penetración constante de uno y otro de los tres seres (máscara, Ser Inferior y Ser Superior) en cada uno de los niveles diferentes del desarrollo de la conciencia. La forma en que los tres seres intersectan los diferentes niveles de la conciencia (el niño, el ego adulto, el nivel del alma/transpersonal y el de la conciencia unitiva) se describe y se explica en el cuadro de las páginas 123 y 124 del Capítulo Cuatro.

Generalmente, empezamos trabajando sobre la personalidad de nuestro ego adulto (aprendiendo a abandonar la máscara del ego y a ser más auténticos, fortaleciendo el ego positivo y comprendiendo y abandonando al ego negativo) antes de empezar a trabajar con el niño interior y luego descender al alma o a la conciencia universal. Necesitamos echar raíces en la identificación con el observador objetivo y compasivo del ser del ego positivo antes de poder explorar los dominios más profundos, ya sean del niño interior herido o del nivel transpersonal.

No obstante, el camino interior tiene un ritmo confiable que alterna el trabajo dentro de los diferentes niveles con los distintos seres. En un momento, podemos necesitar entrar en contacto con el nivel del alma del Ser Superior, o escuchar a nuestros guías espirituales a fin de tener la fuerza, la dignidad y el valor para continuar explorándonos a nosotros mismos. En otro momento, entraremos profundamente en las distorsiones del niño del Ser

Inferior. Y luego podremos ser guiados hacia otro aspecto de la máscara del ego que necesitan ser observados. Es un viaje continuo, una espiral cada vez más profunda de auto-conciencia.

▼ ¿Qué es la máscara? ▼

La máscara surge de nuestros intentos frecuentemente frenéticos y siempre destinados al fracaso por vivir de acuerdo con un ideal "perfecto", de acuerdo con una imagen propia idealizada. El esfuerzo por obligarnos a entrar dentro de una imagen perfecta de quién pensamos que deberíamos de ser, nos mantiene agitados y alejados de la paz que entraña la auto-aceptación. El perfeccionismo es un bloqueo básico de la felicidad que limita seriamente nuestra capacidad de relajarnos y de aceptar las imperfecciones del aquí y ahora.

> Mientras más aceptes la imperfección, más alegría darás y recibirás. Tu capacidad para la felicidad y la alegría depende de tu capacidad para aceptar la imperfección, pero no sólo de manera intelectual, sino como una experiencia emocional... Un paso importante consiste en permitirte saber que te enojan las imperfecciones que hay en ti y en tu vida, que no las aceptas. Sólo cuando te percatas completamente de tu enojo en contra de la imperfección, puedes empezar a aceptarla. Y sólo al aceptar la imperfección podrás llevar una vida feliz y disfrutar de tus relaciones, todo lo cual tiende a ser imperfecto. (CGP 97)

Tenemos que trabajar mucho tiempo para aceptarnos tal cual somos y para aceptar a los demás tal cual son. El primer paso consiste en ver claramente nuestra resistencia a la auto-aceptación: en cierto grado, cada uno siente que no basta con ser lo que es. Así que nos creamos un ser falso. Pero invertir energía en crear y mantener esta imagen idealizada de uno mismo es como construir un robot en vez de vivir la vida de un ser humano. Tambaleándose sobre zancos mucho más altos que el verdadero ser, el Ser de la Máscara se mantiene artificialmente en su sitio pagando el precio de una terrible presión sobre el alma. Por eso es que el Ser de la Máscara es la primera parte de nosotros que se cae a pedazos en las crisis. Las crisis suelen traer consigo el sentimiento de una pérdida de la identidad. De hecho la crisis suele ser la manera en que la naturaleza nos ayuda a bajarnos del tambaleante pedestal de tratar de ser alguien que no somos. La crisis remueve la materia estancada del alma que se halla atrapada en una versión idealizada de nosotros y, de este modo, nos obliga a entrar en una identidad humana más verdadera, más profunda, fluida y vulnerable. Conforme aprendemos a reconocer una mayor parte de nuestra realidad como nuestra, tal y como aparece en cada momento, entonces ya no podemos caernos en pedazos porque ya no hay ningún lugar a donde ir a parte del sitio en donde ya estamos.

Vivir cada momento con auto-aceptación es el antídoto contra la máscara. Pero eso no significa que no debemos tener ideales, o el deseo de mejorarnos a nosotros mismos. Sin embargo, tener ideales es algo muy diferente que tener una imagen idealizada de sí mismo.

El deseo genuino de mejorarse a sí mismo acepta la personalidad tal como es ahora y parte de ella como su premisa básica. De este modo, cualquier descubrimiento de los aspectos en donde no estás a la altura de tus metas legítimas de mejoramiento personal no te hará caer en la depresión, la angustia y la culpa. En cambio, te fortalecerá. No necesitarás exagerar la "maldad" del aspecto de tu carácter en cuestión, ni tendrás que defenderte en contra de él con la excusa de que es culpa de los demás, de la vida o del destino. Obtendrás una visión objetiva de ti mismo en este aspecto y esa visión te liberará. Asumirás tu responsabilidad completa en relación con esa actitud equivocada, estando dispuesto a asumir las consecuencias que eso tiene sobre ti. Asumir la responsabilidad de tus errores es la manera más clara de decir: "No soy mi ser idealizado." (CGP 83)

A menudo podemos descubrir la máscara preguntándonos: "¿Qué impresión de mí mismo quiero crear y por qué?" Si estamos motivados por la intención de crear la apariencia de algo diferente a lo que es exacto y verdadero en el interior para nosotros en ese momento, entonces sabremos que nos estamos poniendo una máscara.

Siempre que nos apresuramos a juzgarnos o a juzgar a los demás, o cuando somos reservados y tememos exponernos, entonces sabremos que la máscara está presente. Si frecuentemente sentimos vergüenza, angustia o culpa porque no logramos estar a la altura de lo que pensamos que deberíamos ser, entonces podemos estar seguros de que hay una máscara funcionando. Siempre que vivimos sólo en la máscara, nuestra vida se siente superficial y sin sentido.

▼ *Origen de la imagen* ▼
idealizada de sí mismo

La máscara arraiga en el dilema de la dualidad humana. Cada vida humana incluye dolor lo mismo que placer, decepción lo mismo que satisfacción, infelicidad lo mismo que felicidad. Cuando éramos bebés y niños pequeños éramos extremadamente vulnerables a la experiencia de la decepción, el rechazo y la incomprensión, tanto reales como imaginarios. Buscar maneras de escapar al dolor provocado por eso y protegernos de posteriores heridas es una respuesta humana instintiva.

Lo más doloroso para el niño(a) es la experiencia de ser rechazado o no visto por sus padres. Esto puede ser un rechazo duro y preciso o una actitud prolongada y persistente de ausencia de amor por parte de los padres. O tal vez sea sólo un castigo y un distanciamiento temporales. O puede ser una situación en la que la realidad tiene poco o nada que ver con el niño, como sucedería en el caso de un divorcio. Pero el niño siempre se culpará a sí mismo por cualquier rechazo, castigo o retraimiento por parte de sus padres. El niño o niña asume que el padre o la madre "se va" a causa de su maldad. Entonces trata desesperadamente de negar o reprimir cualquier cosa que hay en él o ella que parece contribuir a la retirada del amor y los cuidados paternos o maternos.

Más adelante, el niño o niña afirma una nueva idea errónea acerca de que la aprobación de sus padres es algo crucial para su sobrevivencia. Así que llega a creer que es más seguro negar cualquier cosa dentro de él o ella que parezca causar el rechazo o la desaprobación de sus padres. Y así el niño o la niña asumem un papel en el cual esperan poder atraer la aprobación deseada o al menos la invulnerabilidad. La imagen idealizada de sí mismo entonces se convierte en una pseudo solución al problema de su supuesta "maldad".

Ningún adulto, y por lo tanto ningún padre o madre, es capaz de dar amor perfecto. Así que siempre habrá alguna base para que el niño se sienta rechazado. Pero la infelicidad y la falta de seguridad y auto-estima que siente el niño nunca pueden ser medidas de manera objetiva. La predisposición, o el karma heredado, del niño juega un papel muy importante. Lo que una personalidad puede estar capacitada para enfrentar de manera satisfactoria en el ambiente familiar, puede ser devastador para otro temperamento.

Algunas veces, de hecho, podemos recordar el momento en el que decidimos que algo de nuestro entorno era intolerable, algo demasiado doloroso como para sentirlo. Decidimos que a partir de entonces negaríamos nuestros verdaderos sentimientos. Semejante decisión, renovada y amplificada muchas veces a lo largo de la vida, da solidez a la construcción de la máscara.

Elizabeth podía recordar el momento en el que decidió cerrar su corazón y adoptar la máscara de ser siempre poderosa y tener las cosas bajo control.

Cuando era niña adoraba a su romántico padre y se sentía helada ante su madre, una mujer fría, eficiente y trabajadora. Más aún, su madre había bloqueado la relación completa y tierna que Elizabeth había querido tener con su padre. También sentía un resentimiento enterrado contra su padre pues le parecía que no había peleado más directamente en favor de su relación con ella, habiendo dejado que su esposa controlara sus interacciones. Elizabeth había soportado conscientemente ese dolor a lo largo de toda su infancia.

Siendo una joven adolescente, Elizabeth se enamoró de su vecino, Andrew. Solían dar largos y románticos paseos hablando de todo, vaciando sus corazones el uno para el otro. Eran jóvenes e inocentes y estaban enamorados. Cuando la familia del muchacho se mudó a los suburbios de una lejana ciudad, Elizabeth y Andrew se escribieron fielmente durante un año, incapaces de visitarse pero manteniendo sus sentimientos el uno por el otro.

Al año siguiente, Elizabeth se mudó cerca de la ciudad en donde vivía Andrew para asistir a la universidad. A menudo nostálgica de su hogar y confundida, Elizabeth sentía una gran urgencia por la atención de Andrew y un día decidió visitarlo sin llamarlo antes. El resultado fue desastroso. La madre de Andrew salió a la puerta dando a Elizabeth un recibimiento hostil: "No eres bienvenida. No te esperábamos. ¿Qué te crees de llegar así sin avisar?" Mientras tanto, Andrew escuchaba de lejos, abrumado por la fuerza de su madre e incapaz de venir a rescatar a Elizabeth. Ella se fue de inmediato, y luego pasó la noche llorando, sintiendo no sólo el dolor del rechazo y de su separación de Andrew, sino también el poderoso eco de su frustrada relación con su padre.

Así fue como volvió a experimentar el dolor de aquel temprano rechazo sólo que con una intensidad mayor a la de nunca antes. Y esa noche hizo su compromiso: "Nunca, nunca más." Nunca más volvería a ser así de vulnerable ante un hombre, nunca volvería a necesitar tanto a otra persona.

Para cuando Andrew fue a visitarla, dos semanas más tarde, la máscara de Elizabeth ya estaba bien puesta en su lugar. Ya no amaba a Andrew. Ya estaba saliendo con otro hombre con quien eventualmente contraería matrimonio. Había empezado una vida de relaciones calculadas en las que el poder y el control de todas las situaciones se había convertido en la meta. Se construyó una fachada de serenidad: era una mujer mundana, sofisticada, artista, competente y autosuficiente. Ni en su matrimonio ni en ninguna relación posterior se permitió volver a arriesgar completamente su corazón. Habiéndose construido una máscara de invulnerabilidad propia de una reina, Elizabeth perdió de vista el origen de la misma y empezó a creer que ella era esa máscara.

Sólo mucho más tarde en su vida, se dio cuenta de que esa imagen propia autoconstruida era algo mucho más parecido a su madre, fría y calculadora, controladora en vez de capaz de admitir el flujo de la vida y los sentimientos. Y le tomó aún más tiempo darse cuenta del enorme precio que había pagado al cambiar sus sentimientos espontáneos de calor, amor e incluso dolor, por la vida a medias de la helada fachada.

▼   *Conexión entre una imagen*   ▼
y la máscara

Una imagen es una conclusión errónea o una generalización acerca de la vida. La imagen idealizada de sí mismo (o máscara) es una fachada falsa, un intento por presentar un cuadro de generalización perfecta de lo que pensamos que deberíamos ser. Tanto la imagen como la máscara surgen del intento de evitar en el futuro algún tipo de dolor o heridas que tuvieron realidad en el pasado. De este modo, los sentimientos reales del presente, así como la gente real y específica de las circunstancias presentes, son reemplazados con una imagen generalizada de la realidad que se deriva de las conclusiones mentales o de las generalizaciones realizadas en el pasado. Cuando nos encontramos atrapados en nuestras imágenes, vivimos dentro de nuestras ideas acerca del pasado, en vez de estar en la realidad del presente.

La máscara es la defensa que creamos como respuesta a nuestra imagen principal o a la conclusión negativa más importante que hemos formado acerca de la realidad. La imagen principal de Elizabeth era que la expresión de sus necesidades, su amor y su vulnerabilidad, le provocaría un dolor insoportable. Esto condujo directamente hasta su máscara (imágenes idealizadas de sí misma de poder y retraimiento) la cual podría formularse de la siguiente manera: "Siempre debo hacer como si fuera fuerte, indiferente e independiente, de modo que nadie sepa cuánto lo quiero o lo necesito." La imagen es el intento del niño por encontrarle sentido a la situación de amor imperfecto de sus padres. Y la máscara es una falsa solución al problema de cómo evitar en el futuro el dolor y el rechazo debidos a la imperfección de los padres. La máscara es un intento de volvernos invulnerables a fin de evitar que nos lastimen.

Tal como lo vimos en el caso de Elizabeth, a menudo la máscara también se forma siguiendo el modelo del padre o la madre, según quien haya sido más lejano, puesto que eso es lo que se ha equiparado con lo más deseable. Dado que el niño o la niña deseaba más al progenitor que daba menos amor, entonces relaciona las cualidades de éste con lo deseable.

La imagen básica que se encuentra detrás de la creación de cualquier máscara es la falsa creencia de que: "No soy aceptable/deseable/amable tal cual soy." Dado que se piensa que el ser natural es inaceptable, se crea una máscara con la esperanza de que ella ganará la tan deseada aceptación y el amor, o de menos nos ayudará a evitar el rechazo y el dolor. Aun cuando la imagen idealizada de sí mismo a menudo se construye de aspectos reales y positivos de la personalidad, su intento por esconder al ser verdadero es tan falso como la idea errónea de que somos intrínsecamente indignos de ser amados. Es así que una y otra vez tenemos que retar esa creencia negativa acera del ser. Y tenemos que arriesgar nuestro ser real en la realidad presente, sin actuar con base en las generalizaciones realizadas en el pasado.

En el caso de Elizabeth, ella creía que su necesidad del apoyo de una mujer no era aceptable, así que se creó una imagen idealizada de sí misma que negaba su verdadera necesidad. El resultado fue una terrible privación emocional para ella, como suele ser para todos nosotros cuando los sentimientos y las necesidades reales no son reconocidos, pues tan sólo se impide su satisfacción. Dado que el ser verdadero o real no es aceptado y expresado, nunca puede atraer el amor y respeto de los demás.

▼ La defensa ▼

Al igual que los animales, los seres humanos estamos equipados con un sistema de defensa destinado a ayudarnos a enfrentar el peligro inmediato. Enfrentados a la amenaza de nuestra supervivencia física, nuestros cuerpos crean un flujo de adrenalina que estimula nuestros sentidos y enfoca nuestra percepción hacia la fuente del peligro. El pensamiento se restringe a las estrategias de huida de la situación que se enfrenta (lo que suele llamarse la reacción de "pelea o huida") y nuestras emociones se restringen al miedo o la cólera como defensas adicionales. Incluso nuestro espíritu se tensa, pues todos nuestros recursos se enfocan hacia la supervivencia del cuerpo, en vez de la conexión espiritual. Ante el peligro físico inmediato, todas nuestras respuestas se adecuan y ayudan para que podamos hacer frente a la amenaza real del momento.

A diferencia de los animales salvajes, los seres humanos tienden a extender y pervertir estas capacidades defensivas naturales. Ya no sólo tratamos de luchar en contra de la realidad del dolor físico, y la inestabilidad de la muerte física, sino que tratamos de defendernos del dolor emocional y de los golpes a nuestro ego igual que nos defendemos de los golpes a nuestro cuerpo. En vez de conservar nuestra reacción general de defensa natural para situaciones de verdadero peligro físico, usamos nuestras defensas cada vez que nuestra autoestima se siente amenazada. Un comentario ligeramente crítico, una recepción algo fría por parte de un amigo e incluso una opinión diferente a la nuestra, pueden echar a andar nuestras defensas, preparándonos para pelear o huir. Nuestras mentes se cierran, nuestras emociones se estrechan y cantidades excesivas de adrenalina inundan nuestro sistema envenenando el cuerpo, dado que en realidad no se necesita ninguna reacción física de esa envergadura.

¿Pero quién o qué es lo que está en peligro? Nuestro ser real, espiritual, nunca puede estar amenazado pues nunca muere. Nuestro bienestar físico no puede ser puesto en peligro por palabras u opiniones, sin importar qué tan hostiles puedan ser éstas. Entonces la amenaza que percibimos es en contra de nuestro ego, al cual nos apegamos como lo hacemos con nuestro cuerpo. Y la máscara del ego se siente mucho más fácilmente amenazada, pues se trata de una frágil identidad que descansa sobre nuestra idea de quién pensamos que deberíamos ser. Algo amenaza con exponernos, con hacernos nuevamente vulnerables a los dolores enterrados, y con echar por tierra nuestra tambaleante, limitada e idealizada versión de nosotros mismos.

> Cuando permanentemente estás más o menos a la defensiva debido a la creencia errónea de que cualquier herida o frustración, cualquier crítica y cualquier rechazo representan un peligro que debes evitar a toda costa, limitas el rango de tus sentimientos, el potencial de tu amor y tu creatividad, la capacidad de entrar en contacto con la vida y de comunicarte con los demás, de amar

y de comprender, de sentir y de expresarte. En pocas palabras, tu vida espiritual se encuentra gravemente limitada...

Cada vez que estás a la defensiva tu objetivo fundamental no puede ser verdadero. Cuando se trata de verdaderos peligros, el peligro real es la verdad del momento. Pero cuando se trata de falsos peligros, la verdad está en otra parte... En este momento, sutilmente se vuelve más importante para ti probar que el otro está equivocado o no tiene la razón, que tú estás en lo correcto, en vez de encontrar los elementos de verdad en cualquier cosa que te sucede. Por lo tanto, en tu actitud defensiva escapas de la verdad, de ti mismo y de la vida... Todo esto se debe a la idea completamente equivocada del perfeccionismo, conforme a la cual crees que tu valor y aceptabilidad están en peligro a causa de tu imperfección.

Si la gente buscara en su interior para encontrar y eliminar esa pared defensiva, se evitarían muchos problemas. Tener una máscara que debe ser defendida crea un miedo constante a no ser como es debido. El sentimiento o el miedo de no ser como se debe en sí mismo es mucho más doloroso que el simple dolor que se siente cuando alguien dice o hace algo que te lastima, o si reta tu manera de ver las cosas, o no responde a tus deseos...

Deja ir y recibe todo lo que te llega. Míralo tranquilamente con la meta principal de no repelerlo, sino buscar y ver la verdad. (CGP 101)

▼   *Reacciones secundarias de defensa*   ▼

Cuando tenemos miedo o vergüenza de nuestros sentimientos trabajamos muy duro para negarlos o esconderlos y así es como creamos las defensas. Sin embargo, cada vez que se niega un sentimiento y se crea una defensa, surgen reacciones secundarias que profundizan la negación de los sentimientos perpetuando las defensas. Inicialmente, siendo niños, experimentamos miedo o cólera. Luego, cuando esos sentimientos fueron considerados inaceptables, los rechazamos. Llenamos de miedo nuestro miedo, y nos enojamos en contra de nuestra cólera.

Un sentimiento negado se multiplica a sí mismo. El miedo negado crea miedo, y luego el miedo de sentir el miedo al miedo, y así sucesivamente. La cólera negada crea el enojo en contra de estar enojados. Luego cuando esto se niega, uno se enoja aún más por no poder aceptar el enojo y así una y otra vez. La frustración en sí misma es algo soportable siempre y cuando entras de lleno en ella. Pero cuando te sientes frustrado porque "no deberías" estar frustrado y luego te frustras más porque lo niegas, el dolor se extiende cada vez más. La comprensión de este proceso apunta hacia la necesidad de sentir de manera directa, sin importar qué tan indeseables parezcan los sentimientos. Si multiplicas el dolor porque te niegas a sentirlo, ese dolor secundario se vuelve amargo, retorcido e insoportable.

Si aceptas y sientes el dolor, inmediatamente se inicia un proceso de disolución. Muchos de ustedes han experimentado esta verdad en varias ocasiones dentro de su trabajo en el Pathwork. Así que cuando sienten el miedo a su miedo y simplemente pueden dejarse entrar directamente en el miedo, ese miedo inmediatamente deja el paso libre a algún otro sentimiento negado. El sentimiento negado (cualquiera que sea) será mucho más fácil de soportar que el miedo al mismo y su consiguiente negación. Al pelear en contra de tus emociones y sentimientos, al defenderte en contra de ellos, creas toda una capa extra de experiencia alienada del núcleo y que, por lo tanto, se vuelve artificial y más dolorosa que aquello original en contra de lo cual pelea. (CGP 190)

Una razón fundamental de la existencia de nuestras defensas reactivas es que muchos de nosotros, inconscientemente, seguimos identificándonos a nosotros mismos como niños, pensando que los demás son adultos (figuras paternas) que podrían destruirnos con su rechazo o cuya protección es necesaria para sobrevivir.

En el proceso del crecimiento personal debemos decidir enfrentar, sentir y soltar las heridas de la infancia. Gradualmente vamos aprendiendo que nosotros somos los adultos y que ya no hay papás ni mamás. Siendo adultos, ahora somos capaces de absorber las heridas de la vida sin sentirnos aniquilados. Nadie nos puede lastimar de la manera en que fuimos heridos en la infancia, y nadie nos cuidará en la manera en que lo necesitábamos cuando éramos niños.

Conforme nuestras actitudes van madurando, dejamos ir nuestro apego al perfeccionismo. Aprendemos a experimentar la confrontación o la crítica de los demás como una retroalimentación útil que podemos evaluar de manera objetiva, o bien como una injustificada intención de lastimarnos que podemos atestiguar sin ser heridos. El dolor de no ser vistos, aunque nunca es agradable, no tiene por qué ser algo devastador para nuestra autoestima. Si nos sentimos terriblemente heridos, es seguro que hay alguna parte de nosotros que se aferra a su identidad de la infancia y, por lo tanto, está volviendo a experimentar el dolor de entonces. Tenemos que ser pacientes con nosotros mismos, recordando que crecer y volvernos emocional y espiritualmente adultos no es ni rápido ni fácil.

▼ *La máscara y la recreación* ▼
de las heridas de la infancia

Mientras el adulto no vuelve a experimentar, con el fin de abandonar, las heridas de la infancia que dieron origen a la máscara, esas heridas permanecen congeladas en la personalidad y vuelven a ser recreadas en la realidad actual. Si esperamos rechazo y desaprobación de los otros por ser como somos, esto es exactamente lo que crearemos en nuestras relaciones. Atraemos a la gente que nos rechaza o nos desaprueba, de modo que confirmamos nuestros peores miedos.

Dado que la conducta poco auténtica de la máscara es algo instintivamente inquietante, los demás tienden a evitarla. Ese rechazo de nuestra máscara, sin embargo, en vez de convencernos de volvernos más reales, suele reforzar la aparente necesidad de una máscara más perfecta, a fin de poder evitar el dolor del rechazo para siempre. Es así como creamos más falsedad y tensión al luchar por alcanzar una idealización aún mayor de nosotros mismos. Se instala un círculo vicioso no sólo en nuestras relaciones con los demás, sino también dentro de nosotros. Interiorizamos un "perro de arriba" cuya voz nos exige ser más perfectos. Se trata de la voz del "padre", el tiránico y moralizante super-ego que constantemente regaña y castiga al amedrentado niño interior. La auto-alienación se profundiza progresivamente conforme vamos elevando los estándares de nuestra imagen idealizada de sí mismo ante cada inevitable fracaso.

Elizabeth comenzó a trabajar sobre sí misma y su máscara de poder y eficacia cuando tenía cuarenta años. Era consciente de sus defensas en contra de abrir su corazón. Aún más, podía ver que su máscara defensiva había recreado el rechazo y el aparente rechazo de los demás. Durante años su esposo Max había tratado de penetrar en la pared del aparentemente frío corazón de su esposa, pero finalmente se dio por vencido. Elizabeth sentía con claridad el aislamiento que había entre ellos, pues debajo de su máscara de reina todavía sentía sus necesidades, su inseguridad y su vulnerabilidad.

Quería el afecto de Max, pero sabía que no podía alcanzarlo sin arriesgar su propio corazón de manera más completa al amarlo. Podía ver el círculo vicioso: en la medida en que ella lo congelaba, él retendría su calidez y sus cuidados, y en la medida en que ella experimentaba eso como rechazo, ella reforzaba su compromiso con su defensiva frialdad.

Así es como el ser idealizado (o máscara) crea un sentimiento de fracaso y de insatisfacción mucho mayor, una pérdida de autoestima y un doloroso rechazo peores de lo que originalmente se trataba de evitar.

▼ *Tres tipos de máscara* ▼

La pseudo-solución de la máscara suele estar basada en una distorsión de alguno de los tres principios divinos de amor, poder y serenidad. En el estado unificado estos principios operan en armonía. Pero hundidos como vivimos en la dualidad y la ignorancia, tendemos a verlos como si estuvieran opuestos uno al otro. Inconscientemente escogemos uno de estos atributos divinos para imitarlo con la intención de parecer perfectos, perfectamente amorosos, completamente poderosos o absolutamente serenos.

Sin embargo, dado que estamos tratando de crear una perfección impenetrable e invulnerable como defensa en contra de las vulnerables imperfecciones de la vida humana, estos atributos se convierten en sus respectivas distorsiones. El amor se convierte en dependencia y sumisión, el poder se convierte en control y agresión y la serenidad se transforma en retraimiento. En el estado distorsionado, estos atributos efectivamente se contradicen el uno al otro.

1) La máscara de amor
La máscara de amor es un intento por obtener amor de los demás aparentando ser amorosos. La personalidad se vuelve sumisa, dependiente, tranquilizadora y negadora de sí misma con la esperanza de garantizar, controlar y comprar el amor y la aprobación de los demás. La falsa creencia de esta

máscara consiste en que debe ser amada a toda costa y por lo tanto la personalidad deliberadamente se hace más débil, desamparada o sumisa de lo que en realidad es. Se piensa que la seguridad y la autoestima estriban en asegurar y poseer el amor y la aprobación de los demás.

> La necesidad de un amor protector tiene cierta validez en el caso de los niños, pero si esta actitud se mantiene en un adulto, entonces ya no es válida. Dado que esa persona no cultiva la facultad de ser responsable de sí misma ni independiente, su necesidad de amor y su dependencia de hecho pueden hacerla una persona desamparada. Usa toda su fuerza psíquica para vivir de acuerdo con el ideal de sí misma con el objeto de forzar a los demás a satisfacer sus necesidades. Se somete ante los demás con el fin de que ellos hagan lo mismo. Su desamparo es un arma. (CGP 84)

Una máscara del ser como ésta se somete a las exigencias reales o imaginarias de los demás con el fin de recibir su aprobación, simpatía, ayuda y amor. Una persona así puede usar su sumisión como arma para crear un sentimiento de culpa en los demás a fin de forzarlos a darle protección y cuidados. O bien puede usar su máscara de virtud para sentirse superior y despreciar a los demás. Todas éstas obviamente son maneras distorsionadas de tratar de satisfacer sus necesidades de autovaloración.

Las personas con la máscara de amor suelen ver el mundo como un lugar lleno de protectores benignos (grandes "papás" o "mamás") de quienes necesita buscar la protección. O puede tratarse de un idealista decepcionado que se ve a sí mismo como una de las pocas buenas personas que quedan en un mundo de despreocupados. La máscara de amor siempre proyecta el ser "bueno" o "agradable". A menudo esto se acompaña de una importarte dosis de sentimiento de superioridad moral, de creerse mejor que el resto de la gente. Es débil y está lleno de necesidades o simplemente se percibe como una linda persona de la que se aprovechan los malvados del mundo.

Como resultado de semejante autolimitación inconsciente, surge un gran resentimiento y amargura en la personalidad. Se culpa a los demás por la insatisfacción y el resentimiento secreto en contra de los otros crea un doble ocultamiento. A fin de mantenerse "verdadero" ante la imagen idealizada de sí mismo, tiene que suprimir su resentimiento y su amargura, al mismo tiempo que esconde sus imperfecciones originales (y sus fuerzas). La máscara de amor tiene entonces que cargar con una doble culpa. Se siente culpable en relación con sus defectos reales y luego añade la culpa de tratar de ser más amoroso o agradable de lo que en realidad es. Este tipo de clima interior es incapaz de generar amor auténtico, el cual sólo puede existir en una atmósfera abierta, espontánea y libre de culpas. Con el fin de revivir la capacidad para el amor verdadero, la persona tiene que admitir sus sentimientos negativos, incluyendo el resentimiento y la amargura, y aprender a asumir su responsabilidad tanto por sus necesidades como por sus limitaciones.

Connie, cuya historia sirvió de introducción a este capítulo, trataba con todas sus fuerzas de ser al mismo tiempo una madre perfectamente amorosa y una buena mujer cristiana. Con el fin de adecuarse a las expectativas de la imagen idealizada de sí misma, había reprimido su resentimiento aceptando sufrir en silencio. A menudo traicionaba sus propias necesidades a fin de tratar de ganar el respeto y el amor de los demás. Estaba tratando de ser ese quién sabe quién que ella se imaginaba que los demás querían que fuera. Obviamente esto nunca funcionó y eventualmente tuvo que llegar a descargar el resentimiento acumulado, al tiempo que aprendió cómo pedir lo que deseaba de manera directa.

2) La máscara de poder

La máscara de poder es un intento por controlar la vida y a los demás dando siempre la apariencia de ser completamente independiente, agresivo, competente y dominante. Reduciendo de manera falaz toda la vida a una lucha por alcanzar el dominio, la máscara de poder trata de escapar de la vulnerabilidad experimentada en la infancia. La seguridad y la autoestima dependen de ser el ganador en todas las situaciones liberándose de las necesidades y debilidades humanas. Se idealiza la búsqueda del poder y se rechazan el amor y el contacto.

La negación de la necesidad real de calidez, comodidad, afecto, cuidados y comunicación, produce una actividad frenética, una incapacidad para relajarse y aceptar la vida y a ser tal cual es. Incapaz de aceptar los errores o debilidades, la máscara de poder se encuentra obsesionada con la competencia y el ánimo de ganar. Tiende hacia una visión pesimista y cínica de la naturaleza humana para justificar su idealización del egoísmo y el deseo de dominar. También valora mucho el auto-control, pero puede llegar a manifestar sus sentimientos negativos justificándolos diciendo que "así es la vida". A menudo se siente abrumado por una secreta sensación de vergüenza y fracaso, precisamente porque es imposible sobrepasar a todo el mundo en todos sentidos, o ganar y dominar universalmente. Esto se compensa tratando aún más duro de dominar y culpando a los otros por sus fracasos.

Al explorar su máscara de poder, Elizabeth, cuya historia fue presentada antes en este capítulo, empezó a ver el precio tan alto que había tenido que pagar por su aparente invulnerabilidad. Se había separado de su propio corazón y se sentía aislada del resto de la gente. Una cuidadosa honestidad significaba aprender a compartir cualquiera y todos sus sentimientos, especialmente aquéllos vulnerables. Aunque le resultaba difícil, empezó a compartir esto con su esposo Max cada vez que se sentía herida o lastimada y cada vez que sentía sus necesidades.

La primera tentación consistía en dramatizar todos sus sentimientos convirtiéndolos en algo extremo ante lo cual

*Max tendría que responder. Pero entonces se percató de que su
dramatización exagerada era otra manera de tratar de controlar a los demás, de hacer que se sometieran a sus deseos, en vez
de una simple expresión de sus sentimientos por pura honestidad. Tuvo que aceptar que no había ninguna garantía de que
alguien pudiera satisfacer sus necesidades y empezó a arriesgarse a sentir las inevitables decepciones de la vida en contra de las
cuales se había defendido con su máscara de poder.*

*Conforme Elizabeth fue trabajando con sus imágenes,
pudo sentir más clara y completamente sus heridas del pasado,
su miedo al rechazo y sus necesidades reales. Vio en dónde
había traicionado su amor por su padre y su necesidad de su
madre habiendo negado su suavidad y su femineidad. Aprendió que podía arriesgarse a ser más vulnerable con su esposo,
ante lo cual él respondió con su propia vulnerabilidad, de
donde surgió un circulo benigno de amor entre ellos. Claro
que todos estos cambios no sucedieron de la noche a la mañana, ni sin mucho dolor y grandes esfuerzos. Pero el crecimiento hacia la realidad y el abandono de la dependencia en la
imagen idealizada de sí misma y las falsas creencias que la
sostienen, es algo firme y seguro que lleva su propio impulso
positivo.*

3) La máscara de serenidad

La máscara de serenidad es un intento por escapar a las
dificultades y a la vulnerabilidad de la vida humana, aparentando siempre ser completamente sereno y desapega-
do. De hecho, lo que la persona realmente busca es una
distorsión de la serenidad que se manifiesta como retraimiento, indiferencia, evasión ante la vida, falta de compromiso, un cínico y mundano desapego y un falso desapego
espiritual.

Muy frecuentemente esta pseudo-solución se escoge
porque el niño no logró que le funcionaran las Máscaras de
"amor" o de "poder". Incapaz de obtener el amor que
necesitaba mediante la sumisión, o de satisfacer la necesidad
de autoafirmación mediante la agresión, se retrae alejándose

de todos los problemas tanto al interior como al exterior de sí mismo. Debajo del retraimiento sigue sintiéndose desgarrado e inseguro, y cree que ni la autoafirmación ni el amor están a su disposición. Pero todo esto en realidad es negado con la intención de retirarse hacia un sitio por encima de su tormenta interior.

El error de la máscara de serenidad consiste en creer que los problemas se irán si realmente podemos negarlos. Se piensa que es posible conseguir la seguridad y la autoestima elevándose por encima de las dificultades, estando "tranquilo" y no dejándose afectar por la vida. La persona que usa la máscara de serenidad idealiza el distanciamiento y el desapego y puede incluso despreciar la lucha de los otros "simples mortales". El efecto de esta tremenda negación sobre la personalidad es el adormecimiento y la desesperación secreta, la cual a menudo se esconde debajo de una visión cínica de la vida o de una espiritualidad sin raíces. La fuerza vital se cierra y la energía fluye con lentitud. La capacidad para comprometerse en un trabajo importante o en una relación completa suele estar muy limitada.

Harriet, cuya historia empezó en el Capítulo Uno, había congelado la identidad de su ser a la edad de seis años, cuando murió su padre. Se había retirado de la vida y se había puesto una máscara de serenidad pretendiendo que nada le afectaba. Siempre que algún sentimiento (bueno o malo) se le acercaba mucho, su centinela interior la obligaba a entrar dentro del muro de su miedo a fin de evitar el sacudimiento emocional que había sufrido en la infancia.

Se había vuelto muy callada, una buena estudiante poco comunicativa. El retraimiento de toda la vida la había hecho vivir una realidad gris que eliminaba todos los extremos del sentimiento. El sol no brillaba, pero tampoco había demasiada oscuridad. Sabía que para recuperar su vida tendría que salir de su máscara de serenidad y empezar a hablar de sus sentimientos y tolerarlos.

196 ▲ Susan Thesenga

La auto-traición de la máscara de retraimiento es casi completa. Los sentimientos del ser verdadero son considerados fidedignos en tan escasa medida que sólo es posible establecer un pequeñísimo nivel de compromiso con la vida y con los demás. A menudo, la persona se encierra en el intelecto o en una vida espiritual interior. A diferencia de las máscaras de amor o poder, en las que los sentimientos suelen ser exagerados o manipulados para que sirvan a un propósito o para crear una impresión, la máscara de serenidad tiene sentimientos intactos y sin distorsionar, pero ocultos, y que, por lo tanto, requieren de un gran estímulo para revelarse. La transformación de la máscara de serenidad es un proceso paulatino en el que se arriesga el ser verdadero, en el que se entra en la vida.

4) Una máscara combinada

En ocasiones las máscaras de amor, poder y serenidad se mezclan en la misma persona, lo cual causa una tremenda confusión interior pues cada una de ellas persigue metas e idealizaciones contradictorias. Mientras que la máscara de amor pretende ser completamente amorosa, negando la fuerza y la independencia, la máscara de poder niega la necesidad de amor, pretendiendo ser todopoderosa. En cambio, puesto que prefiere estar "por encima de todo", la máscara de serenidad no entra en la lucha por el amor ni en la batalla para dominar, despreciando ambas actitudes. Si bien las máscaras de amor y poder van en direcciones encontradas, de cualquier modo ambas son falsas, rígidas, irreales e irrealizables; de modo que su combinación tampoco está nada cerca de la realidad.

Muchas personas efectivamente tienen ideales contradictorios en su personalidad. Sus vidas pueden estar divididas en compartimientos separados, de modo que la máscara de poder gobierna su vida profesional, por ejemplo, mientras que la máscara de amor conduce su vida en las relaciones íntimas o viceversa. Una mujer que juega un papel sumiso y dependiente con los hombres puede ser enfermizamente competitiva en sus relaciones con las demás mujeres. O un hombre sumiso con las mujeres, puede ser muy dominante con los hombres. Semejante combinación de máscaras añade más confusión a la falsedad del nivel de la máscara de la personalidad.

> Aunque fuera posible nunca equivocarse, o amar a todo el mundo, o ser completamente independiente de los demás, de cualquier modo eso se vuelve una imposibilidad aún mayor cuando los dictados de la imagen idealizada de una persona le exigen que ame y sea amado por todos y que los conquiste y sea invulnerable ante ellos. Este tipo de imagen idealizada de sí mismo puede simultáneamente exigir que la persona en cuestión sea siempre generosa a fin de obtener amor, que sea siempre egoísta, para obtener poder y, finalmente, que sea siempre indiferente y desapegada de todas las emociones humanas para que nada le moleste. ¿Te puedes imaginar el tamaño del conflicto que hay en esta alma? ¡Cuánto desgarramiento debe haber en ella! Cualquier cosa que haga está mal y produce culpa, vergüenza, incomodidad y, por lo tanto, frustración y desprecio por sí mismo. (CGP 84)

▼   *Transformación de la Máscara del Ser*   ▼

La máscara está condenada a fracasar y a crear más malestar de lo que estaba diseñada para evitar, pues se basa en la idea errónea esencial de que se puede evitar la imperfección, la decepción y el rechazo característicos del ámbito humano. Cuando reconocemos que todas estas cosas son inevitables y aceptamos la necesidad de sentir nuestros dolores, defectos y luchas humanos, entonces empezamos a reducir el apego que tenemos por la máscara.

La transformación de la máscara incluye el proceso de duelo por la muerte de nuestro ser idealizado, percatándonos de que ese falso ser de hecho ya estaba muerto. Es una versión sin vida —no vital— de nosotros que debemos abandonar si es que habremos de convertirnos en lo que realmente somos. Para poder soltar la máscara, también es necesario volver a experimentar las heridas de la infancia que le dieron origen.

¿Cómo puedes llegar a experimentar ahora las heridas de hace tanto tiempo? Escoge un problema actual. Quítale todas las capas superpuestas de tus reacciones. La primera, y la que tienes más a la mano, es la capa de la racionalización, la que "prueba" que los demás, o la situación, tienen la culpa y no tus conflictos más interiores, que son ellos los que en realidad te hicieron adoptar la actitud equivocada ante el problema que estás enfrentando ahora. La siguiente capa puede ser la cólera o enojo, el resentimiento, la ansiedad o la frustración. Detrás de estas reacciones encontrarás el dolor de no ser amado. Cuando experimentes el dolor de no ser amado dentro de tu problema actual, eso te servirá para despertar la herida de tu infancia.

Teniendo presente el dolor actual, recuerda y trata de evaluar nuevamente la situación con tus padres, piensa en lo que te dieron y cómo te sentías realmente con ellos. Te vas a dar cuenta de que en muchos sentidos te faltó algo que nunca antes viste con claridad, algo que no querías ver. Verás que eso debe haberte lastimado cuando eras niño, aunque tal vez hayas olvidado esa herida a nivel consciente. Sin embargo, no ha sido olvidada para nada. El dolor de tu problema actual es el mismo dolor...
Una vez que logres sincronizar estos dos dolores y te percates de que son uno y el mismo, el siguiente paso será mucho más fácil. Luego, al revisar el patrón que se repite en tus diversos problemas, aprenderás a reconocer en dónde existen similitudes entre tus padres y la

gente que te ha lastimado antes o te está lastimando ahora. Cuando sientas las similitudes, al tiempo que experimentas el dolor actual y el pasado, lentamente empezarás a entender cómo has recreado la herida de la infancia a partir de la idea errónea de que tenías que escoger la situación actual siguiendo el esfuerzo mal guiado por "ganar" amor en una situación en la cual originalmente, cuando eras niño, fuiste "derrotado". (CGP 73)

Cuando Marcie empezó una relación seria con un hombre, al principio sintió que su atención casi fanática hacia las necesidades de éste era tanto romántica como natural. Pero un par de meses después de haber estado cuidando perfectamente a este hombre, se empezó a percatar de que tenía resentimientos porque él no la cuidaba de la misma manera.

Despertaba ante el hecho de que se estaba poniendo su máscara de dulce "niña buena" frente a este hombre partiendo de la creencia inconsciente de que sólo la amaría si lo satisfacía, lo ponía en primer lugar y se sometía a sus necesidades. Empezó a darse cuenta de que no estaba cuidándose muy bien a sí misma, teniendo la expectativa de que él adivinara sus necesidades a pesar de que ella no las comunicaba.

Al empezar a trabajar sobre su máscara de amor, le pareció como si fuera de melcocha, un material suave y pegajoso que se le quedaba adherido a ella y a todos los que tocaba. Podía sentir que esa máscara había sido creada muy temprano en su vida, imitando a su madre, y a quien pensaba que su madre quería que fuera ella. Aprendió a nunca decir "no", a ser siempre alegre, a controlar todo lo que pudiera provocar ansiedad en los demás, a controlar todo lo posible y a nunca dejar que los sentimientos de miedo, enojo o incompetencia afloraran. Supuestamente debía tener todo en calma, estar tranquila y servir a los demás. En cierta ocasión su madre le había dicho: "Tú estás aquí para mí. Tienes que ayudarme a mantenerme entera." Al darse cuenta de que su máscara de amor estaba llena de sentimientos construidos, Marcie empezó a hartarse de ella.

En una sesión del Pathwork exteriorizó su máscara poniéndola sobre un cojín y hablándole: "Quiero librarme de ti. Me estás ahogando." Sin embargo, inmediatamente empezó a sentir la melcocha que la jalaba, envolviéndola en su sustancia pegajosa.

Como si fuera la máscara, ella dijo: "¿Cómo puedes decir esas cosas tan malas? Soy tu mejor amigo. Te mantengo segura. Mientras seas dulce, nadie te lastimará como te lastimaron cuando eras niña. Mejor escúchame y sigue jugando el juego del amor." Su máscara estaba envolviendo a Marcie en su material suave y pegajoso y parecía inútil tratar de liberarse de ella.

Entonces Marcie le preguntó a su Ser Superior, al cual simbolizó utilizando otro cojín, qué debía hacer ante esta situación. Al sentarse sobre el cojín que representaba a su Ser Superior surgieron estas palabras: "Cómetela", dijo el Ser Superior, "ese material pegajoso es medicina. Si te lo comes, lo aceptas y lo ingieres, se disolverá y se convertirá en su naturaleza esencial, puro azúcar, a partir del cual podrás crearte a ti misma nuevamente". Esa visualización e intercambio le ayudó a Marcie a aceptar e incorporar su máscara de manera más completa. Se percató de que en esencia estaba hecha de los mismos ingredientes que su Ser Superior. En realidad ella era una persona amorosa y una vez que pudiera soltar su miedo a no merecer ser amada, el cual mantenía la máscara en su sitio, entonces podría reconocer sus verdadera dulzura.

▼ *La máscara como distorsión* ▼
del Ser Superior

La máscara siempre es una distorsión de las cualidades auténticas del Ser Superior que hay en la personalidad. Buscamos dentro de nuestras fuerzas reales para encontrar amor, poder o serenidad, con el fin de crear una imitación de ellos capaz de mantener a las personas lejos de la intensa vulnerabilidad de nuestro verdadero Ser Superior. A causa del miedo a nuestra vulnerabilidad dependemos del Ser Inferior y de la máscara para que nos "protejan".

Es así como las cualidades verdaderas del Ser Superior son distorsionadas por el Ser Inferior para convertirlas en una "imitación" del Ser Superior con la esperanza de que nos vuelva invulnerables y aceptables ante los demás. El miedo que hay en el Ser Inferior distorsiona una verdadera capacidad para amar y la vuelve sumisión y dependencia (la máscara de amor). La obstinación del pequeño ego del Ser Inferior distorsiona el verdadero poder convirtiéndolo en agresión y control (la máscara de poder). El orgullo del Ser Inferior, que busca montarse por encima de la simplicidad de ser un humano, distorsiona la serenidad y la convierte en desapego y retraimiento (la máscara de serenidad).

Lo que originalmente nos hace crear la máscara es el miedo a que nuestros seres verdaderos sean inaceptables. No obstante, podemos ver que la máscara (dado que es falsa y por lo tanto no es atractiva) de hecho provoca el mismísimo rechazo de los demás que tanto temíamos, recreando así nuestras originales heridas de la infancia. Cuando nos dejamos atrapar en el círculo vicioso, ese rechazo nos hace redoblar el esfuerzo para perfeccionar la máscara, provocando por lo tanto un mayor rechazo. El principal antídoto contra la máscara consiste en aprender a aceptarnos y amarnos tal cual somos, para entonces poder abandonar el miedo a no ser amados y aceptados por los demás. Sólo así podremos reconocer las auténticas cualidades del Ser Superior en su forma original. Al permitir que emane nuestro Ser Superior, descubrimos que la gente se siente atraída por nosotros, poniendo en marcha un círculo benigno que refuerza el esfuerzo por ser nuestro ser verdadero.

1) Una vez que Connie logró abandonar su máscara de "perfecta cristiana" y de sumisión, reconociendo su enojo y su poder, también pudo reconocer su enorme y generosa capacidad para amar y cuidar a los demás. Sólo tenía que dejar de atrapar esa energía con el objetivo de construir su máscara de mártir, un estado en el cual tendía a cuidar a los demás con el fin de ser considerada "buena", superior a ellos y/o para forzarlos a ocuparse de ella.

2) Detrás de su máscara de poder, Elizabeth era muy capaz y poderosa en la vida diaria. Su genuino atractivo, su buen gusto y su eficacia eran cualidades reales que podían ser nutridas y cuidadas, siempre y cuando no las usara para reforzar su egoísmo como un medio para controlar a los demás. Poco a poco aprendió a separar su eficacia de su dureza, su buen gusto de su tendencia a juzgar a los demás como inferiores. Y su auténtico discernimiento artístico así como su agudeza para los negocios le eran muy útiles si lograba evitar que se pusieran en el camino de la apertura de su ser interior en la intimidad con los demás.

3) Detrás de la máscara de serenidad, la capacidad de Harriet para el desapego se convirtió en su aliada cuando empezó un serio trabajo con sus emociones. Cuando las olas de sentimiento se volvían muy amenazantes, podía retirarse a la cima de su pared interior, permitiéndose observar sus sentimientos de manera objetiva y compasiva. Gradualmente aprendió a expandir la pared que encerraba su concepto de sí misma de modo que su identidad pudo incluir otras emociones previamente negadas. Su capacidad para un sereno desapego se convirtió en parte de su fuerza espiritual, en vez de ser una defensa en contra de ser más completamente humana.

Cuando penetramos la máscara nos enfrentamos con nuestro Ser Inferior y con nuestro Ser Superior. Cuando dejamos de tratar de evitar o esconder nuestros defectos y nuestra grandeza, nuestra maldad y nuestra bondad, entonces podemos vernos más auténticamente tal cual somos. Una honesta auto-aceptación crea la base para un genuino respeto de uno mismo, lo cual reemplaza la falsa autoestima construida sobre la imagen idealizada de sí mismo.

> Cuando reúnas el valor para convertirte en tu ser verdadero, aunque parezca ser mucho menos que tu ser idealizado, descubrirás que es mucho más. Y entonces tendrás la paz de estar en casa dentro de ti mismo. Entonces tendrás seguridad. Entonces funcionarás como un ser humano completo. Entonces habrás eliminado el látigo de hierro de un amo al cual es imposible obedecer. Entonces sabrás lo que realmente significan la paz y la seguridad. Dejarás de buscarlas usando métodos falsos. (CGP 83)

▼ Ejercicios para el Capítulo 6 ▼

1. Nombra y explora cinco exigencias perfeccionistas que te impones a ti mismo. ¿De dónde vienen esas exigencias? ¿A quién estás tratando de darle gusto, o al menos evitando que te lastime o te rechace al exigirte estas cosas? ¿Tienen algo que ver estas exigencias con lo que te exigían tu padre o tu madre? ¿Qué exigencias sientes que te son impuestas por el conjunto de la sociedad?

2. Escoge algún asunto al que le falta armonía dentro de tu vida en la actualidad, tal vez alguno que hayas estado explorando en tu revisión diaria. Escribe un diálogo al respecto entre el "perro de arriba" de tu super-ego perfeccionista y tu defectuoso ser humano. Luego escribe lo que hayas descubierto acerca de las exigencias de tu perfeccionismo. ¿Cuál parece ser su origen? ¿Qué función crees que cumple?

3. Durante cinco días en tu revisión diaria toma nota de casos en los que aparece tu máscara o tu imagen idealizada en tus interacciones con los demás. Toma nota también de tus reacciones cuando sientes que tu ser idealizado está amenazado de ser expuesto o penetrado por los demás. Toma nota de la vulnerabilidad que sientes en esos momentos.

4. Decide cuál es tu máscara predominante: amor, poder o serenidad. Apoya tu afirmación mediante la consideración de ejemplos de tu vida.

5. Ve cómo tu máscara original es una pseudo-solución al problema del dolor de la infancia. Relaciona tu imagen principal (conceptos erróneos fundamentales acerca de la vida) con tu máscara.

6. Consulta la cita de la Conferencia 73 que se encuentra en la página (*). Haz el ejercicio que se esboza ahí, empezando con: "Escoge un problema actual." Desmenúzalo hasta el sentimiento básico de no ser amado. Luego ve si puedes encontrar de qué modo la herida infantil original con tus padres es parecida o igual al sentimiento de no ser amado que tienes ahora.

▲ 7 ▲

Enfrentar al Ser Inferior

"La manifestación del mal no es algo intrínsecamente diferente de la conciencia y la energía puras. Sólo sus características han cambiado."

CONFERENCIA DEL GUÍA 197
"La energía y la conciencia distorsionadas: el mal"

▼   *Los fantasmas de Albert:*   ▼
encontrarse con el Ser Inferior

*Albert amaba a las mujeres. O al menos siempre había estado
enamorado de una, y en ocasiones de más de una. A los 46 años
de edad todavía se consideraba a sí mismo como un romántico
conquistador. Desde los juegos sexuales con su prima favorita,
hasta su más reciente tentación (una atractiva cliente de su
consulta psicoterapéutica), las mujeres habían tenido una
importancia capital en su vida.*

*Pero su primer amor fue su madre, a quien él siempre
llamó Anna. Ella sólo tenía dieciséis años cuando nació Albert y nunca actuó como una madre. Fue su abuela quien se
encargó de los cuidados maternos de Albert, mientras que
Anna más bien le parecía como una hermana grande, demandante y neurótica. El padre de Albert era mucho mayor y
alcohólico, una figura distante. Así que Anna frecuentemente
había contado con su hijo cuando tenía problemas, llenándolo
de besos y abrazos. Al recordar, Albert tenía sospechas de que
tal vez había habido algún intercambio sexual entre su madre
y él, pues podía recordar que durante su adolescencia tenía
fantasías sexuales muy intensas acerca de Anna.*

*Pero Albert no vino al Pathwork a causa de su obse-
sión con las mujeres, sino porque más tarde había sentido
extrañas "presencias de fantasmas". Eran espíritus oscuros y
amenazantes que lo visitaban, especialmente durante la noche. Sintiéndose atemorizado e inseguro, empezó a tener
pensamientos suicidas. Asumió que los fantasmas eran proyecciones, pero tenía miedo de acercarse a la región de su
propia oscuridad interior. Y como había crecido en una
cultura rural del sur de los Estados Unidos que permitía el
florecimiento de supersticiones en medio de un fundamenta-
lismo cristiano, Albert ahora simpatizaba con las creencias
de su joven madre en fantasmas y maldiciones. Los oscuros
espíritus que le rodeaban de verdad parecían reales, así que
sabía que necesitaba una perspectiva espiritual para exorcizar esas presencias malignas.*

Poco después de haber entrado en un retiro dentro del Pathwork, con el fin de realizar un trabajo personal intenso conmigo, Albert se despertó una noche con una terrible ansiedad en su vientre. Espontáneamente empezó a recordar intercambios sexuales con su madre cuando él era muy pequeño. Se sentía diminuto y Anna parecía inmensa. Sus enormes senos y su excitante presencia lo abrumaban con sentimientos poderosos y contradictorios: vergüenza y emoción, terror y excitación, disgusto y fascinación. Se escondió debajo de las cobijas, hasta que su vientre se calmó y volvió a dormirse, sintiéndose pequeño y vulnerable.

En las siguientes sesiones Albert se fue acordando de más cosas acerca de su lazo sexual con su madre; desde la época en que empezaba a caminar y a descubrir el mundo. Recordaba a Anna bañándolo y tocándolo sexualmente y se acordaba de cómo se metía con él en la cama, invitándolo a chuparle los senos. Todavía podía sentir la pesada respiración y la excitación de su madre.

En una completa regresión hasta esas escenas incestuosas, Albert llamaba a Anna: "¿Qué haces mami? ¿Dónde estás? Mami, tengo miedo, regresa." Gritaba la agonía de sus recuerdos y su cuerpo se sacudía lleno de miedo. Conforme cedió el temblor de su cuerpo, se sintió avergonzado; una vergüenza hirviente y blanca lo hizo separarse de todo contacto. Al sentarse, lleno de vergüenza, empezó a sentir su propia excitación en medio de esos intercambios sexuales con su madre, aunada a la sensación de ser algo especial evocada por esa relación. Esa noche Albert sintió la presencia de los espíritus oscuros. Rezamos juntos y luego le propuse que hablara con esas presencias.

Les preguntó: "¿Quienes son ustedes y qué quieren de mí?"

Primero Albert sintió la presencia de su abuela, vestida de negro como de costumbre, exigiéndole que la acompañara en la muerte. "Muere ahora", le dijo, "así nunca tendrás que enfrentar las cosas terribles que has hecho".

"No quiero morir", contestó Albert en un diálogo con esa presencia. "Quiero enfrentar cualquier cosa por terrible que sea." De pronto el fantasma de la abuela pareció desaparecer.

Pero entonces otra presencia avanzó, más amenazante y acusadora que la primera. Le pedí a Albert que identificara al fantasma y me dijo: "Es mi padre." El padre de Albert se había suicidado hacía mucho tiempo. El fantasma de su padre ahora le traía un mensaje tan aterrador que por un momento Albert sólo podía temblar sin hablar. Luego empezó a rezar en voz alta pidiendo la ayuda de Cristo y finalmente sus plegarias y mi presencia tranquilizadora lo calmaron lo suficiente como para que pudiera comunicarme el mensaje de su padre: "Eres malo y mereces que te maten."

Al principio Albert no tenía la fuerza para no estar de acuerdo. "Sí, ya lo sé", gritó, empezando nuevamente a temblar con todo el cuerpo. "Hice cosas que nunca debí de haber hecho, cosas malas, cosas muy malas."

Entonces yo intervine, hablando con una voz suave como la que se usa con un niño pequeño: "Recuerda Albert que era mami quien empezaba esos juegos. Ella era la responsable. Tú sólo eras un niño chiquito que quería darle gusto a mami Anna y hacer lo que ella te pedía."

Enroscado y temblando sobre un sofá, Albert murmuró: "Pero no entiendes, no entiendes."

"¿Qué es lo que no entiendo, Albert?"

En un murmullo apenas audible, Albert me contestó: "Pero a mí me gustaba. Me gustaban los juegos, la excitación. Me gustaba ser especial." Y con la voz escapándosele, murmuró: "Mi papi..."

"¿Sí?, inquirí con un tono tranquilizador, "¿qué cosa sobre tu papá? ¿Qué sentías por él?".

"Yo era el número uno. Yo era mejor que mi papá. No quería que él estuviera con ella, quería que se fuera. ¡Quería que se muriera!"

Albert empezó a toser, a llorar y abrazar su vientre. Atrapado por la angustia, se rodó sobre el sofá ahogándose y escupiendo sus sollozos. Finalmente se tranquilizó lo suficiente para murmurar: "Ahora ya sé. Lo maté con mi maldad."

"¡Ah! Ya veo", le dije suavemente, "crees que mataste a tu papá por las cosas malas que hacías con tu mamá, por los *juegos que les gustaban a ambos y que te ponían en el lugar de él. ¿Y crees que todo eso te hace tan malo que mereces que te maten?"*

Un nervioso asentimiento con la cabeza de Albert me hizo saber que eso era exactamente lo que aterraba al niño que había en su interior. "Ahora podemos entender por qué el pequeño Albert se sentía tan malo que quería morir", le expliqué. "Ahora sabemos por qué los fantasmas de tu abuela y tu padre vinieron a visitarte. Vinieron a enseñarte tus creencias acerca de tu maldad. Vamos a ver qué te pueden decir ahora que ya has oído las cosas que más temías escuchar acerca de ti mismo."

Sentándose y tomando mi mano, Albert invitó a los fantasmas a que le volvieran a hablar. Pero ya no eran tan oscuros. En cambio, sintió la presencia buena de su abuela, cálida y maternal. Se mezcló con la presencia llena de perdón de Cristo, ligera y tranquilizadora.

"Me siento tan malo, no malo como un niño pequeño, sino realmente malo. De verdad quería reemplazar a mi padre y ser especial para mi madre. No sólo era su víctima, sino que participaba en su neurosis, aun siendo un niño. Quiero saber si esto puede ser perdonado. Quiero saber cómo puedo ser perdonado."

Mientras estaba sentada con Albert, ambos sentimos una calma que se hacía cada vez más profunda. El cuarto parecía llenarse con la luz de la presencia de Cristo, un cálido brillo profundamente tranquilizador. Armonizándome con ese sentimiento de amor universal e incondicional, sentí que mi corazón se abría a la fe y a la confianza. Albert interpretó en voz alta el mensaje que recibió de esa presencia:

"Todo merece el perdón, todo ya está perdonado. No existe nada tan oscuro, aun en la parte más perdida de tu alma, que no pueda ser recibido con gusto en la conciencia. Y en la conciencia está la redención. Todo está bien, y todo estará bien."

▼   *Enfrentar al Ser Inferior*   ▼

Aunque no todos tenemos manifestaciones tan dramáticas del Ser Inferior como la de Albert, la mayoría de nosotros estamos atrapados por el poder de los fantasmas y demonios inconscientes de algún momento de nuestra vida. Todos tenemos lugares secretos de vergüenza, creencias infantiles acerca de nuestra "maldad". Todos tenemos una culpa real y adulta por nuestros pecados de comisión u omisión. Todos tenemos momentos en los que nos descubrimos haciendo, pensando o sintiendo cosas que sabemos que no son gentiles o incluso son perversas. Generalmente estamos desconectados de la fuente de esa maldad dentro de nosotros y a menudo nos vemos tentados a desconocer o justificar nuestra negatividad.

No obstante, tarde o temprano, la vida nos lleva a reconocer que nosotros somos la fuente de las oscuras manchas que decoloran nuestro mundo, la oscuridad que emana de nosotros. El mal vive en cada ser humano en la forma de lo que el Pathwork llama el Ser Inferior. El momento en que reconocemos a nuestro Ser Inferior es un instante sagrado que marca un punto crucial en nuestra sanación espiritual. Logramos hacer que las proyecciones no gentiles y hostiles de maldad que dirigíamos a los otros vuelvan hacia el interior y simplemente, con humildad, aceptamos que la oscuridad es nuestra. "Sí", decimos, "me perteneces. Te acepto como algo mío". Nuestro orgullo cede y nuestro corazón se abre. Cuando conscientemente aceptamos la maldad que hay dentro de nosotros, nuestro honesto reconocimiento sana la infelicidad en su origen: nuestra alienación espiritual de Dios.

Como a Albert, nos cuesta trabajo aceptar que podemos tener un Ser Inferior y merecer que nos amen; que tenemos los dos lados, la maldad y la bondad. Igual que Albert, escogemos actuar según el programa de nuestros seres inferiores de manera inconsciente como una defensa que evita sentir los profundos dolores de nuestra infancia imperfecta, el inevitable dolor de nuestra vida de adultos y la desesperación existencial de nuestra separación de Dios. También nosotros quisiéramos estar por encima de nuestra intensa vulnerabilidad, controlar la vida y a la demás gente, escondernos del sentimiento de desamparo existencial de ahora y de cuando éramos pequeños. Aunque tal vez no hayamos sido maltratados tan abiertamente como le sucedió a Albert, todos abrigamos sentimientos de haber sido víctimas; y con ellos justificamos nuestra negatividad. Nos resistimos a mirar directamente nuestra maldad y llamarla por su verdadero nombre.

▼ *¿Qué es el Ser Inferior?* ▼

El Ser Inferior es el centro creativo de las actitudes y sentimientos negativos hacia uno mismo y hacia los demás que surge de nuestra egocéntrica separación de la totalidad de la vida. Es nuestra defensa en contra del dolor, nuestro adormecimiento ante las emociones, nuestra desconexión de nosotros mismos y del resto de la gente. Y es la negatividad que manifestamos hacia el exterior como resultado de ese adormecimiento.

Proyectamos en los demás el papel de "enemigo" a fin de darnos permiso de tratarlos mal, forzándolos a actuar un papel dentro de nuestros melodramas secretos, en vez de respetar la integridad que han recibido como un don divino. El Ser Inferior surge de la falsa creencia de que nuestro, mente-cuerpo separado puede vivir una vida escindida del tejido constituido por todos los demás seres vivos y del cual, de hecho, no somos más que una sola hebra entretejida. La esencia del Ser Inferior es la intención negativa de permanecer separados del resto de la vida y posteriormente agrandar esa separación.

El Ser Inferior se manifiesta en diversos niveles de la conciencia. En el nivel del ego tenemos ciertos defectos crónicos de personalidad, como la competitividad o la tendencia hacia el chisme o a ser criticones. En el nivel de nuestro niño interior tenemos ideas erróneas y una negatividad defensiva que provienen de las heridas de nuestra infancia. Al explorar más a fondo encontramos tendencias negativas del alma, hacia la venganza, la amargura o la desesperación, por ejemplo, que se manifiestan en las situaciones negativas y enredadas de nuestra vida. Éstos son los aspectos del Ser Inferior que hemos traído a esta encarnación con el objetivo de purificarlos. Más profundamente, el Ser Inferior manifiesta nuestro apego colectivo al control y a la separación. Finalmente, el Ser Inferior es cualquier cosa que hay en nosotros que impide el flujo libre y focalizado de la energía divina, el amor y la verdad, a través de nuestro ser.

Todo ser humano que vive en la dualidad del plano terrestre se resiste, en mayor o menor grado, a rendirse totalmente ante Dios. Nos resistimos a identificarnos completamente con nuestra esencia divina, con el flujo de la energía divina que constituye nuestra verdadera naturaleza. La decisión de identificarnos con nuestra resistencia y con nuestro ego aislado es lo que crea nuestra capacidad para el mal.

▼ ¿Qué es el mal? ▼

En la oración del Padre Nuestro, le pedimos a Dios: "Líbranos del mal." Generalmente esto se interpreta considerando que debemos darle la espalda al mal, rehuyendo todas sus manifestaciones. El resultado, desafortunadamente, es que terminamos abandonando la conciencia del mal que hemos creado en nosotros y en el mundo. Al negar el mal en nosotros, lo escondemos permitiendo que crezca como un cáncer en los dominios del inconsciente. Sólo cuando lo enfrentamos cara a cara, sacándolo a la luz de la conciencia, se vuelve posible transformar esa energía en su verdadera naturaleza original. Sólo es posible liberarse del

mal que ha arraigado en el inconsciente mediante el trabajo que consiste en cobrar una mayor conciencia de uno
mismo. Ha llegado el tiempo dentro de nuestro proceso de
evolución para que enfrentemos al Ser Inferior y, mediante la integración de esa conciencia, para que reconozcamos
nuestra verdadera humildad como partes de la totalidad de
la vida, así como nuestro verdadero poder como expresiones individuales de la *fuerza vital* universal.

Normalmente, utilizamos la palabra "mal" sólo para
la negatividad extrema o conscientemente elegida. A pesar
de que es posible hacer ciertas distinciones morales entre
diferentes niveles de maldad, no existe, sin embargo, conti-
nuidad entre las acciones de un genocida como Hitler y la
separación egoísta que hay en cada uno de nosotros cuando
inconscientemente decidimos alienarnos en la negatividad
y el miedo en vez de rendirnos ante el amor y la verdad. La
ceguera y la perversidad de Hitler arraigaban en las mismas
fuerzas negativas que existen en todo ser humano.

Cuando reprimimos nuestra conciencia de nuestra
capacidad para el mal, permanecemos interiormente es-
cindidos. El Guía lo explica así:

> No es posible que exista unión dentro de ti mismo si
> rechazas tu propio mal. Al rechazar el mal ignoras y
> niegas la energía vital creativa original que contiene todo
> el mal. Esa energía debe ser puesta a tu disposición para
> que puedas completarte; y sólo puede transformarse
> cuando tomas conciencia de su forma distorsionada. Si
> rechazas su manifestación actual distorsionada, entonces
> ¿cómo puedes convertirla en algo no distorsionado? Sien-
> do así sigues escindido dentro de ti mismo y, al no ser
> consciente de ello, la escisión se refleja en tus relaciones
> con el resto de la gente, o en la ausencia de ellas. No
> importa qué tan malos e inaceptables sean algunos aspec-
> tos de ti, no importa qué tan indeseables y destructivos
> puedan ser, la energía y la sustancia de la que están hechos
> es la fuerza vital. (CGP 185)

El Ser Inferior es el lado oscuro de la fuerza vital, ya sea que se manifieste como un Hitler o como un acto banal de desatención en una persona que, en otros aspectos, sí está evolucionada. Sin embargo, el Ser Inferior también es energía esencial, poderosa y creativa. Todo el mundo tiene distorsiones en su proceder sexual y agresivo. Mientras más miedo tenemos de esas distorsiones, más limitamos la energía disponible para esas expresiones vitales. Todo el mundo crea una experiencia vital negativa a partir de impulsos inconscientes del Ser Inferior. Mientras más negamos el poder que tiene nuestro Ser Inferior para crear de manera negativa, más débiles nos sentimos en la vida, y más tendemos a culpar a los demás o al destino por nuestra mala fortuna.

El Ser Inferior tiene el poder de crear todo el sufrimiento y la negatividad que sentimos en nuestra vida. Es una fuerza poderosa y creativa. Cuando enfrentamos y reconocemos dentro de nosotros su poder destructivo, entonces podemos recuperar el poder creativo para volver a dar forma a nuestra vida siguiendo una dirección más positiva.

▼ *Negación del Ser Inferior* ▼

La negación del Ser Inferior en los seres humanos es una fuerza mínimamente tan poderosa como la negación de la muerte y, en ocasiones, es aún más fuerte. Hay gente que ha escogido suicidarse en vez de enfrentar algunas revelaciones verdaderas, pero negativas, acerca de su persona que se han hecho públicas, amenazando su reputación y su autoestima. Solemos sentir que nuestro valor depende completamente del hecho de ser "buenos" (o al menos parecer que lo somos) de modo que el reconocimiento de nuestra maldad parece ser el equivalente de ser aniquilados.

El precio que pagas por reconocer y aceptar el aspecto destructivo y malo que hay en el ser parece altísimo.

Parece así, pero no lo es. En cambio, el precio de la negación sí es enorme... En la medida en que se enfrenta correctamente el mal, se crean la auto-aceptación, el gustarse a uno mismo, una nueva energía, un amor y un placer más profundos. (CGP 184)

Conforme profundizamos en nuestro compromiso dentro de nuestro camino espiritual, desarrollamos un gusto por la verdad y la comprensión. Independientemente del dolor que temporalmente nos pueda causar, la honestidad siempre será mejor que la auto-adulación y la negación. La herramienta más importante para desarrollar la tolerancia a nuestra negatividad es el desarrollo del Ser Observador objetivo y compasivo, el cual es un aspecto del Ser Superior: Al nombrar aquello que es verdad sin negarlo, cambiamos nuestra identificación de aquello que se nombra hacia aquel que nombra. Nos convertimos en el observador, no en lo que se observa, nos convertimos en la conciencia, no en el contenido de nuestra conciencia. Este cambio gradual de la auto-identificación nos permite estar menos apegados y avergonzados del Ser Inferior, mientras se va construyendo nuestro arraigo en el Ser Superior.

Pero la necesidad de trabajar con el Ser Inferior no desaparece al identificarnos más con el Ser Superior. De hecho, mientras más clara es nuestra experiencia del Ser Superior, más importante se vuelve la purificación del Ser Inferior.

Muchas prácticas espirituales de manera genuina hacen salir nuestro Ser Superior, pero no obstante dejan intactos muchos aspectos no desarrollados de la conciencia. Muchas entidades tienen un anhelo tan fuerte de realizar su naturaleza divina intrínseca que, aún mientras están en su cuerpo, olvidan que han venido a cumplir con una misión dentro del plan universal. Esa misión es la purificación y el crecimiento de la "materia cósmica" no desarrollada. (CGP 193)

▼ Tres aspectos del Ser Inferior: ▼
el orgullo, el voluntarismo y el miedo

El orgullo, el voluntarismo y el miedo son el núcleo del Ser Inferior. Cada una de estas actitudes es una forma diferente de negación y, por lo tanto, constituye algo todavía más peligroso para el alma que las formas más evidentes de la maldad. El orgullo nos dice que somos mejores que los demás, de modo que tenemos derecho a sentir nuestra importancia personal y a creer que somos algo especial. El miedo nos dice que debemos protegernos, de tal modo que cualquier cosa que sintamos necesario hacer para defendernos se encuentra justificada. El voluntarismo dice que debemos obtener lo que deseamos cuando queremos, justificando así nuestro egoísmo.

> Ahí en donde hay orgullo, donde hay voluntarismo y donde hay miedo, tiene que haber un estado de tensión. La estructura del ego se aprieta y se vuelve rígida. El voluntarismo dice: "yo, yo, yo", refiriéndose al pequeño yo y al pequeño ser, el ser que sólo se interesa por la personalidad exterior del ego consciente desatendiendo, ignorando y rechazando por completo la conciencia más amplia, la conciencia universal, de la cual eres una expresión. Aferrarse al ego se vuelve imperativo a menos de que la totalidad de la persona se unifique con esa conciencia más amplia que transciende al ego. El ego no tendría tanta importancia si no existiera la falsa creencia de que el ser es aniquilado en cuanto deja de ser el único gobernante de la vida humana. De modo que cuando te identificas exclusivamente con el ego, no puedes identificarte con la conciencia más amplia, ni con los sentimientos de tu cuerpo, pues ambas cosas van de la mano. Si te identificas con el ego creas una tensión en la estructura del mismo que dice: "Sólo mi ego cuenta. Es todo lo que tengo así que no puedo abandonarlo, pues si lo hago, dejaré de existir." (CGP 177)

La actitud de orgullo dice: "Soy mejor que los demás", o bien "Insisto en que soy mi imagen idealizada en vez de mi defectuoso ser real". El orgullo nos mantiene elevados por encima de la humanidad y constantemente nos seduce con el miedo de que si no nos mantenemos "por encima" de nosotros, nos hundiremos en una insoportable pérdida de todo valor. El orgullo es la característica principal del pequeño ser separado del ego que cree que para sobrevivir tiene que elevarse por encima de los demás volviéndose algo especial.

En una contundente afirmación acerca de la condición humana, el Guía dice: "Aquel que siente que la humillación de otra persona es menos importante que la suya, todavía tiene demasiado orgullo." (CGP 30) Nuestra importancia personal racial, étnica o de género suele ser la justificación para la crueldad y el sentimiento de superioridad ante los demás. Los antídotos contra el orgullo son la honesta confrontación de uno mismo y la humilde autoaceptación a partir de la cual surge la verdadera autoestima:

El orgullo dice: "Yo soy mejor que tú." Esto implica separación, significa un individualismo extremo (one-upmanship), significa todo lo que se opone a un estado de amor. Del mismo modo, el orgullo también se puede manifestar como "Soy peor que todo el mundo, no valgo nada. Pero debo esconder este hecho haciendo como que soy más." Claro que estos pensamientos no se articulan, pero también es posible que no sean del todo inconscientes. Este orgullo distorsionado, por oposición a una sana dignidad, siempre compara y mide al ser con los demás y, por lo tanto, siempre está inmerso en la ilusión, ya que ninguna evaluación verdadera puede surgir de ahí. Se trata de una búsqueda inacabable y sin esperanzas de una meta ilusoria que deja a la persona no sólo exhausta, sino cada vez más frustrada. El abismo entre el ser y los demás se ensancha cada vez más, el amor se hace cada vez menos posible y, por lo tanto, el placer se aleja más y más. No importa que realmente pienses que eres mejor que los demás, o que sólo hagas como si así fuera para esconder el sentimiento de que no vales nada, el resultado es el mismo. Esto no puede producir amor. (CGP 177)

La actitud del voluntarismo dice: "Quiero lo que quiero cuando lo quiero." El voluntarismo es diferente del libre albedrío, el cual es simplemente la capacidad de una entidad de escoger, dirigir y activar. El voluntarismo llega cuando se usa el libre albedrío en servicio del pequeño ser del la conciencia del ego limitado, con la intención de controlar a los demás y de controlar la vida. Dado que tenemos libre albedrío podemos elegir, en cada momento, armonizarnos ya sea con la voluntad de nuestro ser limitado o con la voluntad de Dios.

Podemos aprender a reconocer nuestro voluntarismo observándonos cuando somos impacientes, exigentes, cuando no nos comprometemos y cuando estamos tensos. El voluntarismo puede ser consciente o no. En la mayoría de nosotros ya no se manifiesta de manera tan abierta como en un niño, en un salvaje o en un criminal. Pero de todos modos opera en nuestra insistencia en que las cosas sean a nuestro modo, sin importar lo justificada o racional que sea esta exigencia.

La actitud de miedo dice: "No voy a confiar" y, a menudo, también: "Si no soy especial o no logro que las cosas se hagan a mi modo, entonces algo terrible sucederá". El miedo, tanto apoya, como proviene de las actitudes de orgullo y voluntarismo. El miedo nos mantiene limitados dentro de las estrechas fronteras del pequeño ser del ego.

El miedo no puede confiar en nadie. Por lo tanto, el ser que está inmerso en el miedo no puede abandonarse. El placer es irrealizable cuando la personalidad está atada al ego, atada al voluntarismo, el orgullo y el miedo, atada a las creaciones negativas, atada a la lucha dentro de sí misma que niega su propia negatividad. De modo que no conoce la naturaleza de su sufrimiento. El ser niega su responsabilidad por el sufrimiento y las carencias y considera que los demás son responsables de ellos, lo cual genera resentimiento, amargura, cólera y desconfianza. La confusión que se produce es un tormento para el alma. (CGP 177)

La actitud de miedo a menudo nos hace justificar los pensamientos y actos negativos que nunca enfrentamos de manera directa porque estamos perdidos en la desorientación provocada por el miedo. Tenemos que sacar la actitud de miedo a la superficie a fin de comprender su rechazo a la confianza.

Cuando desenterramos las defensas del orgullo, el voluntarismo y el miedo, éstas pierden su poder destructivo. Dejamos que nuestro Ser Observador objetivo y compasivo les dé su nombre sin justificación ni excusa, y también sin juzgarse a sí mismo. No importa lo provocadora que sea la situación, aprendemos a ser responsables de nuestras reacciones negativas.

Mi papá llamó esta mañana. Sentí un ataque de hostilidad, tenía ganas de que se muriera, para poder heredar su dinero.
Ah... ésas son mi voluntarismo y mi avaricia.

Mi esposo se emborrachó anoche. Puede ser tan desagradable. Soy infinitamente superior a él espiritualmente hablando.
Ah... éste es mi orgullo.

Mi hija quiere otro vestido para sus fiestas. Nunca se lo voy a permitir. Ya tiene muchos más amigos de los que yo tenía a su edad y no se lo merece.
Ah... ésta es mi competitividad.

Quisiera que mi esposo me dijera que me ama más a menudo. Me siento sola y es por su culpa.
Ah... aquí están mis sentimientos de víctima disfrazando mi exigencia y mi voluntarismo.

No creo que mi hija vaya a desarrollarse correctamente. Mejor debería ser más estricta con ella.
Ah... he aquí mi miedo y mi deseo de controlar.

▼   Lo que no es el Ser Inferior   ▼

La cólera, en sí misma, no es un aspecto del Ser Inferior. La cólera es una emoción humana natural. Es una campana de alarma de nuestra psique que avisa cuando algo está mal en nosotros o en nuestro entorno. La cólera nos ayuda a actuar, movernos y cambiar. Sin ella, podríamos estancarnos dentro de situaciones que no son sanas y careceríamos de la voluntad para afirmarnos en nuestra defensa o la de alguien más que está siendo maltratado.

Si la cólera es un sentimiento que surge claramente del ser, no tiene por qué ser destructiva. Siempre es más sano sentir nuestra cólera que reprimirla. La cólera reprimida siempre se manifestará de una manera indirecta e inevitablemente más negativa. De modo que la cólera sólo se convierte en expresión del Ser Inferior cuando se la usa para destruir o hacer daño.

Janet tenía unos ideales muy elevados acerca de cómo debía actuar como madre: debía ser razonable, amorosa, justa y, sobre todo, nunca imponerle sus propios problemas a sus hijos. A pesar de que lograba mantener esa imagen idealizada de sí misma durante casi todo el tiempo, a veces se sentía terriblemente abrumada por la maternidad y, ocasionalmente, entraba en rabias irracionales e inexplicables por las cuales luego se sentía espantosamente culpable.

En un grupo del Pathwork expresó su frustración por no lograr vivir a la altura de sus ideales. Le sugerí que tal vez necesitaba sentir su resentimiento por la carga que le creaba su imagen idealizada de sí misma. Una vez que aceptó participar en un psicodrama, todos la señalamos con el dedo formulando las exigencias que ella se hacía constantemente a sí

misma. Conforme su resentimiento hacia nosotros fue estruc-
turándose, por fin se dio cuenta de que también estaba enojada
con sus hijos por lo que le exigían. De hecho estaba furiosa
contra ellos, lo cual era un sentimiento que nunca antes había
reconocido. Exploré más hondo en busca de lo que había detrás
de su rechazo a experimentar su cólera en el momento preciso
en que esa sería la respuesta adecuada ante sus hijos.

"Tengo miedo" susurró, "tengo miedo de que si dejo
sentir mi cólera de manera consciente, tal vez me darán ganas
de matarlos". Ése era el pensamiento del Ser Inferior que
había estado tratando de esconderse a sí misma al reprimir su
cólera. Le propuse que permitiera la existencia del pensamien-
to prohibido y que, dentro del ambiente seguro de nuestro
grupo, en donde nadie podía ser lastimado, se permitiera
desarrollar ese pensamiento.

Entonces dijo fuerte y claramente: "Quiero matar-
los." Y se permitió desarrollar una visualización completa en
la que asesinaba a sus cuatro hijos, llevándolos hasta una
plataforma desde la cual los lanzaría dentro de una gigantesca
olla de aceite hirviendo. Se vio a sí misma hundiendo a cada
uno de los niños y observándolos morir.

La visualización fue un terrible sacudimiento, pero
también la dejó muy aliviada. Al menos su peor secreto había
salido: su asesino enterrado, lo opuesto de su máscara de
"madre perfecta". Ya no tenía que cargar con el lastre de su
falsa culpa que en realidad era una deformación del orgullo de
tratar de ser mejor de lo que sentía que era en el interior.

Esa noche Janet tuvo un sueño: "Entro en una casa que
había estado a cargo de una madrastra muy estricta y mora-
lista que ya ha muerto. Subo al desván y me encuentro con un
vieja canasta. Ahí está metida una pequeña niña a quien la
madrastra había castigado encerrándola para que muriera
pues era muy "mala". La dejo salir y la niña me está muy
agradecida. Inmediatamente sale y se pone a correr y jugar y
yo me siento feliz".

Janet sintió que la "madrastra representaba las exi-
gencias de su máscara idealizada. Y la "niñita" era su energía

espontánea, junto con su cólera natural, la cual había sido reprimida al punto de que casi había muerto. Ahora que el "secreto" del asesino había salido, Janet era libre, la "niña mala" podía correr y jugar libremente y entonces podía reconocer su energía vital. Este trabajo le permitió aceptar su cólera con un juicio menos severo y con mayor conciencia.

El sentimiento de cólera es muy útil, pues es la simple verdad emocional del momento y, por lo tanto, puede llevarnos más profundamente dentro de nosotros. La expresión de nuestra cólera, sin embargo, debe ser algo consciente, se debe poner atención a la manera, el lugar y la persona con la cual se expresa. Se puede sentir y expresar la cólera de manera completa en un contexto seguro de trabajo con uno mismo, en sesiones individuales o de grupo. Fuera de ese contexto, tenemos que decidir si es apropiado y de qué forma podemos expresar la cólera, dependiendo sobre todo del nivel de confianza y de voluntad de explorar los sentimientos que haya en la relación con la persona contra quien estamos enojados.

Si no existe un acuerdo de intimidad con la otra persona y sentimos que no tiene la capacidad para escuchar nuestros sentimientos, tal vez sea mejor no expresar nuestra cólera en absoluto, o bien sólo hacerlo como de manera controlada como una protesta muy clara y específica que tiene el cuidado de no culpar ni humillar al otro. En cada caso, tenemos que explorar la cólera nosotros mismos, de preferencia con la presencia de una perspectiva exterior objetiva y, eventualmente, ver si tenemos que hacer algo concreto en relación con la situación que nos incomoda.

El acuerdo de expresar la cólera de manera abierta y directa es vital dentro de cualquier relación cuya meta sea la intimidad. En tales situaciones, un simple y claro "estoy enojado contigo", a menudo aligera el aire. Esto inicia el proceso que permite asumir la responsabilidad de nuestro enojo, compartiendo los orígenes de la provocación, y luego trabajando para descubrir si la fuente de la cólera es una ofensa real del momento por parte del otro o la reactivación de una herida pasada dentro de nosotros, o una combinación de ambas cosas.

▼ *La cólera del Ser Inferior* ▼

La clara expresión "estoy enojado" es mucho más sana que las alternativas comunes verbalmente expresadas, pero más a menudo secretamente sentidas, del estilo de: "Te odio", "Eres tal y cual cosa, y mira lo que me has hecho" o "Ya me las pagarás". El odio, la culpa, la vanagloria y la venganza son infinitamente más dañinos para nuestras relaciones que la simple admisión del enojo.

La cólera es una expresión del Ser Inferior sólo cuando su intención pasa de la simple auto-afirmación hacia el deseo de herir, castigar o destruir. La cólera que se expresa de manera violenta y que se deja descomponer en odio o venganza, siempre es una expresión del Ser Inferior. Si el enojo no se expresa, sino hasta después de muchas heridas o resentimientos que se han acumulado, siempre será dañino y vengativo. Ese tipo de cólera puede ser experimentado de manera útil dentro de un contexto seguro de consejos espirituales o terapéuticos. Entonces conscientemente vamos más al fondo para explorar nuestros sentimientos negativos en busca de claves acerca de sus más profundos orígenes.

Sin embargo, es preciso darnos cuenta de que es completamente irrealista tratar de alcanzar una manera perfectamente ordenada de expresar nuestra cólera. Aun las personas más espiritualmente elevadas, en ocasiones explotan con la expresión de cóleras añejas y semiconscientes. Semejantes explosiones pueden alertarnos acerca de las maneras en que nuestras máscaras de amor o serenidad todavía operan como defensas en contra de nuestra negatividad. Nuestro trabajo es siempre el mismo en estos casos:

aceptar y perdonarnos, igual que aceptamos y perdonamos
nuestras fallas y defectos, para luego ir a explorar su origen.

▼   *Descubrir al Ser Inferior*   ▼

El Ser Inferior es peligroso, emocionante y constituye un
terreno atemorizante para la mayoría de nosotros. Es, al
mismo tiempo, atractivo y repulsivo. A pesar de que la
violencia es repugnante, de cualquier manera nos fascina.
La venta de periódicos, el cine y los programas violentos
en la televisión dependen en gran medida de nuestra fascinación por quienes han actuado a partir de sus seres inferiores, pues reconocemos el potencial secreto hacia el mal
que existe dentro de cada uno de nosotros. Instintivamente sabemos que el Ser Inferior contiene energía vital y, por
lo tanto, nos atraen, como si se tratara de sucedáneos de la
misma, las manifestaciones de esa energía en los crímenes
y la crueldad de la vida real, así como de la ficción de los
cuentos y películas. Hay un potencial positivo en la atracción que ejerce ese tipo de entretenimiento, pues podemos
usar nuestra fascinación específica por ciertas manifestaciones del mal como clave para ir en busca de nuestra
propia "Tierra del Ser Inferior".
　　Con el fin de encontrar más claves, tenemos que
examinar nuestro comportamiento. Algunos de nosotros
expresamos la cólera verbalmente con gente desconocida
cuando nos sentimos agraviados. Los demás generalmente
manifestamos la cólera sólo en contextos de intimidad;
generalmente, somos más crueles con la gente cercana.
Nos sentimos heridos o amenazados y entonces respondemos golpeando o reteniendo. O si reprimimos nuestro
comportamiento colérico, nuestros pensamientos pueden
estar impregnados de hostilidad. O tal vez descubrimos
que proyectamos nuestros peores pensamientos sobre los
demás, imaginando que son hostiles con nosotros, cuando
en realidad es al revés.

El Ser Inferior funciona en nuestra vida a través de las imágenes con que distorsionamos la realidad para justificar nuestra negatividad. Las defensas del orgullo, el voluntarismo y el miedo nos mantienen atrapados dentro de una estrecha y egoísta definición de nosotros que intelectualiza, aún más, la falta de conexión con los demás.

Incluso si no somos conscientes de la manera en la que el Ser Inferior funciona en nuestra vida exterior, nuestra vida en sueños casi siempre revela el lado de nuestra sombra.

Un hombre que había trabajado como taxista en una gran ciudad soñó lo siguiente: "Estoy en el barrio porno de una enorme ciudad anónima. Por todos lados, hacia donde volteo, hay gente desesperada: drogadictos, vendedores de droga, prostitutas, homosexuales. Empiezo a sentir el peligro y me quiero ir de ahí. Sin embargo, cada calle a la que entro es una cerrada, hasta que, finalmente, mientras estoy parado ante un semáforo en rojo, se suben al taxi dos prostitutas y me dicen que me van a mostrar el camino para salir de ahí. Seguimos por calles aún más sucias y llenas de personajes de los bajos fondos, mientras ellas me empiezan a contar la historia de su vida. Incluso durante el sueño me doy cuenta de que estoy en la "Tierra del Ser Inferior" y de que, probablemente, no lograré salir de ahí hasta haber oído la totalidad de la historia de ambas prostitutas."

Más aún, siempre podemos echar luz sobre el Ser Inferior mediante el examen de nuestro comportamiento sexual y nuestras secretas fantasías sexuales. Casi todo el mundo tiene alguna fantasía sexual en la cual la sexualidad está separada del amor, en la cual se degrada o se forza a uno mismo o a alguien más, o bien uno es degradado o forzado por otra persona. Si estas fantasías fueran examinadas a fondo nos revelarían nuestras más importantes distorsiones. Albert, cuya historia empezó este capítulo, constantemente se sentía atraído por las mujeres "prohibidas", tanto en la realidad como en sus fantasías. De ese modo recreaba el original tabú del incesto, impulsado por el apego de su energía sexual a la situación negativa inicial.

> A menudo, el ser humano funciona erótica o sexualmente en relación con el miedo y el dolor. Cada uno de ustedes, al menos en cierto grado, encontrará que sus respuestas eróticas aparecen sólo cuando hay al menos un elemento de rechazo, miedo, incertidumbre, inseguridad o dolor. (CGP 119)

Examinaremos la relación entre la sexualidad y el Ser Inferior de manera más completa en el Capítulo Nueve, en donde exponemos el apego de la fuerza vital del placer a situaciones negativas de la vida.

▼ El poder creativo del Ser Inferior ▼

Mientras la "Tierra del Ser Inferior" siga siendo un territorio inexplorado, siempre nos parecerá algo abrumador y que nos llena de miedo. Tenemos miedo de que el ser del ego, con el que generalmente nos identificamos, se pierda en los vericuetos de nuestras distorsiones. Tenemos miedo de los monstruos del inconsciente negativo que merodean en los bosques de esas tierras ignotas.

Sin embargo, dado que el mal es una parte integrante de la naturaleza humana, si damos libre paso al camino de la verdad, entonces no nos queda más que entrar en los oscuros misterios de nuestra naturaleza. De otro modo, siempre viviremos en la superficie de la vida, en la máscara de la negación. Tenemos que recordar que el mal no es una fuerza separada en el universo. En el nivel ordinario y dualista, el mal puede parecer una fuerza equivalente y opuesta al bien. Pero en realidad, el mal no es más que una distorsión de la única y gran fuerza creativa del universo. Enfrentar y aceptar el mal es la única manera de volver a dirigir la "corriente energética" hacia su origen puro.

Cuando se comprende que el mal intrínsecamente es un flujo de energía divina, el cual momentáneamente ha sido distorsionado a causa de ciertas ideas, conceptos erróneos e imperfecciones, entonces ya no se le rechaza en su esencia. (CGP 184)

La transformación del Ser Inferior esencialmente consiste en la liberación de una masa fea y obstruida de la sustancia del alma para que vuelva a adquirir su aspecto fluido. Del mismo modo en que la materia sólida puede, mediante la aplicación de ciertos procesos físicos, disolverse en energía gaseosa, así el Ser Inferior (mediante la aplicación de las prácticas espirituales de la investigación, la aceptación, la confesión y el perdón) puede disolverse en energía divina. La crueldad sexual, por ejemplo, se transforma en exuberancia sexual. La agresión hostil se convierte en afirmación positiva. El estancamiento pasivo se vuelve relajada aceptación, etcétera. Con cada transformación nos abrimos más y más a la energía benéfica, obteniendo la vitalidad sin obstrucciones del ser sin defensas.

La integración de nuestra oscuridad hace que la vida sea más real e interesante. En el siguiente sueño, una joven mujer que había estado luchando contra sus impulsos suicidas por fin reconoce a su sombra auto-destructiva como un amigo.

"Estoy sentada con mi madre en un cine justo antes de que empiece la película. Estamos a punto de ver una comedia ligera y mediocre. En los asientos de las filas del frente veo a un amenazante pero atractivo hombre negro y me dirijo hacia él. Mi madre me advierte que la película está por comenzar y añade una grave amenaza de que algo malo va a pasar si la dejo. A pesar del miedo, me acerco para ver al hombre."

"Conforme me voy acercando a él, me mira de manera seductora, lo cual me llena del miedo de perderme en su poder. Pero mientras más me acerco, menos miedo me da. Finalmente, me siento junto a él y tomo su mano. Nos vemos

los ojos y por un momento es como si nos fundiéramos en una sola persona; me siento más fuerte y más arraigada que nunca. Entonces sé que nunca más volveré a ir con mi madre y que la película que voy a ver en realidad es seria, emocionante y que cambiará mi vida."[1]

La joven mujer resumió así su sueño: *"Mi madre es como mi ser idealizado, el cual hace como si yo no tuviera un lado oscuro. La dejo para enfrentar mi propia naturaleza oscura y eso me fortalece. La película de mi vida ahora es mucho más real."*

▼ Orígenes del Ser Inferior ▼

En cualquier vida humana, el Ser Inferior es activado por las experiencias negativas de la infancia, especialmente con los padres. Tanto el Ser Inferior como la máscara son creados por el intento del alma por resistir o escapar a la experiencia dolorosa, la cual es inevitable dentro de la dualidad de la condición humana. Cuando nos enfrentamos con una situación dolorosa, espontáneamente sentimos dolor y expresamos el sufrimiento, o bien reaccionamos con enojo. Éstos son sentimientos naturales que todavía no manifiestan al ser inferior.

Sin embargo, el problema es que generalmente ni la expresión del sufrimiento ni el enojo son aceptados por nuestros padres. De modo que aprendemos a reprimir nuestros sentimientos espontáneos. Y entonces tratamos de inventar una manera más aceptable de actuar a fin de evitar el dolor en el futuro. Es así como construimos una

---

[1] El sueño de esta mujer blanca en el cual su ser de la sombra es representado por un hombre negro es un ejemplo de simbolismo cultural subyacente al racismo. El Ser Inferior que no se quiere reconocer se proyecta sobre el "otro", ya sean negros, judíos o cualquier otro grupo, lo cual le da la máscara o al Fariseo que hay en nosotros, la excusa para oprimir a otros seres humanos. Al reconocer nuestras proyecciones, tal como lo hace esta mujer en su sueño, se encuentra la solución al racismo personal y colectivo.

máscara y reprimimos nuestros sentimientos naturales. Finalmente, esos sentimientos se quedan como adormecidos. Y juramos —frecuentemente sin percatarnos de manera consciente de ello— que nos vengaremos de los demás, por lo general usando nuestra propia desgracia como arma.

El niño al sentirse herido, rechazado, desampa-radamente expuesto al dolor y a las privaciones, a menudo descubre que el adormecimiento de sus sentimientos es la única protección en contra del sufrimiento. Y esto generalmente funciona, de manera bastante realista, como un artefacto efectivamente protector. Asimismo, cuando el niño experimenta emociones contradictorias y conflictivas dentro de su psique, no es capaz de lidiar con ellas, de modo que las adormece. Bajo ciertas circunstancias esto puede ser una salvación para el niño, pero cuando se mantiene el adormecimiento, una vez que las circunstancias ya no son las mismas, y cuando la persona ya no es un niño desamparado, entonces es cuando comienza el mal.

El adormecimiento y la insensibilidad ante el dolor que uno sufre y ante los conflictos internos se convierte en adormecimiento e insensibilidad ante los demás... Permite que uno vea a los demás sufriendo sin sentirse incómodo ni tener cargos de conciencia. Buena parte del mal que hay en el mundo es creado por este estado del alma. La indiferencia pasiva puede no ser tan activamente mala como la crueldad que se comete, pero a largo plazo es igualmente dañina.

. . . .

El siguiente nivel es el de ser activamente cruel. Esto surge a partir del miedo a los demás, de quienes uno espera recibir actos de ese tipo, o surge de la incapacidad para lidiar con cóleras repentinas, o del proceso sutil de fortalecimiento del adormecimiento como artefacto protector. Veremos que una persona puede, en cierto momento, y de manera casi consciente, dudar antes de tomar una decisión: "O dejo que mis sentimientos salgan e interactúen con el otro o, en cambio, a fin de rechazar este fuerte flujo de cálidas emociones, debo comportarme de la manera exactamente opuesta." En un instante ese razonamiento ya no existe y la decisión consciente se ha olvidado; lo único que queda es un avasallador impulso para cometer actos crueles... Esto luego aumenta el proceso de adormecimiento, ya no sólo para prohibir el flujo de sentimientos positivos espontáneos, sino para repeler el miedo y la culpa. El acto deliberado de causar dolor a los demás simultáneamente, mata la capacidad de uno para sentir. Así es como se vuelve un artefacto aún más fuerte para alcanzar el adormecimiento.

En todos estos casos podemos ver, una y otra vez, cómo todo el daño, toda la destructividad, todo el mal, surgen de la negación de los sentimientos del espontáneo ser verdadero. (CGP 134)

Siendo niños éramos intensamente vulnerables y desamparados. Al experimentar emociones espontáneas pero dolorosas del ser verdadero, aprendimos a acallarlas porque pensamos que eran intolerables. Por eso es que abrirnos ahora al dolor de la infancia tan largamente reprimido constituye una parte fundamental de la sanación del Ser Inferior. Cuando podemos sentir nuestro propio dolor, entonces nos podemos abrir al sufrimiento de los demás. De modo que será mucho menos probable que seamos crueles con ellos.

▼ El Ser Inferior innato del niño ▼

Además del mal reactivo que surge de las heridas propias de la infancia, todos nacemos con un Ser Inferior. Éste puede ser considerado como una capacidad innata de los seres humanos para ser destructivamente egoístas, crueles y posesivos. Esta distorsión universal, inicialmente, surge cuando el niño empieza a diferenciarse como un ser separado. Si las necesidades reales del bebé son satisfechas, esto generalmente sucede alrededor de los dos años de edad.

En esa etapa el niño empieza a diferenciarse de sus padres y a ejercitar su poder separado. El Ser Inferior se muestra en la forma de exigencias irracionales con el fin de ser constantemente el centro de atención, de que sus necesidades sean satisfechas de inmediato y de tratar de controlar a los demás y a su entorno en todo momento.

El Guía del Pathwork llama a esto la "imagen masiva de la importancia personal", la cual es una expresión universalmente humana del Ser Inferior. La imagen masiva es que mi valor personal depende de ser especial para los demás, de obtener su aprobación y sus bondades. Mientras este estadio de narcisismo dependiente y de exigente importancia personal es algo natural en la evolución del ego del niño, de no ser atendido con una amorosa confrontación y buen humor, esta distorsión humana generalizada se puede prolongar hasta la edad adulta.

> Nosotros, en nuestro mundo, podemos escuchar sus almas aullando para que se les de atención... Cuando nos acercamos a su plano, todas las almas lanzan ese fuerte clamor, inaudible para sus oídos. Pero pueden imaginar lo ruidoso que resulta para nosotros. (CGP 57)

Dado que la mayoría de las almas no superan la etapa del egoísmo infantil, ¡el mundo entero suena como una clase de preescolares que se ha escapado del control de la maestra para los espíritus más evolucionados que visitan nuestro reino!

Cuando la importancia personal típica de esa fase del desarrollo ha sido enfrentada de manera completa, entonces el desarrollo será hacia una sana auto-afirmación aunada al reconocimiento de los límites. La correcta definición de límites realistas, por parte de los padres, permite al niño aprender que el universo no existe sólo para satisfacer todos y cada uno de sus caprichos. Es precisamente en la experiencia de esa frustración que el niño aprende a separarse de su entorno. Cada niño se resiste a los límites impuestos por sus padres y expresa su desacuerdo y su frustración al respecto. Instintivamente responde con furia, odio y el deseo de venganza. Los padres sanos pueden hacer frente a estas reacciones con firmeza, pero con el corazón abierto, sin tomar la importancia personal del niño o niña demasiado en serio. Sin embargo, si las reacciones espontáneas del Ser Inferior del niño o la niña reciben el duro regaño de los padres, entonces se esconderán y permanecerán sin resolver, tan sólo para manifestarse más tarde en la vida.

El niño necesita que se acepte su egoísmo y que se estimule su necesidad real de autonomía y poder. Pero también necesita límites claros para su comportamiento y la voluntad de sus padres para identificar la conducta negativa sin juicios, incluso cuando los sentimientos y la energía del niño o niña se están afirmando. De este modo puede empezar a aprender la actitud correcta para con su propio Ser Inferior: aceptación y perdón, sin justificarlo cuando se manifiesta exageradamente. El niño o la niña puede, entonces, aprender a diferenciar sus verdaderas necesidades de sus demandas excesivas, y a identificar su negatividad con lo que es, sin justificarla ni ser indulgente con ella.

No obstante, las actitudes distorsionadas de los padres con sus propios seres inferiores se reflejarán con los niños. Si los padres rechazan su Ser Inferior, el niño reprimirá su propio egoísmo y hostilidad naturales, desconociendo su responsabilidad por su negatividad. Y si los padres son indulgentes con su negatividad o no logran confrontar al Ser Inferior del niño, entonces éste tendrá manifestaciones negativas sin ser capaz de reconocer su responsabilidad por su comportamiento.

Ya sea que lo reprima o lo permita excesivamente, el niño siempre tratará de adormecer el dolor de la verdadera culpa que acompaña la conciencia de su Ser Inferior. Y tratará de adaptarse a un molde aceptable para las expectativas conscientes e inconscientes de sus padres, pues así piensa que podrá evitarse mayor dolor en el futuro. Así es como se construye la máscara y se limita la conciencia del Ser Inferior.

Cuando se le reprime, el Ser Inferior se esconde para hacer erupción más tarde en la vida, especialmente en momentos de estrés o de crisis. Si se le deja manifestarse, el dolor acumulado por la culpa que no se ha sentido profundiza la alienación de la persona de sí misma y de la posibilidad de transformación. Llegada la edad adulta, los orígenes infantiles del Ser Inferior se han olvidado. Entonces el odio, el egoísmo y el deseo de venganza se intelectualizan en función de los eventos exteriores, reduciendo la capacidad de asumir la responsabilidad ante el Ser Inferior de cada uno. Es así como el mal se perpetúa a sí mismo.

▼ *El karma y el Ser Inferior* ▼

También podemos ver el origen del Ser Inferior desde la perspectiva más amplia del viaje del alma. Desde este punto de vista, cada encarnación es sólo un fragmento del viaje del alma a través de muchas vidas. El Ser Inferior es visto como una creación acumulativa, que resulta de cada decisión negativa que hemos hecho a lo largo de las vidas, que hemos tenido sobre la tierra. Cada vez que hemos escogido el miedo, la venganza o el adormecimiento en lugar del amor, el valor y la conexión, hemos congelado un trozo de nuestra alma. Esta energía vital contraída es el Ser Inferior del alma. La llevamos a cada vida como un pedazo de equipaje compacto, con el fin de, eventualmente, enfrentarnos con él y liberarlo. El Ser Inferior del alma sólo puede ser descongelado e iluminado al sentir el dolor de las decisiones negativas que hemos hecho o tomando otras decisiones más positivas. El antiquísimo ritual de la confesión y el perdón funciona en la transformación del Ser Inferior en el nivel del alma.

Desde este punto de vista, escogemos a nuestros padres y las circunstancias iniciales de nuestra vida a fin de activar las "huellas del alma" o los asuntos no resueltos que han sido traídos a la encarnación presente desde las anteriores. Ciertos tipos de dolor infantil o de rechazo hacen un eco familiar dentro de nuestra alma para que podamos recrear la situación que hemos venido a enfrentar y sanar. Esto nos ayuda a explicar por qué los hijos diferentes de los mismos padres a menudo responden de maneras tan distintas a la misma situación familiar. Cada niño tiene un karma diferente o distorsiones propias específicas que se activan en la infancia y, por lo tanto, tiene una tarea diferente con sus padres.

Una vez que las debilidades particulares de nuestra alma y sus distorsiones se han sacado a la superficie, a través de las experiencias formativas de la infancia, entonces tenemos la oportunidad de reconocer y transformar nuestras fallas crónicas. Nuestros guías espirituales y nuestro Ser Superior planean nuestro entorno temprano para que esas fallas puedan hacerse manifiestas, adoptando una forma concreta y también para que nuestras fuerzas sean puestas a prueba y refinadas.

Comprender que ciertas defensas negativas se encuentran inscritas en el alma, desde experiencias de vidas pasadas, nos da una perspectiva más amplia de los asuntos que enfrentamos en esta vida.

Eleanor está explorando su resistencia interior a las relaciones, su "no" a compartir abiertamente con los demás. A veces sentía algo como una restricción física real, una incapacidad para hablar. Aun en ocasiones en las que había decidido compartir algo vulnerable acerca de sí misma, no podía hacer salir las palabras. Se sentía presa de su miedo a lo que pudiera salir si se permitía ser real y abierta con los demás.

En el curso de una meditación guiada, se vio a sí misma en un calabozo. Podía ver y oler la humedad de las paredes enmohecidas de piedra gris, una minúscula ventana con barrotes mucho más arriba de donde podía alcanzar y un banco de madera encadenado a la pared. Se vio sentada en ese banco, vestida con un largo ropaje medieval. Sabía que era alguien importante, tal vez una duquesa, que había sido encerrada en el calabozo porque amenazaba los poderes gobernantes. El celador parecía un hombre bueno y atento, vestía una tela marrón muy burda con una cuerda como cinturón y parecía expresar cierta compasión por ella. Pero Eleanor no quería su compasión. Pensó: "Creen que me molesta que me hayan metido aquí, pero no es así. No me importa. No hay modo en que me puedan tocar, no me pueden hacer nada. Ésa es mi victoria. Mi victoria consiste en que no me importa. Nunca los dejaré que sepan cuán herida estoy."

La imagen de su orgulloso aislamiento y de su resistencia a la vulnerabilidad en esa vida medieval fue un paralelismo dramático para el estado actual de Eleanor que se sentía encerrada dentro de sus propias defensas. Sintió un gran alivio al experimentar esa vieja escena que retrataba tan claramente sus dificultades actuales. Empezó a trabajar muy activamente con su personaje interior de la duquesa prisionera y con su decisión de esa vida de mantenerse aislada y orgullosa. Eventualmente, permitió que el dolor y el desamparo defendidos brotaran a través de ella y a partir de entonces la prisión de sus rígidas defensas empezó a caer en pedazos.

A cada vida traemos los asuntos y las imágenes que reflejan nuestras distorsiones. Nuestra vida con nuestros padres cristaliza esas imágenes para que podamos verlas con claridad. Conforme esos "antiguos" problemas vuelven a ser actuados en nuestra vida, podemos empezar a darles solución. A lo largo del camino aprenderemos cómo ciertas actitudes, inexorablemente, producen ciertos resultados: separarnos causa aislamiento, el amor crea armonía, la dependencia crea decepción, la responsabilidad crea autoestima, etcétera. Estas leyes del karma funcionan dentro de esta vida, y a lo largo de muchas vidas también.

▼ El origen del mal ▼

En un nivel aún más profundo, el origen del Ser Inferior en la psique individual es el equivalente del tema del origen del mal en la humanidad.

El Guía del Pathwork concibe a los seres humanos como una parte de la materia cósmica que fue creada cuando algo de Dios decidió separarse de sí mismo. La identificación del ser con esa separación condujo a esa parte de Dios hacia la dualidad y el mal. Los seres humanos estamos en el viaje de autodescubrimiento que se dirige hacia la reunión consciente con Dios, nuestra verdadera esencia. Y a diferencia del resto de la naturaleza, los seres humanos hemos sido dotados del libre albedrío, el cual nos permite elegir el egocentrismo y la creencia en la separación.

Nuestro Ser Inferior quisiera que permanezcamos orgullosamente separados, mientras que nuestro Ser Superior anhela una humilde reconexión, reunión y recuperación de nuestra identidad con la totalidad de la creación. Este anhelo nos conduce a lo largo de un viaje de muchas vidas, que terminará cuando cada fragmento de la conciencia humana que se encuentra separado decida, por su propia voluntad, retornar al estado de unidad.

El Guía generalmente utiliza mitos y metáforas del cristianismo occidental para describir el proceso universal de la separación y el retorno. Pero ocasionalmente utiliza un lenguaje más abstracto, propio del misticismo oriental. La cosmología más apropiada será siempre la que mejor resuene dentro de cada individuo de acuerdo con su experiencia personal. A fin de cuentas, la atención a nuestra propia experiencia de la naturaleza limitada de nuestra negatividad y de la expansividad de nuestra naturaleza divina es algo mucho más importante que cualquier creencia estructurada.

▼ *El mito cristiano* ▼

La historia cristiana de la separación original de Dios se basa en el relato de Lucifer, el segundo ángel de Dios después de Cristo, quien decidió separarse de su Padre y Creador. En su rebelión, Lucifer se convirtió en Satanás, identificándose con su separación, su orgullo y su voluntarismo. A pesar de que creyó que a partir de ese momento había creado su propio "reino", de cualquier modo Satanás está sometido a las leyes absolutas del universo de Dios.

El mal de Satanás no es una fuerza igual y opuesta al poder de Dios, dado que fue Dios quien creó a Satanás y le dio el libre albedrío. Satanás está atado a las leyes de causa y efecto, de modo que tarde o temprano sufre por cada una de sus decisiones negativas. Y este sufrimiento es lo que eventualmente lo hará despertar a la realidad del dolor que engendra la separación; para que finalmente pueda tomar la decisión correcta.

El opuesto de Satanás es Cristo. Del mismo modo en que Cristo personifica la luz eterna de lo divino, Satanás personifica la oscuridad del mal. Todas las dualidades de nuestra realidad humana surgen de esta división original entre Satanás y Cristo, oscuridad y luz, mal y bien. Dios es el principio unificador, el Padre de todo y dentro de cada ser humano coexisten los tres "personajes". Así, en el nivel dualista, somos simultáneamente Cristo (el Ser Superior Universal) y Satanás (el Ser Inferior Universal), la batalla entre nuestros impulsos positivos y negativos. Pero debajo de todo esto también somos Dios, el principio de unidad que va más allá de la dualidad.

"El pecado original" en realidad representa las imperfecciones intrínsecas a nuestra naturaleza humana resultado de la decisión original de separar nuestra conciencia de la conciencia de Dios. La conciencia del pecado original es simplemente el darnos cuenta de nuestra alienación respecto de la totalidad. Pero debemos saber que ésa no es nuestra identidad básica. Nuestra naturaleza más original es la divinidad, pues las distorsiones se desarrollaron después.

El mito de la decisión de Adán y Eva de desobedecer a Dios y seguir a Satanás, de donde resultó la expulsión del Jardín del Edén, es una manera de representar nuestra decisión original de dejar la conciencia de unidad. La encarnación de Cristo, como Jesús, marcó un punto crucial en la evolución de nuestra capacidad para volver a armonizarnos con el propósito de Dios, de saber que ya hemos sido perdonados y que somos completamente amados, a pesar de la realidad de nuestro Ser Inferior, a pesar de la realidad de las acciones de nuestra defectuosa y parcial conciencia del ego. Dado que Jesucristo nos mostró el camino de vuelta hacia la unidad con Dios, somos capaces de elegir libremente nuestra participación en el plan de "salvación". Pero, en el proceso debemos elegir diariamente entre el camino de Cristo, para la reunión consciente con Dios, o el camino de Satanás que conduce hacia el egoísmo y la separación respecto de Dios.[2]

▼ Puntos de vista no cristianos ▼

La misma historia de plenitud original, separación y reunión puede ser contada en términos no cristianos, no personificados y más compatibles con la cosmología budista.

Imaginen, amigos míos, una conciencia, un estado del ser, en el cual sólo existen la gloria y el poder infinito (literalmente infinito) de crear con, a través y a partir de la conciencia. La conciencia piensa y desea y, he aquí que lo que se piensa y desea existe. La vida y la luz se pueden expandir hacia más y más posibilidades. Sólo en la forma de existencia del ego humano el pensamiento

---

[2] La alegoría cristiana es contada por el Guía en otras ocasiones en las Conferencias 19 a 22, cuyos títulos son "Jesucristo", "Dios — la creación", "La caída" y "La salvación".

y la voluntad aparentemente se separan del hecho y de la forma.

Dado que las posibilidades son ilimitadas, la conciencia puede también explorarse a sí misma limitándose y fragmentándose, para ver "qué sucede", por decirlo de alguna manera. Se experimenta a sí misma contrayéndose en vez de expandiéndose. En vez de desarrollarse, prueba qué se siente condensarse; en vez de explorar más allá dentro de la luz, quiere ver qué es sentir y experimentar la oscuridad.

Entonces pueden surgir una fascinación y una aventura especial en la sola prueba de la limitación y la fragmentación de la conciencia, en ver cómo se sentirían la oscuridad y la ausencia de conciencia del todo. Pero luego esto empieza a cobrar un poder propio, pues todo lo que se crea tiene energía invertida dentro de sí y esa energía se autoperpetúa. Surge un impulso propio y, en cierto momento, la conciencia que desde hace tanto tiempo ha creado estos canales y caminos ya no puede revertir el proceso. Se pierde en su propio impulso habiendo perdido también el contacto con la manera de recobrar la memoria de sí misma.

En el nivel más profundo, la conciencia sabe que no hay ningún peligro real, pues no importa qué sufrimientos puedan sentir ustedes los seres humanos, a fin de cuentas es algo ilusorio. Lo sabrán una vez que descubran su verdadera identidad. Todo es un juego, una ilusión o un experimento de los que su verdadero estado del ser será eventualmente rescatado. (CGP 175)

Esta visión del drama cósmico, de la separación y la reunión, no habla del mal, pero sí ve al ego humano como parte de la conciencia que se ha separado del todo. Sugiere que hemos decidido explorar la separación o el mal simplemente porque existe como una opción posible. Todas las opciones posibles, eventualmente serán elegidas, tan sólo para que la totalidad de la creación sea explorada de manera consciente.

Tanto la perspectiva religiosa occidental como la oriental pueden ser distorsionadas. El énfasis oriental en el nivel benigno, y de unidad de la realidad, puede ser distorsionado hacia la negación del mal en el nivel humano. Y el drama cristiano de la lucha entre Cristo y Satanás, el bien y el mal, puede ser exagerado hasta la negación de nuestra integridad y divinidad subyacentes.

▼ *El punto de vista del Pathwork* ▼

El Pathwork es simultáneamente oriental y occidental, una síntesis de las tradiciones místicas de Oriente y de Occidente que enfatiza la experiencia directa del ser y de Dios. La vida humana es vista como una escuela de purificación para el alma en su viaje a través de muchas vidas en las que va creando y liberándose del karma, de los resultados de las auto-identificaciones negativas y limitadas y aprendiendo a re-identificarse con su esencia divina.

El mal se origina en la voluntad benigna de Dios que permite que ciertos aspectos de su integridad se encarnen separadamente y exploren la identidad separada. Los fragmentos separados se vuelven más y más conscientes de sí mismos y de su condición limitada, con el resultado de que, libremente, decidimos buscar nuevamente la unidad.

> La realidad del mal, tal como se manifiesta en este plano del desarrollo, debe ser aceptada por cada individuo a fin de que aprenda a enfrentarlo y, así, a sobrepasarlo realmente. El mal debe ser enfrentado y sobrepasado inicialmente dentro del ser. Sólo entonces es posible lidiar con el mal fuera del ser... La conciencia humana se encuentra en un nivel de desarrollo en el que existen tanto lo puro como lo distorsionado, el bien como el

mal, Cristo y el diablo. La tarea de cada ser humano, en el largo camino de la evolución —y de una vida a la otra— es purificar el alma y sobreponerse al mal. (CGP 197)

No importa qué cosmología o explicación acerca del origen del mal se adopta. Y tampoco importa si crees en la reencarnación o en un plan de evolución hacia la salvación o cualquier otra cosa. Lo importante es aprender a mirar hacia adentro, a enfrentar el ser honesto y compasivo. De este modo aprendemos a enfrentar nuestro propio mal, sabiendo que no es la realidad definitiva, sino la divinidad distorsionada.

En la historia de "Los fantasmas de Albert" que sirvió de introducción a este capítulo les conté cómo, en una experiencia personal intensiva en Sevenoaks, Albert se enfrentó con la temida "maldad" de su niño interior atrapado en una telaraña de incesto tejida por su inmadura y neurótica madre. Albert sintió su vergüenza y su culpa. El embrollo sexual con su madre fue enfrentado y perdonado de manera más completa que nunca antes en su vida.

Lo que quedaba por hacer era mirar francamente los patrones negativos del hombre maduro que, sin haber entendido por qué, había abusado de las mujeres en un esfuerzo por vengarse del trauma central de su infancia. Albert ahora tenía que encontrar el sentido de ese interminable ciclo de relaciones, descubrir cómo podría alcanzar el amor comprometido en vez de los juegos de poder sexual a los que se había acostumbrado.

En su momento, Albert empezó a descubrir que su atracción hacia las mujeres "prohibidas" surgía de la temprana excitación de la relación tabú con su madre.

Cada vez que su relación con una mujer se volvía "aceptable", como sería en el contexto del matrimonio, él perdía el interés.

Conforme Albert exploró la relación incestuosa con su madre de manera más completa, se fue dando cuenta de que, además de haber sentido vergüenza y un deseo secreto, también estaba muy enojado con ella. En realidad ella lo había maltratado y, por lo tanto, él tenía derecho a estar enojado. Pero de todos modos le resultaba difícil enojarse con Anna, aun de manera fantasiosa. En cambio, había manifestado esa cólera hacia otras mujeres. Se había enamorado, pero nunca le había entregado su corazón ni se había comprometido de verdad. Había utilizado su conocimiento de la psicología para sentirse "superior", para intimidar y controlar a las mujeres.

Albert tenía que enfrentar la culpa real de adulto por su comportamiento negativo con las mujeres, tenía que reconocer su propio poder oscuro, su crueldad e intimidación, a fin de sentir el miedo y la vulnerabilidad que en realidad estaba defendiendo, y tenía que buscar una nueva fuente de poder en su capacidad para amar, en vez de en su deseo de venganza.

Albert nos contó un sueño: "Estoy en el cuarto de enfrente de mi casa de cuando era niño, tengo miedo y me siento solo. Necesito desesperadamente a alguien que me cuide y me proteja. Entonces oigo que alguien entra por la puerta de atrás que está rota y que yo dejé abierta. Al principio pienso que es un hombre, pero en realidad no es un hombre, es una sombra oscura, como el dibujo de una sombra de un viejo comic. La sombra anda husmeando en los cuartos de atrás de la casa y me habla desde allá. Me dice que ha venido a protegerme, a ser el padre que necesito. Pero no le creo. Más bien creo que es el diablo y me despierto asustado de haberlo dejado entrar en la casa."

Al empezar a trabajar con el sueño, Albert sintió las nubes oscuras que lo habían atemorizado anteriormente. Le propuse que rezáramos; invocamos la presencia de Cristo y le pedimos Su ayuda para que Albert llegara al corazón de su oscuridad, para que enfrentara lo que le estaba obsesionando. Mientras esperábamos pude ver la energía oscura nuevamente envolviendo la cara de Albert.

Le propuse que hablara como si él fuera el personaje de la "sombra" de su sueño. Albert empezó a decir: "Soy tu oscuridad. Entré por la puerta de atrás, el corazón roto de tu infancia destrozada. Me invitaste para que te protegiera y ahora eres mío. Te espantaré y tú harás mi voluntad. Estoy comprometido con la venganza y el odio. Nunca me daré por vencido. Poseeré y destruiré a todas las mujeres que pueda."

Mientras hablaba, Albert cambió de cara. Su sonrisa habitual se volvió sarcástica, sus hombros se tensaron y se encorvaron y su maxilar se hizo prominente. El poder oscuro se revelaba a través del cuerpo de Albert.

"*Siente tu cuerpo ahora*", le sugerí. "*¿Sientes el demonio que tienes dentro?*" Los hombros de Albert se cayeron y su maxilar se relajó. "*Lo puedo sentir*", contestó, "*pero lo rechazo*".

Le di ánimos para que siguiera: "*Ésta es una magnífica oportunidad. Tienes la posibilidad de enfrentar al demonio que te ha hechizado durante años. Ésta es la oscuridad que escogiste como defensa en contra del dolor de tu infancia. Pero ahora puedes elegir otra cosa. Si lo rechazas, el demonio se irá nuevamente a esconderse. Si lo aceptas, lo puedes cambiar.*"

Albert estaba indeciso. "*No veo qué puede surgir de bueno de aquí. No me siento muy lleno de fe en este momento. No quiero hacerlo. Tengo miedo.*" Me agaché y tomé sus manos. "*Siente mis manos, siente mi fe, Albert*", le pedí. "*Recuerda que Cristo está con nosotros para ayudarte a ir hacia lo que te espanta. Ve, Albert, ve y enfrenta la oscuridad. Éste es el lugar en donde hace mucho te comprometiste con la venganza en vez del amor. Es un gran paso si lo puedes ver tan claramente.*"

"*Es muy difícil*", protestó "*aceptar que ese demonio en realidad soy yo, que yo lo escogí. Pero sé que él es la causa de toda mi angustia. Creo que más me vale aprender a conocerlo mejor si es que quiero quitármelo de encima. Me cuesta aceptar que soy yo mismo y que de cualquier modo no soy malo e imperdonable*".

"*No eres completamente malo, Albert*", le recordé. "*Recuerda que todos los seres humanos son al mismo tiempo buenos y malos. Y recuerda que estás perdonado en Cristo. Tu maldad sólo es un estado temporal, una parte de tu humanidad, tu intento equivocado de protegerte del dolor de tu infancia terriblemente solitaria. Cuando enfrentes este demonio, podrás transformarlo. Lo que estás haciendo ahora es un traba-*

jo sagrado, heroico. Lo puedes hacer, Albert", le aseguré: "Puedes enfrentar tu sombra." Mientras terminaba mis palabras, Albert soltó mis manos y su postura comenzó a hacerse rígida. Echó sus hombros para atrás y su maxilar se tensó. "Nunca dejaré que me lastimen otra vez", dijo desafiante. "De ahora en adelante yo tendré las cosas bajo control. Haré cualquier cosa que sea necesaria para poner a esas putas en su lugar. Yo tengo el poder y la gloria. Y no los compartiré con nadie."

"Eso es, Albert, le dije suavemente, ése es el Ser Inferior."

Albert me miró con ironía y desprecio. Yo enfrenté su dura mirada con amor y aceptación. Miré profundamente dentro de sus ojos, más allá de su odio y de su miedo, hacia su vulnerabilidad escondida. Poco a poco sus ojos se suavizaron, su cuerpo se relajó y empezó a sollozar.

▼ Ejercicios para el Capítulo 7 ▼

En todos estos ejercicios recuerda que debes invocar la presencia del observador benigno y objetivo que puede tomar nota de todos los aspectos del ser con verdad y compasión, con un amor gentil por el ser. Después de que hayas terminado de escribir la Parte I, la cual te ayuda a encontrar una parte de tu Ser Inferior, entonces haz la Parte II, en la cual se te pide que veas si puedes tomar conciencia de la energía pura que hay detrás de tu Ser Inferior. Puedes escribir la Parte II o realizarla sólo en un cuestionario silencioso y meditativo.

1. Parte I: Escribe varios sueños que hayas tenido en los que se incluyan personajes del Ser Inferior o algunos aspectos de tu "Tierra del Ser Inferior". O encuentra esos personajes en tus ensoñaciones o en películas o en sucesos de la vida diaria, personajes malos que te atraen. Haz una descripción realista de uno o varios de estos personajes. Luego inventa un diálogo entre tu ser normal del ego y éste o estos personajes tratando de descubrir: ¿Quién eres? ¿Cómo llegaste a ser así? ¿Qué quieres? ¿Qué quieres en realidad?

Parte II: Al escoger tu personaje del Ser Inferior, ve si puedes separar la negatividad de la expresión "pura" de poder o de carisma, sensualidad que te atrae al personaje. ¿Qué parte de ti, distorsionada en la forma de este personaje del Ser Inferior, debes aprender a reconocer más completamente como tuya en su forma pura? Reconoce en una afirmación tu deseo de obtener la energía y abandonar las distorsiones.

2. Parte I: Explora tus fantasías sexuales en busca de elementos de sadismo o masoquismo. Sin juzgar, simplemente toma nota de lo que te excita. Escribe una fantasía sexual y luego relaciona su contenido con un problema de la vida actual, sexual o de otro tipo.

Parte II: Al explorar tus fantasías sexuales, vuelve a ver si puedes imaginar que separas el sadismo o masoquismo de tu sexualidad y abandonar sólo las distorsiones negativas, pero no la energía sexual esencial.

3. Parte I: Escoge una relación en tu vida en la cual seas consciente de la falta de armonía. Encuentra y reconoce tus actitudes negativas que contribuyen a la falta de armonía: los juicios, hostilidades, competitividad, la envidia, el miedo. Por el momento trata de dejar de lado todas las justificaciones y razonamientos, tus argumentos en contra de la otra persona. Escribe sólo lo que es tu negatividad y cómo crea energía negativa en la relación.

Parte II: Después de haber comprendido tu contribución negativa a la relación no armoniosa, encuentra y afirma tu compromiso con la verdad en esta relación por debajo de las distorsiones que actualmente se manifiestan en ella.

4. Parte I: Explora tu orgullo, tu voluntarismo y tu miedo. Formula una afirmación verdadera para cada uno de estos lugares dentro de ti mismo. Luego decide cuál de estas cualidades del Ser Inferior es dominante en tu persona. Relaciona tu cualidad dominante del Ser Inferior con la máscara más importante que usas.

Parte II: Encuentra y reconoce la expresión del Ser Superior que hay detrás de la defensa dominante de tu Ser Inferior. Por ejemplo, ¿no está tu orgullo escondiendo la necesidad de afirmar tu verdadero valor y dignidad? Ve si puedes sentir el potencial para la transformación de tu defensa más importante del Ser Inferior en su cualidad oculta del Ser Superior.

▲ 8 ▲

ENCONTRARSE CON EL SER SUPERIOR

"Sólo aquél que consciente y deliberadamente tome la decisión y asuma el compromiso de vivir su vida con el objetivo primordial de activar al Ser real o Superior estará en posibilidad de encontrar la paz genuina."

CONFERENCIA DEL GUÍA 145
"Responder al llamado de la vida"

▼ *El corazón de Susan: abrirse* ▼
al Ser Superior

El viejo diácono camina lentamente hacia el púlpito de la iglesia bautista de Shiloh, se inclina para acercarse al micrófono, saluda con la cabeza y empieza a rezar. Detrás de él se encuentran sentados los miembros del coro, básicamente mujeres vestidas de color lavanda que unos minutos antes entraron en el templo balancéandose y aplaudiendo mientras cantaban. En la blanca pared, que se encuentra detrás de todos ellos, está un enorme cuadro realista de la Última Cena, pintado en colores brillantes sobre terciopelo negro.

"Te doy gracias, Dios mío, porque me desperté esta mañana, en una cama limpia y una casa, te doy gracias por este cuerpo que aún respira, que todavía puede caminar de la recámara hasta la cocina. Te doy gracias, Jesús, por la comida que tengo para desayunar y por la familia con la que comparte ese alimento." Las lágrimas se me escurren sobre las mejillas mientras me siento inundada por el rico pozo de gratitud que hay en este hombre que, quienes lo ven sólo a través de sus ojos baratos, pudieran considerar empobrecido.

Pero mientras trato de rezar para agradecer yo misma a Dios, siento un nudo en la garganta y una cinta de dolor que aprieta mi corazón. Según todos los indicadores externos yo estoy muy bien, pero mi espíritu está débil y mi gratitud no logra salir. Me siento necesitada de la gracia de Dios, espiritualmente vacía. Estoy muy decepcionada de que mi proyecto de una comunidad residencial espiritual en Sevenoaks, en donde vivo, no se está concretizando. No entiendo por qué. ¿Estaré haciendo algo mal o acaso tengo que rendir mi voluntad ante algún plan que aún no conozco y que Dios tiene para nuestro centro? Necesito ayuda.

Inclino mi cabeza en una plegaria más devota. Sintiendo los latidos de mi corazón, mi respiración se hace más profunda y recuerdo mi sueño acerca de otro hombre negro, igualmente lleno por el Espíritu, que me ha enseñado y guiado durante casi treinta años. Lo conocí en 1964 cuando soñé que yo era una mujer negra serena y muy espiritual que veía cómo una turba de blancos linchaba a su hijo. Mi sueño llegó en la época más álgida de la lucha por los derechos civiles de los negros, con la cual me sentía profundamente identificada. En la terapia de aquella época volví a experimentar la rabia y la sensación de impotencia que evocaba en mí la historia de ese hombre. Después de la explosión de sentimientos en la sesión de terapia, le pregunté al hombre de mi sueño cómo podía estar tan tranquilo, tan lleno de aceptación ante ese horror. Me dijo que le había sido dada la gracia de una experiencia de perdón que transcendía la comprensión, que mantenía toda rabia alejada de sus brazos, calmada todas las heridas y abría su corazón a una paz más allá del dolor. Comprendí que eso tenía algo que ver con abrirse a Cristo, con el poder sanador del amor. *En esa época cualquier tema cristiano era un anatema para mí, así que sólo pude entender, parcialmente, lo que este hombre trataba de comunicarme. Pero supe entonces que ese hombre era mi maestro interior, y también de alguna manera que no entendía, supe que también era yo misma. Como resultado de este sueño primero pensé en la posibilidad de vidas anteriores, aunque en esa época la reencarnación me resultaba una idea extraña.*

Mientras los miembros del coro de la iglesia bautista de Shiloh cantan su amor a Jesús, a veces suavemente y a veces con gran pasión, yo reflexiono acerca de mi compleja relación con la entidad llamada Jesucristo. Cristo se ha vuelto algo real para mí desde los años en que me rebelé en contra del patético vacío de la iglesia protestante en que fui educada. Es la encarnación de la fuerza del amor, un poder universal del corazón para mover, abrirse y cuidar de los demás y para perdonar y soportar cualquier forma de dolor o esfuerzo. Para mí no se limita al Jesús de las historias que cuenta la Biblia, y seguro que no es la persona que San Pablo y otros convirtieron en el transmisor de una religión duramente dualista y moralista que ha hecho tanto daño en su nombre. En cambio, es una presencia llena de luz que, en esos momentos en que me abro a su amor, me trae de vuelta a casa hasta mi ser más profundo.

Tal vez las descripciones budistas de los bodhisatvas de la compasión se acercan a mis experiencias de Cristo. Dado que lo vivo como el poder universal del Amor Divino, no me puedo identificar con ninguna iglesia y en este momento estoy de visita en la iglesia bautista de Shiloh por primera vez. Todas estas ideas se tropiezan en mi cabeza mientras continúa el ritual.

El reverendo John Franklin, el pastor, se acerca al micrófono con sus pesadas ropas negras y rojas. Nos pide que aceptemos el regalo de Jesús en nuestro corazón. Un brillante sudor reverbera en sus oscuras mejillas, especialmente cuando toma el micrófono de su pedestal, camina de un lado a otro sobre la plataforma del púlpito, grita y sermonea limpiándose la cara con su pañuelo entre los torrentes de palabras. En una exhortación que bien podía haberme dirigido a mí, inquiere: "¿Creen que tienen que salvar a la gente, mejorar el mundo, arreglar esta sociedad corrupta? ¿Creen que ustedes tienen que ser el salvador?" Su voz se llena de ironía por la ridícula audacia de semejante idea pretenciosa; con la cual en realidad me identifico. Y luego se detiene, dejando el aire lleno con su pregunta. Su voz vuelve, sólo que con una inflexión algo más suave: "No tienen que hacer eso. ¿Saben por qué? ¡Ya lo hicieron!", proclama triunfal. Su voz se eleva y se vuelve intensa: "¡El Salvador ya ha venido! Todo lo que tienen que hacer es dejarlo entrar en su corazón." Su voz se eleva en un crescendo de apasionada súplica: "¡Acepten que su salvación ya ha sido ganada por el sacrificio de Jesucristo en la cruz! No tienen que hacer nada. ¡Sólo acéptenlo como su Señor y Salvador!"

Mi mente regresa a 1980, cuando pasé todo un día en el tren viajando de Londres a Escocia, camino a la comunidad de Findhorn, en donde me encontraría con mi esposo Donovan. Había llegado a Londres el día anterior con un terrible dolor de cabeza, el cuerpo insoportablemente tenso y la mente ansiosa y crispada que le correspondía. Mi maestra espiritual, Eva Pierrakos, había muerto y yo tenía miedo de que el Pathwork, que había sido mi vida entera durante ocho años, estuviera deshaciéndose. Me sentía llena de dudas y fuera de mi centro, todo lo que podía hacer era rezar. Recé pidiendo conocer mi ser espiritual más profundamente y para descubrir de qué manera tenía que servir a Dios. Mis plegarias duraron toda esa noche, justo en el umbral de mi mente consciente mientras daba vueltas en una cama ajena.

La mañana siguiente, al abordar el tren, me sentía exhausta pero mi mente seguía con la plegaria del día anterior. En el tren, mientras meditaba y entraba más profundamente en mí, vi otra versión de mí misma vestida con el repulsivo hábito negro de una monja, arrodillada sobre la fría piedra de un convento medieval, tratando de aprender lo que significaba ser la novia de Cristo, dedicar mi vida a Su servicio. "Mi amo y señor", repetía para mí misma, conforme lágrimas de anhelo saltaban de mis ojos y el paisaje inglés se volvía borroso afuera de la ventana del tren. En aquella vida de monja yo había dejado una vida exterior muy cómoda para entrar a la búsqueda del espíritu en el interior, para encontrar y servir a Dios. A pesar de mis faltas, sabía que en esa y en otras muchas vidas, me había rendido ante Cristo, tomando las difíciles decisiones morales tan bien como había podido y convenciéndome de que el estado de pureza de mi alma inmortal, especialmente en el momento de la muerte, era algo más importante para mí de lo que podría ser cualquier realización terrenal. En ese momento en el tren, nuevamente supe que Cristo era mi eterno "Amo y Señor", el único gurú que jamás necesitaría. La sensación de su presencia me llenaba, mi mente y mi cuerpo por fin se relajaron para que pudiera disfrutar de la belleza del campo inglés por el cual iba pasando.

Cerca de una hora más tarde me volví a sentir agitada y escuché una voz dentro de mi cabeza pidiendo reconocimiento: "yo te hablaría", me decía. Así que tomé una pluma y papel y escribí sus palabras: "Ya no basta con recordar que soy tu Amo y Señor. Eso es algo viejo y familiar. Lo que tienes que hacer ahora es ser yo. Tienes que encarnar la fuerza de amor conforme fluye a través de ti, igual que yo tuve que hacerlo. Muchos serán llamados para realizar esta tarea. Ése es el verdadero significado de la Segunda Venida. Conforme *más personas despierten a sus raíces internas en el amor y sepan que el amor es su verdadera identidad, la manifestación del amor se difundirá por todo el mundo."*

Me sentí nerviosa al escuchar esas palabras. "¿Quién soy?" Protesté ante esa voz: "No me reconozco en una identidad tan exaltada. Sólo conozco profundamente mis defectos y distorsiones, mi rigidez y mi falta de fe, mis miedos y mi afán compensatorio de control. Me estás pidiendo demasiado", dije temerosamente. "¿Estás seguro de que le hablas a la persona indicada?" Hasta me podía reír de esto. Sabía que no había nada de lo que me decían que tuviera como objetivo adular mi orgullo, ni nada que debiera temer, simplemente estaba siendo invitada a afirmar más profundamente una identificación con mi Ser Superior, con mi Cristo interior. De la mejor manera que pude, dije "sí" al llamado. Un baño de calor, sensual y espiritual, llenó mi cuerpo y el paisaje desde ahí hasta Findhorn brillaba, despidiendo la misma luz interior que acababa de encontrar dentro de mí.

Al volver de mi ensoñación miro al reverendo Franklin arriba en el púlpito emocionado mientras predica sobre el rendirse ante Jesucristo. "Dejen de pensar que tienen todas las respuestas. Dejen todo en manos de Jesús." Entonces siento la zona que rodea mi corazón que comienza a calentarse y a doler. Siento una ola de dolor, mientras trato, de abandonar mis sueños queridos acerca de Sevenoaks y darle todo a Dios. Nunca es fácil abandonar, así que lloro silenciosamente mientras rezo para abandonar mis fantasías acerca del futuro con el fin de permitir la totalidad de cada momento, tal cual es.

Miro las manos del reverendo Franklin moviéndose en el aire, con los fuertes músculos de sus brazos sobresaliendo de las mangas de su hábito. Me emociona toda esa fuerza masculina usada para el servicio del amor. El poder y la dignidad del reverendo Franklin me recuerdan otra experiencia de una vida pasada, en la cual me recuerdo a mí misma como un príncipe africano que es llevado como esclavo, un hombre amargamente tentado a buscar la venganza contra sus amos, pero que, en cambio, mantuvo su integridad moral *y conservó su capacidad para amar, aun en medio de una vida de degradación y brutalidad.*

Ese ser también soy yo, un aspecto de mi ánimus, otra personificación de mi Ser Superior. Vive en mí ahora mientras estoy sentada en esta iglesia en el campo en Virginia. Vive en mí, como yo misma, y en este momento me da seguridad de manera especial, ahora que mis dudas como maestra espiritual han sido nuevamente reavivadas por las recientes decepciones. Escucho su voz gentilmente recordándome: "Recuerda quién eres." Sí, asiento, encontrando una nueva dignidad que entra en mí al enderezar sutilmente mi postura. Soy ese joven príncipe africano de inmensa compostura y gran estatura moral, aun cuando también soy una ansiosa mujer blanca de edad madura, luchando y llena de dudas al tratar de descubrir qué es lo correcto para mi amada comunidad del Pathwork en Sevenoaks.

Ha terminado el sermón del reverendo Franklin, los aplausos y gritos de "Aleluya" y "Gloria al Señor" dejan de escucharse. Entonces le pide a una mujer de la congregación que suba a cantar. Es grande, tiene un pecho cuadrado y se mueve lentamente hacia el micrófono. Su voz es inesperadamente paradisiaca. Muy potente y al mismo tiempo inmensamente suave, su canto penetra en mi corazón y vuelvo a empezar a llorar. "Me rindo", canta, "Me rindo completamente ante ti, Señor". Inclino mi cabeza para asentir tan completamente como puedo a mi propia rendición, dejando ir todos los planes y proyectos del pequeño ego, soltando completamente tanto las decepciones del pasado como las ideas para el futuro. Le entrego todo a Dios, al misterioso y, sin embargo completamente confiable, plan del universo, el cual se mueve a través de mí y no obstante también es mucho más grande y más inteligente que mi yo separado, ése con el cual tan indiscutible y equivocadamente me identifico.

Siento mis brazos muy pesados mientras mi corazón late más fuerte. Siento el pulso de los latidos intensificarse y extenderse hacia la periferia de mi cuerpo. Siento una inmensa presión interior como si las paredes de mi corazón fueran empujadas hacia afuera, agrandadas, desde el interior hacia afuera, como para darle lugar a algo dentro de mí. Una presencia divina más grande, un espíritu busca expandir su espacio aquí. No estoy iniciando esta expansión de manera consciente y, sin embargo, es algo que requiere de mi consentimiento. Siento que podría detener este movimiento involuntario si trato, pero en cambio sigo rezando para armonizarme con lo que parece ser una regeneración, una expansión espontánea de la capacidad de mi corazón para sentir y conocer a Dios. Rezo para dejar ir cualquier cosa que restrinja el movimiento libre del poder del amor para dirigir mi vida.

Para cuando empiezan a cantar la bendición, la ola ha pasado y me siento un poco más normal. Me duele el pecho pero lo siento bien, más grande, con más espacio vacío en torno a mi corazón. Me doy cuenta de que puedo sintonizarme con ese espacio y escuchar sus mensajes. Se trata básicamente de una dulzura no verbal, de un mensaje de que todo está bien, todo está muy bien. Pero también hay un mensaje para mí acerca del dolor, acerca de no tomarlo demasiado en serio, de dejarlo fluir sin apego, y especialmente acerca de no tratar de salvar a los demás de su propio dolor, de su propio karma, el cual cada quien debe trabajar por sí mismo. "Aprenderás", escucho "a soportar el dolor que sientes en los demás sin tener que hacer nada por él, sin tratar de cambiar lo que no puede ser cambiado más que desde el interior de cada ser humano. Aprenderás a moverte en la bendición del amor como la realidad unificadora central detrás de la aparente fragmentación de la vida exterior". Así es como la voz de mi Ser Superior me habla. Mi fe fluye suavemente dentro de mí en este momento.

Al terminar el ritual, estrecho las cálidas y amistosas manos de muchos de los que vienen a darme la bienvenida y me invitan a compartir nuevamente su servicio religioso. Le doy un gran abrazo al reverendo Franklin y me dirijo hacia mi automóvil, sintiéndome todavía un poco inestable, pero inmensamente plena y llena de gratitud por la guía continua del espíritu del amor en mi vida.

▼   *Encontrarse con el Ser Superior*   ▼

Todos tenemos momentos en los que entramos en contacto con una realidad más profunda, en los que nos sentimos especialmente expandidos, centrados, claros, compasivos o conectados. Esos momentos pueden llegar cuando estamos en medio de la naturaleza, haciendo el amor, creando música o alguna forma de arte, sentados en meditación, conectándonos con los sueños, al despertar de un buen sueño reparador o incluso mientras estamos sentados dentro de una iglesia o una sinagoga. De pronto, tenemos un vistazo de una versión más amplia de nosotros, un estado expandido de la conciencia, una esencia que forma parte de la energía espiritual universal, una ventana hacia el cosmos. Escuchamos la tranquila pequeña voz del interior. Sentimos la presencia de Dios dentro de nosotros.

De acuerdo con mi experiencia, el Ser Superior suele presentarse ante nuestra conciencia a través de una personificación de nuestra divinidad interior, en la forma de presencias angelicales o arquetípicas. El Ser Superior puede llegar a nosotros personificado como una figura dentro de nuestros sueños o viajes interiores. Puede hablar con la voz de un gurú o aparecer como un animal aliado, un dios o una diosa, como un ángel o como la figura de Cristo. En ocasiones, es simplemente un silencio sin palabras, lleno de paz y que integra toda la experiencia en su completa profundidad. Semejantes experiencias cumbre revelan la existencia de nuestra divinidad personal, de nuestra esencia del alma, de nuestro Ser Superior.

▼   *¿Qué es el Ser Superior?*   ▼

El Ser Superior es nuestra encarnación personal del espíritu universal que se mueve a través de todas las cosas y nuestra conexión con él. Encontrarse con el Ser Superior es experimentarse a uno mismo sintiéndose lleno y fluyendo con el espíritu, la fuerza vital o Dios. Es una experiencia que generalmente se acompaña de alivio, pues sentimos que volvemos a casa, a nuestra verdadera identidad, recordando quienes somos en realidad. Todas las partes de nosotros que lo han olvidado y se encuentran perdidas en el ego separado, en el niño herido o el demonio vengativo son temporalmente aliviadas, colocadas en una perspectiva correcta, pues en esos momentos sabemos que somos algo más amplio y, esencialmente, pleno, conectado de manera segura con la conciencia perenne de la tierra y el pulso benigno de la vida en el universo. En esa identidad expandida encontramos nuestro centro y nuestras raíces.

El Ser Superior existe en muchos niveles de la conciencia. Es un continuo que empieza en el nivel del ego y se amplía, se profundiza y se expande hacia los niveles transpersonales de la conciencia y hacia la experiencia de unidad con Dios. Saber que nuestra verdadera identidad es el Ser Superior, es un proceso que puede empezar mediante el reconocimiento de los aspectos positivos de nuestra personalidad, que se encuentran en armonía con la verdad, el amor, la serenidad o la belleza. Aun cuando buena parte de la persona viva en la distorsión, siempre hay algún lugar, algún momento, a través de los cuales brilla la luz de Dios y se tiene la experiencia de la unidad y de la armonía. Podemos expresar nuestro "rayo" divino personal en un área de talento artístico, o en una manera compasiva de interactuar con los niños, o bien en nuestra integridad en el trabajo o en nuestro amor por los árboles. No importa qué tan evasivos puedan ser esos momentos en los que despertamos a nosotros mismos, pueden ser la conexión con nuestra esencia más profunda.

Cuando empezamos a trabajar sobre nosotros mismos, despertamos ante el Ser Observador honesto y compasivo que es una expresión del Ser Superior en el nivel del ego positivo. En el nivel del cuerpo podemos experimentar el Ser Superior como el placentero flujo de energía, como el aliento y la circulación sanguínea que pulsan con los ritmos vitales universales e inspirados en la divinidad.

En un momento de intimidad con otra persona podemos percatarnos de que no somos sino una expresión singular de la conciencia humana universal. En ceremonias rituales podemos saber que todos los seres humanos son nuestros hermanos y hermanas.

A menudo podemos sentir nuestra unidad con la vida no humana cuando estamos en medio de la naturaleza. En esos momentos podemos sentir que somos sólo una expresión del universal Espíritu de la Tierra, la diosa antiguamente adorada que nos llama para que entremos en contacto con la tierra de una manera sagrada. Cuando meditamos o estamos en momentos de una gran inspiración, podemos percibir la esencia de nuestro Ser Superior como los seres arquetípicos de la sabiduría, el amor, la serenidad o la belleza.

En un nivel aún más profundo, la sensación de un Ser Superior separado se disuelve en la conciencia cósmica o de unidad en la cual todas las identidades separadas desaparecen en el Uno.

▼ *La experiencia del Ser Superior* ▼

Las experiencias del Ser Superior en cualquier nivel, y especialmente en el nivel de la conciencia divina, siempre alegran nuestra comprensión de la realidad y de nuestra propia identidad. Sin embargo, esos momentos de esclarecimiento no quitan la máscara del Ser Inferior.

Existen muchos movimientos cuyas prácticas y enseñanzas ayudan de manera activa y eficaz para alcanzar la meta de actualizar el potencial divino interior... Sin embargo, eso no necesariamente significa que los otros niveles fragmentarios de la conciencia sean inmediatamente eliminados e incorporados en el centro divino.

Frecuentemente, esas prácticas genuinamente sacan al verdadero Ser Superior, pero dejan intactos otros aspectos no desarrollados de la conciencia. Muchas entidades han tenido un anhelo tan intenso de realizar su naturaleza divina intrínseca que han olvidado, cuando aún están en su cuerpo, que han venido a cumplir con una misión en el plan universal. Esa misión es la purificación y el crecimiento de "materia cósmica" no desarrollada. Para poder hacer esto, se debe llevar la luz de la conciencia y la experiencia hacia las distorsiones interiores, hacia la fealdad, la oscuridad, el mal, el sufrimiento, así como sobre la verdad interior, la belleza, el amor, la bondad y la alegría.

Se requiere de una fina sensibilidad para percibir el ritmo orgánico y la alternancia que necesita cada camino individual: para saber cuándo concentrarse en el Ser Superior, a fin de fortalecer su poder de permanecer y permitir que nos guíe en el futuro; y cuándo poner atención al Ser Inferior con su maldad oculta, su falta de honestidad y sus engaños, su odio y su malicia camuflajeados; cuándo enfocar los mecanismos concretos del Ser de la Máscara y las defensas que usa para mantener oculto al Ser Inferior. (CGP 193)

El camino espiritual requiere que lleguemos a conocer íntimamente tanto al Ser Superior como al Ser Inferior, los cuales podemos encontrar dentro de nosotros y se manifiestan en la manera en que experimentamos la vida.

▼ El Ser Superior y el Ser Inferior ▼

Tanto el Ser Superior como el Ser Inferior son centros creativos y activos de nuestra conciencia. Ambos son mucho más reales y están más llenos de energía que la máscara. La máscara no es creativa, sólo es reactiva. Dado que su función principal consiste en cubrir y negar los miedos y anhelos más profundos de nuestra alma, no contiene mucha energía vital, sino que la drena.

Todas nuestras experiencias son una manifestación creativa de la energía de nuestros seres Superior e Inferior, los cuales se encargan de crear nuestra vida en direcciones opuestas. El Ser Superior nos lleva hacia nuestro centro divino y el Ser Inferior nos aleja de él, hacia una falsa identificación con nuestras defensas, nuestro ego separatista y nuestros demonios inconscientes.

Un encuentro profundo con el Ser Superior o con el Ser Inferior nos dejará cambiados para siempre. Ya no podemos negar la presencia ya sea del mal o de Dios dentro de nosotros. El Ser Inferior y el Ser Superior le piden cosas opuestas a nuestra alma. Representan le escisión arquetípica o el conflicto del alma de todo corazón humano, la tensión dualista entre nuestro anhelo de Dios y nuestra identificación con el ego, nuestro deseo de hacer lo correcto y nuestra atracción hacia el mal, nuestra intención de unificar y nuestra voluntad de separar, nuestro deseo de amar y nuestro miedo de amar.

Cuando realizamos el trabajo de transformación del Ser Inferior, la energía liberada nos da una conexión más fuerte con el Ser Superior.

Joe había estado trabajando con ahínco sobre su Ser Inferior, especialmente sobre la parte de éste que minaba su amor por su esposa. Y había enfrentado su violenta necesidad de tener siempre la razón y de ser superior, la cual lo alejaba de su esposa y le hacía temer entregarse en el amor. Una noche, justo antes de irse a dormir, Joe decidió que era el momento de "enterrar" su feroz apego a sus problemas con su esposa para, en contrapartida, buscar su potencial para una amorosa unión. Entonces tuvo este sueño:

"Mi esposa y yo tenemos un perro que empieza a escarbar junto a un arbusto. Escarba frenéticamente y descubre la mano de un hombre muerto. Yo pienso: 'Es el tipo que enterramos hace un rato.' Al acercarnos descubrimos que sólo hay

una fina capa de tierra sobre el agujero, y la tierra se empieza a mover como si la impulsara la respiración de la persona que está enterrada ahí. Me aterra la idea de que esa persona haya sido enterrada viva. Pero entonces resulta que el 'hombre que respira' es una ilusión, pues cuando vuelvo a mirar, el agujero está vacío. Mi esposa y yo estamos asustados y sorprendidos pues nos damos cuenta de que estamos presenciando una especie de resurrección.

"Al mirar alrededor, me doy cuenta de que estamos en el patio de la granja de mi familia. Mirando hacia el cielo, vi una enorme barca, un arca de fondo plano, navegando a través del cielo, con pájaros volando alrededor del fondo plano. Al mirar una segunda vez, puedo ver su costado: es como un edificio con luces que brillan y sin terminar— una iglesia que flota en el cielo. La gente se ríe y camina en el puente. Aunque el arca se mueve como una nave espacial, la gente parece contenta y segura. Me siento lleno de alegría y mi esposa y yo empezamos a reír con un enorme placer al compartir esa visión."

Joe se despertó sintiendo el corazón ligero y contento, al saber que su Ser Superior había efectivamente resucitado del entierro de su Ser Inferior y le estaba dando una visión de una vida más feliz y llena de amor, en un "arca de seguridad".

Dado que el Ser Superior comprende una realidad más amplia que el Ser Inferior, su poder creativo es más duradero. El Ser Inferior es finito, es una expresión de la conciencia humana limitada y dualista, mientras que el Ser Superior personal se expande más allá de lo humano hacia el infinito, más allá de las limitaciones personales hacia la conciencia total de Dios. El Ser Superior, que forma parte del infinito, es por tanto la parte más expansiva de nuestra identidad. Es quien somos de verdad.

▼ Negación y vergüenza del Ser Superior ▼

Como cada vez que vamos más allá de los límites de nuestra identidad habitual nos sentimos vulnerables, nos resistimos a reconocer nuestro Ser Superior, de la misma manera en que nos negamos a admitir nuestro Ser Inferior. Podemos llegar a rechazar nuestra compasión y sabiduría, con tanta vehemencia como negamos nuestra oscuridad y crueldad. Todos desarrollamos y nos identificamos con nuestra máscara con el objeto de evitar los extremos de nuestro interior. Pero el viaje interior exige que penetremos en la máscara a fin de revelar tanto las alturas como las profundidades de la totalidad de nuestra realidad.

La vergüenza del Ser Superior proviene de la experiencia infantil, del hecho de que nuestros impulsos espontáneos de amor, sexuales, afirmativos o generosos fueron rechazados, aprovechados o sutilmente ridiculizados por nuestros padres o las otras figuras de autoridad. Frecuentemente, se hace sentir a los niños que son inferiores y que deben avergonzarse de sus mejores cualidades. Cuando decidimos trabajar para recuperar lo mejor de nosotros, nos comprometemos a descubrir al inocente niño interior que fue rechazado a causa de la expresión espontánea de sus impulsos, tanto superiores como inferiores. Debemos estar dispuestos a pasar a través de las barreras temporales del miedo y la vergüenza, y sentir el dolor y la cólera por haber sufrido el rechazo paterno de nuestros mejores y más vulnerables aspectos.

También empezamos a comprender que hemos interiorizado las voces paternas de opresión, creando nuestra propia represión personal. Al identificarnos con esos juicios paternos, traicionamos nuestros amor y anhelo vulnerables, y criticamos a quienes muestran ese tipo de "debilidades". Siendo adultos, nuestro sufrimiento proviene de la represión interior, que puede ser revertida si aprendemos a poner al crítico padre o madre interior en su lugar, junto con el padre o la madre amorosos.

Frecuentemente, los niños perciben a uno de sus padres como más amoroso y abierto que el otro, sintiéndose, por lo tanto, más rechazado por el otro. En el duro esfuerzo por "ganarse" al padre o a la madre que lo rechaza, el niño empieza a creer que el amor más "fácil" del otro es algo dado. Eventualmente, el niño tiende a traicionar o a despreciar al padre o madre amoroso mientras, compulsivamente, busca al otro. De este patrón surge la confusión habitual de que las cualidades de ser amoroso y cuidadoso son signos de debilidad y, por tanto, algo indeseable, mientras que el desapego y la distancia son algo valioso y deseable. El niño puede, entonces, crecer lleno de vergüenza de su naturaleza espontáneamente amorosa.

Mientras no entendemos estos orígenes de la vergüenza de nuestro Ser Superior, seguimos siendo aplastados por el conflicto en torno al amor. Dado que nuestro amor fue aparentemente rechazado en la infancia, cuando somos adultos, amar puede parecernos un camino peligroso. La traición que sentimos cuando nuestro amor espontáneo e inocente fue rechazado, se agrava aún más con nuestro consiguiente rechazo del padre o madre más amoroso, lo cual añade la culpa por sobre el dolor de no haber sido amados. El sentimiento de desamparo, en relación con el amor, se intensifica todavía más con nuestro rechazo de nuestra naturaleza amorosa, y esta auto-traición es la más dolorosa.

> Esta traición te aplasta con el peso de la culpa. Es la más profunda de tus culpas... y es la responsable de las raíces más profundas de tu sentimiento de inferioridad. No confías en ti mientras encierras esa traición en tu alma. Tu psique dice: "¿Cómo puedo confiar en mí sabiendo que soy un traidor, sabiendo que me la paso traicionando lo mejor de mí mismo? Si no puedo confiar en mí, entonces no puedo confiar en nadie más." (CGP 66)

Ronald tenía pocos amigos hombres y le costaba mucho trabajo expresar su necesidad de amistad. Muy rara vez mostraba su vulnerabilidad cuando estaba en compañía de hombres, aunque él sabía que sólo si lo hacía lograría alcanzar el nivel de amistad que anhelaba.

Ronald fue criado por una mujer amargada y fría, que controlaba a su esposo mediante el rechazo de su afecto, que le enseñó a su hijo que no debía ser como su padre. Cuando el padre de Ronald cargaba a su hijito para darle un abrazo, su madre mostraba desprecio por los dos. Y siempre que Ronald lloraba o hacía saber que necesitaba a su padre, su madre lo llamaba maricón. Más tarde, cuando el padre de Ronald lo invitaba al béisbol, y él decía "¡No!", su madre halagaba su independencia. Gradualmente, su padre fue dejando de buscar el contacto con él y Ronald se quedó solo con su madre, quien le daba un poquito de calidez.

Sólo siendo adulto, Ronald llegó a darse cuenta de que había rechazado la calidez de su padre, escogiendo la imitación de la fría pseudo fuerza (la máscara del poder) de su madre. Ronald tenía que trabajar muy duro para abrir su corazón con los hombres, pues lo había cerrado siendo muy pequeño.

▼ El Ser Superior y la máscara ▼

La máscara esconde y disfraza tanto al Ser Superior como al Ser Inferior. Cuando nos han hecho avergonzarnos de nuestras necesidades y de nuestro amor, podemos esconderlos detrás de una máscara de poder, expresando una pseudo fuerza como rechazo ante los demás. O podemos crear una máscara de serenidad que expresa nuestro pseudo desapego al desapegarnos y distanciarnos de la vida. Cuando nos han obligado a avergonzarnos de nuestro poder o de nuestra cólera, tal vez escogemos escondernos detrás de una máscara de agradar a los demás. O tal vez creamos una máscara de amor para sobreactuar nuestros afectos, porque nos da vergüenza mostrar nuestra simple necesidad de amar y de ser amados.

La exploración de los defectos del carácter de la personalidad del adulto, nos revelará las raíces de éstos en la vergüenza de la infancia. Alguien que lleva una máscara de amor estará profundamente avergonzado de su poder personal y de su eficacia, como si se tratara de algo "indecente". Quien lleva una máscara de poder, muy probablemente tenga vergüenza de su amor y de sus necesidades, creyendo que son una debilidad. La persona que lleva una máscara de serenidad, generalmente, está tremendamente avergonzada de cualquier sentimiento o pasión poderosos que podrían evidenciar su vulnerabiliad infantil.

Pero, generalmente, la máscara también muestra la fuerza de nuestro Ser Superior, aunque de manera distorsionada o caricaturesca. Debajo de la máscara del amor se encuentra una fuerte conexión con verdaderos sentimientos de amor. Debajo de la máscara de poder se encuentra un genuino deseo de ser eficaz y responsable en el mundo. Y debajo de la máscara de serenidad se halla una profunda capacidad para desapegarnos de los melodramas personales. La máscara es el resultado de que las cualidades de nuestro Ser Superior sean cubiertas por el miedo y la vergüenza.

> En todos los casos tienes que quitar esa capa de la máscara y mirar en dónde se encuentra tu verdadero ser. Deja que salga, aun si al principio no logra salir más que en raras ocasiones, lleno de cautela. Pero entonces el verdadero Tú verá que en realidad no tienes por qué tener miedo ni sentirte avergonzado. El miedo proviene, básicamente, de la vergüenza de vernos expuestos ante los demás. Usando este proceso, podrás deshacerte del mundo fantasma que has creado a partir de las falsas impresiones de tu infancia. No tienes idea del enorme alivio que significa deshacerte de ese mundo fantasma y vivir en la realidad. Vivirás en libertad, verás que ya no es necesario traicionar lo mejor de ti o de nadie más. (CGP 66)

▼ *Lo que no es el Ser Superior* ▼

El Ser Superior es la expresión interna de Dios, ya sea que se la experimente en el nivel de la personalidad, como una apertura ante el amor y la verdad, o en el nivel transpersonal como el maestro interior, los guías espirituales o el alma inmortal, o bien en el nivel de la unidad como la conciencia cósmica. El Ser Superior es moral y placentero por naturaleza. Sin embargo, el Ser Superior nunca es moralista ni perfeccionista. Ésas son cualidades de la máscara o de la conciencia superimpuesta —el ser idealizado—, no son el Ser Superior natural o innato. Tenemos que aprender a reconocer la diferencia entre nuestro verdadero Ser Superior y el impostor.

Martha le pidió a su Ser Superior un sueño que la guiara y recibió lo siguiente: "Estoy manejando un auto con tres personas en el asiento de atrás. Una es un hombre alegre y sexy que se acerca a una hermosa mujer que está sentada junto a él. La otra persona es una vieja mujer que mira a ambos con desaprobación." Martha puede reconocer a la sensual pareja como guías espirituales que la estimulaban para que disfrutara de la vida y de la sexualidad de manera más completa, pero no podía identificar a la tercera persona.

En una sesión posterior dentro del Pathwork, sobre si debía o no asumir una nueva y difícil responsabilidad en su ya ajetreada vida, su terapeuta le pidió que se sentara en un cojín que representaba a su Ser Superior, para que viera qué le aconsejaba. Inmediatamente habló: "Claro que debes tomar ese trabajo. Sería algo bueno que debes hacer. La única razón por la cual no quieres hacerlo es porque eres floja e irresponsable."

La detuve y le dije: "Martha, ése no es tu Ser Superior. El Ser Superior nunca dice "debes". Siempre te da opciones y respeta tu libre albedrío. También te ama siempre y no te critica destructivamente como esa voz. ¿Quién es esa voz que estás confundiendo con tu Ser Superior?"

"Creo que ha de ser mi abuela", dijo Martha. "Mi abuela es quien me enviaba al catecismo los domingos y siempre me estaba leyendo la Biblia, y diciéndome lo que debía y lo que no debía hacer. Se la pasaba sermoneándome."

Sólo más tarde, Martha se dio cuenta de que la tercera persona en el coche de su sueño era su abuela. Ella simbolizaba la distorsión que Martha había hecho de su Ser Superior: una mujer juzgadora, moralista y amargada. Al confrontar esa imagen que se había impuesto como su Ser Superior, Martha se acercó un poco más a su verdad interior.

En ocasiones, el Ser Superior puede ofrecernos una guía que nos confronta diciendo que no ante algo, que el pequeño ego desea fervientemente, o llevándonos a asumir tareas difíciles y retadoras. Pero siempre lo hace con respeto y amor por la totalidad del ser. El Ser Superior siempre nos ofrece alternativas cuando nos ayuda a entender las consecuencias de nuestras decisiones negativas. El Ser Superior puede guiarnos hacia las disciplinas personales más estrictas, pero nunca nos priva del placer positivo de la vida.

Debemos aprender a distinguir la voz de la conciencia superpuesta de la voz de la verdadera conciencia, a fin de abandonar la máscara de las buenas apariencias mientras afirmamos el verdadero deseo de servir a los demás, de abandonar todos los "deberes" y "obligaciones" exteriores de la máscara perfeccionista y, así, poder descubrir la verdad en el interior.

▼ Las emanaciones de los tres seres ▼

Los tres dominios que encarnamos —el Ser de la Máscara, el Ser Inferior y el Ser Superior— proyectan diferentes emanaciones. Estas emanaciones tienen colores, olores y tonos de tacto dentro del nivel de las vibraciones. No son normalmente visibles, excepto para quienes tienen una sensibilidad psíquica. Pero todos respondemos instintivamente ante ellas y podemos aprender a sintonizarnos con las cualidades de los diferentes seres.

Es importante que todos ustedes traten de entrenar su ojo interno para verse a sí mismos y a los demás desde el punto de vista espiritual. Una vez que su intuición se haya despertado, sentirán que cuando entran en contacto con el Ser Superior hay una diferencia muy clara de cuando se trata del Ser de la Máscara, aun cuando la experiencia exterior siga siendo muy parecida. (CGP 14)

Las vibraciones del Ser Superior siempre son placenteras, tranquilizadoras y reales. En su presencia siempre sentimos una vigorización de las energías vitales, nos sentimos revitalizados y renovados. La cualidad de la energía del Ser Superior es la de una relajada actividad, movimiento armonioso, una actitud confiada y amorosa, calma y seguridad personal. Los colores de las emanaciones del Ser Superior son puras y claras, ya sean brillantes o de un matiz más suave.

En contraste, las emanaciones de la energía activa del Ser Inferior son confusas y ásperas, generalmente lacerantes y dolorosas. O, si el Ser Inferior se expresa a través de la pasividad o la dependencia, sus emanaciones tienen una cualidad pegajosa, estancada y negadora de la vida. Los colores son generalmente oscuros y siniestros. Aunque dolorosas, las vibraciones del Ser Inferior se sienten como un alivio en contraste con las de la máscara, que son siempre desagradables.

El Ser de la Máscara presenta un color muy feo, por lo general enfermizo dulzón; y su olor también es pegajoso y nauseabundo. Nosotros, en el mundo espiritual, preferimos incluso las emanaciones y los efectos del Ser Inferior, por desagradables que sean, pues al menos el Ser Inferior es honesto. (CGP 14)

El Ser de la Máscara oscurece la luz de una manera mucho más indirecta y difícil de detectar que el Ser Inferior. La máscara frecuentemente balbucea medias verdades o verdades aparentes, en las que el contenido de las palabras suena bien, pero en las que sentimos que algo anda mal. Ésta es una sensibilidad básica que debemos desarrollar, pues el mal no puede prosperar en el mundo político ni personal, a menos de que nos ceguemos a la energía real que hay detrás de las palabras y promesas "endulzadas". El doble mensaje de quienes tratan de justificar el racismo, el sexismo y el abuso de los niños, o incluso el genocidio, puede estar salpicado de referencias a "Cristo", un "bien superior", o "la voluntad de Dios". Es así como la verdad es pervertida y el amor distorsionado a fin de ocultar las intenciones malvadas. Para reconocer el mal tal cual es, en nosotros mismos y en los demás, tenemos que hacer ver la falsedad de la máscara. Y para lograrlo debemos desarrollar una percepción confiable de las intenciones y emanaciones que se hallan detrás de las expresiones verbales. Los niños suelen responder de manera inmediata ante las vibraciones subyacentes, pues su sensibilidad innata todavía no ha sido adormecida por el excesivo desarrollo de la mente verbal y racional. Un niño instintivamente se esconde o retrae cuando algún pariente se acerca con dulces palabras e intenciones hostiles o perversas.

El parloteo procedente de la máscara suele confundirnos. Tenemos una vaga sensación al respecto, cuando los demás "no practican lo que predican", especialmente cuando nos hacen exhortaciones acerca de elevados fines que tratan de hacernos sentir mal, mientras promueven alguna causa, culto o persona supuestamente superiores. La incertidumbre que sentimos en esas ocasiones debe ser escuchada, pues el Ser Superior nunca estimulará la duda acerca de nuestra bondad innata. Aunque Dios se encuentra más allá de todo entendimiento racional, la experiencia del Ser Superior nunca nos deja confundidos. Estar en presencia de la realidad benigna de nuestra naturaleza divina, nos hace sentir bien y reforzados.

Conforme aprendamos más acerca de las maneras en que se expresan estos tres seres en nosotros, también desarrollaremos una sensibilidad ante las intenciones reales que hay detrás de las palabras de los demás. Al aprender a reconocer las medias verdades y racionalizaciones de nuestra máscara, ya no nos engañarán los demás. Al aprender a sentir los motivos ocultos de nuestro propio Ser Inferior, que hay detrás de las intenciones que enunciamos, nos sintonizaremos mucho mejor con la verdad o la falsedad de las intenciones de los demás. Al desarrollar nuestra propia integridad, estando dispuestos a mantenernos firmes en nuestra verdad, seremos más sensibles para saber si los demás hablan o no con la verdad.

▼ ¿Qué es Dios? ▼

En el capítulo anterior, acerca del Ser Inferior planteamos estas preguntas: "¿Qué es el mal? ¿Cuál es la esencia de la negatividad que se manifiesta en cada ser humano como el Ser Inferior personal?" Así que ahora tenemos que preguntar: "¿Qué es Dios? cuál es el núcleo de esa energía divina que se revela en el Ser Superior personal?" Si bien reconocemos que cualquier respuesta que se dé será sólo parcial, no obstante sí podemos profundizar nuestra comprensión mediante la exploración de las preguntas.

Dios es la fuerza vital esencial, el movimiento creativo de la energía, el espíritu que mueve todas las cosas. Dios existe como el movimiento más fino de vibración en el universo, un campo de energía o fuerza mucho más fino de lo que puede ser medido. Esa fuerza siempre está en movimiento, cambiando, proliferándose, aun evolucionando, volviéndose más y más conocida para sí misma, más y más consciente.

Dios también es el espacio a través del cual se mueve la energía, el ámbito y la raíz de todo el ser, más allá del movimiento. Podemos aproximarnos a Dios cuando logramos estar tan quietos, alertas y relajados como sea posible, tanto en la mente como en el cuerpo, y escuchar el juego de la energía/conciencia que nos anima desde nuestro interior.

Dios es bendición, intensidad, presencia, infinito, totalidad, realidad. Nos acercamos al máximo, a la experiencia de Dios, cuando estamos completamente abiertos y desnudos, vulnerablemente reales, abiertamente receptivos, completamente presentes.

Dios es amor que se mueve en patrones de una inclusión y despertar cada vez más vastos, que se mueve de maneras que aseguran la reunión de todo lo que se ha escindido de su conciencia de su unidad con la fuente original. En la vida humana el amor divino se muestra en las leyes del karma, en el funcionamiento de la relación de causa y efecto, a través de lo cual aprendemos qué nos causa dolor y qué nos conduce hacia el amor. Nos acercamos a Dios cuando nos rendimos ante las leyes espirituales, ese profundo amor que dirige nuestras vidas de vuelta hacia la fuente original.

En el núcleo, los humanos somos uno con esa esencia infinita de toda la vida. La fuerza vital en nuestro núcleo nunca muere, sólo cambia constantemente de forma dentro de un movimiento infinitamente creativo. Respira, se mueve, vibra a través de nosotros, como nosotros.

Cada conciencia individual es la conciencia universal. No sería correcto afirmar que es una parte de ella, pues una parte significa que sólo es un poco de ella, un fragmento del todo. Pero siempre que la conciencia existe en cualquier forma, entonces es toda la conciencia original. Esa conciencia original, el Principio Vital creativo, se individualiza en formas variadas. Cuando el proceso de individualización pasa de cierto punto y va más allá del estado en el que sabe de su conexión con su origen, aparece una desconexión. Es así como la conciencia continúa existiendo y conteniendo la posibilidades de la Conciencia Universal, aunque ha olvidado su propia naturaleza, sus leyes y su potencial. En resumen, éste es el estado de la conciencia humana considerada como un todo.

Cuando empiezas a percatarte del Principio Vital y de su naturaleza siempre presente, descubres que siempre has estado ahí pero que no te habías dado cuenta porque estabas sumido en la ilusión de tu existencia separada. Puedes empezar a notar su poder siempre presente como una conciencia autónoma o como energía. La personalidad separada del ego posee ambas cosas, pero la inteligencia del ego es, por mucho, inferior a la Inteligencia Universal que eres de manera potencial, ya sea que lo sepas y lo utilices o no. (CGP 152)

Dios abarca todas las dualidades, incluyendo el bien y el mal, masculino y femenino, luz y oscuridad, vida y muerte, y todos los dominios de la experiencia y las figuras arquetípicas que representan esas dualidades. El mal es sólo una distorsión de la fuerza vital, no es una fuerza con un poder igual y propio. Igualmente, la muerte no es el opuesto de la vida, pues la muerte es sólo un estadio temporal y de transición para la fuerza vital única, que va más allá del fin de cualquier forma de vida individual. Dado que nuestra conciencia humana está tan sumida en la dualidad, nos cuesta mucho trabajo concebir una realidad más allá de la dualidad —una vida que no muere, una bondad que no puede ser vencida por el mal. Pero ésa es la realidad de unión que subyace a todas las apariencias. Eso es Dios.

▼ *El Ser Superior* ▼
como conciencia cósmica

Experimentar el Ser Superior de manera total es conocer a Dios. Cuando nos identificamos de manera total, como el lugar en donde fluimos con la energía universal, entonces podemos experimentar el amor total y la gracia total, aunque sólo sea por un momento. Empezamos contactando ese sentimiento en las áreas en donde ya estamos abiertos, y poco a poco construimos la capacidad para sostener esos buenos sentimientos.

Todos creemos que lo que más miedo nos da es el dolor, pero de hecho el dolor es algo más fácil de mantener que la gracia o la bendición. La gracia, la Conciencia Total, es mucho más amenazante para nuestra idea de lo que creemos ser. Destruye nuestro sentido aislado del ser, es un golpe a nuestras expectativas habituales. Rompe con todas nuestras creencias limitadas y negativas acerca de nosotros y de los demás. Así que debemos abrirnos lentamente, más y más, al bien que hay dentro y en torno a nosotros, a fin de aprender a construir y mantener nuestra capacidad para la gracia.

Eventualmente podemos llegar a experimentar lo que el Guía llama "el sentimiento cósmico",[1] o lo que otros han llamado la "conciencia cósmica".[1] Ésta es la experiencia del nivel de unidad de Dios, en donde todas las dualidades se resuelven.

> El sentimiento cósmico es una experiencia que ya no separa el sentir del pensar. La experiencia de unidad es total. Es una experiencia de gloria, la *comprehensión* de la vida y sus misterios, el amor que lo abarca todo, un conocimiento de que todo está bien y no hay nada que temer. La ausencia total de miedo es algo que resulta muy difícil visualizar para el ser humano promedio porque en parte no es consciente de sus miedos y, en parte, están tan acostumbrados a vivir con ellos, que no se les ocurre que la vida pudiera ser de otro modo...

---

1 Para una descripción personal del estado por de conciencia cósmica el lector se puede referir al libro de Richard Bucke intitulado *Cosmic Consciousness*.

En el estado del sentimiento cósmico experimentas la inmediatez de la presencia de Dios en el interior. La inmediatez de esa presencia, increíblemente poderosa al principio, es algo muy sorprendente. El buen sentimiento es inesperado. Es como si literalmente un choque eléctrico pasara a través de todo tu sistema. Por lo tanto, la personalidad del ego tiene que haber crecido lo suficientemente y ser fuerte y sana para poder aclimatarse a las elevadas vibraciones de la presencia interna de Dios manifestándose en la persona exterior. Esta manifestación entonces se vive como tu realidad y tu estado eterno, como tu verdadera identidad. Cuando te encuentres en este estado, sabrás de la manera más profunda lo que siempre has sabido y que ahora redescubres: que siempre has sido lo que ahora experimentas que eres, que nada de esto es realmente nuevo, sino que temporalmente te separaste de semejante estado de sentir y saber, de experimentar y percibir la vida como realmente es. (CGP 200)

Si bien la experiencia directa de Dios —la conciencia cósmica— es un resultado deseado de nuestro trabajo espiritual, también es un regalo de gracia que no puede ser forzado. Mientras sigamos buscando a Dios, gradualmente eliminaremos las obstrucciones que limitan nuestra visión de la última realidad.

▼ El Ser Superior y la imagen de Dios ▼

Cuando por primera vez intentamos entrar en contacto con Dios dentro de nosotros, nos vemos confrontados con nuestras limitaciones e ideas preconcebidas; nuestras imágenes de Dios. Dado que a todos nos enseñaron que Dios es la autoridad suprema, nuestras imágenes de Dios se encuentran distorsionadas, en cualquier dirección en la que nuestras experiencias con la autoridad, durante la niñez, ellas mismas fueron distorsionadas. Si experimentamos la autoridad como castigadora, es lógico que esperemos un Dios duro y juzgador. Así que nos resistiremos a encontrarnos con nuestro propio ser divino, porque tenemos miedo de toparnos con el juicio y la culpa. Si tuvimos la experiencia de una autoridad indulgente, tendremos la expectativa de que nuestro ser divino se ponga al servicio de los deseos de nuestro ego, sintiéndonos decepcionados e impacientes, incluso llegando a perder la fe, al tener que aprender las lecciones de dominio del ego, a fin de poder servir al Ser Supremo.

En todas las culturas, las imágenes de Dios se refuerzan todavía más de acuerdo con las preconcepciones propias de cada religión institucionalizada. Las religiones se originan en la experiencia directa de Dios, en la toma de conciencia de la conciencia cósmica, que tuvieron sus fundadores. Sin embargo, conforme las enseñanzas o las prácticas del o los fundadores se vuelven rígidas con el paso del tiempo, las distorsiones que refuerzan la separación y el carácter especial de los seguidores de esa religión o secta, se establecen y crean actitudes dualistas que promueven una sola manera de comprender a Dios o de practicar el camino hacia Dios en contra de otras maneras. Esas imágenes masivas, provenientes de la cultura, son aún más reforzadas por la identidad étnica y la historia social de los seguidores, como sería una historia de persecuciones, todo lo cual crea otras distorsiones en la idea y percepción de la Última Realidad, o Dios. El judaísmo y el cristianismo, al igual que todas las religiones más importantes del mundo, tienen sus distorsiones específicas.

Las imágenes masivas de la religión institucionalizada, y las imágenes de Dios que provienen de la historia cultural de estas religiones, se van mezclando con nuestras respuestas personales ante la autoridad, de tal modo que nos confunden acerca de la naturaleza de Dios y nos desalientan en la búsqueda de la experiencia de Dios. De modo que, a menudo sólo podemos encontrar el camino de vuelta a una genuina búsqueda de Dios a través de un camino distinto a las religiones institucionalizadas en las cuales fuimos educados. Presentamos aquí unos relatos acerca de experiencias infantiles negativas con la religión, mezcladas con experiencias negativas con la autoridad, de donde resultan imágenes distorsionadas de Dios. Estos relatos provienen de medios judíos, católicos y protestantes.

1) Una experiencia judía
Eli sentía que no podía abrirse a Dios; pues hacerlo sería tonto y hasta peligroso. De niño vivió en Polonia cuando los nazis invadieron ese país. Él y su padre habían logrado escapar, pero la totalidad de su familia extensa fue asesinada en los campos de concentración.

Eli recordaba un día, cuando tenía siete años, en que había estado junto a su padre para observar la entrada de los soldados nazis en su pueblo. Su padre había enunciado el peor de los miedos de Eli: "Nunca los pararán, nunca." Eli, que tenía miedo de la crueldad de su padre, se sintió horrorizado y traicionado por esa oscura certeza y huyó entre la muchedumbre para esconderse durante el resto del día. Y sólo un mes más tarde, Eli escuchó a través de una puerta que su distinguido y amado abuelo estaba tranquilizando a los judíos del pueblo para decirles que no tenían nada de qué preocuparse. Entonces se descubrió a sí mismo haciendo eco a la certeza de su padre, respecto de que dentro de poco tiempo "Estaremos todos muertos. Nadie los parará". Muchas veces había deseado haber tenido la fuerza y el valor para, aún siendo un niño, poder gritar su oscura verdad ante su abuelo, para insistir en que el viejo huyera con ellos en vez de esperar pasivamente la horrible muerte que les alcanzó unos cuantos meses después.

El profundo pesimismo de Eli se había mezclado dentro de su mente, con el hecho de haber salvado su vida. En caso de que su padre y él hubieran sido benignamente optimistas acerca de la presencia de los alemanes, como lo fue su abuelo, ningún miembro de la familia hubiera sobrevivido. Una importante parte de él todavía vivía en la terrible realidad de aquella Polonia de su infancia en la que los impulsos de su amado abuelo no eran de fiar.

Estaba bastante seguro de que la tendencia de la humanidad hacia la maldad, era mayor que su potencial para desarrollar el bien. Lleno de dolor, pero con toda certeza, pensaba que la raza humana tendría un fin similar al de los judíos de Polonia que enfrentaron el genocida holocausto de Hitler, aunque esta vez sería por medio de un holocausto nuclear. "Nadie sobrevivirá" eran palabras que frecuentemente hacían eco en sus pensamientos. De hecho se había convertido en un importante orador ante auditorios interesados en la amenaza que las armas nucleares representan para la humanidad, pero aun ahí se descubría a sí mismo haciendo eco de las sombrías creencias de su olvidado y amargado niño que golpeaba afanosamente la puerta de la sordera de la humanidad y de la negación acerca del peligro que a él le resultaba tan palpable.

Si Dios existía, Eli estaba furioso contra Él. No podía perdonarlo por haber permitido el horror de la maldad de Hitler. Ese mal que él había enfrentado cara a cara. Eso era real. Y si eso también era Dios, entonces Dios había fanfarroneado con la marcha brutal de los nazis y hablaba en la aterradora voz del cruel padre de Eli. Semejante Dios no podía ser más que una fuerza castigadora despiadada e irracional, así que sería humillante hablar con él, no digamos rezarle.

Durante un retiro intensivo en el Pathwork, en el cual Eli había tratado de revertir su patrón autodestructivo, por fin logró soltar una buena cantidad de cólera en contra de su padre que siempre había sido muy cruel con él, llegando a golpearlo cuando era niño y siempre criticándolo aún ya como adulto. Eli había llegado a entender que su propio odio contra sí mismo no era una voz de verdad sino la voz de su Ser Inferior que hablaba a través de su padre interiorizado. Empezó a ver esto como un diablo interior, la intención de destruirse a sí mismo, al igual que los nazis habían tratado de destruir a los judíos. A través de su autodestructividad él estaba perpetuando el letal antisemitismo que aborrecía.

Empezó a darse cuenta de que su profunda negatividad no podía ser rebasada sólo con su limitada bondad humana, necesitaba algo más. Necesitaba a Dios.

Escribió en su diario intensivo: "Enfrentado al diablo, tuve que reconocer mi carencia de fuerzas para vencerlo. Estaba de acuerdo en que yo (mi ser del ego) no podía compararse con él, detenerlo. Yo había visto sus obras. Mi terapeuta me propuso que le pidiera ayuda a Dios, que le rezara. No podía. Tuve que admitir que estaba perdido. No sabía cómo rezar. No podía decir la palabra Dios. Dije que no podía perdonarlo y luego sollocé y sollocé, repitiendo que no podía perdonarlo. Después de un rato mi corazón se calmó y se llenó de paz (como en 'neutral'). Mi terapeuta me preguntó si deseaba abrir mi corazón un poco más ante Dios, y claro que lo deseaba, pero no podía ir más lejos. Todavía no podía abrirlo, pero al menos había soltado mi oposición a la apertura, había dejado ir mi tenaz ausencia de perdón."

Luego de esa sesión, Eli volvió a su cuarto y se sintió inexplicablemente preocupado con las matemáticas. Más tarde escribió: "Me di cuenta de porqué me la pasé haciendo ecuaciones de álgebra toda la tarde: yo puse mis creencias, mi vida, en la convicción del triunfo del mal, y ni siquiera me había dado cuenta de que tenía que haber algo que balanceara la ecuación."

Eli se abrió a la idea de que el mal tiene que ser equilibrado por el bien, de que su Ser Inferior tiene que ser equilibrado por su Ser Superior. Y yendo más lejos, que el designio universal que creaba las ecuaciones balanceadas del álgebra, también podía ser esa realidad más vasta que creaba y permitía tanto el bien como el mal. Así que empezó a abrirse a la idea de Dios como aquello que engloba la totalidad, todas las dualidades, incluyendo el bien y el mal, y que es más grande que ambos.

La experiencia de Eli como judío había creado en él una imagen de Dios como autoridad caprichosa e incluso hostil, y de la gente como más propensa al mal que al bien.

Empezó a encontrar su camino de regreso hacia una visión más benigna del universo gracias a la exploración y la liberación de sus sentimientos infantiles de rechazo por parte de su padre, y de opresión por parte de los nazis. Más aún, su talento natural para las matemáticas le ayudó a comprender que está desequilibrado al dar un excesivo énfasis al lado oscuro de la vida.

2) Una experiencia católica
James, cuya historia sirvió para introducir el Capítulo Tres, pasó su infancia en escuelas religiosas e incluso llegó a tomarse el catolicismo muy en serio. A los siete años de edad ya estaba convencido de que había cometido un pecado mortal por no haber asistido a la misa un domingo. Tenía terror de sufrir eternamente en el infierno.

En las escuelas católicas James había aprendido que "Dios está en todas partes. Dios es omnisapiente".[2] De modo que sabía que Dios sabría cuándo había desobedecido los Mandamientos y dado que los Mandamientos, que le enseñaban en el catecismo incluían prohibiciones en contra de enojarse o desobedecer a sus papás o a la Iglesia o a las autoridades de la escuela, lo mismo que las reglas acerca de ser siempre honesto y puro en pensamiento y palabra, James estaba seguro de que le había fallado a Dios en muchas ocasiones.

Siendo niño, James trató con ahínco de ser bueno y, en efecto, era un niño tranquilo y obediente por encima de lo común. Sin embargo, siguiendo los estándares católicos, él se percibía a sí mismo como un completo fracaso. Su autoestima fue todavía más dañada por su creencia total en las palabras del catecismo, las que sentía como especialmente dirigidas a él: "Nacemos sin la gracia de Dios. No somos santos ni le agradamos a Dios. No tenemos derecho al paraíso."[3] Aunque había recibido los sacramentos del bautismo y luego la comunión,

---

2 Tomado de *My First Communion Cathecism*, publicado por la *Confraternity of Cristian Doctrine*, Washington, D.C., 1942.
3 *Ibid.*

con los cuales podría llegar al paraíso, estaba convencido de que nunca podría hacer lo suficiente para complacer a Dios.

Para cuando se convirtió en un adolescente, James empezó a rebelarse en contra de las rigideces de su educación católica. Cuando apareció su sexualidad con todo su potencial, sabía que ya no podría estar a la altura de su iglesia. Sintió que tenía dos opciones: hundirse bajo el peso de su terrible juicio y tratar de suprimir su sexualidad y sus "malos pensamientos", o simplemente aceptar que era irremediablemente malo y continuar y ser un malvado/sexual, con la esperanza en contra de la esperanza de que el juicio final católico fuera algo equivocado. Parecía ser una opción arriesgada, pues igual podría pasar la eternidad en el infierno. Pero su sexualidad era tan poderosa que simplemente no podía negar lo que ésta le pedía.

Cuando llegó a la universidad empezó a leer desaforadamente, incluyendo textos de psicología moderna, de modo que su rechazo del catolicismo adquirió una base mucho más intelectual. Leyó cuidadosamente libros acerca del misticismo oriental y empezó a abrirse a otra visión de Dios. La meditación del budismo zen se convirtió en una manera de reconectarse con su seriedad infantil acerca de Dios, pero sin las trampas de la religión que le habían resultado tan opresivas.

La experiencia católica de James le condujo a una imagen de Dios como un ser demandante, rechazante, antisexual y castigador a quien él, un simple mortal con deseos sexuales normales y fallas humanas inevitables, nunca podría complacer. Sentía que tenía que rechazar a Dios o a sí mismo, lo cual era una alternativa intolerable. Sin embargo, su preocupación con las preguntas fundamentales, su deseo de saber más acerca del significado profundo de la vida y de la muerte, continuaron preocupándolo y, eventualmente, lo condujeron de vuelta a Dios, a través de un camino que iba hacia una experiencia directa y no moralista de la Realidad Suprema.

3) Una experiencia protestante
Martha creció en un pequeño pueblo del campo y asistió a la iglesia luterana de la localidad. Recordaba la escuela de domingo como agradable, pero aburrida, y se acordaba de su familia en la iglesia siempre dando apariencias de respetabilidad y normalidad, actuando como si todo estuviera siempre de maravilla. Sin embargo, en casa su padre solía emborracharse, era violento con su madre y con los niños y apenas podía mantener a su familia. La iglesia era falsa, la vida en casa era dura, daba miedo y era real. Su madre estaba oprimida y abrumada, de modo que era incapaz de ser una fuente de consuelo para Martha. El verdadero patriarca no era Dios ni Jesús, sino su padre alcohólico, quien dominaba en el hogar. Llegó a creer que Dios y la religión eran más que nada una fachada, una máscara que te pones para darle gusto a los demás. La religión no tenía nada que ver con la realidad.

Siendo niña, Martha solía escaparse de su opresiva casa para pasar horas sola en el campo y en los arroyos de las inmediaciones, entrando en contacto con las plantas y las criaturas del lugar. Ahí estaba cerca del pulso benigno de la vida, encontraba consuelo y seguridad en los ciclos de los días, en el ritmo de las estaciones. La naturaleza, y no la religión, fue su salvación.

Cuando creció, su sed espiritual fue calmada, inicialmente, por la introducción de la espiritualidad de los indios de Estados Unidos, la cual tenía en su centro el amor de la tierra, vista al mismo tiempo como el maestro y el consuelo para los humanos. La Madre Tierra era un Ser que ella podía amar y que realmente resultaba central para su bienestar. Empezó a leer todo lo que pudo acerca de las religiones centradas en el culto a la tierra, en donde las diosas eran tan importantes como los dioses y las abuelas tan sabias como los abuelos.

Su experiencia protestante le dio a Martha una imagen de Dios como un ser falso e ineficaz. A fin de encontrar su camino, de vuelta hacia su naturaleza espiritual, tuvo que pasar a través de su conexión con la naturaleza. Esto también le permitió entrar en contacto con su propio ser divino femenino, que había sido negado por la religión y el hogar patriarcales en los que creció.

El hambre de una experiencia espiritual encontrará su paso a través del alma más cínica. Este anhelo puede llegar como un deseo de amor o de conocimiento del universo. Para James, el hambre llegó como la necesidad de encontrar respuestas a las preguntas fundamentales; en el caso de Martha, se trató del anhelo de entrar en un contacto más profundo con la tierra; y para Eli el anhelo consistía en liberarse de su oscuro pesimismo y encontrar un universo equilibrado. Todos estos anhelos, de conocer más profundamente, de amar más profundamente o de conectarse más profundamente, a final de cuentas son el deseo de experimentar un estado de conciencia más unificado de lo que nos proporciona el ego normal desconectado. Este anhelo nos llevará a buscar a Dios dentro de nosotros y producirá el contacto con nuestro Ser Superior. Al buscar esta conexión debemos reconocer y, gradualmente, desechar las distorsiones culturales y psicológicas de nuestra imagen de Dios.

> Hasta las desviaciones y obstrucciones más pequeñas del interior, son limitaciones para comprender la grandeza inexplicable e ilimitada de Dios. El cual no puede ser encerrado en palabras. Tenemos que ocuparnos de la eliminación de esas obstrucciones, paso a paso, piedra por piedra, pues sólo así será posible ver la luz y sentir la gloria infinita.

> Una de las obstrucciones consiste en que, a pesar de las enseñanzas que has recibido provenientes de diversas fuentes, todavía piensas de manera inconsciente que Dios es una persona que actúa, decide y dispone arbitrariamente y a su voluntad. Y a esto le agregas la idea de que Dios también es justo. Pero esas ideas son falsas.

Pues Dios *es*. La justicia proviene del funcionamiento de las leyes espirituales que también simplemente son. Entre muchas otras cosas, Dios es la vida y la fuerza vital, el gran poder creativo que está a tu disposición. Y como tú estás hecho a su semejanza, eres libre de decidir cómo utilizas ese poder. Aprendes a lo largo del tiempo que desviarte de la ley espiritual, del camino del amor y la verdad, produce infelicidad, y que actuar de acuerdo con esa ley produce felicidad. Eres completamente libre de decidir lo que quieras. No se te forza a vivir en la gloria y la luz. Pero puedes hacerlo si así lo deseas. Todo esto es lo que significa el amor de Dios. (CGP 52)

▼   *Rendición y resistencia*   ▼
      ante el Ser Superior

La experiencia de los niveles transpersonal y de unidad del Ser Superior sólo llega cuando el ser exterior, el ego adulto, puede aprender a rendirse ante la realidad más amplia dentro del ser. Esto se hace posible, únicamente, cuando ya hemos enfrentado y liberado las imágenes limitadas y opresivas de Dios, que hemos cargado desde la infancia y las vidas anteriores.

"El ego debe saber que sólo es un sirviente del ser más grande que hay en el interior. Su función principal consiste en buscar deliberadamente el contacto con el ser más grande del interior." (CGP 158). El trabajo del ego incluye la labor de enfrentar nuestras obstrucciones, de modo que podamos escuchar y seguir los mensajes del Ser Superior.

Al rendir nuestro ego nos volvemos tan abiertos y tiernos como lo éramos cuando niños. "A menos de que se conviertan en niños pequeños, no podrán entrar en el Reino del Paraíso." Tenemos miedo de rendirnos porque en nuestra apertura nos volveremos vulnerables ante las imágenes de la autoridad —la autoridad paterna y la autoridad de Dios o religiosa— con las cuales tuvimos contacto cuando éramos jóvenes e indefensos. Así que tenemos que volver a enfrentar las instancias en las que nuestra confianza en la autoridad fue traicionada y nuestra fe fue quebrantada.

Carol anhelaba conocer a Dios, experimentar su Ser Superior. Leía toda la literatura espiritual que podía, desde textos básicos de diferentes religiones del mundo hasta libros de la Nueva Era. Creía de manera intelectual en la existencia de una realidad espiritual, pero era incapaz de experimentarla de manera directa. Ella tocaba la puerta, pero ésta permanecía cerrada ante ella.

Mientras trabajaba con los recuerdos de su primera infancia, espontáneamente volvió a entrar en la realidad de su ser cuando era bebé. Había nacido prematuramente y la habían dejado en una incubadora del hospital durante varios meses, y su madre había estado tan enferma que no había podido cuidar de ella ni visitarla.

Acostada en un sofá en su sesión del Pathwork, Carol empezó a hablar con una voz estrangulada y tensa: "¿Dónde estás, dónde estás?" El tono de sus sentimientos alternaba entre la desesperación y la rabia impotente. Cuando la animamos para que pateara y gritara, por fin Carol dejó que su angustia de bebé se expresara por completo. Luego de esa fuerte ola de sentimientos, habló con una vocesita pequeña y triste: "Me siento tan abandonada, tan traicionada. Las cosas no son como deberían. ¿En dónde está ella, en dónde está?" Ahora, el dolor tomaba el lugar de la rabia, y Carol se dejó ir en medio de tremendos sollozos. Cuando el llanto llegó a su fin, se tranquilizó y, por un breve instante, entró en un espacio vacío y abierto en donde creyó oír música de ángeles.

Más tarde Carol revisó concienzudamente su regresión: "Ésa es exactamente la forma en que me sentía con respecto a Dios. Abandonada, traicionada y sola para que me las arreglara por mí misma, sin ayuda. Pero ahora veo que eso fue algo que yo escogí. En cuanto crecí lo suficiente como para defenderme, interiormente juré que nunca volvería a ser tan vulnerable y tan llena de necesidades como lo fuí cuando era bebé. Me identifiqué fuertemente con mi ego y no había querido dejarlo porque sabía que tenía que volver a caer en esa terrible y cruda vulnerabiliad una vez más. Durante todo este tiempo de manera inconsciente he identificado a Dios o a mi Ser Superior con la madre que no estaba ahí. Ahora, por primera vez, tengo alguna esperanza de que puedo entrar en contacto con algo, un ángel guardián, mi propia alma, mi Ser Superior, que estaba ahí para ayudarme, que está ahí para mí, aunque mi madre no hubiera estado. Sé que para poder escuchar la voz de Dios tengo que llegar a Él desde mi cruda necesidad en vez de mi intelecto adulto."

En el camino hacia el Ser Superior entramos en varios estados dolorosos y atemorizantes de la conciencia. Al negociar con esos estados, el ego aprende a volverse "transparente", se adelgaza, a fin de que otras realidades más profundas puedan salir a la superficie. Dado que el Ser Superior es un arroyo de energía involuntaria, debemos aprender a fluir con nuestros propios procesos involuntarios, que se movían con tanta fuerza durante nuestra infancia, antes de que desarrolláramos un ego. Conforme vamos soltando el control, y dejamos que surja lo involuntario, gradualmete sabremos distinguir cuáles impulsos provienen del Ser Superior y cuáles del Ser Inferior, es decir, cuáles deben ser confrontados o retenidos. Seguramente necesitaremos abrir los miedos y la vulnerabilidad de la infancia que subyacen al control de nuestro ego. Conforme aprendemos a tolerar nuestros sentimientos involuntarios, nos abrimos más completamente al flujo del espíritu dentro de nosotros.

El no soltar el control siempre es un reflejo de la lucha interior espiritual en torno a qué merece nuestra confianza: el pequeño ego o el *dios* interior. A fin de confiar en el *dios* interior, es necesario "viajar a través" de los estadios intermedios de la conciencia, por decirlo de algún modo. Y demasiado a menudo el ser desea evitar el dolor y la confusión, el vacío o el miedo. No importa en qué estado nos encontramos, éste debe ser aceptado temporalmente, a fin de que sea posible explorarlo, comprenderlo y disolverlo.

Es por esto que la resistencia a rendirse es tan fuerte. Prefieres el status quo, en el cual evitas caer en esos otros estados de conciencia, que es necesario atravesar a fin de soltar y crear y expandir tu vida. Prefieres el status quo, a pesar de que el estado de abandono, de dar su lugar a Dios, se sienta maravilloso, rico, luminoso, feliz y seguro. Al decidir abandonarte en esos otros estados, la resistencia a soltar disminuye gradualmente. Nunca es algo que se pueda hacer de golpe, con una sola decisión. Se trata de una decisión y un compromiso que deben repetirse muchas veces. (CGP 213)

El abandono correcto en los procesos involuntarios debe incluir la disciplina de la confrontación de uno mismo con los impulsos negativos que emergen del Ser Inferior. No es sino hasta que el ego ha desarrollado esa disciplina innata que el abandono ante lo involuntario deja de parecer peligroso. Con el paso del tiempo aprendemos a confiar en el desarrollo de nuestro material interior y a trabajar con nuestra negatividad en contextos seguros y apropiados. Aprendemos a confiar en la naturaleza auto-reguladora del proceso creativo de evolución de la vida, conforme éste se mueve a través de nosotros. "El reconocimiento de esto debe ayudarte a acercarte a la vida real que se conduce a sí misma a través de ti." (CGP 153)

▼   *Ejercicios para el Capítulo 8*   ▼

1. Escribe detalladamente una experiencia que hayas tenido con tu Ser Superior. Señala en qué forma, si la hubo, te sentiste cambiado a partir de esa experiencia.

2. Escribe una lista de tus mayores virtudes, de los lugares en donde sientes que tu Ser Superior "brilla hacia el exterior" en tu personalidad actual. Cuando hayas terminado esta lista, explora para ver si existe una relación entre ella y ciertos aspectos de tu máscara. Explora las similitudes aparentes y las diferencias reales.

3. Busca en el interior para descubrir si tienes algún tipo de vergüenza para aceptar las cualidades de tu Ser Superior. Si así es, explora la forma en que esa traición a tu ser real ser relaciona con las maneras en que, tal vez, has traicionado el amor proveniente de alguno de tus padres o de ambos. ¿Consideraste que el más amoroso de tus padres estaba ahí como algo dado y trataste de alcanzar al menos lo amoroso?

4. Observa tu vida para descubrir lo abierto o "espiritualmente bien" que te sientes en distintas áreas: por ejemplo, estar solo contigo mismo, estar con gente de tu sexo, o del sexo opuesto, dar lo mejor de ti en tu trabajo, estar en la naturaleza, estar con niños. Pregúntate a ti mismo qué tan (relativamente) relajado, abierto, confiado y real eres en esas distintas áreas. En una oración o un ritual invita a tu Ser Superior para que te guíe hacia una mayor apertura en las áreas en las que sueles sentirte bloqueado o cerrado.

5. Visualiza tu Ser Superior como un maestro/curandero/compañero interior. Escribe una descripción de ese Ser Superior que vive dentro de ti. Luego inventa un diálogo entre la parte de tu ego y ese ser (que también eres tú). Clasifica cada voz y escribe el diálogo. Puede recurrir a algún tema dentro de tu vida que suele causarte problemas, o simplemente puedes escuchar para ver qué guía quiere expresarse en este momento.

▲ 9 ▲

ABANDONAR LOS APEGOS AL SER INFERIOR

"Cuando eliminas tu intencionalidad negativa ya no puedes engañarte pensando que la negatividad es algo que 'te sucede'. Debes establecer una buena relación con el hecho de que tu vida es el resultado de tus decisiones. Y la decisión implica la libertad para adoptar otra actitud."

CONFERENCIA DEL GUÍA 195
*"Identificación e intencionalidad:
Identificación con el Ser Espiritual
para superar la intencionalidad negativa"*

▼ El diablo de Michael: ▼
Explorar las raíces del fruto prohibido

Michael se acercó al Pathwork con la intención precisa de aprender a lidiar con su apego a sus fantasías sexuales negativas. Acababa de casarse y estaba muy enamorado de su esposa. Al percatarse de la posibilidad de una unión más amorosa y sexualmente satisfactoria con ella, Michael quería deshacerse de lo que, para él, representaba el obstáculo más grande para alcanzar una sexualidad amorosa.

Sus fantasías más frecuentes eran acerca de encuentros sexuales con prostitutas, especialmente con "travesties" o "reinas" (queens). Las "reinas" viven en un inframundo de ambigüedad sexual, pues nacieron como hombres pero se identifican a sí mismos como mujeres. Exhiben características femeninas secundarias, al mismo tiempo que conservan sus genitales masculinos. Michael había tenido numerosas experiencias de una sola noche con travesties y todavía le excitaban las fantasías en torno a ellos.

Éste fue el sueño que impulsó a Michael a empezar a trabajar con el asunto de la sexualidad: "Estoy en un ambiente urbano, en un barrio porno en donde varios travesties trabajan como prostitutas. La gente hace barullo debajo de un helicóptero que los sobrevuela, haciendo un vuelo acrobático por encima de las calles de la ciudad, en torno a un edificio triangular. Todos los edificios son muy altos y las calles estrechas.

"El helicóptero es enorme, como el Queen Mary, y también muy flexible y tiene una larga cola que se dobla como acordeón. El helicóptero hace unos trucos muy complicados y peligrosos, tratando de rodear el edificio triangular a gran velocidad. Al dar una vuelta cerrada alrededor de un edificio, su cola se mueve fuera de control y choca estruendosamente con otro edificio. Yo había sentido cómo llegaba ese peligro y ahora me llenaba de nausea el ver la destrucción."

Las imágenes sexuales le resultaban obvias a Michael. Asociaba el edificio triangular con el "triángulo púbico" de la mujer y tenía miedo de que su propia energía sexual, atrapada en andar haciendo "trucos" con travesties, pudiera ser terriblemente auto-destructiva. Al trabajar con su sueño, Michael se identificó con el piloto del helicóptero.

"Yo tengo el control, estoy en la cabina. Tengo un poder enorme bajo mi control y me pagan muy bien por hacer estos trucos que impresionan a todos los que están abajo. Me divierten la excitación y el peligro. Me doy cuenta de que el helicóptero se 'colea' alrededor de los edificios pero me siento invulnerable. De pronto, me doy cuenta de que la cola está completamente fuera de control, el desastre se acerca y luego... muerte súbita."

Michael dijo que el sentimiento de un desastre inminente le era familiar, como si casi pudiera recordar haber muerto de pronto en una situación sexualmente cargada en otra vida. El sentimiento era también una reminiscencia de sus encuentros con travesties, ante quienes se sentía alternadamente paternalista y temeroso. El peligro inminente era parte de la excitación sexual. El sexo y el peligro, el poder y el lado oscuro, la excitación y la destrucción, de algún modo todo eso iba junto y sabía que necesitaba separarlos, a fin de abandonar la negatividad que estaba atada a su sexualidad masculina.

Revisó su historia sexual más temprana. Tan atrás como podía acordarse, Michael se sentía aliado de su madre en contra de su padre. Sus padres se peleaban, generalmente después de que su padre bebía en exceso. Siendo hijo único, Michael sabía que su madre lo prefería y despreciaba a su padre. Ella se confiaba con su hijo, haciéndole conocer sus quejas acerca de su marido, incluyendo su insatisfacción sexual. Y su madre también era seductora con él. Se paseaba por la casa desnuda o semidesnuda y le pedía a su hijo que le hiciera masajes en el cuello, o que le lavara la espalda cuando estaba en la bañera, o que le dijera cómo se veía vestida de alguna manera. Siendo adolescente, Michael estuvo obsesionado con fantasías sexuales acerca de su madre.

Para el pequeño Michael, su madre también había sido la "reina" de la casa, y su padre el rey impotente, mientras que él era el príncipe heredero. La energía incestuosa entre madre e hijo, aunque no había sido concretizada, era intensa y claramente peligrosa: ¿Qué pasaría si perdían el control y rompían el último tabú? ¿Qué pasaría si su padre lo descubría? Al revisar sus primeras asociaciones del sexo con el peligro, y cómo luego se enredó con el "fruto prohibido" de los travesties, Michael empezó a comprender su desprecio por la "aburrida y normal" heterosexualidad del matrimonio. También se percató de que la creciente intimidad con su esposa amenazaba con despertar nuevamente las sensaciones de tabú asociadas con su madre.

Entonces soñó: "Estoy en un lugar oscuro, probablemente el metro de Nueva York, tratando de evitar un personaje diabólico que busca aliarse conmigo. Quiere darme poderes, incluyendo la capacidad para volar, a cambio de que le 'venda mi alma'. Es un espíritu y puede cambiar su forma como lo desea."

"Me dice: '¿Adivina dónde voy a ir después?'"

"Siento un cosquilleo en mi cabeza y me doy cuenta de que está dentro de mi cerebro. Me invita a tener relaciones sexuales con él y me recuerda que puede cambiar de forma. Entonces se convierte en un travesti hermoso y seductor. Está ahí con otro travesti. Los dos tienen unos genitales muy raros, en los que la piel está a penas pegada a su cuerpo, como un apéndice que no es suyo. Los dos quieren acostarse conmigo, lo cual ha sido arreglado por el espíritu diabólico. No obstante, los travesties empiezan a discutir y entonces se les caen los genitales."

En la siguiente sesión Michael reconoció que el sueño subrayaba su miedo infantil de ser castrado como resultado de su relación incestuosa con su madre. Pero, más allá del nivel psicológico, Michael sintió que había hecho un pacto con el diablo, un pacto que ahora quería iluminar y cambiar. En la sesión Michael hablo haciendo los dos papeles en un diálogo con el diablo:

Diablo: "Me necesitas. Deja que me haga cargo de tu sexualidad. Te haré poderoso."

Michael: "No, vete. No te necesito. No te quiero aquí. Quiero escoger el amor, no lo que tú me ofreces. Quiero creer que el amor es más poderoso que tú."

Diablo: "*Recuerda que yo no podía venir si tú no me querías.*"

Intervine yo para sugerirle a Michael que explorara su apego a la fuerza diabólica.

Michael: "*Siento el poder que me da mi sexualidad negativa, es la excitación lo que empuja la máquina. El poder sexual dentro de mí despierta todo y hace que la vida valga la pena.*"

Entonces le pregunté: "*¿Quién serías sin ella?*"

Michael: "*Sin ella yo sería mi padre, un conformista deprimido e impotente. ël es una máscara vacía, alguien que se conformó con muy poco, que se volvió rígido y correcto, y luego tomaba para desenvolverse y se ponía tonto y estúpido e infantil. Ya murió, tiene rigo mortis de la mente.*"

Diablo: "*Lo ves, yo te doy tu vida. El tipo de sexo que te puedo ofrecer es tu vida. No necesitas ningún otro tipo de sentimientos.*"

Michael: "*Me das poder con un precio elevadísimo: dolor, culpa y separación de la mujer que amo. Y también me impides sentir la vida. No quiero tener sólo sentimientos sexuales, quiero ser capaz de expandir mi intimidad con mi esposa, de estar triste y enojado, de conocer la alegría y el miedo, de sentir toda la vida. Odio tu estrecha preocupación por la sexualidad.*"

Diablo: "*Te doy poder a través del sexo. Eso es todo lo que existe.*"

Michael: "*¿Quién eres y qué quieres?*"

Diablo: "*Quiero poder y separación. Eso es todo lo que conozco.*"

En sesiones posteriores, Michael reflexionó en torno a su pregunta acerca de la identidad del diablo. Empezó a reconocerlo como el niño destructivo y voluntarioso que siempre quiere atención, gratificación instantánea y poder sobre los demás. Debajo de este Ser Inferior niño, encontró a un niño necesitado que creía que necesitaba el poder como compensación por sentir que no lo amaban. Michael sabía que lo que realmente quería era amor mutuo, algo incompatible con el total egoísmo infantil, y de todos modos sabía que todavía lo atraían el poder y el peligro de la sexualidad prohibida. Así que Michael volvió a preguntarle a ese diablo-niño: "¿Quién eres y qué quieres?"

En otro diálogo en el que Michael hizo los dos papeles, el diablo de su Ser Inferior empezó a sonar cada vez más, como un niño emocionalmente desesperado que le recordaba, a Michael, a un adolescente al que alguna vez él había ayudado cuando trabajaba en una casa para muchachos con problemas. Recordaba una ocasión en la que la cansada y preocupada madre del muchacho había ido a visitarlo junto con tres de sus once hijos. Después de la visita, el muchacho había salido a la parte de atrás de la casa y se había puesto a arrancar pequeños árboles de un joven bosque. Michael corrió hacia él y le gritó sacudiéndole los hombros: "¿Qué estás haciendo?" El adolescente, con los ojos brillando de odio, lo miró fijamente y no dijo nada. Michael se calmó y tranquila, pero firmemente, le preguntó varias veces: "¿Qué es lo que quieres, qué quieres en realidad?" Después de un largo silencio el muchacho finalmente contestó muy quedito, con los ojos llenos de lágrimas: "Quiero a mi mamá."

Michael se atragantó mientras contaba esta historia y, por primera vez, se dio cuenta del poco cuidado materno que había recibido él mismo. Para su madre él había sido un esposo y amante, padre y consuelo, pero rara vez un niño al cual le daba cuidados maternos. El trabajo siguiente de Michael se enfocó en sentir el dolor por la madre que no tuvo, por los cuidados que no recibió. Su vida emocional empezó a expandirse mediante la inclusión de brotes más frecuentes de dolor y coraje.

Al mismo tiempo, Michael empezó a sentir más compasión por su propio niño interior problemático y voluntarioso, empezó a tenerle paciencia, a tratar de ayudarle a crecer y a darse cuenta de que era amado y no tenía que actuar de manera negativa. Michael estaba despertando al "buen padre" interior que podía cuidar de su niño interior.

Empezó a meditar más regularmente y a entrar en contacto con su Ser Superior, la esencia espiritual que siempre *había conocido como su verdadera identidad. Sabía que ese ser amaba y aceptaba cada una de sus partes, incluyendo al niño diabólico del Ser Inferior. Como antes había usado drogas psicodélicas, ya había tenido una prueba real de su ser expandido, aunque también había usado esas experiencias como un sustituto para el crecimiento emocional.*

Durante un tiempo sintió que sus sentimientos sexuales hacia su esposa disminuían conforme se enfocaba más en su amor por ella. Pero en cierta ocasión, en la que su intercambio sexual con ella empezó a surgir del amor y empezó a sentirse inundado por una nueva fuerza —la poderosa unión del sexo y el amor—, un agudo dolor en su cadera izquierda lo obligó a detenerse. Identificándose, temporalmente, con la energía que lo había "atacado", Michael habló una vez más con la voz del diablo: "No, no te voy a dejar que unas las energías del sexo y el amor. ¡No te das cuenta de que eso te va a matar! ¡Te abrumará! Nunca te dejaré que las juntes. Vuelve a mí, es mucho más seguro."

Michael sabía que lo que sería abrumado por su rendición ante el flujo unificado de la sexualidad amorosa, sólo el control de su ego, no su verdadero ser. Así que, recordando que el diablo no era más que una defensa de su confundido niño, lo confrontó diciéndole: "Sé que el flujo de los sentimientos unificados te asusta. Sé que trae de vuelta el miedo al incesto y el sentimiento de desamparo. Sé que crees que me proteges al separar mi sexualidad de mi corazón."

Entonces pudo sentir y compartir con su compañera sus miedos de la infancia, su confusión y aislamiento. Tan pronto como compartió esos sentimientos, supo que también tenía que confrontar al diablo directamente. Entonces le dijo: "Ya no necesito la defensa de la sexualidad separada con la cual sigues tentándome. Quiero reunir todo. Le digo 'no' a tu voluntad negativa, y conscientemente me armonizo con la intención de mi Ser Superior de amar y expresar mi amor sexualmente." El dolor de su cadera fue cediendo poco a poco.

Michael empezó a realizar una práctica diaria de visualización en la que unía su sexualidad con los sentimientos de su corazón, abandonando las fantasías sexuales que sabía separaban la fuerza vital sexual. A través de esas meditaciones y visualizaciones fortaleció su contacto con su Ser Superior.

(La historia de Michael continúa en el prólogo al Capítulo Diez)

▼ *Liberando los apegos al Ser Inferior* ▼

Tal como Michael pudo aprender a través de sus sueños y diálogos, el Ser Inferior, al cual él llamaba su diablo interior, tiene vida propia, su programa y una forma espiritual que también le es propia. Luchará para permanecer con vida y cumplir con su objetivo de separación. Se desarrolla ocultándose, infestando el inconsciente, que es en donde le resulta más fácil torcer las buenas intenciones conscientes. Prefiere un clima emocional de negación, auto-justificación, confusión y falta de honestidad. Mientras somos ingnorantes de nuestro Ser Inferior, éste nos obliga a cumplir con un patrón destructivo a lo largo de nuestra vida, a pesar de nuestro deseo consciente de abandonarlo. Antes de haber logrado sacar a la luz de la conciencia los sueños de su inconsciente, Michael permanecía atrapado en su patrón de sexualidad compulsivamente negativa.

El Ser Inferior también está ahí para convencernos de que es nuestra mejor protección, de que podemos estar a salvo o ser poderosos o tener placer sólo si seguimos el camino de egocentrismo y negatividad. El diablo de Michael constantemente argumentaba en contra de su rendición al amor y a la vulnerabilidad. Mientras no hayamos desenmascarado las verdaderas intenciones de nuestro Ser Inferior, permaneceremos atrapados en nuestros patrones de vida negativos.

Cada vez que somos incapaces de cambiar lo que conscientemente queremos cambiar, sentimos el gancho inconsciente del Ser Inferior. Aun cuando ya hemos deja-

do de culpar a nuestros padres, a nuestra cultura o a Dios
—aun cuando ya hemos abandonado muchas de las heridas
infantiles que hay detrás de nuestras imágenes— todavía
podemos sentir que no podemos dejar de ser tal cual
somos, que ésa es nuestra "naturaleza humana". Este aparente desamparo ante el Ser Inferior proviene del profundo, y en buena parte inconsciente, apego que todos tenemos hacia la negatividad. Ese apego proviene tanto de
nuestra intención de seguir siendo negativos, como del
placer que obtenemos al ser negativos.

▼   *Intención negativa, voluntad negativa*   ▼

Podemos descubrir nuestras intenciones negativas mediante el examen de áreas de insatisfacción en nuestra vida. Es
posible que tengamos el deseo consciente, de todas las cosas
correctas: amor, felicidad, una situación laboral satisfactoria, la expresión creativa de uno mismo. Sin embargo, al
mismo tiempo podemos tener miedo o retar la satisfacción
de nuestros deseos conscientes debido a cualquier cantidad
de razones inconscientes. Puede ser que inconscientemente
nos estemos castigando o castigando a los demás, o perver-
samente rehusándonos a aceptar la felicidad o la confianza
en el universo simplemente porque eso pone en peligro el
control de nuestro ego.

Necesitamos encontrar el nivel del Ser Inferior en el
cual decidimos, de manera perfectamente voluntaria, retar
nuestra conexión divina con toda la vida para favorecer
nuestras limitaciones egocéntricas. Ese nivel puede aparecer en la forma de un demonio o un diablo, una voz negativa
arquetípica del inconsciente colectivo negativo que compartimos con todos los humanos que existen en el ámbito de
la dualidad. Sólo cuando cobramos conciencia de esa profunda decisión negativa de resistir a la vida tenemos la
oportunidad de cambiarla.

Descubrir la intención negativa de mantenernos
separados de nuestro núcleo divino, de oponernos al amor,

la verdad y al placer dentro y en torno a nosotros, es algo que al principio nos parece espantoso. Es difícil creer que de hecho le decimos "no" exactamente a las cosas que más deseamos en la vida. Sin embargo, el descubrimiento de que ese "no" está dentro de nosotros, y no afuera, nos conduce al conocimiento de la libertad y a la realización de la madurez. A veces una intención negativa hacia cierto aspecto de la vida sólo se hace clara cuando ya estamos tomando otras decisiones, como en el siguiente caso:

Sophie era una joven mujer recientemente divorciada de un hombre mayor con el que nunca había disfrutado del sexo. Ahora estaba enamorada de un hombre joven y gentil al que realmente amaba y que le había ayudado a relajarse sexualmente, hasta el punto en que por primera vez en su vida había tenido un orgasmo. Pero estaba llena de dudas acerca de la relación y estaba tentada a dejar a su nuevo enamorado. Poco después soñó que volvía a casa con su ex-esposo, el cual se ponía mortalmente violento cuando ella le decía que ya tenía orgasmos.

En su sesión del Pathwork le pedí a Sophie que hablara como si fuera el personaje de su sueño que representaba a su ex-esposo. Al hacerlo, Sophie se dio cuenta de que dentro de ella tenía una voz que estaba en oposición con su recientemente descubierta sexualidad amorosa. Esa voz le decía: "Ve nada más lo que has hecho. Has entregado la única ventaja que tenías de poder, el poder de retener, que habías usado todos estos años para controlar a los hombres. ¡Qué decisión tan estúpida has hecho! Ahora sólo vas a ser una puta con los hombres, te vas a volver su esclava y cualquier hombre podrá poseerte. Si has de conservar algo de respeto por ti misma mejor decídete a retener una vez más y abandona a ese hombre joven."

Sophie identificó esa voz como su intencionalidad negativa. Una parte de ella estaba aterrada y enojada con la vulnerabilidad que su sexualidad más abierta representaba y quería cerrarse de nuevo dejando a su enamorado. La toma de conciencia de esa intención negativa le ayudó a conservar la

*relación y a continuar abriéndose hacia un amor sexual más
satisfactorio.*

Toma mucho tiempo y crecimiento llegar a aceptar que
en donde hay insatisfacción la intención interior es
diferente de los deseos, la voluntad y las intenciones
exteriores conscientes. Eventualmente tienes que descubrir esta verdad de la vida: tiene que haber algo
funcionando dentro de ti que impide la tan deseada
satisfacción. Pero incluso cuando esta aceptación, inicialmente sólo conceptual, se desarrolla, todavía parece
imposible creer que existe un efectivo 'No' interior
ante el 'Sí' consciente. Casi nadie puede creer que para
empezar lo que desea tan ardientemente le es negado
por sí mismo con base en sus "razones" internas. La falta
de conexión con esa voz interior es el principal problema. Cualquier trabajo enfocado hacia la auténtica búsqueda y el desarrollo interiores tiene que dirigirse hacia
el descubrimiento de esa negación interior, hacia esa
voz interior que dice 'No'. (CGP 186)

Es un gran paso hacia adelante cuando podemos
enfrentar y experimentar nuestra intención inconsciente
de permanecer en las actitudes y patrones negativos, de
decir "no" a lo que decimos que deseamos. Una vez que
vemos que nosotros escogemos la insatisfacción, la negatividad y el sufrimiento, entonces ya no le echamos la culpa
al mundo y a los demás. Asumimos la responsabilidad de
la creación de nuestra vida y damos una nueva dirección a
nuestra energía creativa.

La sola palabra intención implica que el ser es quien está
a cargo, toma decisiones deliberadas, intenta hacer,
actuar, ser. Aun cuando posees las actitudes más destructivas, crueles y brutales, siempre existe el mensaje
de que no puedes evitar ser como eres. Cuando logras
descubrir tu intencionalidad negativa, ya no puedes
engañarte diciendo que la negatividad "te sucede". Tar-

298 ▲ Susan Thesenga

de o temprano tienes que aceptar el hecho de que tu vida es resultado de tus decisiones. Y la decisión implica la libertad de adoptar otra actitud... Es tremendamente difícil de aceptar que el ser, deliberadamente, escoge un camino de negación, desprecio y odio, incluso al precio del sufrimiento. Pero una vez que se hace se abre la puerta hacia la libertad, incluso antes de que uno esté listo para atravesarla. (CGP 195)

La comprensión de la intencionalidad negativa (la decisión de una parte del alma de permanecer en una actitud negativa hacia la vida) generalmente llega después de mucho trabajo personal. Primero debemos desarrollar y aprender a identificarnos con nuestro ser observador compasivo y objetivo (tal como fue presentado en el Capítulo Tres) y luego aprender acerca de nuestras ideas erróneas sobre la realidad, nuestras "imágenes" y cómo recrean los patrones negativos que se repiten, o los círculos viciosos de nuestra vida (como los analizamos en el Capítulo Cinco), aceptar la existencia de nuestro Ser Inferior (como fue explorado en el Capítulo Seis) y finalmente arraigarnos en nuestro Ser Superior (como fue expuesto en el Capítulo Ocho). Generalmente estos pasos son prerrequisitos para tener la fuerza y madurez espirituales necesarias para enfrentar nuestra más profunda desconfianza ante la vida y el ser que representa nuestra intencionalidad negativa.

Sophie había hecho un importante trabajo en torno a su hostilidad hacia los hombres, en relación con el hecho de haber sufrido de abuso sexual en manos de su padre alcohólico. Había visto sus imágenes de desconfianza y cómo justificaba su hostilidad y, en muchas ocasiones, había descargado su rabia, su pena y su profundo dolor. Se había dado cuenta de cómo había vuelto a crear una relación sin confianza con su ex-marido. Y aunque su nueva relación estaba funcionando bien, seguía sintiendo que su desconfianza era una barrera que le impedía rendirse más profundamente ante el amor.

*En un grupo del Pathwork , espontáneamente descu-
brió "recuerdos" de vidas pasadas con su padre. Sintió que
había estado bailando esa danza de poder y control, abuso y
traición, en innumerables ocasiones alternando los papeles de
víctima o verdugo. Quería comprender por qué había escogido a su padre en esta vida, y trató de imaginar que hablaba con
él desde el punto de vista de su nueva conciencia de la intencionalidad de su Ser Inferior:*

*"Te escojo. Sabía que abusarías de mí y que serías rudo
y te escogí. Ahora tengo todas las excusas que necesito para
odiar a los hombres. Me diste esa excusa, gran bastardo, y estoy
contenta porque ahora puedo decidir separarme de ti y de
todos los hombres para siempre. Nunca voy a confiar, nunca
me daré a mí misma, nunca amaré. Estaré separada y agra-
viada para siempre. ¡Ja!"*

*Aquí se veía con claridad la afirmación de su inten-
ción negativa subyacente, la decisión de justificar el odio, la
retención y el desprecio. Con esta conciencia de la parte de sí
misma que se comprometía con su visión negativa de los
hombres y las relaciones, Sophie pudo soltar el control que esto
tenía sobre su vida. Rezó para cambiar su alineación básica
con la negatividad, por una visión de los hombres positiva y
llena de confianza. Sólo ahora, que había desenterrado su
profunda voluntad negativa y había decidido abandonarla,
sus oraciones lograron un impacto profundo en su inconsciente y le permitieron crear una relación amorosa satisfactoria.*

▼ Tomar conciencia ▼
de las intenciones negativas

Cada vez que nuestros patrones negativos, las áreas en
donde no hay armonía o insatisfacción, se sienten profundamente arraigados, necesitamos buscar las intenciones
negativas ocultas y ponerlas claramente en palabras. Podemos escuchar en el interior en busca de la voz que puede
estar diciendo:

Quiero apartarme de la vida. No confío en que darme libremente sea algo apreciado o correspondido. Me mantendré alejado de la gente y la castigaré no dándole lo que desea de mí. Así es como seré poderoso.

Quiero engañar a la vida, obtener más de lo que doy. Me han privado mis padres y ahora le toca a la vida darme a mí. No quiero comprometerme en una relación de dar y recibir.

Me gusta culpar a los demás y ser el niño víctima, es más fácil que crecer y ser un adulto responsable.

Quiero ser una persona insatisfecha e infeliz a lo largo de la vida, eso seguramente herirá a mis padres y a quienes me amen. No seré feliz por puro desprecio, usaré mi desgracia como un arma para castigar a los demás.

Ser frío y cruel me hace poderoso. Mientras más inalcanzable sea, más vendrán a buscarme los demás. No me importa si eso también me hace solitario, simplemente no sentiré nada.

Soy irremediablemente malo y no merezco ningún placer o bondad en la vida. Veré la vida como un castigo y nunca seré feliz.

Nos aferramos a estas intenciones negativas porque nos son familiares. Hicimos esos juramentos negativos hace mucho tiempo, son una expresión de nuestras principales imágenes acerca de la vida como algo hostil, doloroso o amenazante. Nuestras defensas en contra del dolor eventualmente se solidifican dentro de una actitud constantemente negativa o de falta de confianza. Abrir nuestra visión positiva de la vida y del ser al inicio es algo extraño y amenaza la "seguridad" de nuestras defensas.

El programa fundamental de nuestro Ser Inferior consiste en convencernos de que nosotros y la vida somos malos, indignos de confianza y sin esperanzas, de modo que es mejor mantener nuestra defensiva separación y no rendirnos ante la fuerza vital o Dios en nosotros ni alrededor. Nuestras intenciones negativas son una expresión de nuestros más profundos miedos de que el Ser Inferior sea nuestra realidad final. Es por ello que resulta especialmente importante mantener una clara identificación con el observador compasivo y objetivo, y con los otros aspectos del Ser Superior mientras hacemos el trabajo de descubrir el "no" a la vida que conservamos tan profundamente.

Algunas de nuestras intenciones negativas surgen de una imagen masiva o cultural que nos dice que la vida es una batalla o una lucha y que, por lo tanto, el camino a la felicidad consiste en ser más poderosos que los demás para que las cosas sean como nosotros queremos. Esa imagen masiva dice que el egocentrismo es "inteligente", mientras que una vida basada en el amor y la compasión es "estúpida" y nos hará débiles. Retar nuestra voluntad negativa, generalmente, significa retar las imágenes masivas acerca de la vida. Tenemos que aprender que el egocentrismo nunca nos hará felices. El camino hacia la satisfacción pasa por la confianza en la vida, una voluntad de comprometernos con los demás, de entrar en los ciclos de dar y recibir que caracterizan a la vida humana y planetaria.

▼ Por qué escogemos la negatividad ▼

Mientras nos identificamos con el pequeño ego tendemos a comportarnos con nuestro Ser Superior de una manera muy similar a la forma en que un niño se comporta con sus padres. Vemos a Dios como una autoridad exterior que nos invadirá o aplastará si decimos "sí". Nuestras imágenes de Dios, tal como fueron presentadas en el Capítulo Ocho, definen la imagen inconsciente de nuestro Ser Superior y obstruyen el camino de nuestra rendición ante la vida.

Pensamos que nuestro "no" garantiza nuestra autonomía. "El niño equipara el abandono de su resistencia con la capitulación de su individualidad." (CGP 195) Se resiste, y por lo tanto es. La lucha por la autonomía y la libertad ante las autoridades exteriores es algo adecuado en el caso del niño y el joven, pero muy fácilmente se distorsiona en los adultos convirtiéndose en una resistencia ante la vida y ante Dios.

También nos aferramos a la negatividad como una forma de negar y defendernos de los sentimientos reales y, frecuentemente, dolorosos de la infancia y como una forma de castigar a nuestros imperfectos padres.

> El apego a las direcciones negativas de la voluntad se debe a la negación de asumir la responsabilidad en la vida, a lidiar con las circunstancias "no ideales". Es una insistencia interior para "forzar" a los "malos padres" a convertirse en "buenos padres" como si la desgracia de uno fuera un arma. Esa desgracia luego se convierte en un medio para castigar a la vida (a los "malos padres"). (CGP 195)

Cuando nuestra resistencia y nuestro desprecio se llevan hasta el interior de nuestra psique nos identificamos sólo con un fragmento de nuestra conciencia, ya sea el ser inconsciente del niño o el pequeño ego aislado. Entonces resistimos o castigamos a la conciencia más amplia o al Ser Superior en nosotros y los identificamos con la autoridad que tememos. La resistencia ante el Ser Superior provoca un gran desperdicio de energía e impide el desarrollo de un concepto de uno mismo y una experiencia de la vida más amplios. Le decimos "no" a la mismísima fuerza vital que nos sostiene.

Al reconocer las limitaciones del ser infantil y del pequeño ego, probando al ser más grande que podríamos ser, entonces podemos relajar nuestra temerosa autonomía y el desprecio autodestructivo para rendirnos ante nuestro potencial más vasto.

▼ *Abandonar las intenciones* ▼
negativas; afirmar las intenciones positivas

Una vez que somos completamente conscientes de la intención negativa, y especialmente de su fundamento en las falsas imágenes de nosotros mismos y del mundo, entonces tenemos que echarnos un clavado en la región desconocida de una nueva alternativa. Ésta es la alternativa de la intención positiva y la energía, de la realidad más amplia que está más allá de las limitaciones propias de la negatividad. El Guía llama, esto el abandono o la entrada en el "abismo de la ilusión". Entramos en una misteriosa realidad más amplia y nos alejamos de la realidad basada en las imágenes, conocida pero limitada. De este modo superamos nuestros miedos de ser aniquilados precisamente saltando dentro de ellos.

> Rendirte ante, o soltar tu voluntad negativa, parece ser lo mismo que caer de cabeza en un abismo. Sin embargo, el abismo sólo puede desaparecer si te permites hundirte en él. Sólo entonces te darás cuenta de que no te estrellas y mueres, sino que flotas maravillosamente. Entonces verás que lo que te tensaba de miedo y ansiedad era tan ilusorio como el abismo. (CGP 60)

Para saber quienes somos en realidad, tenemos que decidirnos a apoyar y a confiar en la vida y a abandonar nuestro ridículo egocentrismo, y la intención negativa hacia la vida que se basa en nuestros miedos y resentimientos. La elección del amor, la esperanza y la bondad requiere abandonar nuestra férrea identificación con el pequeño ser del ego. Si lo abandonamos de manera sincera, entonces nuestras oraciones de intención positiva para buscar y seguir la voluntad de Dios en nuestra vida, tendrán un impacto profundo en la sustancia de nuestra alma.

Las afirmaciones positivas nos son especialmente benéficas cuando, antes, hemos desenterrado nuestras ideas distorsionadas y nuestras intenciones negativas. El compromiso de Sophie, para rendirse ante su nueva relación amorosa, se convirtió en algo más poderoso una vez que descubrió y decidió abandonar sus intenciones negativas hacia los hombres. Cuando soltamos nuestro apego a la voluntad negativa cerramos un espacio vacío. El compromiso con la energía positiva "llena" ese espacio de manera que la verdad reemplaza a la mentira, la conexión reemplaza el aislamiento y la autoestima reemplaza la auto denigración.

La siguiente afirmación resulta especialmente poderosa mientras soltamos la intención negativa de alejarnos o de engañar a la vida:

Tendré la intención de darle a la vida todo lo que soy. Confiaré en que ese don, libre de mí mismo, será apreciado y devuelto. Quiero ser un participante completo en el dar y el recibir de la vida.

Esta otra afirmación es especialmente útil para abandonar nuestro apego a la culpa, la privación o a convertir a los otros en víctimas:

Decido crecer y tomar mi lugar como un adulto entre los demás adultos. Asumo mi responsabilidad por mí y por la creación de mi felicidad en la vida.

Podemos afirmar lo siguiente, mientras abandonamos nuestras intenciones de poder en la forma de hostilidad y crueldad:

Abandono mi frialdad y mi crueldad. Escojo el amor en vez del poder. Quiero tener todos mis sentimientos, así que me abro a mi vulnerabilidad.

Mientras abandonamos nuestro compromiso negativo con la desvalorización y la desesperación podemos afirmar:

Doy lo mejor de mí a la vida y merezco lo mejor de la vida. Soy una manifestación divina de Dios, no menos ni más que ningún otro ser humano o cualquier otra expresión natural de la fuerza vital en este planeta.

La buena voluntad, la decisión de armonizarnos con el amor y la verdad, es nuestro regalo para Dios. Para transformar los patrones negativos, no basta con descargar ni con comprender el origen de nuestros sentimientos negativos en la infancia. También tenemos que cambiar la armonización de nuestra voluntad, más allá de la preservación del temeroso niño o el destructivo ego, para acercarla a la aceptación y la manifestación de la voluntad de Dios en nuestra vida. El trabajo de abandono y rearmonización nos permite ir ganando, poco a poco, la fe en que estar "en Dios" será útil para nuestra satisfacción personal y planetaria, en mucho mayor medida que cualquier resistencia egocéntrica ante Dios. Al nombrar y abandonar nuestras creencias negativas, más profundamente ancladas, damos un salto hacia la expansión de nuestro ser espiritual.

> El Ser Inferior debe ser identificado, y debemos identificarnos con el ser espiritual. El ego, como observador objetivo, realiza la identificación, pero se rinde a sí mismo voluntariamente para poder ser integrado en el ser espiritual. (CGP 195)

▼ Comprender los niveles ▼ profundos de nuestra negatividad

Tal vez, la contribución más importante del Guía del Pathwork sea la enseñanza acerca de la forma en que la negatividad se inserta con tanta firmeza dentro de la sustancia del alma de los seres humanos; cómo es que seguimos tomando decisiones negativas, aun cuando ya sabemos que ciertos comportamientos son erróneos o destructivos para nosotros y los demás. ¿Por qué no podemos simplemente "despertar" y empezar a tomar decisiones positivas? ¿Por qué son tan perversos los seres humanos?

La respuesta del Guía a la interrogante de la perversidad humana comienza con la comprensión de que experimentamos la vida de acuerdo con nuestras imágenes, las cuales crean círculos viciosos, de tal modo que nuestra visión negativa del mundo y nuestras decisiones negativas se refuerzan constantemente unas a las otras. Nuestras percepciones habituales del mundo no son la realidad, sino el producto de nuestras ilusiones. Pero nos hemos acostumbrado tanto a ver la vida de acuerdo con nuestras expectativas negativas, que rara vez ponemos en duda nuestros conceptos acerca de la realidad. Esto es lo que nos mantiene atrapados dentro de una visión limitada del mundo.

La comprensión del Ser Inferior innato, en todo ser humano, nos da otra parte del rompecabezas. Surgido en la decisión original de la sustancia divina de separarse de la totalidad e identificarse con su separación, el Ser Inferior es profundamente antagonista al flujo natural de la vida, pues rendirse significaría la muerte para su existencia separada basada en el ego. El Ser Inferior es una parte perversa de nosotros que resiste ferozmente al llamado de la vida para la integración y la unidad, y que puede soportar su aislamiento mediante las defensas de la arrogancia, el orgullo y el miedo. La decisión de permanecer separado se ha anclado profundamente, en la sustancia de nuestra alma, a partir de la repetición de las mismas decisiones negativas a lo largo de muchas vidas. Las directivas de la voluntad negativa del alma tienen que ser sacadas a la conciencia y luego abandonarlas, a fin de profundizar nuestra armonización con Dios en nuestro viaje de vuelta a casa, a la plenitud. Tenemos que dar un salto de las limitaciones de lo conocido, nuestras ideas limitadas y negativas acerca de la vida, hacia la vastedad del misterio desconocido del Espíritu.

▼ El placer negativo ▼

Otra parte más del rompecabezas de la perversidad humana se encuentra en la comprensión de cómo es que la negatividad se mezcla con la *fuerza vital*, o el principio del placer, de modo que tememos que la rendición de nuestra negatividad implicará la pérdida de la emoción y el placer que nos produce. La "Tierra del Ser Inferior" que llena nuestros periódicos, programas de televisión y sueños secretos o fantasías sexuales, todavía es un lugar de placer, o al menos de excitación irresistible, para muchos de nosotros, sin importar cuán avergonzados estemos de la carga que obtenemos de esa negatividad. En cierto sentido, el Ser Inferior posee una parte de nuestra capacidad natural para ser prisioneros del placer, de otro modo, abandonaríamos nuestra negatividad con mucho mayor facilidad.

Michael, cuya historia introdujo este capítulo, conscientemente quería armonizar su sexualidad con su amor por su esposa. Sabía que su felicidad yacía en el establecimiento de su sexualidad con su amor actual y no en sus fantasías de pasadas experiencias sexuales sin amor. Sin embargo, aun teniendo la más fuerte voluntad, todavía tuvo que encontrarse con los lugares dentro de él que estaban "enganchados" con la sexualidad negativa, en donde su excitación se ligaba con lo prohibido, en donde todo lo controlaba el "diablo".

Cuando, al igual que Michael, estamos dispuestos a encontrarnos con los demonios que celebran en nuestra destructividad, realizamos un cierto tipo de exorcismo personal merecedor de todo nuestro respeto. Ahí exhibimos el heroísmo de enfrentar al dragón de cara a cara, sintiendo la amenaza de su ardiente aliento sobre nosotros, matándolo y comiendo su carne, para así reincorporar su poder a nuestro interior. Caminamos el camino heroico cuando decidimos conscientemente enfrentar el placer secreto de nuestras muchas oscuras tentaciones.

> Cuando te sientes frustrado en tu intento por superar la negatividad, es extremadamente importante que sientas muy profundamente dentro de ti cuál es el aspecto placentero involucrado en esa negatividad, sin importar qué tanto dolor haya en tu conciencia a nivel de la superficie. La dificultad de deshacerte de la destructividad está, obviamente, ligada a otras razones que ya has verificado: el deseo de castigar a la vida o de forzarla a ser como quieres... Pero esas razones no son la dificultad principal para dejar de lado la negatividad. Es necesario sentir, primero, de manera intuitiva y, luego, de manera muy clara, que el placer está ligado a tu negatividad. (CGP 148)

Las actitudes negativas y las decisiones negativas se quedan encerradas en la psique porque se "mezclan" con la excitación y el placer de la *fuerza vital*. "Sólo cuando se entiende que el aspecto doloroso de la negatividad puede ser abandonado, mientras que las actitudes positivas aumentarán el aspecto placentero, se vuelve posible transformar la negatividad". (CGP 148)

▼ ¿Qué es el placer? ▼

El placer es la sensación de la fuerza vital que fluye a través del cuerpo. La esencia del placer no es diferente del estado cósmico de gracia, un abandono del ego al flujo ininterrumpido de la energía vital.

Lo que llamamos "placer negativo" es la sensación de una partícula, un trozo aislado de la fuerza vital, que temporalmente se ha apegado a una situación de vida negativa. Del mismo modo en que el ego es una parte aislada de la conciencia universal, igualmente el placer negativo es un fragmento de la gracia universal.

El placer negativo siempre se dirige, de algún modo, más hacia la gratificación de las metas del ego, en vez de a la satisfacción de las necesidades reales y legítimas de la entidad de bañarse en la luz del placer supremo...

Mientras te identifiques con la estrecha estructura del ego, el placer real y total se vuelve imposible, pues éste depende de la capacidad del ego para abandonarse a sí mismo y dejarse llevar y vivir por un poder más grande dentro del cuerpo y el alma. (CGP 177)

Mientras nos aferramos al pequeño ego y a las actitudes destructivas, limitamos nuestra integridad y creamos agitación en el cuerpo-mente. En ese estado no podemos crear las condiciones de relajada receptividad interior, necesarias para la experimentación del placer supremo. El placer fluye sin obstrucciones sólo cuando nuestro ser interior está en paz y, por lo tanto, es capaz de armonizarse con el ritmo cósmico mientras se mueve, pulsa y respira a través de nosotros, como nosotros.

El placer se vuelve posible cuando el estado de la mente y las emociones está tranquilamente confiado, calmadamente expectante y receptivo, paciente y sin ansiedad, sin prisa y sin preocupaciones. (CGP 177)

Este estado de apertura relajada ante el flujo cósmico de la vida es algo raro, pues habitualmente estamos en un estado del ego contraído y lleno de miedo y rechazo a la rendición de nuestro orgullo y arrogancia. Así que todos vivimos en diversos niveles de adormecimiento, alejado de la pulsación total de nuestra fuerza vital.

Sin embargo, dado que los seres humanos no pueden vivir sin placer, encontramos nuestro placer en lo que nos es familiar, en estados de hiperactividad agitada o de pasividad carente de voluntad. Y como nos defendemos en contra del tierno y vulnerable flujo de nuestras sensaciones y sentimientos interiores, nos volvemos adictos al intenso nivel de estimulación sensorial exterior. Mientras más adormecidos estamos ante el flujo vulnerable de la experiencia interior, más intensificamos el asalto externo a nuestros sentidos a fin de sentir algo. O bien nos colapsamos ante nuestras apresuradas y superactivas vidas y pretendemos encontrar placer en estar completamente pasivos y ser cuidados por los demás. Estos placeres falsos y parciales nunca son profundamente satisfactorios y mientras no hayamos aprendido a relajarnos en nuestro ser profundo, estaremos enganchados en el patrón de alternancia de una elevada intensidad con el colapso pasivo.

▼ *Apego de la fuerza vital* ▼
a las situaciones negativas

Cuando el principio del placer o fuerza vital se apega a situaciones de pasividad y/o estancamiento llamamos a eso masoquismo. Cuando el principio del placer se apega a situaciones de hiperactividad del poder, el control o la fuerza, llamamos a eso sadismo.

La persistencia de la crueldad sádica en nuestras psiques colectivas surge del placer que obtenemos de las fantasías de conquista, explotación y venganza. Éste es el núcleo del apego de la humanidad a la guerra y a otras crueldades masivas, lo mismo que a todas las guerras familiares y las atrocidades emocionales que cometemos en nuestras vidas íntimas. Incluso llegamos a hablar de la "dulce venganza" y de una "deliciosa crueldad". La tenacidad de la autodestrucción masoquista, por el otro lado, también depende del placer que imaginamos que se obtiene al ser pasivos, "Víctimas", que no son responsables de su propia vida. Si no hubiera excitación y placer sexual apegado a los actos y fantasías sádicos y masoquistas, éstos no podrían durar con tanta fuerza en la psique humana.

> Si el principio positivo de la vida no estuviera involucrado y fuera inconscientemente utilizado, entonces el mal o la destructividad durarían muy poco. (CGP 135)

Cuando el principio del placer se encuentra fuertemente apegado a la negatividad, entonces el mal obtiene una mayor intensidad y tenacidad. Siempre que la negatividad se manifiesta poderosamente hacia afuera, los sentimientos dolorosos de culpa pueden inundar la psique. Con el fin de repeler ese dolor, la gente se adormece todavía más, cortando los cálidos sentimientos de conexión humana, haciendo todavía más posible la violencia futura. Así es como se da el caso extremo del asesino en serie, pues se da una escalada continua del estímulo de la excitación negativa a fin de ocultar el dolor de la culpa y el sufrimiento por la desconexión, hasta que finalmente se destruye todo rastro de la empatía humana normal.

Un asesino y violador de niños declaró: "Si llego a escapar, les prometo que volveré a matar y a violar otra vez. Y disfrutaré de cada instante al hacerlo." El "disfrute" de su sadismo es algo espantoso y, sin embargo, su perversidad estimula nuestro sistema nervioso. ¿De qué otra manera podemos explicar la increíble permanencia de material violento y perverso en nuestra cultura popular? De alguna manera los actos de los sicópatas sádicos estimulan y atraen una parte de nosotros, aunque moralmente sea algo que rechazamos.

Incluso la gente "normal" puede ser llevada a actos extremos de asesinato, violación y tortura si una cultura masiva, suficientemente perversa, estimula su apetito de violencia y adormece su conciencia innata, destruyendo sus sentimientos humanitarios; como sucedió en el caso de la participación de los "buenos alemanes" en el genocidio llevado a cabo por Hitler o, más recientemente, de los "buenos serbios", en la antigua Yugoslavia. Los actos de tortura y violación no sólo se realizan porque se deben obedecer las órdenes; quienes participan en ellos obtienen placer al realizarlos. Es ese apego del placer a la violencia y el mal lo que debemos investigar si hemos de entender su tenacidad en nuestras almas.

▼ Origen del placer negativo ▼

¿Cómo es que la fuerza vital o el placer se apega a las situaciones negativas? Primero exploraremos el origen del placer negativo dentro de la psique del niño y luego ampliaremos esto al nivel de nuestras psiques colectivas.

En el universo del niño todas las experiencias están unidas, se trata de un flujo continuo de la vida. El niño o niña no se separa de su experiencia vital. Todavía no ha desarrollado un ego separado y discriminador que sea capaz de realizar discernimientos claros, especialmente en lo que concierne a sus padres. El niño o niña tiene una experiencia de un intenso flujo de energía y placer en el simple hecho de estar vivo. Se defiende menos, en contra de la vida, de lo que hacen los adultos que han aprendido a separarse de su entorno.

El pequeño niño no es todavía capaz de discriminar entre las circunstancias positivas y negativas de la vida. Ama a sus padre, y necesita su presencia para sentirse seguro. Así que obtiene placer en el hecho de estar con ellos, ya sea que ellos merezcan o no ese amor. Cuando se le trata con crueldad o se le humilla, se le rechaza o se le aleja, el niño "apega" el placer y el amor que siente por sus padres a la negatividad que experimenta al estar con ellos.

Entonces en su vida de adulto volverá a actuar las formas en que se relacionaba cuando era niño, no sólo porque ese patrón le resulta familiar, sino también porque efectivamente está experimentando placer (incluyendo el disfrute de la apertura que tenía siendo niño o niña) al volver a experimentar los patrones negativos de su infancia. El abuso en contra de los niños "madura" convirtiéndose en masoquismo y autodestructividad en la edad adulta.

Nancy estaba trabajando con sus problemas laborales como enfermera. Sabía que había escogido su profesión en gran parte para dar gusto a su poderoso padre, quien era doctor, en vez de escuchar su propio anhelo de seguir su interés por la espiritualidad. Ahora se encontraba insatisfecha con su trabajo.

Cuando le pregunté qué era lo que la mantenía aferrada a tratar de darle gusto a papi, Nancy dijo que sentía una fuerte sensación de hormigueo en sus muslos hacia sus genitales. Sabía que era algo que tenía que ver con "estar por debajo" de papi, dejándolo estar "arriba". Hice que Nancy se acostara en el piso con un cojín sobre su cadera representando a su padre sobre ella. Nancy se regocijaba de placer al pensar en que estaba siendo pinned down por él, y se dio cuenta de que disfrutaba activamente la idea de estar debajo de él, como su niñita pequeña, pasiva e incapaz de moverse, totalmente bajo su control.

Después de un rato, decidió luchar para salir de debajo del cojín y reconocer su propia vida y su visión independiente del mundo. Sin embargo, tan pronto como estuvo libre, volvió a ponerse el cojín encima. Su placer todavía estaba apegado a no ser ella misma, sino la niña de papi.

Había dado un paso importante, al comprender su apego a su falta de voluntad, para convertirse en quien era como persona independiente. Pero todavía encontraba placer en su masoquista rendición ante papi. Antes del reconocimiento de su apego negativo, su autotraición le había resultado un misterio; ahora su responsabilidad por sí misma se había profundizado de manera inconmensurable.

A menudo el placer se apega al masoquismo (negación de uno mismo) como un medio para perpetuar el abuso del que fuimos víctimas cuando éramos niños. Si nuestra independencia fue suprimida en nuestra infancia, el placer se puede apegar al engranaje y a la dependencia que se siente como algo más cálido que la solitaria afirmación del ser separado.

El placer también se puede apegar al sadismo como un medio para compensar las heridas de la infancia. Por ejemplo, si fuimos maltratados cuando niños, y nos sentimos completamente indefensos, tal vez ahora obtenemos placer al sentirnos poderosos ante los demás. Albert, cuya historia inició en el Capítulo Cinco, se encontró enfrascado en un ciclo de este tipo en el que apegaba el placer a la venganza por el abuso sexual del que fue víctima en manos de su madre cuando niño.

El que un niño crezca para identificarse con la víctima o con el victimario depende de muchos factores, pero cualquier identificación se sostendrá gracias al placer que se mezcla con el maltrato temprano. Los sentimientos de placer y la negación del dolor del niño originalmente "suavizaron el golpe" de los defectos paternos, ayudándole a no sentirse devastado por la situación.

La madre de Karl solía jugar un juego muy raro con su hijito. En medio de algún juego infantil que jugaban juntos, de pronto se acostaba en el piso y se hacía la muerta. Karl trataba de levantarla, gritando:

"¡Mami, mami, despierta! ¿Qué te pasa?"

Ella continuaba con su farsa hasta que el niño se ponía como loco a correr alrededor de ella, aterrorizado. Sólo entonces ella se "despertaba" riendo y le decía: "¡Te engañé! Te volví a engañar. Aquí está mami, estoy bien."

Obviamente él caía en sus brazos llorando, para consolarse.

No importa cuántas veces su madre repetía el juego, lo cual ella hizo desde que Karl tenía tres años hasta que cumplió ocho, el niño siempre se sintió devastado.

Siendo Adulto, Karl era especialmente cuidadoso con las mujeres y se enorgullecía de ser "un buen tipo". Sin embargo, reconocía ante sí mismo, y ante mí, otro lado oscuro que sólo salía a la superficie en sus fantasías sexuales. En ellas estaba con una mujer fuerte y sexy que se le acercaba muy provocativamente. Él aceptaba la propuesta y entonces iniciaba el juego sexual, pero justo antes de que hicieran el amor, la mujer se asustaba, se volvía vulnerable como un niña, y quería parar. Pero él continuaba, forzándose a sí mismo sexualmente, disfrutando claramente el miedo que había detrás de la provocación sexual inicial.

El miedo había sido la emoción que la madre de Karla, había sacado de su hijito, a fin de probar no sólo su poder sobre él, sino también su amor por ella. Manipulaba sus emociones para asegurarse de que era amada y necesitada. De este modo, el miedo se convirtió en algo equivalente a la intimidad, el control al placer. Ahora parte de la sexualidad de Karl estaba apegada al disfrute del miedo que evocaba al controlar a las mujeres. Una perfecta imagen en espejo de lo que le hicieron cuando era niño, y un castigo compensatorio muy preciso en contra de la mujer (la madre).

Si somos completamente honestos con nosotros mismos, todos podemos encontrar lugares en los que experimentamos placer al controlar o lastimar a los demás o a nosotros mismos. Nuestro sadismo o masoquismo puede estar muy bien enterrado o ser negado. De ser así, tal vez necesitamos esperar, pacientemente, para que se revelen esas actitudes. Sin embargo, con frecuencia nuestro placer negativo puede ser detectado con cierta rapidez al observar nuestras fantasías y nuestro comportamiento sexual.

▼ Las distorsiones ▼ en la sexualidad

Las actitudes del Ser Inferior que pueden ser reprimidas o negadas en otras áreas de nuestra vida, con frecuencia se ven claramente en el campo de la sexualidad. Desgraciadamente, esta área también está sobrecargada de falsa culpa y vergüenza al punto de que la situación interior real se ve oscurecida. Esa culpa, al igual que ocurre con toda culpa falsa, proviene del poderoso perfeccionismo de la máscara, reforzado por los mandatos paternos y sociales, todo lo cual nos hace creer que deberíamos ser más amorosos, decentes o sanos de lo que somos.

Por lo tanto, la tarea consiste en dejar ir la culpa falsa, que ha sido establecida por las exigencias idealizadas de la máscara, y enfrentar cualquier cosa que haya en nosotros. Entonces podemos aprender a reconocer y experimentar completamente nuestro placer negativo, incluyendo las fantasías sexuales sádicas o masoquistas. "Cuando encuentras el paralelo entre el problema exterior y la corriente de placer en tu sexualidad, podrás hacer que la energía congelada vuelva a fluir." (CGP 148) Eventualmente la fuerza vital de nuestra sexualidad que fluye libremente, podrá ser despojada de la negatividad a la cual se ha apegado.

Ahora sabemos que la mayoría de quienes abusan sexualmente de los niños, sufrieron ese tipo de abuso ellos mismos. Y no es que simplemente hayan llegado a la conclusión de que así se debe tratar a los niños, sino que su placer sexual está igualmente apegado a esa situación negativa.

En la situación de abuso, la poderosa excitación focalizada de la sexualidad adulta abruma la inocente sexualidad no focalizada del niño. Al igual que el niño no tiene un ego focalizado, su sexualidad todavía no se concentra exclusivamente en sus genitales. Para el niño, la sexualidad no es algo separado de la totalidad de su cuerpo, el cual está abierto a las corrientes unidas del placer y el amor. Forzado a focalizar sólo la dimensión sexual y genital del placer, se arrebata al niño la dulzura del placer de todo el cuerpo, de la seguridad física y el juego inocente que son sus derechos innatos como niño. Si la persona que abusa de él o ella, también es alguien a quien ama, la pérdida incluye la separación de su sexualidad de su corazón o su amor, pues la experiencia de ser usado sexualmente y sobre-estimulado y amar al que abusa de él o ella, al mismo tiempo, es demasiado dolorosa y confusa. Cuando la apertura natural del niño es violada para gratificar la obsesión sexual de un adulto, su inocencia y su confianza en la vida se pierden tajantemente. El niño o la niña de quien se ha abusado generalmente crece odiando el sexo u obsesionado(a) por el mismo.

Al llegar a ser un adulto, el niño o la niña de quien se abusó se verá poderosamente atraído(a) para volver a crear su historia negativa. El placer se ha apegado a deleitarse de la inocencia infantil, así que puede sentir que la interacción sexual entre adultos es demasiado amenazante. Por lo tanto, puede ser que busque compañeros sexuales ante quienes se siente inferior (como un niño) o hacia quienes se siente superior (tratando al otro como si fuera un niño). El placer se puede apegar a la sumisión o el control, compensando el desamparo experimentado al ser víctima. O el acto sexual puede convertirse en una venganza desplazada hacia la persona que abusó del él o ella.

Ya sea que se haya abusado activamente de nosotros cuando niños, cada uno de nosotros tiene una situación similar. Ahora que somos adultos nos excita aquello que fue doloroso en la infancia. El niño lastimado dentro de nosotros siempre está tratando de volver a actuar cada abuso de la misma manera en que, compulsiva e inconscientemente, recreamos otras heridas causadas por nuestros padres. Nos hemos enganchado al placer de la insatisfacción, si no es que del abuso activo.

▼   *Trabajar con nuestro placer negativo*   ▼

Al reconocer el placer negativo, nos permitimos conocer lo que nos excita, aunque nos avergoncemos de ello, es un proceso que "saca del closet" la energía de este placer distorsionado, haciendo posible su aceptación y su transformación. No es algo fácil de hacer. Tenemos miedo de sacar a la luz nuestras distorsiones sexuales y de placer porque inconscientemente tememos que, al exponer nuestro placer negativo, tendremos que abandonar toda forma de placer y sexualidad si hemos de dejar de ser "malos".

El apego o la conexión del placer y la destructividad ha sido básico para la generalización de la culpa que siente la humanidad ante todas las experiencias de placer. Esto también es el origen del adormecimiento de todos los sentimientos ya que, ¿cómo se puede liberar el placer de la destructividad cuando ambos son considerados igualmente erróneos? Y, sin embargo, el hombre no puede

318 ▲ Susan Thesenga

vivir sin placer, pues la vida y el placer son una misma cosa. Cuando el placer se liga a la destructividad, ésta no puede ser abandonada, pues se siente como si se tuviera que abandonar la vida. (CGP 148)

Pero eso no es cierto. En cambio, podemos reconocer el placer no diluido que hay detrás de nuestras distorsiones, y ver que es mucho más poderoso que los trocitos que se escurren entre las estrechas cerraduras de nuestras fantasías y distorsiones negativas.

Todo el mundo tiene distorsiones en su sexualidad. Todo el mundo tiene elementos de sadismo o masoquismo en sus fantasías y expresiones sexuales. El masoquismo dice: "El estancamiento y el autocastigo son dulces. El placer es no hacer nada, sino dejar 'que te hagan' sin ser responsable por uno mismo. O el placer consiste en ser 'castigado' por tu sexualidad y ser 'forzado' a tener los sentimientos sexuales por los que no quiero asumir la responsabilidad." El sadismo dice: "El poder es algo dulce. El placer consiste en tener poder sobre los demás y especialmente en 'pagarle con su propia moneda' a todos los que fueron más poderosos que yo cuando era niño." Cuando enfrentamos nuestras distorsiones sexuales con valor, liberamos una poderosa energía para la transformación.

Después de dos años de matrimonio, Jack, el esposo de Patricia, se sintió fuertemente atraído por una mujer más joven llamada Laurie. Laurie era amiga de Patricia y los tres estaban juntos en el Pathwork, de modo que los tres amigos se comprometieron a mantenerse abiertos y ser honestos el uno con el otro, aun cuando entraran en el doloroso territorio de un triángulo amoroso. La infelicidad de Patricia ante los sentimientos de Jack por Laurie pronto se convirtió en una agonía en la que ella se sentía la víctima. A menudo estaba tentada con amenazar a Jack con el divorcio y, frecuentemente, insistía en la moralidad superior que afirmaba tener con vehemencia. Sin embargo, también sentía cierta lealtad por preservar el matrimonio, así que decidió continuar pasando a través de su dolor. Con regularidad Patricia despotricaba en contra de Jack y de Laurie, sintiéndose alternadamente como su juez o como su víctima. Lloraba amargamente por no ser "el único amor" eterno y romántico de Jack.

Luego de meses de agonía autoimpuesta, Patricia finalmente decidió que tenía que aprender mucho más de la situación. Dado que más allá de amenazar a Jack con el divorcio, era incapaz de controlar sus sentimientos y deseos, en cambio decidió rendirse ante cualquier cosa que tuviera que aprender acerca de sí misma, independientemente de lo que pasara con su matrimonio.

En un día que dedicó a la meditación, Patricia se encontró repitiendo, una y otra vez, su compromiso con el conocimiento de la verdad de ese doloroso triángulo amoroso. "Sólo quiero la verdad", se la pasó diciéndose a sí misma, "sin importar lo dolorosa o poco halagadora que sea". Y luego se puso muy receptiva, deseando escuchar cualquier cosa que llegara. Después de un momento de un profundo silencio, durante el cual todo su cuerpo-mente parecía estar inusualmente tranquilo y focalizado, Patricia empezó a tener sensaciones sexuales en sus genitales. Al poner atención a sus sentimientos se dio cuenta, con una terrible sorpresa, de que de hecho la excitaba el amor y el deseo sexual de Jack por otra mujer. Espontáneamente se descubrió a sí misma visualizando a su esposo y a Laurie haciendo el amor, y luego tuvo la fantasía de que los tres lo hacían juntos, dándose cuenta de que todas esas imágenes la excitaban. Estaba escandalizada. Casi reprimió sus sentimientos por completo, pero tuvo el valor de reconocer esa verdad ante sí misma. De alguna manera, la mutua atracción de Jack y Laurie también encerraba algo de placer para ella. En efecto, la situación negativa que la deprimía también la excitaba.

Esa conciencia la llevó a mucho más trabajo. Por primera vez en su vida, Patricia se permitió tener fantasías sexuales en las que tenía relaciones con otra mujer y con una pareja. Al trabajar con esas fantasías se dio cuenta de que

surgían, en parte, de la privación física que había sentido en
la ausencia de un lazo profundo con su madre. El no haber
tenido el afecto físico que necesitaba, cuando niña, la había
llevado al deseo enterrado de "unirse" físicamente con una
mujer.

Una exploración más a fondo la llevó a comprender
que se había sentido sexualmente estimulada en el "triángulo"
con su padre y su madre. Ninguno de los dos había sido
físicamente cariñoso, ni entre ellos ni con los niños. Patricia
había deseado un contacto afectivo más grande con ambos.
Siendo niña había tenido fantasías activas en las que pasaba
la noche entre las camas gemelas de sus padres. Se había
imaginado que tal vez podría obtener el afecto y la cercanía
física que anhelaba al colocarse entre ambos, estando en me-
dio, deleitándose de cualquier impulso que en ocasiones los
hacían juntarse durante la noche. Patricia se percató de que su
situación actual recreaba la intensidad de estar "en medio"
entre sus padres. Una vez más reconoció que su energía sexual
estaba, inconscientemente, atada al triángulo amoroso que,
conscientemente aborrecía.

Sólo es posible recuperar una sexualidad positiva y
sana si, primero, la aceptamos en su forma distorsionada
y, luego, gradualmente aprendemos a separar el placer de
la situación negativa. Podemos aprender a separar nuestra
sexualidad de nuestro sadismo y masoquismo sin perder el
disfrute sexual, y podemos aprender a separar nuestro
placer de nuestra venganza o explotación de los demás sin
reducir nuestra capacidad real para el placer.

▼ La transformación del placer negativo ▼

El primer paso en la transformación de cualquier aspecto
del Ser Inferior, consiste en permitirnos tomar conciencia
de la forma en que opera dentro de nosotros. Tenemos que
sentir y conocer nuestro apego al placer negativo.

No basta con saber esto de manera general. Lo debes
traer a tus circunstancias específicas. ¿Cuál es la manifestación exterior que en este momento te provoca una
angustia continua? A fin de resolver verdaderamente
estas condiciones es necesario que la energía bloqueada
y paralizada vuelva a hacerse fluida. Y esto sólo puede
suceder cuando, como primer paso en esta fase particular de tu desarrollo, empiezas a reconocer el aspecto
placentero de tu destructividad (incluyendo la autodestructividad). (CGP 148)

De hecho, éste es el regalo que recibimos al explorar
nuestra negatividad oculta. Dentro de cada patrón destructivo se encuentra encerrada la energía vital esencial, atada y
escondida en bolsillos de crueldad y ciénagas de estancamiento en nuestra alma. Al enfrentar y liberar esa energía
distorsionada atrapada dentro de nosotros, construimos
nuestra capacidad para el verdadero placer y reducimos el
miedo al placer destructivo. De este modo, gradualmente,
expandiremos nuestro potencial para la gracia.

La posibilidad de placer aumentado y la capacidad
para la gracia, es uno de los motivos más importantes de la
transformación. Y la comprensión de que la corriente del
placer es una gran fuerza no dividida, sino sólo temporalmente manifestándose en relación con la negatividad,
pero muchísimo más poderosa cuando no se la encierra,
nos da un poderoso incentivo para la transformación.

▼   *Ejercicios para el Capítulo 9*   ▼

1. Encuentra y formula claramente tu negatividad, tus resentimientos,
amargura, coraje y culpa, dentro de algún área de tu vida en la cual falta
armonía o te sientes insatisfecho.

a. Luego, descubre y escribe tus intenciones negativas en torno a esa
situación, el apego que tienes a la negatividad y la insatisfacción, la
parte de ti que quiere las cosas de ese modo. Por ejemplo, ¿esa

situación alimenta tus conclusiones negativas acerca de la vida o tu desgracia castiga a quienes crees que te lastimaron? ¿Estás sacando algún tipo de venganza en contra de alguien?

b. Luego, ve si puedes encontrar el placer negativo de la situación, la parte de ti que disfruta de ella, que "se sale con la suya" con el dolor o la insatisfacción, que disfruta al ser una víctima o al controlar.

c. Busca en tu infancia, para ver si encuentras, el prototipo o el origen de esa conexión entre la insatisfacción y el placer. ¿Cómo y cuándo se ligó tu fuerza vital con este tipo de sucesos?

2. Una vez que hayas descubierto tu intencionalidad negativa, y que hayas explorado la corriente de placer que se liga con ella, considera si estás dispuesto a transformarte en este aspecto. Escribe, claramente, la actitud positiva que te gustaría adoptar, la voluntad positiva y el placer positivo que te gustaría poner en el lugar de la actitud negativa actual. En tus meditaciones, envía esa nueva afirmación positiva hondo dentro de la substancia de tu alma.

▲ 10 ▲

TRANSFORMAR AL SER INFERIOR

"Atravesando el umbral de tu dolor encontrarás tu placer
y tu felicidad."

CONFERENCIA DEL GUÍA 190
*"Experimentar todos los sentimientos,
incluyendo el miedo"*

▼ El diablo de Michael: ▼
transformar la lujuria en amor

Michael, cuya historia sirvió de introducción al Capítulo Nueve, estaba trabajando para transformar sus obsesiones sexuales en una pasión sana e integral. Después del trabajo de exploración con su "diablo" sexual que describimos en la primera parte de esta historia, Michael tuvo el siguiente sueño:

"Estoy de visita con un amigo que vive en una montaña. Mientras hablamos en la cocina miramos afuera por la ventana y vemos que se aproxima una tormenta. Nubes grises cubren el cielo, viajando directamente sobre nuestra cabeza y entonces aparece un sentimiento de gran peligro. A través de la puerta de la cocina puedo ver que ya se ha acumulado casi medio metro de agua. Salgo al balcón y a la distancia veo más inundaciones. De pronto el balcón se derrumba bajo mis pies y caigo sobre un cable de alta tensión.

"El cable se extiende desde donde estoy hasta la parte más baja del valle. Me deslizo con el cable de alta tensión entre las piernas y lo siento como un 'cable vivo' sexual entre mis piernas, poderoso pero benigno. El cable conecta el lugar 'elevado' y peligroso con un lugar más seguro en el valle y termina en un campo de futbol que sólo está cubierto por 60 centímetros de agua. Al deslizarme, bajándome del cable, me percato de que no estoy lastimado y de que el agua es mucho menos peligrosa ahí abajo."

El "agua" de las emociones de Michael se había aferrado a los lugares "elevados" y peligrosos del consumo de drogas y su distorsionada sexualidad. Ese lugar estaba siendo desplazado, y ya no podía quedarse ahí. Michael sentía que el cable de alta tensión, sobre el que montó en dirección a la seguridad, era una expresión de su energía espiritual esencial, la fuerza vital que era, simultáneamente, sexual, amorosa, benigna y poderosa. El sueño expresaba su capacidad creciente para "arraigar" su sexualidad en la corriente más amplia de su poder espiritual.

Durante esta fase de su trabajo en el Pathwork, yo realicé con él muchas sesiones de trabajo con Core Energética,[1] para que pudiera construir su capacidad para dar sostén y raíces a una carga energética muy fuerte. Con el fin de que fuera capaz de experimentar las fuerzas sexual y espiritual combinadas como lo deseaba.

Michael necesitaba un recipiente igualmente fuerte, un cuerpo con capacidades para el éxtasis. Estaba fortaleciendo su habilidad para sentir pasión y placer directamente en su cuerpo, sin tener que generar en su cabeza las fantasías sexuales indeseadas para sostener la carga.

Yo sentí la confirmación de que estábamos abriendo su capacidad para montarse sobre su "cable de alta tensión", en el momento en el que Michael tuvo una serie de sueños en los que aparecían serpientes. La serpiente es la imagen arquetípica de la Kundalini o Fuerza Vital esencial, que se mueve como serpiente a lo largo de la columna vertebral. La serpiente también simboliza la energía sexual y en la religión occidental ha sido identificada con el diablo.

Michael tenía pánico de las serpientes, y recordaba, aterrado, el haber sido perseguido por un grupo de muchachos más grandes que él con una serpiente muerta sobre un palo. Al respecto habló de un sueño:

"Un grupo de chicos me persigue y yo corro hacia el sótano de mi casa. Luego veo una serpiente que viene hacia mí, oliendo mis pies. Ondulea y me siento aterrado. Luego le empieza a crecer pelo y entonces se parece a mi gatito Pansy, así que ya no le tengo tanto miedo." Michael sabía claramente que tenía que enfrentarse con esa energía sexual similar a la serpiente, pero también sabía que ya no le asustaría tanto como en el pasado.

---

1 Core Energética es una modalidad terapéutica usada para trabajar directamente con las energías físicas y emocionales y sus bloqueos. El Dr. John Pierrakos, psiquiatra y esposo de Eva Pierrakos, creó el Core Energetics a partir de su trabajo formativo en bioenergética y su conocimiento de los conceptos de Las Conferencias del Guía del Pathwork.

Trabajando con un sueño, Michael habló primero como si fuera la serpiente con piel de gato: "Soy la energía primitiva, colectiva y original —reptante, vibrante, sin inteligencia. Vivo en tu sótano. Me gusta ver cómo (ego, Michael inteligente) te arrastras." Y luego afirmó, representándose a sí mismo: "Te acepto como mía— mi energía sexual primitiva y cruda." Entonces se dio cuenta de que su miedo de los chicos que le perseguían reflejaba las distorsiones de su energía sexual masculina originadas en su infancia. Siendo niño, su sexualidad había sido enredada en la atracción por su madre, pero de haberla sentido de manera total hubiera sido algo similar al incesto, de modo que había encerrado esa energía y sólo más tarde la manifestó en encuentros sexuales "prohibidos".

Posteriormente, volvió a soñar con serpientes: "Estoy en un cuarto con otra persona que se parece mucho a mí, aunque es más viejo y más sabio. De pronto veo una serpiente de unos 65 centímetros erguida, saliendo del radiador y me asusto. La otra persona dice tranquilamente: 'No te has dado cuenta, pero hay serpientes por todos lados en torno a ti.' Observo y me horrorizo al constatar que efectivamente hay pequeñas serpientes, como gusanitos, por todos lados sobre mi cuerpo. Empiezo a arrancármelas, desesperadamente, y me doy cuenta de que algunas se rompen como si fueran de vidrio. La otra persona me dice suavemente: 'Date cuenta de que las serpientes no te están lastimando. Debes dejarlas en paz, y descubrirás que son inofensivas.'

"Mientras me calmo, me doy cuenta de que las serpientes no son venenosas, me dan curiosidad y descubro que las hay de muchas variedades. Una de ellas se ha adherido a mi pierna como por medio de succión. Veo que tiene una cualidad como infantil, como si estuviera necesitando algo y se adhiriera a mí para alimentarse. Empiezo a sentir que veo las serpientes como la pura energía que son, incluyendo la necesidad infantil que forma parte de mi sexualidad. Veo al 'niño que hay detrás de cada serpiente'.

"El trabajo de Michael con este sueño incluyó la visión de las serpientes como su naturaleza sexual animal, la cual

había asociado antes con su "diablo". Pero ahora, con la ayuda del hombre más viejo y sabio, que representaba a su Ser Superior maestro, vio que la parte despreciable del diablo ya se había ido. Las serpientes eran benignas, una expresión de su Kundalini o Fuerza Vital, la cual incluye la sexualidad sin el mal y sin la culpa que se les vincula.

Lo que anteriormente le daba miedo, ahora había sido visto como algo infantil, incluso lleno de necesidades. Se dio cuenta de que la serpiente succionadora era él mismo como niño, deseando mamar, lleno de necesidades orales insatisfechas. Michael no había sido amamantado, pero siendo niño, frecuentemente, tenía fantasías en las que mamaba los senos de su madre y, siendo adulto, su sexualidad tenía un fuerte componente oral. Hizo el compromiso de sacar sus necesidades orales a la luz, tanto en su relación con su esposa como consigo mismo, a fin de aprender mejor a cuidar de sí. Sabía que su pequeño niño interior necesitaba que también se convirtiera en un mejor padre para sí mismo.

Poco tiempo después, Michael tuvo dos sueños que confirmaban lo que había estado sucediendo en su vida diaria. Cada vez tenía menos fantasías sexuales con travestis y estaba mucho más presente al hacer el amor con su esposa.

"Estoy en una película de espías persiguiendo a una atractiva mujer que en realidad es un travestí. Creo que pueden haberla mandado para atraparme. Trato de estar a solas con ella, pero constantemente nos interrumpen. Cuando finalmente estamos solos y ella está desnuda, me acerco a sus genitales y me espanta el ver que no hay nada, sólo una cicatriz."

Michael empezó a darse cuenta de que en realidad "no hay nada ahí". Los travestis ya no le resultaban excitantes. Y podía sentir que detrás de la excitación negativa había un viejo dolor, el cual ya había sido enfrentado y dejado atrás. Todo lo que quedaba era un tejido cicatrizado, el recuerdo del viejo dolor.

Tuvo otro sueño en el que confirmaba su cambio interior: "Estoy de visita en el apartamento que mi esposa ha rentado en un sótano de la ciudad. Me encuentro con varios travesties y transexuales que no me resultan atractivos sino únicamente tristes. De pronto, me doy cuenta de que hay dos hombres mirando por la ventana del apartamento; dos hombres enojados que gesticulan para que yo salga. Me recuerdan a los personajes depravados de la película Deliverance, *hombres que forzaban violentamente a otros a realizar actos sexuales humillantes y aterradores. Pero, de algún modo, no me da miedo salir para verlos y les digo, con mucha seguridad, que deben estar buscando a otra persona, no a mí. 'Se trata de una confusión de identidades', les digo tranquilamente. "*

Michael ya no se identificaba con la sexualidad negativa, a través de la cual se expresaba su demonio interior, su Ser Inferior. Ahora podía enfrentar ese lado de sí mismo, confiadamente, y decir: "No, ya no soy el de antes. Ya no pueden decir que soy uno de los suyos." Después de ese sueño en particular se percató de que sus ya poco frecuentes fantasías sexuales con travesties, generalmente, se terminaban con la visualización de su esposa en lugar de ellos, al mismo tiempo que la expresión sexual con ella se convertía en algo cada vez más rico y satisfactorio. El "apartamento del sótano" en donde alguna vez habitaron sus fantasías, ahora era de su esposa, ya no le pertenecía a los travesties.

Más o menos en esa época Michael también empezó a sentirse mucho más fuerte en su trabajo y en el deporte. Se descubrió a sí mismo siendo más afirmativo, más concentrado, claramente dirigido y menos sujeto a la distracción. Su amor por su esposa se volvió más profundo, pues la veía más por quien ella era, en vez de sentirse vagamente amenazado por la presencia femenina que, inconscientemente, se mezclaba con su madre.

Las diversas emociones que se fundieron en la energía sexual más temprana de Michael, en torno a su madre, ahora estaban siendo discriminadas y, por lo tanto, su vida emocional era más rica. Su necesidad de cuidados y de una maternalidad apropiada era satisfecha por su ayudante en el Pathwork, sin que se involucrara ninguna energía sexual conflictiva. Su necesidad de amor sexual y romántico era satisfecha por su mujer,

*quien también era una fuente de cuidados para él. Y su
necesidad de cuidar a los demás era satisfecha por lo que hacía,
por su propio niño interior no amado y por su gato Pansy.*

▼ *Transformar al Ser Inferior* ▼

La transformación del Ser Inferior es el viaje heroico de
nuestros tiempos. El camino del héroe de hoy se dirige
hacia el interior, no hacia el exterior, consiste en viajar
profundo hacia los sótanos de nuestra oscuridad interior,
en donde enfrentaremos y transformaremos nuestros diablos y demonios.

Nuestro poder personal ha sido restringido por la
negatividad inconsciente, mucho más de lo que cualquiera
de nosotros percibe. Igual que Michael descubrió al enfrentar sus distorsiones sexuales, podemos liberar la energía de placer negativo atrapada en el inconsciente, y con
base en ello resaltar nuestro placer y vitalidad reales sin
correr peligro. Cuando levantemos la máscara, nos senti-
remos impresionados por el crudo poder creativo del Ser
Inferior, pues definitivamente es más auténtico y apasio-
nado de lo que se ha usado para esconderlo y suprimirlo.
Y, eventualmente, nos percataremos de que la indulgencia
ante el poder del Ser Inferior nunca nos conduce hacia una
felicidad duradera, y entonces llegaremos a anhelar el poder
aún más grande que se encuentra en armonía con el amor.
Así, enfrentaremos nuestras actitudes y pasiones no amorosas, a fin de liberarlas para que retornen a su naturaleza
original, restableciendo así el contacto de nuestra energía
personal con el poder de Dios.

Los efectos en cadena que provoca el entrar en el
viaje heroico de transformación le dan poder a todas las
personas que encontramos. Al abandonar la amargura y la
culpa, sabemos que nuestra infelicidad existe en la misma
proporción en la que no hemos redimido nuestro Ser
Inferior. Y como nos responsabilizamos de nuestra infeli-

cidad, liberamos a quienes nos rodean de la culpa y la cohesión, lo cual les permite relacionarse con nosotros más abiertamente. Más aún, cada paso que tomamos a través de nuestra oscuridad le da valor a quienes nos observan. A final de cuentas la transformación del Ser Inferior beneficia a toda la creación: cada defensa desmantelada, cada demonio desenergetizado y cada distorsión resuelta liberan toda esa energía dentro del cúmulo colectivo de energía vital positiva.

No obstante, sigue siendo cierto que son pocas las personas que, conscientemente, entran en semejante viaje y menos aún quienes lo escogen como modo de vida. No es fácil ni sin dolor el ver claramente nuestro Ser Inferior, sin negarlo y sin autodenigrarnos. Es difícil dejar de culpar a los demás y asumir toda la responsabilidad por nuestra felicidad. Vernos con claridad y compasión requiere de una autoestima fuerte y flexible que se hace más profunda y se arraiga mejor conforme avanzamos más en este trabajo.

Para quienes así lo deciden, no hay nada más emocionante que transformar sus distorsiones internas, volviendo a casa a su esencia de verdad y amor. Esta odisea incluye la elección consciente de enfrentar nuestra negatividad y limitaciones, las cuales, cuando son dejadas para que funcionen inconscientemente, provocan las circunstancias negativas de vida. La experiencia vital, dolorosa eventualmente nos enseña a buscar en el interior para encontrar nuestra negatividad. Al entrar conscientemente en este viaje, aceleramos este proceso al armonizarnos con el maestro interior en la gran escuela de la vida, moviéndonos junto con los procesos de evolución que nos llevarán de regreso a casa.

Dado que nuestro Ser Inferior es lo que más tememos, confrontarlo valerosamente incrementa nuestra capacidad para perder el miedo. Estamos haciendo ni más ni menos que enfrentar y exorcizar a Satanás, la energía distorsionada de Dios. Esta energía distorsionada ha existido en todos nosotros desde el principio de los tiempos, desde la invención del ego, desde que dejamos el "Jardín del Edén", el estado de conciencia Divina unificada y conectada.

El viaje de auto-realización toma muchas vidas. Cada etapa del viaje requiere de mucha paciencia con uno mismo, basada en la comprensión de que cualquier sentimiento o esclarecimiento, que temporalmente amenaza con abrumar nuestra autoestima, es sólo una parte de una tarea inmensa.

> Nunca olvides que no sólo eres tus características desagradables. Pero tampoco las nieges ni las rechaces... Es necesario reconocer los aspectos desagradables como parte de ti y asumir la responsabilidad por ellos, antes de poder realmente comprender que no eres ellos.

> Es posible ser responsable por ellos sin creer que son tu única realidad. Sólo cuando por primera vez te haces responsable de ellos puedes llegar a la maravillosa comprensión de que no eres ellos, y de que tal vez los llevas contigo por algún propósito particular. Sólo entonces puedes acercarte al siguiente paso en la integración. (CGP 189)

▼ *Activar las energías del Ser Superior* ▼

No podemos llegar al corazón del Ser Inferior sin antes haber establecido un fuerte contacto con el Ser Superior. Mientras vamos entrando profundamente dentro de lo peor de nuestros seres para transformarlo, simultáneamente tenemos que aprender a identificarnos con nuestro Ser Superior y conseguir toda la ayuda espiritual que tenemos disponible. Tenemos que armonizar nuestra energía con la intención positiva, a fin de concretar lo mejor de nosotros, para conocer nuestra verdadera identidad espiritual, aun mientras enfrentamos lo peor de nosotros.

El ingrediente más importante en el proceso de transformación es nuestra buena disposición: debemos estar dispuestos a ser transformados. La buena disposición puede ser estimulada y desarrollada a lo largo de este trabajo, conforme aprendemos a profundizar nuestra armonización con el Ser Superior, pero tiene que existir de antemano en el individuo en un cierto grado antes de que la transformación pueda empezar. Esa disposición crea el sostén espiritual, la red de seguridad, el escenario en el cual los personajes interiores son invitados a salir de las sombras para que los veamos tal cual son.

Cuando aceptamos la tarea de la transformación como el propósito de nuestra vida, encontramos alegría y sentido en el reconocimiento y la liberación de la energía y la conciencia distorsionadas para permitir que vuelvan hacia su esencia divina.

> En la medida en que se conduce la vida de ese modo, la conciencia —como un todo, pues todo es permeado por ella— se encuentra menos escindida en partículas y se unifica más. (CGP 189)

▼ Liberar al Ser Inferior ▼

Liberar un pedazo del Ser Inferior puede ser algo tan sencillo como disculparse por los actos negativos que sabemos que cometimos. Decir "lo siento", de manera genuina, puede llevarnos lejos en el camino hacia la limpieza del ambiente. O tal vez sea necesario ser más específicos: "Veo que mi competitividad me llevó a aminorarte cuando necesitabas mi ayuda. Puedo ver que te lastimé y lo lamento. Estoy comprometido con el abandono de mi competitividad, así que en el futuro podré estar ahí para ayudarte." Cuando se dice la verdad, se siente el dolor de la culpa real y se hace el compromiso de actuar de manera diferente en el futuro, entonces podemos disculparnos y ser perdonados en consecuencia. Entonces se termina el karma. A veces es tan fácil como eso.

▼ Activar las energías del Ser Inferior ▼

Sin embargo, frecuentemente el Ser Inferior necesita no sólo ser llevado a la conciencia y confesado ante otra persona, sino que también es necesario liberarlo energéticamente a través de la expresión física. Nuestros cuerpos han "solidificado" ciertas actitudes negativas o represivas, a través de tensiones musculares y distorsiones estructurales. Al liberar esas tensiones recuperamos la energía que hay detrás de nuestras actitudes negativas, ganando entonces una mayor libertad de movimiento y una nueva vitalidad integral. La liberación de esas tensiones a veces puede ser hecha con la ayuda de otros, mediante un masaje profundo, Core Energética, o alguna otra forma de trabajo corporal, o a través de curaciones. Al asumir la responsabilidad por las tensiones y distorsiones de nuestro cuerpo, encontramos las formas de descargar la energía negativa de manera apropiada y sin peligro.

Encontrar la expresión apropiada no es fácil. Tendemos a tener una actitud dualista de "esto o aquello" en lo que toca a la expresión del Ser Inferior. Ya sea que lo reprimamos a fin de no ser malos —lo cual nos puede dejar con una sensación de sofocamiento, adormecimiento, falsedad, depresión y resentimiento— o bien lo expresamos de manera descuidada y que lastima y terminamos sintiéndonos culpables y rechazándonos a nosotros mismos.

Pero hay otro modo. Podemos crear ambientes seguros en donde el trabajo de descargar las hostilidades encerradas puede realizarse con apoyo y con guía. Incluso la energía de asesinos y violadores potenciales, de líderes sedientos de poder o de "borregos" masoquistas puede ser liberada y transformada sin peligro, en el contexto de grupos de apoyo y de sesiones individuales con ayudantes, guías y terapeutas entrenados para el efecto.

Hay muchas formas reconocidas para expresar los sentimientos negativos sobre objetos inanimados. Podemos usar una manguera de plástico para golpear y destruir directorios telefónicos.[2] Esto es especialmente útil para alguien que necesita experimentar su destructividad. Podemos usar raquetas de tenis o un palo envuelto con hule para golpear un sofá, cama o cojín que represente a alguien (o el aspecto negativo de alguien) con quien estamos enojados. Podemos hacer un "berrinche" manoteando y pataleando acostados en una cama; podemos "ahorcar" una toalla o un palo cubierto de hule, etcétera.[3] Podemos hablar o dar de golpes a cojines que representan a los padres u otras personas con las que tenemos "asuntos no resueltos". Esas expresiones energéticas activas del Ser Inferior le permiten a la gente trabajar a través de los sentimientos involucrados sin lastimar a nadie. Sin embargo, es necesaria la presencia de un guía o ayudante entrenado para asegurar el uso adecuado y sin peligros de estas técnicas.

A algunas personas al principio les parece artificial sustituir a gente con objetos inanimados. Pero se puede superar esa dificultad y descubrir que trabajar con representaciones simbólicas es mucho mejor que la represión de la energía negativa o su expresión destructiva directamente con los demás. El simbolismo nos ayuda a percatarnos de que la energía que necesita expresarse es nuestra, y que sólo tiene una relación marginal con la persona que pensamos que merece nuestro enojo, nuestra amargura o culpabilización. Esto nos lleva a reconocer la energía original pura que hay detrás de nuestra negatividad.

La búsqueda a tientas para encontrar al Ser Inferior parece confusa mientras no encuentras el método y la

---

[2] Esta técnica fue desarrollada por la Dra. Elisabeth Küble-Ross para sus talleres de "Vida, muerte y transición".

[3] Estas técnicas son utilizadas por los terapeutas de bioenergética y Core Energetics y fueron creadas por los doctores Alexander Lowen y John Pierrakos.

forma en la cual se hace posible aceptar los impulsos y deseos negativos que hay en ti sin condonarlos; comprenderlos sin aferrarte a ellos, evaluarlos de manera realista sin expresarlos abiertamente. Necesitas evitar las trampas de la proyección, la auto-justificación, la exoneración auto-exaltadora, la culpabilización de los demás y la construcción de excusas para el ser; lo mismo que las trampas de la auto-indulgencia, la negación, la represión y la evasión. Se necesita de una inspiración continua de las fuerzas superiores del interior y de una articulación deliberada para pedir su ayuda a fin de despertar y mantener la conciencia de los aspectos negativos y del método apropiado para manejarlos. (CGP 184).

Nuestra tarea consiste en mirar directamente hacia el corazón de nuestras distorsiones, despertar los sentimientos negativos que hay detrás de nuestro adormecimiento y negación, a fin de descargarlos y dejar que regresen a su identidad innata como energía pura.

▼ *Sentir nuestros sentimientos* ▼

Para lograr salir de la negación y el adormecimiento necesitamos sentir la apasionada energía del Ser Inferior que se esconde detrás de nuestros disfraces de tranquilidad.

Una mujer que había estado haciendo un trabajo personal durante muchos años tuvo un primer encuentro con la intensa crueldad que había detrás de su aparente calma en un sueño. Su trabajo personal se había enfocado, recientemente, sobre su miedo de estar en casa sola durante la noche mientras su esposo estaba trabajando. Nos contó su sueño:
"Estoy sola en casa. Me despierto y hay alguien golpeando a la puerta de una manera muy insistente. Salgo de la cama llevando un frívolo camisón color de rosa y me pongo a buscar una bata, pero no la encuentro. El golpeteo continúa

y se vuelve más insistente. Abro la puerta esperando ver a mi esposo, pero en su lugar está un hombre atractivo pero algo escandaloso, del tipo de David Bowie —andrógino, delgado, con el pelo engomado hacia atrás, atractivamente vestido con pantalones plisados, una chamarra de piloto en cuero con cuello de borrego y una bufanda blanca. Sus gélidos ojos azules completan su apariencia amenazante. Entra en el cuarto como Pedro por su casa.

"El sueño cambia. Me convierto en un asesino frenético. El tipo está en el piso y yo tengo algo en la mano, un montón de cuchillos, un objeto metálico o tal vez sólo unas largas y peligrosas uñas. Estoy destazando al hombre debajo de mí, atacándolo como un perro furioso. Una parte de mí es distante —mi observador objetivo está mirando la escena, sorprendido por mi energía asesina— mientras que la otra parte está completamente ocupada en destazarlo.

"El sueño vuelve a cambiar. Me 'despierto' del sueño anterior. Es como si estuviera saliendo de la crisis psicótica en la que entré al convertirme en un asesino frenético. Miro hacia abajo y veo que lo que yo había pensado que era el hombre que estaba mutilando era mi gata, a la que estoy apachurrando con el arco del pie. Al mirar abajo efectivamente veo a mi gata mirándome y maullando pidiéndome piedad y diciendo: '¿Qué me estás haciendo?'

"Luego me despierto realmente aterrada ante mí misma. Mi gata viene y brinca sobre la cama conmigo. Y descubro que todo lo que puedo hacer es quedarme ahí sentada, acariciándola como adormecida. Más tarde, al estar en condiciones de trabajar con el sueño, me di cuenta de que en él está la respuesta por la que estaba rezando: comprender por qué tengo terrores nocturnos, y comprender y encontrarme con el Ser Inferior. Hasta entonces no sabía que mi verdadero terror nocturno es de mí misma, de mi propio asesino. En el pasado, mi Ser Inferior se había expresado más como un frío hombre andrógino, adormecido ante los sentimientos, frío y cruel. En este sueño por fin veo mi apasionada crueldad, mi energía asesina. Al 'despertarme' dentro del sueño y ver lo que estoy

*haciéndole a mi gato, me doy cuenta de cuán destructiva es
esta energía.*

*"Desde que he trabajado más intensamente en este
sueño tengo mucho menos miedo en la noche cuando estoy
sola. Ahora tengo acceso a la energía y la fuente de mis miedos
y, por lo tanto, ya no tengo nada que temer. He enfrentado al
enemigo y se trata ni más ni menos que de mí misma."*

Esta mujer se enfrentó con su asesino personal, el
destructor de su propia energía suave, femenina, confiada,
gatuna. Semejante encuentro le da una mayor capacidad
para asumir la responsabilidad por sus temores nocturnos,
siendo menos vulnerable ante sus fantasías negativas. El
hombre andrógino es el arquetipo del diablo frío, apuesto
y sofisticado. Semejante personaje niega su pasión humana
y sólo calcula las ventajas de su poder. Esta mujer le quitó
la máscara a este frío personaje mostrando al asesino apa-
sionado que había debajo.

El Ser Inferior está en el máximo de su peligrosidad
cuando adormecemos tanto la crueldad apasionada como
la suave vulnerabilidad que hay detrás de las actitudes
negativas que abrigamos. Cuando estamos separados de
nuestros propios sentimientos, fácilmente negamos la
vulnerable humanidad de los otros, y así intelectualiza-
mos la crueldad que dirigimos hacia ellos. Es así como
nuestra crueldad y nuestra inconsciente excitación, al ser
crueles, se convierten en un sustituto para el flujo real de
la vida que representan los sentimientos.

Mientras más adormecidos estamos, más tenemos
que incrementar nuestra negatividad a fin de sentir algo.
En contraste:

> Mientras más reconozcas tu odio, menos odiarás. Mien-
> tras más aceptes tu fealdad, más bello te volverás. Mientras
> más aceptes tu debilidad, más fuerte serás. Mientras más
> admitas tus heridas, tendrás más dignidad. Éstas son leyes
> inexorables. Éste es el camino que trazamos. (CGP 197)

▼ Ver el mal como una defensa ▼
en contra del dolor

La comprensión de que a fin de cuentas todas nuestras distorsiones no son sino una defensa en contra del dolor, representa una gran ayuda en nuestro trabajo para enfrentar y transformar el mal dentro de nosotros. En cualquier vida humana, los dolores de la infancia —por la pérdida y el rechazo, la invasión o el abandono— son un cúmulo de sentimientos que se van cubriendo con nuestras defensas de hostilidad y retraimiento, de sadismo o masoquismo. En el viaje del alma también hay heridas de las vidas anteriores —por la separación de los seres amados, por la traición y la auto-traición. Heridas que provocaron una predisposición para ciertos defectos de la personalidad y distorsiones en esta vida.

En el nivel cósmico, el mal en nosotros es una defensa en contra del dolor de haber decidido separarnos de Dios. El dolor más grande del alma proviene de nuestra falsa creencia de que sólo somos nuestro ser aislado y limitado, incapaz e inmerecedor de conectarse con la totalidad del ser y de la vida.

Cuando decidimos dejar de adormecernos y dejar de negar nuestro dolor, entonces podemos reconocer el ser inocente que fuimos, antes de haber creado las defensas que constituyen el núcleo del Ser Inferior. El dolor de todas nuestras heridas puede ser muy intenso, pero también nos suaviza y se termina en el proceso de ser sentido. Nuestro dolor personal nos lleva, rápidamente, hacia el dolor más básico que hay en todos nosotros, el de sentirnos separados de Dios, y a la falsa creencia de que no merecemos volver a conectarnos con la totalidad de la vida.

Cuando nos defendemos en contra del dolor, nos hacemos rígidos, nos volvemos defensivos y nos flagelamos con actitudes estereotipadas. Al sentir el dolor y descubrir que lo podemos tolerar, iniciamos el proceso de liberación de nuestras defensas. Aprendemos a doblarnos como un sauce, en vez de mantenernos erguidos pero frágiles. Ya no nos da vergüenza llorar, sentir la pena y perdonar. Nuestras almas vuelven a nosotros y reconocen todos nuestros sentimientos; nuestra cólera, dolor y miedo, pueden convertirse en alegría y emoción si dejamos que fluyan todas nuestras emociones. Necesitamos, especialmente, sentir el dolor de la herida de la infancia que hay detrás de nuestras defensas.

Julie estaba trabajando con su actitud de crítica hacia los demás, a quienes solía despreciar por considerar que no tenían remedio. Como resultado de esto tenía pocas relaciones íntimas y estaba empezando a sentir el dolor de su aislamiento. Tuvo el siguiente sueño:

"Soy una niña de nuevo y estoy montando el caballo rojizo que me regalaron cuando tenía quince años. Estoy pegándole con un látigo al caballo, llamado Big Red, le pego más fuerte de lo que debería y le digo lo malo que es porque no se porta como yo pienso que debería de hacerlo. El sueño es muy realista pues se trata de una escena que recuerdo de mi adolescencia, en la que efectivamente maltraté a mi enorme, paciente y confiando caballo."

Siguiendo una proposición mía, Julie se convirtió en la niña que le pegaba al caballo, que ahora era representado por un enorme cojín de color marrón. Cuando le pregunté por qué estaba golpeando a su caballo me contestó: "Porque estoy enojada. Estoy enojada porque siempre estoy sola y siento que nadie me quiere. Mis padres se la pasan diciendo que todo lo que hago está mal y que no hago nada bien. Sólo quiero lastimar a alguien para no tener que sentir cuán lastimada me siento en el interior. Así que me voy a volver muy ruda."

Ahora que ya había visto a su Ser Inferior en la forma de la adolescente que maltrataba al caballo, pensó que eso debería de cambiar y entonces modificó su crítica impaciencia hacia ella misma. En una sesión posterior, Julie expresó toda su actitud juzgadora en contra de su Ser Inferior que nuevamente era representado por una almohada. Julie empezó a

golpear la almohada y a gritarle: "¿Por qué eres tan terca?
Quiero hacer entrar algo de sensatez en ti aunque sea a golpes.
¿Quién eres y por qué no te despiertas? ¡Despierta!"

Mientras Julie volvía a golpear la almohada con sus
puños, vio la cara de la malvada y desafiante adolescente que
había sido y sólo entonces empezó a cambiar su rostro. Con los
brazos todavía extendidos para golpear la almohada miró
hacia abajo y vio un nuevo rostro: mirándola con ojos suaves
que pedían piedad, estaba la cara de un asustado y temeroso
cervatillo recién nacido. Julie se desplomó y se puso a llorar,
abrazando la almohada que representaba al asustado ciervo/
niño que había debajo de su dureza. Al fin pudo ver la vulne-
rabilidad que había escondida detrás de su defensa.

> Atravesando el umbral de tu debilidad encontrarás tu
> fuerza.
> Atravesando el dolor de tu pena encontrarás tu placer
> y tu felicidad.
> Atravesando el umbral para sentir tu miedo encontra-
> rás tu seguridad.
> Atravesando el umbral para sentir tu soledad encontra-
> rás tu capacidad para tener satisfacción, amor y
> compañerismo.
> Atravesando el umbral para sentir tu desamparo encon-
> trarás la esperanza verdadera y justificada.
> Atravesando el umbral para aceptar las carencias de tu
> niñez encontrarás tu satisfacción en este momen-
> to. (CGP 190)

▼ Sentir el dolor de la culpa real ▼

Además de sentir el dolor real de las carencias de nuestra
infancia, y de las pérdidas de cuando somos adultos, si
queremos transformar al Ser Inferior también tenemos
que estar dispuestos a sentir el dolor de nuestra culpa real
por haber abandonado o rechazado a los demás. Inmersos

en nuestra negatividad hemos transgredido la ley espiritual, provocando dolor en otras gentes a causa de nuestras decisiones negativas y defectos. Este tipo de dolor suele ser más difícil de sentir que aquel de haber sido lastimados por los demás.

> En la época anterior a la psicología, la religión había adoctrinado a la humanidad con un sentimiento de culpa distorsionado y que debilitaba a la gente. Falsas culpas, miedo al dios castigador, una culpa que no posibilitaba que la gente levantara la cabeza con dignidad y sabiendo quién era en realidad. A fin de corregir esas distorsiones el péndulo debe siempre oscilar temporalmente hasta el extremo opuesto, hasta que se consigue el equilibrio correcto, la verdad. Así es como todo el movimiento psicológico se ha alejado del proceso de sentir la culpa.

> Pero la culpa real por tus propias distorsiones debe ser vista, enfrentada, sentida y comprendida de manera completa, lo mismo que todas sus ramificaciones y reacciones en cadena. De otro modo nunca estarás en términos claros contigo mismo. Si no lo haces no puedes ser completamente, no puedes mirarte con amor y con respeto. No puedes ser quien eres en realidad. (CGP 201)

Sentir el dolor de la culpa real significa responsabilizarse por haber creado una condición que causa dolor a otros. Esto es algo difícil de hacer e inicialmente se siente como un golpe a la autoestima. Sin embargo, no hay dolor que sea más liberador y transformador que éste. El dolor de la culpa real es suave y se completa en el proceso de ser sentido. Al dejarlo ser de manera completa, podemos saber que Dios nos ha perdonado. Hemos pagado el precio y somos liberados de nuestra culpa.

El dolor de la culpa real y el dolor de nuestro propio sufrimiento son diferentes del "duro" dolor de la culpabilización, el cual sólo es una manera de tratar de castigar a quienes nos lastiman. El mensaje de este dolor duro siempre es: "Mira cuán miserable soy. Todo es culpa tuya." Nuestra desgracia se convierte en el arma con la cual castigamos a nuestros padres u otras personas que nos han lastimado, y en ella no existe la intención de perdonar.

El dolor de la culpa real, el verdadero remordimiento, también es diferente del dolor de la culpa falsa, el cual proviene del hecho de no vivir a la altura de las expectativas, sean nuestras o de otros. El excesivo *mea culpa* de la culpa falsa refuerza la máscara y transmite este mensaje: "Mira qué bueno soy pues me siento muy mal", o bien, "Soy tan malo que no debes esperar mucho de mí y más bien debes tenerme lástima". Aclarar estas distorsiones permite sentir el dolor más simple y suave de la culpa real, al tiempo que se conserva la dignidad personal y la conciencia de nuestra divinidad.

Reconocer nuestras culpas reales y sentir su dolor, es un proceso maravilloso de limpieza que da su verdadero significado al antiguo ritual de la confesión. Este proceso puede ser llevado a cabo mediante un acto de restitución, ya sea un simple "lo lamento" o el acto más extenso de corregir el mal que hemos hecho. Cuando interiormente nos preguntemos cuál es el tipo de restitución correcto en cada caso, sin negar ni exagerar el mal que hemos hecho, las respuestas llegarán. Antes que nada necesitamos saber que ya hemos sido perdonados, ya hemos sido amados completamente. Pues no hay nada que podamos hacer, sentir o pretender que vaya más allá del poder de Dios para perdonar.

▼ *La paciencia para sanar al Ser Inferior* ▼

Además de la buena voluntad, el elemento más importante del proceso de sanación es la paciencia. Debemos recordar que el Ser Inferior se encuentra arraigado en los mismos orígenes de la conciencia humana, la cual es dualista.

Empezó con la primera separación de una parte de Dios de la totalidad de Dios. Empezó con el libre albedrío, el cual nos dio la capacidad de escoger la separación y ha sido reforzado por las decisiones erróneas hechas por los seres humanos a lo largo de milenios. Pensar que podemos reparar el daño, de manera completa, en una sola vida puede ser el súmmum de la arrogancia. De cualquier modo, tiende a conducirnos hacia la frustración y la desesperación, así que debemos ser pacientes.

Julie era una mujer de exteriores nacida en el sudoeste de los Estados Unidos. Adoraba acampar y se sentía completamente en paz en el desierto. Con la gente las cosas eran distintas, con ellos solía ser desconfiada y solitaria.

Cuando empezó a trabajar con su Ser Inferior, lo visualizó como un niño adolescente rudo, paranoico, avaro, sediento de poder y astuto, una versión extrema de la adolescente que ella misma había sido cuando maltrataba a su amado caballo. En sus visualizaciones llevaba a ese niño callejero al desierto y lo miraba sentarse calladamente con ella durante largos ratos. Él era demasiado orgulloso como para pedir ayuda o ni siquiera para interactuar con ella. Cuando finalmente necesitaba algo y se dignaba a pedírselo a Julie, siempre lo hacía con un asomo de desprecio. Entonces Julie sólo contestaba lo mínimo y luego esperaba.

Llevó a cabo esta visualización durante meses y cada vez que se sintonizaba con ella descubría que el muchachito callejero se suavizaba sólo un poco, empezando a darse cuenta de que alguien (el Ser Superior de Julie) estaba ahí para ayudarle. Por primera vez tenía una razón para confiar. Pero todavía Julie estaba dispuesta a esperar, llena de fe, para que su Ser Inferior y su Ser Superior se reunieran.

Julie sentía que esta visualización curativa también era una imagen de sus decisiones de encarnación. Sabía que su capacidad para ser confiada con los demás seres humanos estaba bastante minada. Cuando empezó el Pathwork se sentía casi incapaz en ese aspecto y sospechaba que reflejaba vidas enteras de dificultades y errores. La elección de su alma, de nacer y crecer en el desierto, esta vez sólo era lo que necesitaba para solidificar una conexión con la naturaleza y con su Ser Superior. Esto le daría la fuerza necesaria para, finalmente, asumir su Ser Inferior, después de vidas de manifestarlo de manera inconsciente.

Sólo podemos dar un paso a la vez. A menudo tenemos miedo de despertar a nuestro Ser Inferior porque tememos darnos cuenta de cuánta confusión o destrucción puede haber producido. Temerosos de que tal vez tengamos que cambiar todo de golpe, rehuimos la tarea que amenaza con abrumarnos.

Diane había estado negando su alcoholismo durante años. Al empezar a despertar ante la realidad de que era alcohólica, y a reconocer el desastre que su enfermedad había causado en su vida y en la de sus hijos, se sintió horrorizada. Todo era una confusión tal que, ¿cómo iba a poder enderezarlo?

Entonces tuvo este sueño: "Estoy lavándome el pelo en un lavabo y me doy cuenta, horrorizada, de que tengo la cabeza atorada bajo el grifo y no sé cómo la voy a sacar. Al principio me gana el pánico y trato de jalonear mi cabeza mientras el agua sigue saliendo. Me lastimo el cuello y el agua se me mete por la boca: siento como si me estuviera ahogando. Luego oigo una tranquila voz en mi interior que me dice: 'Cálmate y haz una cosa a la vez'. De algún modo eso me permite empezar a pensar con claridad. Así que primero cierro la llave del agua. Luego cuidadosamente giro la cabeza hacia un lado y me doy cuenta de que, poco a poco, de hecho puedo salir de ahí, paso a paso, hasta que estoy libre.

Subyacente al Ser Inferior, siempre se encuentra la luz y la sabiduría del Ser Superior, guiándonos a cada paso a lo largo del camino. El Ser Inferior es una sombra oscura que trata de ocultar la luz, de distraernos del suave y firme brillo que constantemente está presente para guiarnos.

▼ *Meditación para reeducar el Ser Inferior* ▼

Una vez que hemos encontrado al Ser Inferior y que hemos sentido el dolor que hay detrás de su manifestación, entonces podemos reeducarlo con la ayuda del Ser Superior. En el Pathwork trabajamos activamente con ambos dentro de nuestras meditaciones. Hacemos este trabajo en la meditación sólo una vez que hemos desarrollado la capacidad de tranquilizar la mente exterior a través de la concentración en la respiración o de alguna otra práctica para centrarnos.

Entonces podemos comprometer al ego consciente en el trabajo de entrar en contacto, comprender y reeducar al Ser Inferior. Es así como la meditación se convierte en un diálogo activo entre las tres partes de nosotros mismos: el ego positivo, el niño del Ser Inferior y el Ser Superior.

El ego consciente debe ir hacia abajo y decir: "Cualquier cosa que yo sea, cualquier cosa que esté escondida, debo conocerme, no importa de qué negatividad y destructividad se trate, deben estar a la luz. Quiero verlas. Me comprometo a verlas, sin importar que esto hiera mi vanidad. En todos los lugares en donde estoy obstruido, quiero ser consciente de cómo es que deliberadamente me rehuso a ver mi propio Ser Inferior y, por lo tanto, me concentro en los defectos de los demás." Esa es una dirección de la meditación.

La otra dirección debe ir hacia el Ser Superior universal que tiene el poder necesario para sobrepasar los límites del ser consciente. Estos poderes superiores deben ser llamados para el mismo fin de exponer al destructivo pequeño ser, a fin de superar la resistencia. La voluntad del ego puede ser incapaz de realizar esto por sí sola. Pero el ego puede meditar para pedir la ayuda de los poderes superiores.

. . . .

Cuando el Ser Inferior empieza a expresarse más libremente porque el ego se lo permite y más bien lo recibe escuchando abierta e interesadamente, entonces debes reunir ese material para estudiarlo más a fondo. Es preciso investigar lo que ha sido revelado en sus orígenes y en sus resultados. ¿Cuáles son las concepciones erróneas (imágenes) responsables de la declarada auto-destrucción, el odio, el desprecio y la malicia que salen?

El siguiente paso en la meditación consiste en reeducar al niño auto-destructivo (y al Ser Inferior adulto) que ya no es del todo inconsciente. Es necesario reorientar al niño con sus falsas creencias, su terca resistencia, su desprecio y su furia asesina. (CGP 182)

Siendo una niña pequeña, Judith había tenido terror a su madre, quien, desde su punto de vista, era como una malvada bruja.[4] Ahora Judith se daba cuenta de que su propio Ser Inferior era una recreación de la bruja de su madre, una defensa que usaba para distanciarse del contacto íntimo. El Ser Inferior de Judith, que había sido creado para defenderla del dolor de la infancia, ya no le servía. Sin embargo, ya había cobrado una vida propia. Ahora la mantenía encerrada incluso cuando conscientemente estaba lista para abrirse.

Al meditar, Judith empezó un diálogo a tres voces en el cual su ego adulto invitaba a expresarse tanto a su bruja del Ser Inferior como a su ángel del Ser Superior. Inmediatamente vio a su bruja venir hacia ella de manera amenazante, tratando de amedrentarla y detener todo el diálogo.

---

[4] La bruja como símbolo de la energía destructiva femenina está arraigada en la mente inconsciente de los niños debido al constante contacto con los cuentos de hadas europeos. En sí mismos, esos cuentos se derivan de la lucha arquetípica e histórica de la versión del mundo racional, patriarcal y cristiana por suprimir la visión del mundo intuitiva matriarcal pre-cristiana. La verdadera bruja era curandera o sacerdotisa en la religión pre-cristiana de las Diosas; y fue el cristianismo el que las consideró endemoniadas.

*Judith insistía: "Quiero volver a tener mis sentimientos".
La malvada bruja le contestaba: "¿No te das cuenta de
que es imposible? Tus sentimientos te matarán. Por eso me
creaste. Te defendí de la locura cuando eras niña, así que más
te vale agradecerme y dejarme controlar las cosas."
Judith adulto: "Sí, te doy las gracias por haberme
salvado de sentir tanta vulnerabilidad cuando era niña. Pero
ya no necesito tu protección. Ahora quiero poderme sentir
vulnerable, porque estoy entre gente que me resulta más segura que mi madre. Ahora quiero amar y ser amada, por favor
libera mis sentimientos."
La bruja: "No. Quiero aferrarme y sentir el poder para
darte miedo y asustar a otras gentes. Quiero el poder más que
ninguna otra cosa."
Entonces Judith evocó el poder mayor del Ser Superior.
Por un rato, no vio ni oyó nada. Luego, lentamente, vio a una
mujer cubierta por luz blanca que emergía detrás de una cortina.
Esta figura angelical le habló a la bruja: "Dices que
quieres poder. Pero, ¿qué es lo que realmente quieres?"
La bruja inmediatamente se convirtió en una niñita
y habló con su vocesita: "Lo que quiero es amor. Pero no creo
merecerlo. Tengo que ser buena para que me amen. Si hubiera
sido buena, mi mamá no hubiera sido tan mala conmigo. Así
que debo ser mala. Y dado que soy mala me portaré mal y
asustaré a la gente, así al menos me sentiré poderosa."
Entonces la bruja se convirtió completamente en la
niñita Judy, que empezó a llorar muy suavemente. Judith vio
su ser de niña asomándose detrás de una cortina. También vio
al ángel abriendo sus brazos para la niña. La niña cruzó el
cuarto y se subió en las piernas del ángel, apapachándose un
momento, pero nuevamente asustada.
La pequeña Judy: "Hay muchas brujas aquí, sabes. No
sólo yo."
En su meditación Judith vio toda una hilera de niñas
y mujeres detrás de la pequeña Judy —todo un linaje femenino
surgió, incluyendo a su madre, sus dos abuelas, y otras tantas
parientes. "Todas necesitan amor", dijo la niña Judy. "Tienen*

voces de bruja porque también están asustadas y solas. Tampoco tuvieron a nadie que las amara."

Ahora Judith vio a la pequeña Judy que se le acercaba, guiando toda la hilera de mujeres/brujas. Vio al ángel como una diosa vestida de blanco que tomaba la mano de la niña y de todas las otras mujeres formando un círculo con ellas, pidiéndoles que encontraran sus voces y su fuerza de mujeres de poder real pero sin distorsiones. Judith empezó a oír la letra y la música de "Song of the Soul" (Canción del alma) *en su mente; cantaba un coro de niñas y mujeres.*

Abrir una conexión con el Ser Inferior y Superior al mismo tiempo en la meditación requiere de práctica, pero de este modo se puede acelerar el trabajo.

▼ Ver las cualidades divinas ▼ detrás de los defectos

Detrás de cada defecto que necesita ser transformado se encuentra una cualidad divina. Esta cualidad divina es algo que existe incluso antes de la transformación del defecto.

Por ejemplo, debajo de la pereza se encuentra la capacidad positiva para relajarse y tomar la vida como llega, sin apresurarse para controlarla. Complementariamente, debajo de la hiperactividad se encuentra la capacidad positiva para actuar y moverse en dirección de la vida. Debajo de una actitud de juicio se encuentra la capacidad de realizar discernimientos positivos y precisos. Simétricamente, debajo del descuido se encuentra la capacidad para abandonar el control del ego y dejar que la vida fluya sin interferencia.

Generalmente, descubrimos que nuestras mejores cualidades están justo a un lado de nuestros peores defectos. Conforme se van transformando los defectos, las buenas cualidades correspondientes no se pierden —como equivocadamente tememos en ocasiones— sino que se fortalecen y equilibran.

Incluso los peores aspectos de la naturaleza humana, una vez enfrentados, descargados y transformados, encierran una semilla divina. La rabia asesina se puede transformar en una afirmación apasionada. La crueldad puede convertirse en una agresión positiva y creativa.

No importa lo feas que puedan ser algunas de estas manifestaciones (tales como la crueldad, el rencor, la arrogancia, el desprecio, el egoísmo, la indiferencia, la avaricia, el engaño y otras muchas), puedes llegar a darte cuenta de que cada una de esas características es una corriente de energía originalmente buena y bella que afirma la vida. Al buscar en esa dirección, puedes llegar a comprender y experimentar la forma en que esto se hace verdad en cada caso concreto, cómo tal o cual impulso hostil, en el origen es una fuerza buena. Cuando lo entiendes, entonces has logrado realizar una sustancial entrada en la transformación de la hostilidad y la liberación de la energía que se encuentra canalizada de una manera verdaderamente indeseable y destructiva o bien está congelada y estancada. Tienes que aprender a reconocer completamente que la forma en que se manifiesta el poder es indeseable, pero la corriente de energía que produce esa manifestación es deseable en sí misma. Está hecha de la materia básica de la vida, contiene conciencia y energía creativa, contiene todas las posibilidades para manifestar y expresar la vida, así como para crear nuevas manifestaciones vitales. Contiene lo mejor de la vida. (CGP 184)

Mientras más profundamente vamos dentro de nuestros defectos, más alto podemos ir en nuestra esencia. Lo opuesto también es cierto. Mientras más conectados estamos con nuestra esencia divina, más valor tenemos para enfrentar todos los aspectos distorsionados y enfermos que todavía hay en nuestra psique. Este viaje realmente hace salir lo mejor de nosotros, permitiéndonos ser los héroes y heroínas del camino interior.

▼ Asumir plenamente ▼
la responsabilidad por uno mismo

Cuando asumimos toda la responsabilidad por el Ser Inferior, nos expandimos más allá de nuestras limitaciones hacia una identidad expandida.

> Asumir toda la responsabilidad por tus características distorsionadas y demoniacas, por paradójico que te parezca, te liberará de la identificación con esas características. Entonces sabrás de manera total que tú eres tú y que esas características no son sino apéndices o excrecencias que puedes llevar hacia tu interior conforme las disuelves. Esto es, su energía básica y su naturaleza no distorsionada pueden volverse parte del tú consciente que manifiestas.
> (CGP 189)

Patricia y su esposo Jack habían creado un triángulo amoroso con Laurie, que ya describimos en el Capítulo Nueve. Todos exploraron concienzudamente los impulsos que los obligaban a sostener esa relación que los hacía castigarse mutuamente. El trabajo de Patricia, en este sentido, pasó por el enfrentamiento de su tentación hacia el aislamiento y su pretensión de rectitud, los cuales eran mucho más fáciles que mantener su corazón abierto ante el dolor. Tuvo vistazos de su personalidad interior como una monja (moralmente superior y sexualmente reprimida) a quien empezó a llamar "Madre Superiora". Jack vio cómo su miedo al compromiso le hacía más fácil dividir su deseo de intimidad en atracción por dos mujeres, en vez de "poner todos los huevos en una canasta". Laurie exploró su dependencia en un hombre fuerte y mayor que la hiciera sentirse segura.

Eventualmente, pudieron abandonar el triángulo. Jack decidió arriesgarse en el compromiso total con Patricia. Laurie decidió irse lejos de ellos para empezar una nueva vida y crear una relación propia. Y Patricia decidió relajar su mora-

lismo y darle todo su amor sexual a Jack. Su matrimonio se profundizó enormemente gracias a la auténtica conciencia que construyeron a partir de esa experiencia dolorosa.

Varias semanas después de que Laurie se fue, Patricia caminaba sola en el bosque cuando de pronto se le presentó una escena completamente realista de una vida anterior. Era en la Edad Media, tal vez en el sur de lo que actualmente es Francia. Vio a Jack como el señor de un pequeño castillo; era un hombre poderoso y egocéntrico que, entre otras cosas, ocasionalmente ejercía su derecho (el droit de seigneur, *derecho del señor, N. del T.) a iniciar sexualmente a cualquier virgen que viviera en sus tierras. Ella era la reprimida y moralista esposa que constantemente lo despreciaba y juzgaba. Vio a Laurie como la hermosa hija de uno de los guardias de Jack. En esa vida, Patricia había dejado a su esposo y entrado en un convento, rechazando a los hombres y la sexualidad y viviendo su vida en una amarga soledad, a excepción de una devastadora relación con una monja más joven. "Jack" terminó casándose con "Laurie" pero siguió en su tendencia hacia la egoísta autoindulgencia que "Laurie" era incapaz de confrontar. "Laurie" pasó entonces su vida sumida en una dolorosa dependencia.*

Después de esta sorprendente revelación de una vida anterior, Patricia vio que en esta ocasión había hecho todo el trabajo interior necesario para no volver a recrear los errores del "pasado". De una manera que no podía explicar, sentía que el trabajo que había hecho en esta vida también había ayudado a las personas que los tres habían sido antes. Tenía la sensación de que las vidas del pasado y el presente se interpenetraban y de que, al realizar el trabajo interior y tomar las decisiones correctas en esta ocasión, las tres almas eran sanadas. Con esta revelación de sus reencarnaciones también llegó una gran dignidad y respeto por sí misma y por las otras dos personas involucradas. De hecho, se habían ayudado uno al otro a encontrar aspectos profundos no resueltos de su alma y juntos habían viajado hacia la integridad.

▼ *Entregarse a Dios* ▼

Al identificar y experimentar al Ser Inferior, incluyendo la intención negativa y el placer negativo, conforme soltamos nuestras defensas y sentimos el dolor y la culpa real subyacentes, también afirmamos nuestra esencia como seres de luz, como ángeles de Dios en una forma continua. Llevamos a la luz cada aspecto de nosotros que necesita ser transformado.

Luego, cuando hemos realizado nuestro mejor esfuerzo al enfrentar algún área de negatividad dentro de nosotros, entonces nos entregamos y dejamos todo el proceso en manos de Dios. Por mucho que podamos hacer con nuestras mejores intenciones en el mundo, nosotros —el pequeño ego— no podemos lograr la transformación solos. Tenemos que invocar las energías espontáneas de nuestro Ser Superior, y la guía y la gracia de Dios y de Su mundo espiritual a fin de efectuar la transformación.

La oración y la meditación, la afirmación positiva y la invocación de las energías del Ser Superior son herramientas importantes en todas las etapas del proceso de transformación. No sería posible enfrentar las profundidades del Ser Inferior sin la confianza, el apoyo constante, el perdón y la guía del Ser Superior.

La transformación no sigue un patrón lineal. Las etapas constantemente se entrecruzan y entretejen. Por un momento podemos estar trabajando con la máscara y luego con aspectos del Ser Inferior, para luego posponerlo todo hasta que se haya fortalecido lo suficiente la conciencia del Ser Superior, a fin de permitir la toma de conciencia de los aspectos que aún necesitan ser transformados. Ésta es la eternamente profundizadora espiral del desarrollo.

▼ *Ejercicios para el Capítulo 10* ▼

1. Escribe, honestamente, acerca de algún suceso de tu vida en el cual sientes que actuaste muy mal. Confiesa escribiendo sobre papel lo que

sientes que fueron tus defectos en esa situación en la que te equivocaste. Si hay otras personas involucradas, escribe una carta sencilla pidiéndole perdón a cada una de ellas (aunque no tienes que enviar esas cartas).

2. Una vez que hayas localizado una actitud negativa en ti, formúlala claramente y luego haz una lista de las maneras en que te daña en tu vida, de las consecuencias o el "precio que pagas" por aferrarte a esta o aquella actitud negativa.

3. En una meditación permite un diálogo entre el ego, el Ser Inferior y el Ser Superior. Después de centrarte, escoge un asunto o algo que carezca de armonía en tu vida. Invita al Ser Inferior a que hable de su parte en el asunto, y deja que la mente del ego se relaje y sólo escuche. Luego invita al Ser Superior para que hable del asunto y deja que el ego sólo escuche. El Ser Superior puede aparecer como un ángel benigno o alguna otra figura arquetípica; el Ser Inferior puede aparecer como un niño, un demonio o cualquier otra cosa. Deja que el Ser Superior hable directamente con el Ser Inferior. Tu ego es el moderador. Escribe o dibuja este intercambio a fin de capturar la energía de tus personajes interiores tal como se te revelan.

4. Haz una lista de cinco defectos que sientes tener. Encuentra cinco cualidades positivas que les correspondan y que se encuentren "en la puerta de a lado" de estas distorsiones de tu psique.

5. Escoge alguno de tus defectos de carácter e invita al espíritu de perdón a que lo rodee y lo bañe. ¿De qué forma ves ese defecto de una manera diferente cuando lo observas a la luz de haber sido perdonado?

▲ 11 ▲

CREAR NUESTRAS VIDAS A PARTIR DEL SER SUPERIOR

"El potencial innato de todos los seres humanos para crear es sorprendentemente subestimado. Es muchísimo más grande de lo que actualmente puedes concebir... La mayoría de la gente no conoce su capacidad latente para crear y recrear su vida de manera consciente."

CONFERENCIA DEL GUÍA 208
"La capacidad innata de crear"

▼ *El retiro de Susan:* ▼
viaje hacia lo femenino

A los cuarenta años empecé a sentir un poderoso anhelo visce- ral de tener un hijo. Anteriormente, en mi matrimonio, sólo en ciertas ocasiones, había tenido ese tipo de impulso, pero me había convencido de que semejante anhelo más bien era un desplazamiento de mi deseo de más intimidad en mi relación o una metáfora de mi "maternidad" de Sevenoaks, el centro espiritual que Donovan y yo habíamos creado y que, de hecho, se había convertido en nuestro "bebé". Con cierta eficacia yo había descartado mis impulsos anteriores considerando que provenían más de una voluntad biológica que, desde mi pun- to de vista, no se identificaba con la voluntad de Dios en relación conmigo o con nosotros.

Pero lo que ahora pasaba a través de mí no podía ser descartado, su urgencia me consumía. Sin embargo, al abrir una visión de mí misma como madre —más tranquila, más femenina, más interiorizada, más sobre la tierra— también solté las capas más profundas de mi "no" interior, el cual no había conocido antes de que surgiera este reto.

Se me revelaron viejas imágenes, miedos y dualidades: la maternidad significaba encierro, dependencia, falta de poder, estar fuera de control, pérdida de la personalidad. Por otro lado, la intensidad de lo que daba, tal como lo exigía mi trabajo espiritual con los demás, me ofrecía creatividad y eficacia, aunque se sentía estéril. La separación de la materni- dad en contra del llamado espiritual me perseguía todo el tiempo, incluso mientras trataba de alcanzar una nueva vi- sión de unidad.

Surgió entonces una dualidad aún más profunda: mi identidad personal como "hija del patriarcado" se identifica- ba con la mente y la voluntad, al mismo tiempo temerosa y llena del anhelo de sumirme más en el lado femenino y recep- tivo de mi ser, del cual me sentía separada. La decisión de ir hacia mi ser femenino, sexual, fértil y aún no visto, parecía como caminar hacia el vacío: desconocido y sin apoyos.

Tuve un sueño en el cual mi madre, mi hermana y yo viajábamos en una limosina para ir a la oficina de papá. ¡La burocracia no se había percatado de que él estaba muerto desde hacía nueve años! Todavía estábamos encerradas dentro de un mundo de valores masculinos, todavía no habíamos podido ser mujeres juntas y todavía viajábamos en el coche del hombre.

Tal vez la escisión más profunda era entre mi fe y mi ayudante, por un lado, que afirmaban esta dirección, y mis dudas y desesperación que seguían aflorando, especialmente cada mes cuando descubría que no estaba embarazada.

Mis sentimientos iban y venían. En una ocasión en la que Donovan y yo volvíamos a casa, después de ver una película algunos meses después de que habíamos decidido que queríamos convertirnos en papás, de pronto me sentí envuelta en la oscuridad y la desolación, oyendo voces burlonas y hostiles: "¿Quién crees que eres? Nunca podrás hacerlo." Sentí a los diablos diciéndome que estaba equivocada y llena de arrogancia al desear obtener tanto de una sola vida. En vez de una anunciación, me estaban dando un aviso contrario. La desesperación de mi Ser Inferior y las dudas acerca de mí, estaban permitiendo ese asalto demoniaco en contra de mi fe. Sin embargo salí del encuentro sintiendo mi firme decisión fortalecida.

Cerca de una semana después del "ataque" de oscuridad, experimenté un momento de éxtasis, una apertura a una visión clara, una sexualidad dulce y una gloriosa disponibilidad. En un periodo intensivo de trabajo con parejas en torno a su sexualidad, me sentí completamente en mi cuerpo, más sana de lo que jamás había estado en mi vida y empecé a correr hacia abajo de la colina sobre el camino que lleva al estanque, gritando de placer ante el universo: "¡Estoy lista, estoy lista! Me eché un clavado en el estanque, sintiéndome energetizada, exquisitamente sensible, alegre y llena. Dándole gracias a Dios: "Gracias Dios. Estoy lista. Gracias."

Pero entonces, al mes siguiente, al llegar mi periodo, sufrí el peor desencanto que recuerdo. Me sentí estéril, despojada, llena de necesidades, loca. Era como si hubiera perdido aquello que me parecía lo más valioso del mundo. Aullé y aullé. Perdí la fe en mi capacidad para convertirme en madre. Vi cuán profunda era mi desesperación en relación con la realización espiritual y femenina. Las áreas en las que todavía anhelaba más integridad eran precisamente aquellas en las que no ejercitaba la voluntad de mi ego: la sexualidad, la espiritualidad y la maternidad. Sólo podía abrirme para recibir la gracia de Dios a través de mí.

La dificultad y la vulnerabilidad de esto no me golpearon mientras estuve más defendida en contra de mi anhelo. Pero ya no podía negarlo. Mi deseo de rendirme más completamente era físico, lo podía sentir. Y no podía desearlo voluntariamente. No podía hacer nada. Sólo podía entregarme. Me comprometí con dejar una lucha inútil de la voluntad. Recé para soltar y dejar actuar a Dios. Esto desató una poderosa necesidad de Donovan. A menudo me sentí como una niña necesitada, un bebé fingido tratando de aferrarse al vientre de su madre. Donovan respondió bien ante mi dolorosa y arcaica necesidad.

Luego de meses en los que no me embaracé, consideramos la posibilidad de la adopción. En esa época visitamos a la nueva nieta de Donovan, Pamela, que estaba empezando la vida en circunstancias difíciles y precarias. Ya amaba yo a esa dulce y pequeña niña, lo cual intensificaba mi dolor por mi propia esterilidad.

Busqué una mayor guía y llegó esto: "El niño que has de tener sólo puede venir como resultado de una mayor purificación. Por lo tanto, continúa con tu proceso de purificación y nutre tu fe en que ese proceso precede a la maternidad. Purifica las emociones: ve tu cólera, tus celos (los cuales sentía cada vez que veía una madre con su hijo), tu competitividad con otras mujeres y tu desconfianza. Purifica tu voluntad: ve la corriente forzante y la desesperación de tener que abandonar la voluntad exterior. Suelta la excesiva actividad de la voluntad, la presión del control. Purifica la mente/pensamiento: Sé consciente de los límites de la mente y no fuerces en busca de más. Detén el proceso negativo de hacer juicios y sacar conclusiones. Deja lugar para más no-saber. Asiéntate en el no-saber como precondición para un conocimiento más profundo que sólo puede surgir del lado receptivo de tu ser. Suelta la actividad de la pequeña mente y da espacio para que surja un tipo diferente de conocimiento. También purifica el cuerpo. Suave y pacientemente limpia tu dieta, haz más ejercicio, disfruta del agua en tu casa.

"Da la bienvenida al proceso de purificación. Está atenta a él. Y suelta el proceso de la concepción. Lo que se necesita sucederá por sí mismo cuando llegue su tiempo. No hay nada que tú debas hacer o dejar de hacer al respecto. Deja esto verdaderamente en manos de Dios. La meta no es la concepción, sino la purificación; el nacimiento de tu propio ser divino femenino, no el nacimiento de un alma exterior. Mientras tú estés atenta al proceso interior, no pondrás las expectativas ni las necesidades fuera de su lugar, ni darás valor a un suceso exterior. Te bastas tal cual eres. Tu principal tarea en el mundo es la auto-purificación y la auto-transformación —no la maternidad o el ayudar a otras gentes ni cualquier otra tarea exterior. No te dejes distraer por lo que hay en el exterior."

Entré en un bache después de esta guía, identificando incorrectamente el abandono de la exigencia de realización de mi ego en mis propios términos, con el tener que abandonar cualquier realización en sí misma. Pero, poco a poco, volvió mi fe conforme seguí afirmando mi anhelo sabiendo que sólo Dios completa la creación.

Mi trabajo sobre lo anti-femenino en mí continuó. Pude ver mis fuertes imágenes de la "mujer de Dios" como una monja: asceta, invulnerable, que no necesita a nadie. Para ella lo único que cuenta es la conexión con el espíritu, despreciando la vida humana y las necesidades y los cuerpos (especialmente los femeninos). Una profunda desconfianza y hostilidad hacia la vida instintiva del cuerpo. Soñé con una corpulenta diosa primitiva en un exuberante bosque. En una escena posterior del mismo sueño, veo gente cavando escalones en una montaña helada y ayudándome a subir los escalones. La diosa es una obediencia sin pensamiento a los impulsos prima-

rios de la sexualidad y la procreación, de la fertilidad y el cuerpo, antes de la razón y la moralidad. ¿Era yo, entonces, la dama del hielo, siendo cuidadosamente guiada al subir los escalones hacia el Paraíso, mientras que abajo estaban los caóticos impulsos de un ser de corazón abierto, sexual y primitivo? ¿Ella también es yo misma? En mi ser consciente los reclamos de orden han ganado sobre los reclamos del instinto. Anhelo reconectarme con la tierra y la pasión, con el apareamiento y el caos. Necesito empezar de nuevo, desde el piso hacia arriba, podemos decir, para reconocer lo femenino.

Conforme la conciencia se hizo más clara, en cuanto a que tengo que encontrar mi integridad femenina, saber que me basto tal cual soy, encontré una voz interior que decía: "Nunca. Si debo convertirme en mi propia madre y cuidar únicamente de mi niña interior, entonces me niego. Prefiero morir."

Durante varias semanas me sumí en la enfermedad y una suerte de muerte interior. Aparecieron un fuerte dolor de cabeza y una náusea menos fuerte pero persistente. Viví en una desolación oscura y gris que sólo de vez en cuando se llenaba de la roja luz de explosiones de cólera. Me sentía morir. Estaba enojada con Dios, con la muerte y con todos los que habían muerto, incluyendo a mi padre. Y estaba enojada con todos los que iban a morir, incluyendo a mi madre y a Donovan. Y no me importaba nada. Vivía en una soledad existencial, enfrentando la muerte y temerosa de la nada. Sentí que más allá de esa cortina negra se encontraba una vida nueva. Pero no era para mí, no en ese momento.

En mi diario de esa época cuento, en junio de 1981: "Me acuesto boca abajo en el duro piso de mosaico, sin alegría, cargada por el lento y pesado calor del día; mientras, el ventilador que está sobre mi cabeza gira sin misericordia ni sentido. Tengo flashes de monasterios medievales cristianos y budistas, lugares en donde se comprende la muerte. Sé que moriré. Donovan morirá. Mi madre morirá. Y el bebé a quien yo dé vida también moriría. La muerte es. No se trata de la verdad espiritual más profunda que he alcanzado, aunque sí es un paso en el camino, uno que me había saltado. La muerte es. Y dar a luz no *me salvará de la muerte. Y Dios no me salvará de la muerte. Y mi cólera ante ello no hará que deje de ser verdad."*

Durante días, mi cabeza siguió palpitando. Me sentí un poco más lejos de mi anhelo de tener un bebé, al ver que una de las razones no revisadas por las cuales quería dar a luz era negar la muerte. Sentada meditando, mi cuerpo se convirtió en un esqueleto cubierto con una manta. Me convertí en el viento suavemente soplando polvo en torno y a través del esqueleto. Grandes espacios vacíos, ningún ser, sólo el vacío. El viento, ni siquiera el esqueleto.

Tuve un fragmento de sueño: "Se hace un anuncio en términos nefastos: 'Los muertos comerán en largas mesas metálicas de cocina y excavarán en el jardín'." Pero yo estaba demasiado enferma como para comer o trabajar en el jardín.

Y luego, en medio de ese trance con la muerte y la desesperación, se me reveló una visión. Una noche, poco antes de ir a la cama, empecé a deslizarme hacia abajo en una espiral negativa, hasta que entré en un espacio completamente muerto en donde mi vida no tenía sentido, y donde me hubiera dado igual estar muerta. La vida humana normal me parecía gris y sin valor. Mi mente estaba en blanco, y caí en una tremenda desolación. Justo antes de que pensara que podría deslizarme completamente, más allá del límite hacia la muerte, sentí una certeza inequívoca. Concebiría en el mes de julio y debía prepararme para ello mediante un retiro de cinco días yo sola, ayunando un poco y meditando muchísimo, preparándome en el interior. El flashazo de certeza llegó y se fue. Al principio dudé, pero de todos modos en el fondo creí que era cierto y que siempre lo había sido. Oí una suave risa de un espíritu con el anuncio. Asentí: "Hágase Tu voluntad, no la mía."

Empecé mi retiro. Mi diario cuenta la historia
"Julio/2/81: Estoy disfrutando de mi simple y tranquilo retiro. Poca energía y ayuno. Un día lluvioso y agradable. Mi mente se ha calmado un poco. Estoy esperando, disfrutando la simpleza actual de ser y nada más.

"Sólo tengo una pequeña intuición de lo que estoy haciendo aquí. Algo relacionado con 'convertirme en mujer',

preparando mi cuerpo y mi alma para la concepción, ya sea una concepción física o espiritual, de eso no estoy segura. Estoy preparando el buque sagrado. Quiero abrirme a la vida, nutrirme y abrirme para esperar que se llene, sin importar cómo suceda. ¿Qué es lo que busco? ¿Un renacimiento? ¿Una iniciación? Quiero ir hacia lo oscuro y lo desconocido, ¿para descubrir qué? ¿Un nuevo ser? ¿Un viejo ser? ¿Un ser de mujer? ¿Un ser divino? Siento este retiro como un proceso de iniciación arquetípico en el que me alejo del exterior en busca de una renovación desde el interior. Espero llena de fe por cualquier cosa que llegue.

"Julio/3/81: Esta mañana estoy amargada y enojada. Mi temperatura basal ha subido, lo cual probablemente quiere decir que la ovulación ha vuelto a pasar sin que me haya embarazado. Y éste debía de haber sido el mes mágico, cuando eso debería de suceder.

"Me siento hostil ante Dios. ¿De qué sirve desear? ¿Para qué sirve el retiro, tratar de acercarse a Dios?

"Empiezo a ver mi amargura como un estado del alma que existe debajo de mi intento de lograr que la vida me dé lo que yo quiero. ¿Acaso mis sueños y visiones son sólo versiones más sutiles de mis exigencias ante la vida para que me dé lo que quiero, cuando y donde yo lo deseo? Ahora siento ese filoso sabor amargo, esa oscuridad estéril, esa falta de fe que corroe mi alma. Te siento y te reconozco como mía.

"Hoy, mientras quitaba las hierbas a las fresas en el jardín, empecé a vislumbrar que el estado de no pensamiento, de sólo ser, es mi práctica actual, el antídoto necesario en contra de mi aferrada impaciencia hacia la vida.

"Julio/3/81, más tarde: Después de una siesta me desperté con el cuello y la espalda tensos, la protesta de mi orgullo y mi voluntad. Es ahí exactamente en donde mi cuerpo tiene que soltar, fundirse con la confianza en la Voluntad Divina, dejar de tratar de dirigir mi vida desde la voluntad de mi pequeño ego. Pero no puedo hacer nada más que observar y aceptar mi necedad y mis miedos. No puedo forzarme a soltar.

"En zazen siento el simple hecho de ser. Detrás del dolor, detrás de la muerte, YO SOY. Detrás del voluntarismo, detrás del esfuerzo de abandonar el voluntarismo, YO SOY. Me sentí en armonía con los árboles y las aves, ambos presentes en abundancia en esta maravillosa cabaña de retiro. Al principio me sentí inmensamente triste. ¿Qué le da sentido a sus vidas? Viven y mueren. ¿Por qué cantan las aves? ¿De qué cosas cantan? Sólo ser. ¿De verdad basta con eso? Para ellos sí.

"Julio/3/81, todavía más tarde: Siento un profundo cinismo como casi nunca había conocido. Una profunda desconfianza en el ser y en la vida. ¿Qué me hace pensar que tengo una conexión con Cristo? ¿Acaso la espiritualidad es sólo superstición y pensamiento voluntarioso? Siento olas de amargura y dudas, que se presentan como espantosas caras que entran y salen de mi conciencia. Brujas ruidosas que se burlan de mí y mi seria bondad. Diablos que me señalan burlonamente y me humillan. Viejas arrugadas y rudos, malvados jóvenes que señalan mi vientre estéril y se ríen. Esas caras viajan conmigo. Las acepto.

"Julio/4/81: Al despertar, todavía en ayunas, tuve unos pocos minutos extraordinarios de no-ser, sólo consciente de los flujos de energía, pero sin forma. Una voz dentro de mi cabeza preguntaba: '¿Qué es? ¿Qué es?' Descendiendo a un nivel aún más profundo de no-saber, sentada en ese espacio, vasto y, sin embargo, completamente energetizado. Y luego otra voz: 'Esto es. Esto es.' Ese resplandeciente mar de energética ausencia de forma. Consciente de respirar, pero no de quién respira. Luego, lentamente, regresa la forma. Durante un largo rato sintiendo la feminidad esencial: redondez, senos, vientre, vagina; mamífera pero todavía no humana. Sólo poco a poco me voy reconociendo como una mujer humana, hermana de evolución de todas las que se han ido antes. Vuelta a nacer. Mujer. Durante horas caminé en el bosque veraniego fuera de mi cabaña sumida en una gloriosa conexión, sintiéndome íntimamente relacionada con cada cosa que crece y vive en el bosque que me rodea.

"Más tarde volví a caer en mi amargura y desesperación, enfocando mi confusión acerca del tiempo que paso aquí.

¿Qué hago aquí? Tal vez nunca lo sepa. ¿Qué me hace pensar que sé qué estoy haciendo? No lo sé. Y, más aún, no necesito saberlo. Todo lo que puedo hacer es seguir mis más profundos instintos, el profundo sentimiento de guía que tengo en torno a lo que debo hacer en esta parte de mi vida. Eso es todo lo que puedo hacer.

"Julio/5/81: Anoche me dormí tarde y soñé: Estoy en un día de campo al que han sido invitadas muchas gentes que han pasado por mi vida. Estamos comiendo papas asadas de una manera ritual. Comemos las papas justo después de que, acompañada por mi madre, he caminado a través de muchas salas de un museo de artesanías (hechas por y para mujeres solamente). Mi madre está mirando muebles del 'periodo' del siglo XVIII; yo estoy viendo las artesanías populares. La directora del museo es una gran mujer africana. Me percato de que un trabajo de costura —de animales rellenos— está incompleto.

"Me desperté del sueño en medio de la noche, muriéndome de ganas de comerme una papa asada. Un alimento tan básico, directamente salido de las entrañas de la tierra, un alimento redondo de mujer, encinta de nueva vida. Después de mis tres días de ayuno, ¡me moría por comerme una papa!

Sentí el impulso de realizar una misión nocturna en el jardín para desenterrar papas. Mi mente dijo que no tenía ningún sentido hacerlo y que más me valía volverme a dormir. Pero el anhelo primordial tomó el control.

"Así que, en medio de la tenue llovizna de la oscura noche, tomé mi lámpara de mano y caminé hacia el jardín, sintiéndome feliz y aventurera. Me hinqué en la tierra y, ofreciendo oraciones de agradecimiento a la Madre Tierra, desenterré varias papas. Las llevé a la cocina, acurrucadas entre mis brazos como si fueran tiernos bebés y se las ofrecí a la olla. Desarrollé la poderosa idea de que se trataría de la comida ritual que me uniría con todas las mujeres, con el arquetipo femenino de toda la vida. Caminé a solas por toda la cocina con un canto de unión con la diosa, y oraciones para entrar en los profundos ritmos de la mujer en mi cuerpo y en mi alma, y para descubrir mi tarea específica dentro de la creación femenina.

"*Luego me senté ante mi comida ritual, en la mesa de la cocina decorada con espigas secas de trigo, mi ofrenda a la diosa de la abundancia y la fertilidad. Después de haber comido mis papas, caminé por un rato rezando un poco más a las diosas. Y luego tomé lentamente algo de leche, saboreando mi conexión con las vacas y las madres de todas las especies. Sólo cuando terminé mi comida me di cuenta de que había pasado a través de una muerte y un renacimiento y, tal como lo había predicho mi sueño anterior, me había sentado en la larga mesa metálica de la cocina y excavado en el jardín.*

"*Caminé lentamente de vuelta a mi cabina reflexionando en torno a la imagen del sueño con el museo de lo femenino, el cual era dirigido por una arquetípica figura femenina. A pesar de lo lejos que mi madre y yo habíamos estado de nuestra naturaleza primitiva en nuestros intereses actuales, las dos nos encontramos bajo el control del poder y la energía de la guardiana africana, Eva, nuestra madre primordial. Y un animal relleno (¿en el lugar de un bebé?) todavía tiene que ser cosido.*

"*Toda la noche oí ruidos de fondo que sonaban como tambores. Era la lluvia que escurría del techo o los fuegos artificiales del 4 de julio, Día de la Independencia, o tal vez los sonidos graves del ritmo de discos tocados a lo lejos. Sonaban como tambores africanos. Ritmo primordial. Hoy celebro mi interdependencia con todo lo femenino.*

"*Julio/6/81: Lo que he aprendido de este retiro: que mi naturaleza y por lo tanto mi Dios interior, es profundamente femenina —tranquila, lenta, terrenal, reflexiva. Que puedo abandonar el saber e incluso la forma, y volver a la esencia. También aprendí qué tan profundamente llega la desconfianza en mí misma y mis sentimientos de no valer nada como mujer, y cuánto he utilizado en sustitución la mente y la voluntad masculina para encubrir esos dolorosos huecos de vacío femenino. Y ahora he decidido entrar en la herida de mi auto-rechazo, caer en el mismo fondo y ver su ausencia de verdad, para poder volver a la superficie, sólo que esta vez con los defectos del alma 'llenos' de mi verdadera feminidad. Mi camino hacia la sanación pasa por la herida misma.*

"Julio/7/81: El último día de mi retiro. Me desperté lentamente, descansando por un largo rato medio dormida. Respirando para llenar mi vientre y sintiendo pequeños escalofríos de placer que empezaban en mi vagina y subían en espirales. Estoy despertando para volverme un espacio vacío para la creación de una nueva vida. Tengo la sensación de que el trabajo interior ya ha sido hecho, el buque ha sido preparado. Todo lo que tengo que hacer ahora es esperar llena de fe.

"Volví a casa de mi retiro y preparé un cuarto para el bebé, sin saber cómo es que llegaría a nosotros, pero con la seguridad de que lo haría. Exactamente nueve meses más tarde Donovan y yo nos convertimos en los padres adoptivos de su nieta de once meses, Pamela, después de que sus padres naturales la dieron en adopción. Mi alma había sido cuidadosamente preparada para convertirse en la madre de esa hermosa bebita, la verdadera hija de mi corazón."

▼ Crear nuestras vidas a partir ▼ del Ser Superior

Los seres humanos son increíblemente creativos. Somos como niños en un arenero, creando, destruyendo y recreando las infinitas formas y expresiones del espíritu humano. No importa si alguna vez creemos o no un poema o una pintura, cada uno de nosotros es creador de su vida. Nuestras vidas son nuestro arte, la manifestación exterior de nuestro espíritu interior.

> La suma total de tu consciente, de tu semi-consciente, tu inconsciente, tus pensamientos, creencias, conjeturas, intenciones, emociones sentimientos y direcciones de la voluntad explícitos e implícitos —por conflictivos que parezcan— crea un resultado definitivo. El resultado es tu experiencia actual y la manera en que la vida se

desenvuelve para ti. Tu vida actual expresa con exactitud, como una ecuación matemática precisa, lo que es tu estado interior. De modo que también puede ser usada como un mapa hacia tus regiones interiores. (CGP 208)

En la historia que sirve de introducción a este capítulo, relaté cómo el despertar de mi anhelo de un hijo se convirtió en el principio de un viaje de transformación. Al trabajar a través de mi rechazo de lo femenino, desmantelando lentamente la fortaleza masculina del ego, con la cual me había identificado secretamente, entré en un espacio en donde esa identidad podía morir para dejar nacer un nuevo ser mujer. Al armonizarme con convertirme en un buque receptivo, ayudé a crear la condición interior del alma, a través de la cual se podía manifestar la maternidad exterior.

Conforme vamos entendiendo gradualmente que nuestras vidas son nuestra creación, podemos dirigir el foco y el cuidado de manera más directa hacia la creación consciente de nuestra vida, a partir de nuestro Ser Superior.

Hay una diferencia enorme entre aquellos que crean descuidadamente, sin saber nunca que sus pensamientos poco sabios y equivocados, sus sentimientos destructivos y sus deseos negativos nunca revisados producen un resultado de manera tan segura como cuando se comprometen con un acto consciente, y aquellos que tratan de revisar, comprobar y retar sus conceptos, quienes buscan la verdad y ajustan sus ideas, procesos de pensamiento y objetivos, quienes purifican sus sentimientos pasando a través de ellos con valor y honestidad. Esta última actitud hacia la vida es la que puede producir la creación deliberada de la vida de uno. (CGP 194)

El proceso creativo es una dinámica constante entre explorar las causas inconscientes del interior de nuestra infelicidad y acercarnos hacia direcciones vitales nuevas y más productivas. Buscamos abrir el flujo completo y focalizado de la vida a través de nosotros, al mismo tiempo que tratamos de comprender y quitar nuestros obstáculos interiores.

La creación positiva proviene de la armonización de uno mismo con el Ser Superior que hay en el interior. El flujo positivo de la vida siempre está disponible; sólo tenemos que quitar las obstrucciones a la experiencia y saber que el flujo es nuestro verdadero ser. Dentro de nosotros se encuentra todo lo que necesitamos para crear vidas satisfactorias y serenas.

> Todas las respuestas, todo el conocimiento, todo el poder para crear, para sentir, disfrutar, experimentar, todos los mundos existen en el interior. Pues el verdadero universo está adentro, mientras que el mundo exterior no es más que un reflejo, como la imagen de un espejo. Todo lo que necesitas saber de ti mismo y de tu vida está en el interior. Y ese conocimiento puede ser concretado si aprendes a enfocar... La creación y la recreación son básicamente un enfoque. Si quieres crear desde tu ser interior, habrá de ser un enfoque relajado. Si tratas de crear únicamente desde el nivel del ego, el enfoque será tenso y generador de ansiedad. La voluntad del ego exterior, la fuerza de voluntad, se necesitan. Pero por sí solos crean con un voluntarismo que carece de sabiduría y comprensión, de visión y profundidad. (CGP 208)

Cada uno de nosotros puede descubrir en el interior lo que necesita para sentirse satisfecho. A fin de abrir esa *fuente* ilimitada, tenemos que encontrar y desenredar activamente nuestras distorsiones. En seguida debemos detener la actividad para permitir que el ser más profundo hable y actúe a través de nosotros.

Los científicos y los artistas han compartido la experiencia de que sus logros más creativos, o sus revelaciones más profundas acerca de la naturaleza del universo, llegaron cuando por fin soltaron el duro trabajo mental y dejaron que surgiera a través de ellos alguna sabiduría o profunda visión. Habiendo entrado en contacto con una realidad más profunda, en donde una verdad matemática, una hermosa pintura o una exquisita pieza musical ya existía, el trabajo entonces consiste en elaborarla para que su forma se vuelva comprensible, audible o visible en nuestro mundo.

Toda la creación es un asunto de "canalizar" la realidad interior hacia el exterior, dejando que se manifiesten la sabiduría, el amor y la belleza inherentes al universo. Nuestras vidas son vehículos de canalización de lo divino hacia la realidad terrenal.

El proceso de creación de una vida positiva puede compararse con el del jardinero. Tenemos que usar nuestro ser del ego consciente para plantar las semillas de nuestro anhelo y dar de beber a las plantas a través de nuestra afirmación. Pero solos no podemos hacer que crezca la planta. Para que crezca, tenemos que dejar que la fuerza vital trabaje a través de la tierra que hemos preparado. A lo largo del camino tenemos que aprender de la retroalimentación que recibimos del jardín: en dónde enriquecer la tierra, cómo controlar las plagas, cuándo eliminar las hierbas. Igualmente, en una creación positiva de nuestra vida, primero enfocamos y luego soltamos. Aceptamos nuestras limitaciones y luego nos abrimos a las energías más grandes. Escuchamos cuidadosamente para recibir la retroalimentación que la vida nos envía y trabajamos para quitar los obstáculos. Afirmamos nuevas direcciones y esperamos su manifestación. De ese modo los seres humanos crean conjuntamente con Dios.

▼ *Creación de uno mismo* ▼ *y responsabilidad personal*

Sólo podemos crear nuestra vida en direcciones positivas cuando estamos dispuestos a ser responsables de nuestra

vida tal como es ahora. La peor esclavitud de la mente
consiste en sucumbir ante la mentalidad de víctima al creer
que la persona que somos es resultado de los actos de los
otros sobre nosotros. Cuando estamos atrapados en esa
creencia, permanecemos desarmados, humillados e incapaces de cambiar o ejercer cualquier oportunidad de seguir
las alternativas que se nos presentan. Pedimos que los
otros cambien antes, a fin de hacernos sentir libres, poderosos, o cualquier otra cosa. Gastamos toda nuestra energía tratando de cambiar a los demás o de cambiar las
circunstancias. De este modo no podemos ser libres.

Es cierto que en determinados momentos podemos
necesitar culpar a los demás o rabiar en contra de la sociedad, nuestros padres o el destino, a fin de liberar nuestros
sentimientos y para reconocer en dónde es que todavía nos
encontramos atrapados en nuestro desamparo y falta de
esperanza. Pero cuando seguimos aferrados a la creencia
de que somos víctimas, traicionamos la más profunda
verdad de nuestro ser: el hecho de que somos agentes libres
y creativos de la divinidad, por mucho que temporalmente
estemos obstruidos y distorsionados y a pesar de lo limitantes que sean las circunstancias kármicas.

Cuando nos experimentamos a nosotros mismos
como seres que están en este mundo dualista, pero que no
necesariamente son de este mundo, entonces seguimos
sabiendo que somos uno con el Creador. Nuestra tarea
consiste en hacer que se manifieste el máximo de nuestra
divinidad inherente al aprender a ser co-creadores positivos de nuestro mundo. El primer paso es asumir la responsabilidad de la creación de nuestra propia vida, tal como
ésta se manifiesta en la actualidad.

Somos responsables de nuestra vida simplemente
porque no podemos ser ninguna otra persona. Constantemente estamos sometidos a influencias y condicionantes
exteriores, pasados y presentes, pero, no obstante, sólo
nosotros dirigimos nuestra experiencia vital a cada momento. No importa cuán caótica podamos sentir que es

temporalmente nuestra vida, somos nosotros quienes tomamos las decisiones en el presente.

Esta verdad no debe ser usada para culparnos cuando nuestras vidas no andan bien, ni para vanagloriarnos cuando las cosas van bien. Es muy fácil distorsionar la idea de la responsabilidad personal y culparnos por las cosas "malas" de nuestra vida o para ensalzarnos por las "buenas". La creación de nuestra vida no es un asunto de culpa o ensalzamiento del ego, dado que las fuerzas creativas que dan forma a nuestra vida incluyen fuerzas inconscientes complejas, colectivas y circunstanciales que están mucho más allá del control del pequeño ego. Sin embargo, también es cierto que tanto en el nivel consciente como en el inconsciente, somos los únicos a cargo de las decisiones personales de nuestra vida.

Cada uno de nosotros manifiesta un conjunto único de realidades, organizadas como un ser separado. Cada uno es una expresión compleja de las posibilidades de un ser humano para expresar y experimentar. Somos mucho más que nuestros seres separados y encapsulados en la piel. Y, sin embargo, también somos cada uno un ser diferente, que toma cuerpo separadamente. Esta vida particular, en la cual nos encontramos, tiene que ser abarcada como una manifestación de nuestros centros específicos de conciencia creativa: tanto nuestro Ser Superior como el Inferior, en los niveles de la personalidad del ego, del niño interior y del alma transpersonal.

Conforme aprendemos a reconocer el centro creativo en el interior, podemos aprender a crear nuestra vida de una manera mucho más armoniosa. Aprendemos a crear conscientemente desde nuestro Ser Superior, en vez de crear inconscientemente desde nuestro Ser Inferior. Pero a fin de aprender a crear de manera positiva, primero debemos aceptar la responsabilidad, sin culpas, de nuestras creaciones negativas.

Martín era un periodista muy talentoso y exitoso que ocasionalmente escribía cuentos y guiones para teatro. Pero su vida personal era muy desgraciada. Había pasado muchos años tratando de establecer una relación heterosexual que le funcionara, pero ocasionalmente se escapaba en medio de la noche para tener relaciones homosexuales sin amor. Gradualmente, le resultó claro que, a pesar de que le gustaban las mujeres y de que había hecho buenas amistades con algunas, ya no podía negar su orientación homosexual básica.

A pesar de que ya había reconocido su homosexualidad dentro de sus sesiones del Pathwork conmigo, todavía se permitía entrar en relaciones homosexuales a escondidas, cortas y sin corazón, que lo hacían sentirse emocional y espiritualmente sucio. Entonces entró en un círculo vicioso en el cual necesitaba validar su sexualidad, pero odiaba esa parte de sí mismo, de modo que buscaba relaciones degradantes y auto-castigadoras con las cuales reforzaba el odio de sí mismo y volvía a entrar en una mayor necesidad de convalidar su sexualidad.

Anhelaba una relación amorosa comprometida que pudiera satisfacer tanto su necesidad de compañerismo como sus necesidades sexuales. Pero parecía incapaz de establecer una relación duradera con un hombre, lo cual le creaba una intranquilidad interior enorme. ¿Por qué no podía encontrar la pareja correcta? ¿Por qué la vida era tan podrida?

Martín había sido educado como judío secular y reconocía su desconfianza de Dios, la cual lo hacía sentirse como Job. En medio de una de sus quejas, de pronto lo inundaron recuerdos de su madrastra maltratándolo físicamente y humillándolo emocionalmente; mientras su padre permanecía distante sin protegerlo. Esto incrementó aún más su rabia y le hizo recordar lo desamparado y victimizado que se había sentido cuando era niño ante su madrastra. Gritó su furia mezclada con dolor en medio de sollozos que desgarraban el corazón. Sus carencias de amor adulto parecían ser una re-creación terriblemente injusta de su agonía infantil.

Mientras hacía su trabajo interior, Martín se estaba abriendo a la vida social. Había empezado a asistir a servicios religiosos en una sinagoga para homosexuales, en donde cono-

ció hombres inteligentes y abiertos que se interesaban por algo más que el puro sexo. Incluso inició una relación, pero ésta sólo duró unos cuantos meses.

Esto volvió a despertar su desesperación. Yo le pedí que imaginara que, contrariamente a lo que sentía, la ruptura de esa relación amorosa era exactamente la motivación que necesitaba para ir todavía más profundamente en su proceso para descubrir las causas de las carencias de su interior. Entonces se enojó conmigo y con Dios. Pero incluso al hacerlo, una parte de él estaba simplemente atestiguando el enojo y su creencia en la injusticia de la vida, sin apegarse por completo a las creencias negativas subyacentes.

Martín llegó muy pensativo a su siguiente sesión.

"Realmente quiero comprender por qué sigo tan insatisfecho en la vida. ¿Realmente es algo que yo he creado o sólo es que mi destino es ser infeliz? ¿Qué está sucediendo?"

Yo le propuse: "Imagina que la insatisfacción en tu vida amorosa es el tema de un cuento o de una obra de teatro que estás escribiendo. Imagina que tú eres el autor de esta historia. ¿De qué modo cambia tu manera de relacionarte con tu infelicidad en la vida?"

Entonces Martín dijo: "Cuando escribo, siempre creo historias de infelicidad y desesperanza. De la misma manera en que se desenvuelve mi vida. Creo que la felicidad no es para mí. Tal vez para otros, pero de algún modo yo estoy especialmente maldito y mis historias siempre tienen finales tristes, con una mezcla de dulzura y amargura. Una vida amargada a la Tennessee Williams, llena de relaciones cortas e infelices."

"¿Puedes imaginar una historia diferente?", le pregunté. "¿Qué opinas de los finales felices? ¿Cuán aferrado estás a la amargura y el desazón?"

Ésa fue una metáfora muy útil para Martín, quien empezó a reflexionar sobre qué tanto le disgustaban los finales felices, pues los consideraba falsos. Las historias que siempre le habían gustado tenían un aspecto de amargura, eran grandes posibilidades que nunca se materializaban, esperanzas traicionadas y sueños vencidos. Sólo estas historias le parecían reales.

"Vuelve a pensarte como el autor de tu vida", le dije nuevamente. "¿Cómo le harías para crear una historia diferente? Una que no repita las decepciones y desilusiones de tu infancia."

"¡Quieres decir que puedo volver a escribir este triste guión de la vida de Martín!" ¡Qué idea tan loca! Bueno, en todo caso, no quisiera ver el amor que acabo de perder como el final de la historia, sino como la oportunidad para precipitar un nuevo comienzo."

"¿Cómo lo harás?", le pregunté. Martín no lo sabía, pero se sentía profundamente comprometido con la idea de que, como autor de su vida, realmente podía escribir el guión que quisiera, no uno que antes se había sentido inexorablemente destinado a recrear desde su infancia. Sabía que daría apoyo al anhelo de una relación comprometida.

Agregó a su práctica espiritual habitual una oración para armonizarse con la felicidad y una visualización de satisfacción. Empezó a sentir que la felicidad no era sólo para los demás o para gente falsa. Podía ser algo real y podía ser suya. Unos meses más tarde, conoció a un hombre que también deseaba algo más que un encuentro casual y empezaron lo que se convertiría en una relación completa y duradera que, para ambos, parece ser un compromiso para toda la vida.

Cuando Martín sacó su identificación de ser una víctima, de un guión trágico escrito por un Dios hostil para considerarse como el autor de su propia vida, entonces pudo entrar en su enorme potencial creativo. Ahora se identificaba con su ser más amplio, en vez de considerarse como un niño desamparado.

De una manera similar, en mi propia historia que sirvió de introducción a este capítulo, primero asumí la responsabilidad de haber creado mi propia insatisfacción, considerando que mis actitudes me habían alejado del anhelo de mi corazón. Al descender para enfrentar mis barreras interiores, generalmente fui capaz de mirar mi desesperación y mis dudas acerca de mí sólo como aspectos de mí, como algo que yo podía abarcar en vez de identificarme con esas limitaciones. Mi identidad, gradualmente, se expandió desde alguien que ha negado su feminidad hacia una persona que se considera a sí misma como un aspecto de la diosa universal. Conforme esa identidad del Ser Superior se fue convirtiendo más firmemente en quien yo era, mi maternidad se pudo manifestar.

▼ *Identificación con el Ser Superior* ▼

En nuestro trabajo de transformación, primero aprendemos a identificarnos con el ego positivo y su funcionamiento como observador objetivo y compasivo. Conforme nuestra identificación con la auto-observación desapegada y amorosa se va profundizando, nos convertimos en un tazón de conciencia en sí, en vez de ser el contenido del tazón.

Llevando aún más lejos las metáforas que introdujimos en el Capítulo Tres, en relación con el Ser Observador, diremos que cambiamos nuestra identidad de ser un observador en el público (el Ser Observador) por la de ser quien escribe la obra que contiene nuestros diferentes personajes interiores (el alma creativa). Cambiamos de ser quien observa la casa en donde viven nuestras distintas partes, para saber que somos quien ha construido la casa de nuestra alma. Aceptamos que la manifestación de nuestra vida es el resultado del potencial creativo de nuestros seres Inferior y Superior. Cambiamos la identificación de nosotros mismos de ser quien escucha las distintas estaciones de radio —los diferentes "canales" dentro de nuestra psique— para convertirnos en aquel que mueve la perilla para sintonizar y, por lo tanto, es responsable de lo que manifestamos. Esta comprensión de la responsabilidad personal por nosotros y nuestra vida, es un nivel muy profundo del alma tanto en los aspectos del Ser Superior como del Inferior.

Nuestra auto-identificación, gradualmente, se profundiza más allá del nivel de la responsabilidad personal por la creación de nuestra vida. Así, eventualmente, entramos hasta el nivel más profundo del Ser Superior, en el cual podemos identificarnos con la totalidad de la vida. Caemos en un estado de conciencia de unidad. En ese nivel sabemos que somos una expresión de la única fuerza vital, un aspecto de la totalidad. Aprendemos a dejar que la vida viva a través de nosotros en vez de imaginar que nosotros, o nuestra identidad del ego, o ni siquiera nuestra alma creativa única, tienen el control.

Siguiendo las metáforas usadas más arriba, vemos que es Dios quien escribe la obra y simplemente aceptamos nuestro papel en ella; es la casa de Dios que se construye y aceptamos la creación de este edificio en particular. El radio que contiene nuestros múltiples canales, en efecto, no es más que un instrumento de Dios. A final de cuentas, el trabajo del ego consiste en aceptar el movimiento positivo y creativo de la fuerza vital divina que se mueve a través de nosotros, al igual que a través de todas las cosas, sin importar a dónde nos guíe.

> El ego debe saber que sólo es un sirviente del ser más grande que se encuentra en el interior. Su función principal es buscar el contacto deliberado con el ser más grande del interior. (CGP 158)

Conforme llegamos a conocer ya identificarnos con nuestro Ser Superior en niveles cada vez más profundos, podemos expresar los regalos de nuestra personalidad específica de una manera no egoísta. Experimentamos la resolución de las dualidades que, generalmente, nos abruman. Podemos sentirnos al mismo tiempo alertas y relajados, intensamente sexuales y profundamente espirituales, compasivos y confrontadores, totalmente presentes y sabiamente desapegados, felices y sin embargo llenos de paz.

> Es un tipo de felicidad que, de una sola vez, resulta dinámica, estimulante, excitante, vibrantemente viva y

CREAR NUESTRAS VIDAS A PARTIR DEL SER SUPERIOR ▲ 377

no obstante llena de paz. Ya no existe ninguna escisión proveniente de la separación de esos conceptos para hacerlos mutuamente excluyentes, tal como suele hacer el ego dualista. (CGP 158)

La experiencia del Ser Superior es la más grande experiencia de placer disponible para los seres humanos, una experiencia de apertura ante los flujos cósmicos tal como llegan en la forma física. En el inicio de nuestro trabajo con nosotros mismos, esta experiencia con nuestro Ser Superior puede ser evasiva y llegar sólo en raras ocasiones. Más tarde, podemos llegar a olvidar e incluso negar su realidad. Pero, gradualmente, empezamos a anclarnos en esa nueva experiencia del ser. Cambiamos nuestra identificación desde las capas periféricas del ser hacia su centro, que es nuestra verdadera identidad. Llegamos a saber que es eso lo que siempre hemos sido, debajo de la neblina de nuestro olvido cotidiano.

▼   *Meditación para la creación positiva*   ▼

En nuestra meditación podemos trabajar para develar las causas de nuestra insatisfacción exterior, y podemos hacer que se manifiesten las condiciones para una creación positiva de la vida. Igual que cualquier otro acto creativo, la meditación para la manifestación positiva implica un principio activo y uno receptivo, ambos haciendo y no-haciendo, afirmando y permitiendo.

> La mente consciente asume la parte activa pronunciando las palabras, formulando claramente la intención... La sustancia del alma es el principio receptivo. Mientras más claramente dirigida y sin conflictos es la afirmación, libre de dudas secretas causadas por negatividades no reconocidas, más profunda y claramente se imprime la sustancia del alma. (CGP 194)

Los pasos básicos para la creación positiva son: 1. armonizarse con el anhelo formulando un concepto claro de lo que se desea, asegurándose de que el estado deseado está en armonía con la verdad y el amor del ser propio y de los demás; 2. imprimir ese concepto en la sustancia del alma; 3. crear una visualización del nuevo estado como realidad interior; 4. afirmar y permitir la satisfacción; 5. esperar llenos de fe.

En cualquier momento del proceso de la manifestación, al toparnos con obstáculos volvemos a develar las causas de insatisfacción provenientes del Ser Inferior. Permanecemos abiertos a la retroalimentación de nuestras vidas, en cuanto al lugar en donde se requiere trabajar para desplazar los obstáculos.

▼ *Resumen del trabajo personal* ▼
necesario para la creación de una vida positiva

En nuestro Pathwork aprendemos primero a observar y luego a asumir la responsabilidad por el Ser Inferior, el cual se manifieste como insatisfacción y falta de armonía. Sólo entonces es posible que el Ser Superior se manifieste como armonía y satisfacción. Los siguientes pasos, que resumen el Pathwork tal como ha sido delineado en este libro, deben ser seguidos con el fin de crear los cimientos para una creación positiva.

Pasos en el camino del ser sin defensas

Capítulos 1 y 2:
a. Armonízate con la intención de unificar el ser, de traer todos sus aspectos a la conciencia. Practica la honestidad contigo mismo y con los demás.

b. Identifica tus defectos y las faltas de armonía junto con tus cualidades y armonía. Acepta el dolor y la incomodidad junto con los buenos sentimientos. Deja el perfeccionismo y las exigencias de que la vida sea diferente de lo que es.

Capítulo 3:
c. Desarrolla y aprende a identificarte con tu Ser Observador objetivo y compasivo a través de las prácticas de la revisión diaria y la meditación.

Capítulo 4:
d. Aprende acerca de y empieza a aceptar los múltiples y diversos aspectos del ser, incluyendo los tres seres de la máscara, el Ser Inferior y el Ser Superior, así como los estadios de desarrollo del niño interior, el ego adulto, el alma transpersonal y la unión con Dios.

Capítulo 5:
e. Descubre los patrones de la vida diaria que revelan imágenes (concepciones erróneas acerca de la realidad). Ve cómo las heridas de la infancia son recreadas en el presente. Formula las imágenes claramente.

f. Déjate sentir, liberar y perdonar completamente las heridas de la infancia. Ábrete a las energías espontáneas del niño sin defensas.

g. Imprime tu alma con el concepto verdadero que reemplaza la concepción errónea. Medita en un diálogo con tu niño interior, pidiendo la ayuda divina para impulsar la sanación.

Capítulo 6:
h. Comprende y luego libera tu identificación con la imagen idealizada de ti mismo, con el Ser de la Máscara. Explora las distorsiones del ego (excesivamente pasivo o excesivamente controlador) y aprende a ser simultáneamente flexible y firme.

Capítulo 7:
i. Enfrenta y acepta la existencia de tu Ser Inferior. Identifica en dónde se manifiestan el orgullo, el voluntarismo y el miedo.

Capítulo 8:
j. Reconoce y aprende a identificar a tu Ser Superior. Permite el paso de los flujos de energía espiritual a través de tu mente-cuerpo.

Capítulo 9:
k. Ahí donde persisten los patrones negativos, descubre el apego del Ser Inferior a la intencionalidad negativa —la voluntad enfermiza dirigida hacia tu ser y los demás— y el placer negativo (sadismo y masoquismo).

Capítulo 10:
l. Libera esos apegos a través de la comprensión cabal y el sentimiento de lo que le provocan al alma. Asume totalmente tu responsabilidad por tu Ser Inferior.

m. Permite que llegue el dolor por la culpa real y acepta el perdón. Afirma la intención positiva y permite el placer positivo en tu ser y en la vida.

Capítulo 11:
n. Crea la vida a partir del Ser Superior. Entrégate ante los niveles cada vez más profundos de Dios que hay en tu interior.

▼ *La danza creativa* ▼
de la evolución espiritual

Nuestra evolución hacia una más profunda realización personal está asegurada. En el transcurso del viaje de nuestra alma hacia la reunión con Dios obtendremos más fe, un mayor centro, más verdad y más amor dentro de nuestra vida. Seremos más capaces de enfrentar y liberar nuestra negatividad enterrada, que se manifiesta como una experiencia negativa en la vida. Seremos capaces de transformar nuestro "no" interior en un cada vez más profundo "sí" ante la vida.

El proceso puede parecernos insoportablemente lento en ocasiones, y en otras vertiginosamente rápido. Por momentos nos expandiremos hacia una mayor satisfacción; y luego nos contraeremos temporalmente. Nuestra evolución espiritual se mueve en una espiral. Damos vueltas en torno a los mismos temas y dificultades, pero cada vez en un nivel más profundo, conforme nuestra capacidad de aprendizaje ante la vida se va incrementando. Eventualmente llegamos al meollo o punto nuclear psíquico de algún patrón negativo. Entonces lo remplazamos con una actitud amorosa y llena de verdad, haciendo que nuestra vida vuelva a entrar en la espiral con una creación vital más positiva.

El proceso de nuestra evolución espiritual, como cualquier otra actividad creativa, incluye periodos de trabajo activo y periodos de relajada receptividad. Por momentos podemos trabajar en la creación de una nueva realidad interior, a fin de manifestarnos exteriormente de una manera diferente. Y luego, por otro rato, tal vez necesitemos dejar de lado el cambio a fin de alcanzar la completa aceptación de las limitaciones particulares que estamos experimentando. Trabajamos para cambiar lo que podemos en nosotros mismos y para dejar lo que todavía no está listo para ser cambiado. Esperamos nuestro propio desenvolvimiento con paciencia, incluso mientras trabajamos sobre las áreas que ya están maduras para la transformación.

Aprendemos a encontrar el equilibrio entre el papel de dirigir la conciencia y el papel de la receptiva rendición ante el flujo de la vida. Tenemos que dar su lugar tanto a la actividad bien focalizada como a la confiada receptividad. Somos capaces de escoger, dirigir y dar seguimiento en la creación activa de nuestra vida. Y, mientras vivamos en la dualidad, nuestro conocimiento será parcial y la creación de nuestra vida será limitada por el karma, así que también tenemos que aprender a entregarnos ante la inteligencia mayor que se encuentra más allá de la mente humana. Cada uno de nosotros es capaz de desplegar una enorme creatividad, al mismo tiempo que somos apenas una manchita en el mucho más amplio espectro del diseño de la vida cósmica que late dentro de nosotros.

El movimiento de nuestro camino espiritual es la expansión gradual de nuestra identidad hacia una unidad más grande. Tan pronto como consolidamos una identidad, nuestro camino nos llevará hacia la desintegración de ese ser conocido, de esa ahora "falsa unidad". Las viejas formas y creencias deben ser rotas con el fin de dar paso a una nueva energía, una conciencia expandida y una unidad más profunda. Por un momento sabemos lo que sabemos, y luego abandonamos lo conocido y permitimos que la vastedad de lo desconocido nos sobrepase. Yendo a las profundidades interiores, con la segura guía de nuestro Ser Superior, llegamos a una integración todavía más profunda del ser, una identidad más completa, en la cual ponemos más de lo que somos bajo la luz del amor. Tenemos que estar dispuestos a dejar que nuestro saber se disuelva, incluso hasta la desesperación, a fin de poder pasar a través de las "oscuras noches" de nuestra alma, enfrentando el material aún no confrontado de nuestro interior, entrando en un ser nuevo y expandido. Cada vez que pasamos a través de este proceso de muerte y renacimiento del ser nos aferramos un poco menos a nuestro conocimiento y nuestra fe se arraiga un poco más.

El crecimiento espiritual es un proceso de expansión sostenida de nuestras fronteras que, eventualmente, nos lleva a incluir todo el espectro de las posibilidades humanas. Entonces sabremos, ya no sólo de manera teórica, sino desde nuestra más profunda experiencia, que no existe separación entre nosotros y cualquier otro ser humano. Finalmente, nos expandimos aún más allá de nuestras fronteras humanas, para unirnos con toda la naturaleza, con el resto del universo, dentro del cual aprendemos humildemente a ocupar nuestro lugar.

Al expandir nuestra identidad aprendemos a abarcar nuestras dualidades —nuestro Ser Inferior y nuestro Ser Superior, el consciente y el inconsciente que hay en nosotros, nuestro ego separado y el flujo de la fuerza vital universal que late a través de nosotros.

Al permitir la expresión de nuestra creatividad incorporamos nuestras polaridades: nuestros aspectos femeninos y masculinos, nuestro trabajo focalizado y nuestro soltar hacia el caos, nuestra integridad y nuestro vacío.

A través de este camino de aceptación de todo lo que somos nos volvemos íntegros y completos.

▼ *Crear el Paraíso en la Tierra* ▼

Nos llama la posibilidad de volver a habitarnos a nosotros mismos y a habitar nuestro planeta de una manera completamente nueva. No sólo somos llamados para que nos reconozcamos como hijos de Dios, sino para conocer a Dios dentro de nosotros. Podemos volver a entrar en el Jardín del Edén, este planeta intrínsecamente maravilloso al que llamamos nuestro hogar, no como hijos rebeldes o dependientes, no como conquistadores o conquistados, sino como co-creadores de amor, belleza y armonía.

Cuando empecemos a despertar ante nuestra verdadera naturaleza como seres divinos, entonces nos trataremos a nosotros mismos, trataremos a los otros humanos y al mundo no humano con un respeto y cuidado absolutos. Sabremos que el amor es nuestro verdadero hogar, no el miedo ni el odio; que la creación es nuestro destino y la cooperación nuestro método natural. Encontraremos nuestro lugar único en el tejido de la creación y abandonaremos nuestras egoístas defensas del orgullo, el voluntarismo, el miedo y la separación.

Sin embargo, con el fin de despertar ante esa profunda fe dentro de nosotros, también necesitamos despertar ante la realidad temporal de nuestro Ser Inferior que teme y niega nuestra divinidad esencial. Aunque fundamentalmente deseamos amar a los demás y disfrutar de nuestra conexión con toda la vida, nos hemos descarrilado hasta creer que la gratificación instantánea de nuestro voluntarismo y nuestro orgullo nos traerá la felicidad. Hemos olvidado nuestro merecimiento y hemos perdido nuestra conexión con la totalidad. Una vez que reconocemos el Ser Inferior, podemos despertar ante el hecho de que es una ilusión. Es posible transformarlo y podemos recuperar su vitalidad creativa y abandonar sus limitaciones.

Podemos recordar quienes somos y lo que todos los seres humanos saben dentro de su corazón:

Que cada uno se basta tal como es.
Que cada uno es esencialmente bueno y está
    profundamente conectado con toda la vida.
Que todos tenemos en nuestro interior lo que
    necesitamos para ser felices.
Que somos amables y capaces de amar a los demás.

Que la manera más placentera de vivir en el
    planeta es en una comunidad de relaciones que
    nutren y dan apoyo.
Que somos capaces de profunda intimidad con
    cualquier otro esencial.
Que podemos encontrar amigos que nos apoyarán
    en nuestro camino de crecimiento espiritual y
    emocional.
Que podemos encontrar nuestro verdadero trabajo
    en el mundo —lo que específicamente hemos
    sido llamados para dar— lo cual también dará
    satisfacción a nuestras verdaderas necesidades.
Que podemos encontrar el lugar que nos corresponde
    para vivir, nuestras raíces en este planeta.

Que a final de cuentas éste es un universo bueno.
Que existe orden y sentido en nuestra vida y que
los podemos descubrir desde el interior.
Que el proceso de enfrentar y aceptar la totalidad
de nuestros seres interiores traerá paz, amor,
armonía, felicidad y satisfacción a nuestra vida.

Al abandonar nuestras defensas y al abarcar todo lo
que somos, llegamos a conocer nuestra verdadera identidad
como seres inspirados por Dios. Reconocemos nuestro
libre albedrío y escogemos la armonía, el amor y el respeto
en vez de la división, el miedo y la destrucción. Escogemos
tanto la conexión como la individualización, en vez de la
separación o la auto-negación. Escuchamos el llamado para
satisfacer una visión de armonía sobre la Tierra. Conocemos el anhelo. Nos armonizamos con la creación a partir
del amor y la confianza, incluso mientras permanecemos
despiertos ante las limitaciones intrínsecas a la condición
humana en el estado actual de evolución. Nos abrimos ante
y afirmamos lo mejor de nosotros mismos y de nuestros
congéneres. Reconocemos y trabajamos para transformar
lo peor de nosotros y nuestros congéneres. Y mantenemos
viva la visión de crear el Paraíso en la Tierra, de entrar en el
nuevo Edén de la conciencia despierta.

▼   *Ejercicios para el Capítulo 11*   ▼

1. ¿Cómo quisieras contribuir en la creación del "Paraíso sobre la
Tierra"? ¿Cuál es tu más profundo sueño para ti y para este planeta? No
seas tímido. Debes estar dispuesto a reconocer, poniendo sobre el
papel, tus anhelos más grandes. Al escribir, toma nota de cualquier
sentimiento de vergüenza, miedo, desconfianza o cinismo mientras
consideras la posibilidad de darle vida a tu sueño. Después, dialoga
desde tu Ser Superior con cada una de tus respuestas negativas, observando si puedes tranquilizar el miedo y afirmar la verdad de tu anhelo.

2. ¿Qué obstrucciones y distorsiones dentro de ti se interponen en el camino de la realización de los sueños que revelaste en el ejercicio anterior? ¿Qué plan tienes para trabajar en la transformación de esas obstrucciones?

3. Mira hacia atrás tu camino espiritual. Observa qué tan exitosamente has asumido la responsabilidad por el patrón negativo de tu vida. Nombra las actitudes negativas específicas que desenterraste. ¿Cómo has reemplazado esas actitudes con otras positivas y cómo ha operado eso para cambiar la creación de tu vida? ¿Puedes ver la forma espiral de tu trabajo en este asunto; la manera en que tal vez diste vueltas en torno a tu distorsión específica en niveles cada vez más profundos hasta llegar a la solución?

4. Explora el tema de tu propia fe. ¿Qué tan anclado dirías que estás en la identificación con y la confianza en tu Ser Superior? ¿En un Poder Superior en el universo? ¿Qué tanta confianza tienes en que tu vida y tu camino, a fin de cuentas, son dirigidos por ese Poder Superior y tu propio Ser Superior? ¿Cuán apegado estás a la "fe ciega", es decir, la necesidad de creer en un orden benigno a fin de no tener que abandonar o abrirte a lo desconocido? ¿Cuán dispuesto estás a abrirte y cuestionar todo en tu vida, a aventurarte en un nuevo territorio?

Cuadro de
"Los pasos en el camino espiritual"

*Un mapa de la psique humana
y el trabajo interno de transformación*

▼ Cuadro de "Los pasos
en el camino espiritual " ▼

Un mapa de la psique humana
y el trabajo interno de transformación

El trabajo de transformación es vasto, va desde el fortalecimiento del ego positivo hasta el abandono del ego; desde el descubrimiento del herido niño interior hasta el encuentro con una identidad espiritual que nunca fue herida, sin importar lo horrible que haya sido nuestra infancia. Además de los mapas de la psique, que tratan de mostrar las múltiples formas de conciencia que somos, también necesitamos mapas que nos ayuden a identificar los diferentes tipos de trabajo que se adecuan a los diversos niveles de nuestra identidad. El trabajo en un nivel, y el papel del ayudante —ya sea que esté trabajando como consejero, terapeuta, amigo espiritual, curandero o maestro espiritual— es muy diferente, a veces incluso contradictorio, en relación con el trabajo en otro nivel.

Por ejemplo, al hacer trabajo con el niño interior, el guía necesita mantener fronteras extremadamente claras y permitir la transferencia de los sentimientos de la infancia sobre él o ella. Pero en el nivel del establecimiento del contacto con el alma, el guía necesita ser capaz de adelgazar esas fronteras para realizar un profundo contacto transpersonal con la persona a quien está ayudando (la persona que en el Pathwork llamamos el "explorador"). Más aún, en el trabajo de co-creación de la comunidad espiritual, todos aquellos que están en algún camino específico —incluyendo a los guías y líderes, que también son exploradores dentro de su propio camino— necesitan, en algún momento y lugar precisos, estar dispuestos a exponer y compartir sus defectos y faltas humanas, lo mismo que a permanecer en contacto con su ser divino interior.

El nivel de creación de relaciones humanas auténticas e íntimas asume y exige la práctica de una igualdad fundamental entre todos los seres humanos. Eventualmente, debemos aprender a ver a todos, incluso a nuestros maestros espirituales, como nuestros hermanos y hermanas, y trascender la ilusión de que podemos encontrar a alguien que será nuestro perfecto papi o mami y que nos dirá cómo conducir nuestra vida. Una paradoja central en relación con el camino espiritual es que necesitamos encontrar maestros espirituales humanos ante quienes poder entregar nuestra autonomía errónea, del mismo modo en que necesitamos aprender que nuestra entrega definitiva sólo puede ser ante Dios y nuestros propios guías del mundo espiritual, los cuales pueden ser encontrados por cualquier persona que busque lo suficientemente profundo dentro de sí. Los humanos somos todos niños y expresión del único Dios —sin importar qué tan superficiales o profundas, unificadas o dispersas, sean la comprensión y manifestación de nuestra verdadera naturaleza y origen.

En el Pathwork, en donde los guías auxilian en el trabajo psicológico de dar apoyo a los demás para que transformen las defensas que formaron en la infancia, y en donde los guías y exploradores también crean conjuntamente una comunidad espiritual, es imperativo que el guía sea tan claro como le sea posible en cada punto acerca del nivel en el que él o ella está trabajando con sus exploradores. De otro modo, la transferencia que aparece como subproducto inevitable del trabajo con el niño interior se volverá confusa e inconscientemente nublará tanto el trabajo de creación de la comunidad como el del establecimiento de un contacto en el nivel del alma. El único antídoto para esta confusión es nuestra creciente conciencia y claridad acerca de lo que resulta adecuado para la interacción guía-explorador en cada paso dentro del camino. El cuadro de las páginas que siguen fue creado a partir de mi necesidad de ganar una mayor claridad acerca de este complejo tema.

Empecé con el mapa esbozado en el Capítulo Cuatro, "Abarcar los seres del niño, el adulto, el ego y transpersonal". Ese mapa de la psique humana muestra cómo los cuatro niveles de desarrollo —el niño, el ego adulto, el nivel del alma o transpersonal, y el nivel de unidad— se intersectan con los tres seres —el Ser de la Máscara, el Ser Inferior y el Ser Superior. El mismo mapa se reproduce en el lado izquierdo del siguiente cuadro de *Los pasos en el camino espiritual*. Sin embargo, en éste se añade un nivel de relaciones humanas que no había incluido en el Capítulo Cuatro. Este nivel es un paso necesario en la creación de la comunidad espiritual.

En el lado derecho de este cuadro, se encuentra una descripción del trabajo de transformación que se debe realizar en cada uno de los niveles de desarrollo. "El trabajo interior" incluye las prácticas espirituales que se deben llevar a cabo por cuenta propia, y el trabajo más activo e interactivo que hay que hacer con un guía. Estas dos columnas han sido escritas como instrucciones para el buscador espiritual. La columna de la extrema derecha sobre "La posición del guía..." ha sido escrita para aquellos que trabajan como guías en el campo de la transformación personal; ya sea como consejeros, terapeutas, amigos espirituales, curanderos o maestros espirituales. Las instrucciones dirigidas a los guías ilustran la posición adecuada y necesaria que debe asumir el guía en relación con el explorador en cada nivel del trabajo.

He realizado una versión más extensa de este cuadro en la forma de cartel con cuatro colores siguiendo las tonalidades del arcoiris que se puede colgar en la pared. Se puede obtener este cartel en la librería del Sevenoaks Pathwork Center.

PASOS EN EL CAMINO ESPIRITUAL

Nivel de desarrollo y tarea	LOS TRES SERES		
	El Ser de la Máscara	El Ser Inferior	El Ser Superior
El Ser del Niño *Reeducar al niño interior para convertirse en un adulto autónomo*	Niño falso que se comporta en reacción ante las expectativas de los demás, tratando de evitar la vulnerabilidad de ser real. Niño sumiso o rebelde que reacciona ante la autoridad paterna proyectada sobre los demás.	Niño egoísta y voluntarioso que quiere las cosas a su modo. Niño negativo y herido que se defiende del dolor y la decepción. Supersticioso y no autónomo.	Niño espontáneo, amoroso y creativo en contacto con el espíritu. Niño abierto y sin defensas, capaz de sentir y ser vulnerable. Abierto a la realidad espiritual, sin prejuicios.
Ego adulto *Fortalecer la mente positiva del ego; Alinearse con el ser espiritual*	Imagen idealizada de sí mismo que se presenta ante el mundo con el deseo de creer que eso es lo que somos. Exigencias perfeccionistas sobre uno mismo y sobre los demás. Defensas del carácter de la máscara: una distorsión de alguna cualidad divina: sumisión (amor), agresión (poder) o retraimiento (serenidad).	Defectos de la personalidad. Ego egoísta y autocentrado que quiere controlar todo lo que vigila. Alternativamente un ego débil y dependiente que no asume su responsabilidad ni reconoce lo que merece. Orgullo, voluntarismo y miedo (aspectos del Ser Inferior en todos los niveles).	Buenas cualidades de la personalidad. Voluntad del ego positiva al servicio del ser espiritual. Toma decisiones positivas. Observa y acepta todos los aspectos del ser. Persigue la disciplina espiritual y hace caso a la guía recibida. Fuerza personal: amor, poder o serenidad.
Relaciones humanas	Patrones de dependencia y/o separación. Culpar a los otros y proyectar nuestros problemas sobre ellos.	Relaciones manipuladoras y deshonestas basadas en actitud de ser especial y en la importancia personal (yo *contra* los demás)	Relaciones que son al mismo tiempo autónomas y mutuamente amorosas (yo y los demás)
Nivel del alma/transpersonal	Ya no hay máscara.	Alma personal: Direcciones negativas del alma, con la intención de perpetuar la dualidad. Defectos personales del alma, distorsiones kármicas. Alma colectiva: Arquetipos negativos e impulsos demoniacos. Apego al poder negativo y la separación (el mal).	Alma personal: Direcciones positivas del alma, con la intención de unificar. Dones personales del alma y deseo de servir. Alma colectiva: Arquetipos positivos y esencias angelicales. Rendición ante los guías interiores y Dios.
Nivel de la unidad SER EN DIOS	Ya no hay máscara.	Ya no hay impulsos de separación, no más Ser Inferior.	Presencia creativa, amor y verdad. ESTAR AQUÍ AHORA

EL TRABAJO INTERIOR		Posición del guía en la relación de ayuda
Prácticas espirituales	Trabajo con un guía	
Cuestionar todas las ideas/ imágenes/ actitudes fijas; permitir la atención abierta y la curiosidad acerca del ser. Meditar y rezar en un diálogo con el niño interior.	Abierto a la realidad emocional del niño interior. Descubrir cómo es que las imágenes de la infancia crean y distorsionan la realidad actual. Exteriorizar los sentimientos no sentidos de la infancia, incluyendo el enojo, el dolor, el miedo y la alegría.	Trabajar con la transferencia: Analizar activamente la forma en que la realidad de la infancia es recreada en la relación de ayuda. Permitir la transferencia positiva y negativa; las proyecciones del padre "perfecto" y "decepcionante" o "monstruoso".
Usar un diario y practicar la Revisión Diaria para descubrir los patrones de la personalidad. Meditar para desarrollar y fortalecer la capacidad para una auto-observación compasiva y objetiva. Usar la oración y las afirmaciones para armonizarse con el amor y la verdad.	Mirar honestamente los patrones de vida y lo que revelan acerca del ser. Aceptar los opuestos dentro del ser: los "malos" defectos lo mismo que las "buenas" cualidades; el dolor, lo mismo que el placer. Diferenciar el ser de los demás; crear un ego flexible y eficaz. Reconocer y permitir los sentimientos actuales tal como surgen. Hacer conexiones con el pasado si estas son relevantes; liberar el pasado para funcionar en el presente.	Negociar un contrato claro y confiable, aclarar las fronteras. Promover la diferenciación del ego en el guía. No enfrascarse en la transferencia: Trabajar con asuntos adultos, no con la recreación de la relación infantil. Revelarse a sí mismo correctamente. Permitir los sentimientos en vez de estimularlos con fuerza.
Meditar y rezar para abrir el corazón, practicando el perdón del ser y de los demás. Comprometerse en el servicio compasivo.	Hacer interacciones conscientes: negociar las relaciones. Practicar la realidad/vulnerabilidad/ confesión/perdón. Experimentar la hermandad.	Comprometerse con la totalidad del ser: compartir más, apoyar la conexión, confrontar la separación. Pasar de la transferencia a la intimidad; permitir el compañerismo.
Rezar, armonizar y afirmar la intención positiva. Sintonizarse con el rayo divino del alma: amor, poder o serenidad. Descubrir y llevar a cabo la tarea del alma. Trabajar con rituales y ceremonias. Buscar y escuchar a los guías espirituales; entregarse ante los maestros espirituales. Comprometer la vida y la voluntad ante Dios.	Asumir toda la responsabilidad por la creación de la vida de uno. Trabajar con arquetipos, sueños, viajes interiores y visualizaciones creativas. Trabajar con la respiración y el ritmo.	Tomar nota de cómo los asuntos más profundos del alma se recrean en la relación de ayuda. Modelar una relación adecuada. Adelgazar las fronteras propias para permitir el contacto en el nivel del alma. Quitarse del camino, entrar en el espacio que está más allá de los límites del ego; canalizar energías superiores. Permitir la transparencia personal.
Reverenciar la divinidad que hay en todas las formas. Practicar la conciencia en cada momento	Permitir los impulsos espontáneos y creativos. Relajarse en la respiración, el ritmo y Dios.	Dejar que el trabajo sea una constante recreación entre el profesor y el alumno, ambos con acceso a lo divino, sin fronteras ni separación.

▼ Lista de las conferencias ▼ del Pathwork

1. El mar de la vida
2. Pruebas y decisiones
3. Escoger tu destino
4. El fastidio del mundo
5. La felicidad como eslabón de la cadena de la vida
6. El lugar del hombre en los universos material y espiritual
7. Pedir ayuda y ayudar a los demás
8. Contacto con el mundo espiritual de Dios –ser médium
9. El padrenuestro
10. Encarnaciones masculinas y femeninas –su ritmo y causas
11. Conócete a ti mismo
12. El orden y la diversidad
   de los mundos espirituales –el proceso de la reencarnación
13. Pensamiento positivo
14. El ser superior, el ser inferior y la máscara
15. La influencia entre los mundos espiritual y material
16. El alimento espiritual
17. El llamado
18. El libre albedrío
19. Jesucristo
20. Dios –la creación
21. La caída
22. La salvación
25. El camino
26. Encontrar nuestros errores
27. La escapatoria posible también en el camino
28. La comunicación con Dios
29. Actividad y pasividad
30. El voluntarismo, el orgullo y el miedo
31. Vergüenza
32. Tomar decisiones
33. Ocuparse del ser
34. Preparación para la reencarnación

Estas conferencias pueden ser obtenidas poniéndose en contacto con los centros cuya lista aparece a continuación.

Para mayor información sobre el *Pathwork*. Existen varios Centros del *Pathwork* y todo un sistema de grupos de estudio que trabajan con las conferencias el Guía en América del Norte y del Sur, lo mismo que en Europa. Nos complacerá tener la oportunidad de ayudarle a entrar en contacto con otras personas interesadas en explorar este material a profundidad. Para solicitar alguna conferencia o libro el *Pathwork*, o para obtener más información, escriba o llame a cualquiera de los centros regionales marcados con asterisco dentro de la siguiente lista:

California y Suroeste de los Estados Unidos
Pathwork of California, Inc.*
1355 Stratford Court núm. 16
Del Mar, California 92014
(619) 793–1246 Fax (619) 259–5224

Región de los Grandes Lagos
Great Lakes Pathwork*
1117 Fernwood
Royal Oak, Michigan 48067
(313) 585–3984

Atlántico Medio y Sur
Sevenoaks Pathwork Center*
Route 1, Box 86
Madison Virginia 22727
(703) 948–6544 Fax (703) 948 5508

Nueva York, Nueva Inglaterra y Nueva Jersey

Phoenicia, New York 12464
(914) 688 2211   Fax (914) 688 2007

Noroeste

The Northwest Pathwork*
c/o Kathleen Goldberg
811 NW 20th, Suite 103C
Portland, Oregon 97209
(503) 223 0018

Filadelfia

Philadelphia Pathwork*
c/o Carolyn Tilove
910 S. Bellevue Avenue
Hulmeville, Pennsylvania 19407
(215) 752 9894

Brasil

Aidda Pustilnik*
Rua da Graviola núm. 264, Apt. 1003
41810–420 Itaigara Salvador, Brasil
Tel.. 71–2470068   Fax 71–245–3089

Canadá

Ottawa/Montreal Pathwork
Roddy Cuchesne
604–222 Guigues Ave.
Ottawa, Ontario K1N 5J2 Canadá
(613) 241 4982

Alemania

Pfadgruppe Kiel
Paul Czempin
Lüdemannstrasse 51 24114 Kiel Alemania
0431–66 58 07

Holanda

Padwerk*

Johan Kos
Boerhaavelaan 9
1401 VR Busssum, Holanda
Tel/fax 02159 35222

Italia

Il Sentiero*
Raffaele Liandolo
Campodivivo, 43, 04020 Signo
Saturnia (LT) Italia
(39) 771 64463

México

Pathwork México
Olga Tanaka Bordman*
Ciudad de México
Tel.: (0155) 5393-5124
Nextel: 3627-9929
otanaka_bo@yahoo.com.mx
www.pathworkmexico.org

Nota: Se pueden conseguir traducciones de los materiales del *Pathwork* al holandés, francés, alemán, italiano, portugués y español.

▼▼▼▼▼▼▼▼▼▼▼▼▼▼▼▼▼▼▼▼▼▼▼▼▼▼▼

Esta obra se terminó de imprimir
en enero de 2020, en los Talleres de
Impresora Peña Santa S.A. de C.V.
Sur 27 N° 457 Col. Leyes de Reforma
2ª Secc. C.P. 09310
Alcaldia de Iztapalapa
CDMX
Tel. 5600-6345   5640-8164
e-mail. impresoraps@yahoo.com.mx